瞻奥集
中古中国共同研究班十周年纪念论丛

余　欣　主编

New Perspectives on Medieval China
Edited by Yu Xin

上海古籍出版社

中古中国知识·信仰·制度研究书系
编辑委员会

主　编

余　欣

编　委

（以姓氏拼音为序）

邓　菲（复旦大学文史研究院）

冯培红（浙江大学历史学系）

姜　鹏（复旦大学历史学系）

马孟龙（复旦大学历史学系）

仇鹿鸣（复旦大学历史学系）

任小波（复旦大学历史地理研究中心）

孙英刚（浙江大学历史学系）

唐　雯（复旦大学中文系）

温海清（复旦大学历史学系）

徐　冲（复旦大学历史学系）

游自勇（首都师范大学历史学院）

余　蔚（复旦大学历史学系）

余　欣（复旦大学历史学系）

张金耀（复旦大学中文系）

张小艳（复旦大学出土文献与古文字研究中心）

朱　溢（复旦大学文史研究院）

朱玉麒（北京大学中国古代史研究中心）

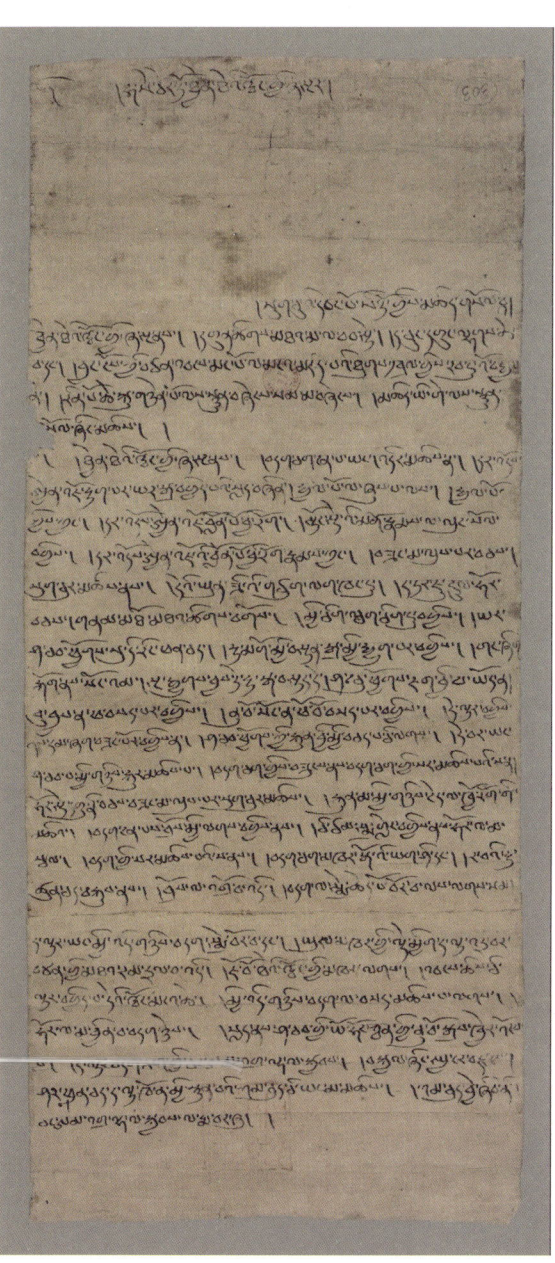

PT 1189.r号《肃州府主致河西节度书状》

《北魏元渊墓志》

桑奇大塔南侧残损阿育王石柱

桑奇大塔南大门外侧石柱上雕刻的阿育王石柱

云冈石窟第六窟东壁鹿野苑说法图中双鹿与三法轮

马图拉出土贵霜时期五相图浮雕

莫高窟北魏第260窟北壁鹿野苑说法图

敦煌莫高窟北周第290窟中心柱窟东向龛前平顶鹿野苑说法图

敦煌莫高窟隋代第417窟龛前台座上的三法轮

河南新密平陌宋墓墓顶东北侧壁画

河南新密平陌宋墓墓顶西侧壁画

河南荥阳槐西宋墓墓室东壁

山西长治沁源东王勇村元墓墓室上部孝行图

山西长子小关村金墓南壁东侧上部壁画

山西长子小关村金墓墓室东壁局部

山西长治魏村金墓东壁老莱子砖雕

书 系 缘 起

余 欣

在学术出版过度繁荣的当下,各种"大典"、"巨制"俯拾皆是,"标志性成果"风起云涌,我们推出这套丛刊,究竟意义何在？我不断扪心自问。

我总想起,当初激励我投身"不古不今之学"的唐代大史学家刘知幾的一段话。子玄撰成《史通》后,惧其不传于世,喟曰:"夫以《史通》方诸《太玄》,今之君山,即徐、朱等数君是也。后来张、陆,则未之知耳。嗟乎！倘使平子不出,公纪不生,将恐此书与粪土同捐,烟烬俱灭,后之识者,无得而观。此予所以抚卷涟洏,泪尽而继之以血也。"是知古人不轻言著述,凡有所作,必殚精竭虑,巧构精思,冀藏之名山,垂为后世之轨则。非我辈后生,斐然狂狷,读书未遍,率尔操觚可比。

我又记起,在京都大学人文科学研究所访学之时,高田时雄教授跟我讲过一则轶事:第一任所长狩野直喜先生认为,初学者理当埋头读书,而不应急于发表成果。因此,当时有一条不成文的规矩,新进研究者三年内不许写论文。我深深地为这个故事所蕴含的学问之真精神所感动。在量化原则下,今之学者沦为计件民工,每日为炮制"速朽之作",完成指标而苦斗。若有人天真地提起"千秋事业"之说,恐怕会沦为同行笑柄。然而,我们真的要沿着这条道路一直走下去吗？我常常寻思,一个真正的学者,起点和终极到底在何方？也许有人会讲,既是"无涯之旅",则无所谓起止。那么,立场呢？学者治学的基本立场在哪里？古人曰"文章千古事",今人云"在学术上应该发扬比慢的精神",我们是否仍可作为信念而坚守？在"美丽人生"与"追求学术之彻底性"之间,我们应该如何抉择？

这些纠结，想必也是我的这些志同道合的学侣们的忧思。于是我们向往建立一个乌托邦，期盼在这个"艰难时世"努力生存的同时，有一泓荒漠甘泉，可以给我们枯槁的心灵带来慰藉；有一方文明的沃土，可以让思想的苇草惬意地生长；有一片无垠的天地，可以让我们信马由缰。由此，有了"中古中国共同研究班"的成立。

所谓的研究班，只是一个没有建制的民间同仁团体，却代表了我们的学术理想。两年前，一群研究中古时代历史、语言、文学与艺术的年轻人聚集在一起，商讨在学术日益泡沫化的今天，我们如何安身立命，是否能为中国学术做点什么。随后研究班悄然成立，致力于在互相砥砺中提升自我学术境界，并探索共同研究模式在中国学术生态中生发的可能性。研究班是一个开放的学术共同体，而不是党同伐异的山头。核心成员来自复旦历史系、文史研究院、汉唐文献工作室、出土文献与古文字研究中心、中文系等五个单位，共十二位学者。此外，还有许多研究生、访问学者、校外和海外研究者，作为"观察员"和通讯成员加入。每两周组织一次workshop，主要安排为新作发表与讨论、史料会读、学术信息交流与评论，至今已连续举行36次。如切如磋，如琢如磨的氛围，让我们怡然自得，乐以忘忧。理解当今学术生态下"青椒"处境的贤达，想必不难体会，这样完全依赖学问自身魅力而运作的"非营利性社团"，坚持到今日，是多么的不易！

我们的活动，逐渐引起相关院系和学校的关注，对我们深表"同情的了解"，施予各种援手，鼓励我们将实验继续下去，并从"211三期"和"985三期"项目中拨给专项经费予以资助，希望能将我们的苦心孤诣，呈现在世人面前。因之，我受命策划这套丛书，作为见证梦想与现实张力之间的"试金石"。虽然不免有些俗套，我们仍想借此对所有给予包容和支持的人们，尤其是章清教授、金光耀教授、邹振环教授、杨志刚教授、葛兆光教授和陈尚君教授，表达由衷感激之情。

书系以"中古中国知识·信仰·制度"为名，收录研究班主要成员的作品，表明了我们共同研究旨趣之所在。第一辑付梓的，除了我自己的那本不过是往日杂稿的拼盘,其余大都是博士论文经数年打磨而写定的心力交"萃"之佳作。第二辑将要刊行的,则是研究班成立后历次往复匡谬正俗之结晶。尽管立意和方法不尽相同,但都代表了新一代学人对"基底性命题"的求索与回应。古人有云:"登山始见天高,临壑方觉地厚。不闻先圣之道,无以知学者之大。"况乃天道幽邃,安可斐然。同道乐学,博采经纬(研究班集体会读之《天地瑞祥志》,中多祯祥灾异、纬候星占之言),思接千载(诸君治学范围,上启秦汉,下探宋元,绵历千年),今略有所成,裒为一编。虽不敢"期以述者以自命",然吾深信,绝不至于"粪土同捐,烟烬俱灭"。

在一次讲演中,我曾吟咏艾略特(Thomas Stearns Eliot)的《烧毁的诺顿》(*Burnt Norton*,中译参汤永宽译本,略有改动),以表达对人类历史之深邃与荒诞的敬畏和感动。现在,我想再度征引这首诗,作为对我们研究班的祝福,也作为这篇缘起的"论曰":

Time present and time past	现在的时间和过去的时间
Are both perhaps present in time future,	也许都存在于未来的时间,
And time future contained in time past.	而未来的时间又包容于过去的时间。
If all time is eternally present	假若全部时间永远存在
All time is unredeemable.	全部时间就再也都无法挽回。
What might have been is an abstraction	过去可能存在的是一种抽象
Remaining a perpetual possibility	只是在一个猜测的世界中
Only in a world of speculation.	保持着一种恒久的可能性。
What might have been and what has been	过去可能存在和已经存在的
Point to one end, which is always present.	都指向一个始终存在的终点。
Footfalls echo in the memory	足音在记忆中回响
Down the passage which we did not take	沿着那条我们未曾走过的甬道
Towards the door we never opened	飘向那重我们从未开启的门
Into the rose-garden. My words echo	进入玫瑰园。我的话就这样

Thus, in your mind.
                    But to what purpose
Disturbing the dust on a bowl of rose-leaves
I do not know.
           Other echoes
Inhabit the garden. Shall we follow?

在你的心中回响。
        但是为了什么
更在一钵玫瑰花瓣上搅起尘埃
我却不知道。
        还有一些回声
栖身在花园里。我们要不要去追寻？

2011 年 12 月 19 日

目　录

书系缘起 …………………………………………………… 余　欣　1

定县北庄汉墓墓石题铭相关问题研究 …………………… 马孟龙　1
胡广《记高昌碑》与高昌麴氏、唐李元忠事迹丛考 ……… 陈晓伟　22
唐宋之际河西地区的部族关系与护国信仰
　　——敦煌PT 1189.r号《肃州府主致河西节度书状》
　　译释 ……………………………………………… 任小波　33
新史料中所见札八儿火者史事及其时代背景 …………… 邱轶皓　50

《颜氏家训·文章》校读札记 ……………………………… 张金耀　66
钞本《全唐文目》考释 ……………………………………… 夏　婧　85
敦煌变文疑难字词辨释 …………………………………… 张小艳　104

元渊之死与北魏末年政局
　　——以新出元渊墓志为线索 ……………………… 徐　冲　125
暗涌
　　——出土文献所见唐德宗之太子地位 …………… 唐　雯　150
制作郡望：中古南阳张氏的形成 ………………………… 仇鹿鸣　168
文天祥之死与元对故宋问题处置之相关史事释证 ……… 温海清　197
有功于斯道？
　　——李氏朝鲜有关崔致远、薛聪、安珦从祀孔庙的争议 …… 朱　溢　237

符应图书的知识谱系:敦煌文献与日本写本的综合考察 …… 余　欣　247
有三法轮和双鹿的佛说法图溯源 ………………………… 祁姿妤　277
图像的多重寓意
　——再论宋金墓葬中的孝子故事图 ………………… 邓　菲　300

学术没有派对(代后记) ………………………………… 余　欣　348

定县北庄汉墓墓石题铭相关问题研究

马孟龙(复旦大学历史学系)

1959年,河北省文物工作队发掘了定县北庄东汉中山简王刘焉墓。[①]墓中除大量器物外,还出土了4 000余块墓石。墓石为青砂岩质,被凿刻成长、宽约1米,厚约25厘米,重约300公斤的方形石块。根据发掘简报介绍,这批墓石中有174块墓石带有铭刻或墨书题字,大多填埋于墓室顶部。[②]但实际情况并非如此。带有文字题铭的北庄汉墓墓石目前全部陈列于定州市石刻博物馆院内,根据何慕实地调查,数量为488块,其中52块墓石因为风化腐蚀,已经看不到文字,故目前带有题铭的墓石数量为436块。

关于这批墓石题铭的著录情况,发掘报告随文附有174块题铭墓石的释文及拓片,并对墓石进行了编号。定州市石刻博物院收藏的全部墓石题铭尚未完整公布。最近定州市旅游文物局编著《中山王汉墓出土黄肠石题刻精拓百品》(以下简称《精拓》),选取了石刻博物院111块墓石,公布了拓片、照片和释文,但是该书并未对这些墓石进行编号。[③]何慕完整公布了石刻博物院可见文字的436块墓石题铭的释文,并进行了编号,

---

① 河北省文化局文物工作队《河北定县北庄汉墓发掘报告》,《考古学报》1964年第2期。
② 据发掘报告介绍,174块带有题铭的墓石得自1959年和1962年的两次发掘。
③ 定州市旅游文物局编著《中山王汉墓出土黄肠石题刻精拓百品》,北京:文物出版社,2018年。

但是文章没有附拓片和照片。[①] 故本文对墓石题铭进行分析，暂不采纳何慕著录的墓石题铭。经过初步整理，发掘报告公布的174块题铭墓石拓片中，有两块墓石被重复著录了两次（41号墓石和155墓石；125号墓石和153号墓石，详见后文），故实际只公布了172块墓石的拓片。而通过对比发掘报告所附墓石拓片和《精拓》墓石拓片，可以统计出两者有41块重复，故目前公布拓片或照片的墓石数量为244块。

分析这244块墓石题铭可以看出，北庄汉墓墓石题铭主要记录石料的产地以及凿刻工匠的籍贯和姓名，其中有丰富的地名信息。这些地名信息对于探讨刘焉墓的营建以及东汉中山国疆域沿革问题具有十分重要的意义。这批资料公布以来，尚未引起学界注意，原整理者在表述中的一些错误也未能得到纠正。笔者不揣鄙陋，试就北庄汉墓墓石题铭所蕴含的相关问题予以阐发，求教于学界同仁。

一、有关题铭文字的释读问题

《精拓》虽然公布了111块墓石题铭的拓片和照片，但是没有给这些墓石进行编号，而且没有标明哪些墓石是发掘报告公布过的，这给研究者征引这批资料带来很大不便。故本文编制了一份《精拓》释文著录表，按照页码顺序对111块墓石进行了编号，同时列出与发掘报告编号、何慕编号的对照，以方便研究者使用。为了征引方便，后文在引用《精拓》墓石时一律按照这份著录表的编号，写作"精X"。

通过对比拓片，《精拓》对墓石题铭的释读较为准确，而发掘报告对个别墓石题铭的释读存在一些问题。由于某些墓石为同一位工匠凿刻，因而对不同墓石刻铭的对读也可以纠正发掘报告释文的一些错误。

（1）5号墓石整理者释工匠名为"康伯"，今查拓片"康"字残泐不清，通过与80号墓石题铭对读，可知该字应释作"庶"。

[①] 何慕《河北定县北庄汉墓墓石题铭的整理》，《河北北方学院学报（社会科学版）》2015年第5期。

(2) 11号墓石题铭释文作"北平石鲁□太",缺释一字应为"脩"。精26墓石题铭为"北平石鲁脩太",二者为同一石工。

(3) 22号、93号墓石题铭整理者分别释为"北平石东平许□作"、"北平石东平许□","许"后一字缺释。通过对照拓片及30号墓石题铭"东平许叔北平石",两块墓石题铭缺释之字应为"叔"。

(4) 38号、49号墓石题铭所见工匠名,原整理者释作"章和"。从拓片来看"章"字应为"车"字。精36有载录同一工匠姓名墓石清晰拓片,可证该字确为"车"。

(5) 41号墓石题铭整理者释为"望都石曲逆木工王李陵",155号墓石题铭为"望都石曲逆木工王季陵"。两墓石题铭拓片完全一致,该墓石被重复著录了两次。155号题铭释作"王季陵"是正确的。

(6) 45号墓石题铭原释文"鲁文阳石工于角望都石",从拓片看,该刻铭中的"角"字应当释作"鱼"字。无独有偶,59号墓石题铭为"望都石鲁国文阳石工于鱼作",可证45号墓石题铭所记工匠名确为"于鱼"。

(7) 57号墓石题铭整理者释作"望都工张□□作",缺释两字似可补释为"叔华"。

(8) 58号墓石题铭原释文作"望都段须石",144号墓石题铭原释文作"望都段伯阳石"。这里的工匠名"段须""段伯阳"应为"段颜""段伯颜"的误释,可对照115号墓石题铭"望都段颜石"改正。

(9) 64号墓石题铭原释文作"望都曲逆石张□春",缺释一字应为"叔"。

(10) 72号墓石题铭整理者释为"北平石无盐邓□",最后一字未能释出,其实此字乃"過"字。135号墓石题铭原释文"北平石毋盐邓廼"也应据此改正。

(11) 80号墓石题铭整理者释为"北平石鲁□作"。整理者未释出的一个字,其实是"□伯"两个字,而"伯"前一字从字形上看,应为"廉"字。[①]精12非常准确地将两字释出。80号墓石与5号墓石同出鲁石工廉伯之

[①] 此处文字释读,承蒙复旦大学出土文献与古文字研究中心邓博方同学告知。谨志感谢。

手。鹰为鲁地望姓。《古今姓氏书辩证》曰:"鲁有鹰歜。"①立于今山东省曲阜的《礼器碑》碑阴载有鲁人故涿郡太守鹰次公、故乐安相鹰季公、故平陵令鹰恢。②曲阜孔庙仍保存有东汉乐安太守鹰君陵园石人。

(12) 86 号墓石题铭有两字整理者未能释出,现对照拓片可将题铭完整释为"望都石唐工章伯石二尺二寸"。

(13) 104 号墓石题铭整理者释为"望都孟□石",此缺释之字应释为"盖"字。精56将此字准确释出。

(14) 119 号墓石题铭最后一字残缺,释文作"北平东平陆江长□"。其实,此字可据 143 号墓石题铭"北平东平陆江长兄"补释为"兄"字。

(15) 129 号墓石题铭整理者释为"望都工段况石"。此"况"字显然是"次"字的误释。这里的段次与 82 号墓石题铭所记"望都石段次宜作"中的段次宜应当是同一人。

(16) 149 号墓石题铭原释文作"北平工□□石",此"工"后缺释一字应为"兒"。

(17) 150 号墓石题铭"北平□□建","建"前缺释之字应为"我"字。精15 拓片更为清晰,已准确完整释读题铭为"北平石我建"。

(18) 162 号墓石题铭原释文"东平陆兄北平"中的"兄"字为"兒"字的误释。笔者推测凿刻 162 号墓石的工匠为"兒哀",与 37 号、125 号、153 号墓石题铭"望都石东平陆工兒哀作"中的"兒哀"是同一个人。另外,125 号、153 号墓石拓片完全一致,也是同一张拓片被著录了两次。

(19) 169 号墓石题铭释文作"望都石鲁工□作"。这里缺释的字应为"颜",而"作"字乃"伯"字的误释。该墓石题铭应改作"望都石鲁工颜伯"。这个颜伯与 81 号墓石题铭所记"望都石鲁工颜伯文作"中的颜伯文应是同一人。

(20) 170 号墓石题铭整理者释为"望都东平寿张□□作",此缺释的

---

① 王力平点校《古今姓氏书辩证》,南昌:江西人民出版社,2006年,第158页。
② 高文《汉碑集释》,开封:河南大学出版社,1997年,第183、186页。

两个字从字形上看应为"王圣"。此墓石题铭与60号墓石题铭"望都东平寿张王圣作"是一致的。

(21) 171号墓石题铭整理者释为"望都议曹□张□"。此题铭最后一字残缺,已无法释出。而中间缺释一字应为"掾"。《溧阳长潘乾校官碑》录有"议曹掾李就"、"议曹掾梅桧",[①]可知议曹掾为县廷属吏。

(22) 174号墓石题铭"望都石梁□中",缺释之字为"叔"字。

(23) 122号、151号墓石题铭工匠名,原整理者释为"付伯"。细审拓片,"付"乃"何"字的误释,该工匠名"何伯"。[②]

二、石料产地与工匠来源地

从北庄汉墓墓石题铭来看,刘焉陵墓的石料出自北平、望都、上曲阳、新市四地,工匠则来自卢奴、安国、曲逆、北新城、安险、苦陉、上曲阳、唐、毋极、下邑、单父、己氏、无盐、章、富城、东平陆、平阳、寿张、鲁、文阳、卞、薛等地。(见表1)有关以上各县的所属郡国,发掘报告整理者的表述存在一些问题,下面分别予以探讨。

表1 墓石题铭所见工匠来源地

郡国	县	人数	工匠名及墓石编号
中山国	安国	2	尹伯通(1)、孟郎(66、精8)
	曲逆	8	刘建(10、精93、精95、精96、精97、精109)、高巨(23、88、精28、精91)、李次孙(29、77)、梁统(40)、王季陵(41、155)、张叔春(64)、张伯和(101)、高□(158)
	北新城	5	王文伯(16、154、精19)、马伯成(18、42)、付伯明(33)、祝文虎(39、123)、张文(47)
	安险	3	杨伯(17、精25)、张伯(31)、吴都(69)
	苦陉	1	?(53)

---

① 洪适《隶释·隶续》卷五,北京:中华书局,1985年。
② 此处文字误释,承蒙复旦大学历史系研究生张英梅同学告知。谨志感谢。

(续表)

郡国	县	人数	工匠名及墓石编号
中山国	上曲阳	2	李文(114),耿文(138)
	卢奴	2	刘伯斋(75、102),杨伯宁(134)
	唐	4	燕长田(85),章伯(86),邵次(96、精33),孟伯(120)
	毋极	1	?(136)
梁国(郡)	下邑	7	朱伯(3、21、116、118、精101、精103),□(159),邓阳(35、113),周伯(65、精16),朱礼(107、142、精43),何伯(122、151),许伯(精104)
	单父	1	?(36)
	己氏	2	祝鱼(110),朱伯(111)
		11	丁圣(6、68、99),世奇(12),?(25),卢孙(79),郑伟(95),?(103),黄君(105),郑丹(117),丁巨(137),杖孺(148),?(165)
东平国	章	5	于通(4),张圣(27),开文(62、精74),王少(98、精76),丁伯(112、精23)
	富城	3	江河(8、9、168、精24、精50、精52、精53),魏长兄(26、160、精55),?(133)
	南平阳	1	王解(24、78)
	东平陆	2	兒哀(37、125、153、162),江长兄(119、143)
	寿张	4	吕武(55),王圣(67、170),朱河(109、128),陈荆(141、精46、精47),王伯(精45)
	无盐	1	邓过(72、135)
		5	许叔(22、30、93、精27),王伯(76、精22),马兄(92),?(173)
鲁国	鲁	15	麃伯(5、80),脩太(11、精26),柏仲(19、精80),宣子(34),田次(46、164),孔都(48),井孙卿(50、89、167、精83),柏长豪(52),于仲荆(67、156),薛季(73),颜伯文(81、169、精84、精85),马次(83、84),脩季(83),田仲文(94、精88),史仲(126)
	文阳	4	车和(38、49、精36),于鱼(45、59),许伯(91、121、精34、精35、精89),夏鱼土(140)

（续表）

郡国	县	人数	工匠名及墓石编号
鲁国	卞	1	孙伯（63、精29、精48）
	薛	1	族文（97）,吴文（127）？（精18）
山阳郡		2	陈元（124），谢和（130）

说明：1. 材料来源为《河北定县北庄汉墓发掘报告》所附《北庄汉墓题铭石块登记表》及拓片；《中山王汉墓出土黄肠石题刻精拓百品》著录拓片及照片。2. 无籍贯信息的工匠未纳入统计。3. 籍贯仅记郡国名称的工匠列于各郡国县邑分类之后。4. 只记载工匠籍贯而未记工匠姓名或工匠姓名残缺的题铭，工匠名标示为"？"。5. 部分工匠籍贯只记有"鲁"，对此类刻铭暂作鲁县理解。6. 83号墓石分别有"北平石鲁脩季"和"望都石鲁马次"两处题铭。

关于石料产地北平、望都、上曲阳、新市。整理者以为北平、望都、新市三县属中山国，上曲阳属常山郡。整理者将上曲阳定为常山郡属县，主要依据的是《汉书·地理志》。不过，《汉书·地理志》反映的是西汉元延三年（前10）的行政区划，①而在记录东汉永和五年（140）行政区划的《续汉书·郡国志》中，②上曲阳为中山国辖县，这说明永和五年以前，上曲阳县已经由常山郡改属中山国管辖。从墓石题铭来看，中山简王在位时期上曲阳已是中山国辖县，因为题铭所见石料产地和工匠来源地均不见常山郡属县，而且中山王到常山郡开采修建王陵的石料也令人费解，显然常山郡并未参与中山王陵的营造，墓石题铭中的"上曲阳"应视为中山国辖县，中山王陵的石料全部来自中山国境内，与常山郡无关。

中山简王时期的中山国辖有上曲阳县也能找到一些文献证据。汉宣帝神爵元年（前61），汉廷立常山祠于上曲阳县，作为举行北岳祭祀活动的固定场所。《汉书·郊祀志》曰"自是（神爵元年）五岳、四渎皆有常礼，……北岳常山于上曲阳。"《汉书·地理志》常山郡上曲阳县自注："恒山北谷在西北，有祠。"元和三年（86），汉章帝北巡，"戊辰，进幸中山，遣使者祠北岳"。③汉

---

① 马孟龙《汉成帝元延三年侯国地理分布研究》，《历史研究》2011年第5期。
② 据李晓杰先生研究，《续汉书·郡国志》记录的是汉顺帝永和五年的行政区划信息。见《东汉政区地理》，济南：山东教育出版社，1999年，第14—15页。
③ 《后汉书》卷三《章帝纪》，北京：中华书局，1965年。

章帝进入中山国境内,随即派遣使者前去祭祀北岳,可见元和三年上曲阳县归属中山国管辖,此与北庄汉墓墓石题铭所反映的信息正相符合。

关于工匠的来源地,整理者指出卢奴、安国、曲逆、北新城、安险、苦陉、唐、毋极属中山国,上曲阳属常山郡,无盐、章、富城、东平陆、寿张属东平国,鲁、文阳、卞、薛属鲁国,下邑、己氏属梁国,单父属山阳郡,平阳属河东郡,山阳属河内郡。刘焉墓工匠来自中山国、梁国、东平国、常山郡、山阳郡、鲁国、河东郡、河内郡八个郡国。[①] 整理者的上述看法也是有问题的。

先看单父。36号墓石题铭为"北平工梁国单父",此题铭工匠名残缺,但工匠来自梁国单父县是没有问题的。《汉书·地理志》单父属山阳郡,《续汉书·郡国志》单父属济阴郡,均不属梁国。整理者称单父县属山阳郡,显然认为题铭"梁国单父"有误,故取信《汉书·地理志》的记载。事实上,东汉各县邑的隶属关系常常发生变更,而单父县确实曾归属梁国管辖。《后汉书·梁节王畅传》载建初四年(79)"徙(畅)为梁王,以陈留之郾、宁陵、济阴之薄、单父、己氏、成武,凡六县,益梁国",同传复载永元五年(93)"削(梁国)成武、单父二县"。据此,单父县曾于建初四年至永元五年归属梁国管辖。中山简王刘焉于永平二年(59)就国中山,永元二年(90)薨,则单父县归属梁国管辖时,正值中山简王在位时期,36号墓石题铭恰好与史籍记载相互印证。刘焉墓营造之时,单父县为梁国辖县,而非山阳郡辖县。

再看平阳。78号墓石题铭记载"北平平阳王解",题铭记载该石料来自北平,而工匠是来自平阳的王解。整理者以为此"平阳"为《汉书·地理志》《续汉书·郡国志》河东郡平阳县。但24号墓石同样为王解凿刻,其题铭为"北平石东平王解"。此题铭表明,王解为东平国人,而非河东郡人。其实,题铭中的平阳应为《汉书·地理志》《续汉书·郡国志》山阳郡之南平阳。南平阳在东汉时期一度归属东平国管辖,《后汉书·东平宪王苍传》载永平二年(59)"以东郡之寿张、须昌、山阳之南平阳、橐、湖陵五县

[①] 郑绍宗先生也持同样的看法,见《满城汉墓》,北京:文物出版社,2003年,第28页。

益东平国"。秦汉时期,常在相同的地名前加方位字以示区别,①故南平阳本作"平阳"。这里举两个相似的例证,《汉书·地理志》《续汉书·郡国志》东郡有东武阳县,而悬泉汉简记为"转卒东郡武阳东里宫赋"(87-89C:10)。②《礼器碑》碑阴记董元厚、桓仲毅籍贯为"东郡武阳"。③ 又洛阳东汉刑徒墓砖 P4M7:2 所记"东平平陆鬼新董少"④即《汉书·地理志》《续汉书·郡国志》东平国东平陆县。由此看来,78 号墓石题铭所记"平阳"为东平国南平阳县无疑。

再看山阳。124 号墓石题铭为"上曲阳山阳陈元",整理者注释"山阳县名,属河内郡"。在这里,整理者把"山阳"视为河内郡山阳县。笔者以为,整理者的这一判断较为武断,在北庄汉墓墓石题铭中直接记载工匠所属郡国的情况也很常见,如 30 号墓石题铭"东平许叔北平石"、148 号墓石题铭"北平石梁国杖孺"仅记工匠所属郡国。而东汉时期有山阳郡,因此不能排除题铭"山阳"为山阳郡的可能。汉代的山阳郡与东平国、梁国、鲁国相邻,而东平国、梁国、鲁国为刘焉墓工匠的主要来源,笔者以为题铭"山阳"为山阳郡的可能性要更大一些。

这里再讨论一下精 1 载录的工匠籍贯"东平陵"。《汉书·地理志》《续汉书·郡国志》东平陵为济南郡属县。这是目前所见墓石工匠唯一一例来自济南郡的。所以这个"东平陵"非常值得关注。该工匠姓名为"江□",缺释之字何慕释为"作",细查拓片显然不确,应释作"长"。119 号、143 号墓石载有东平陆县工匠"江长兄"。笔者怀疑精 1 墓石工匠也是江长兄,这里的"东平陵"可能是"东平陆"的误刻。这样的话,北庄汉墓墓石工匠没有来自济南郡的。

现已明确单父属梁国,平阳属东平国,山阳为山阳郡,再加上前面提到上曲阳属中山国,则刘焉墓工匠除中山国外,全部来自梁国、东平国、鲁

---

① 华林甫《中国历代更改重复地名及其现实意义》,《历史研究》2000 年第 4 期。
② 胡平生、张德芳《敦煌悬泉汉简释粹》,上海古籍出版社,2001 年,第 97 页。
③ 高文《汉碑集释》,第 185 页。
④ 中国社会科学院考古研究所编《汉魏洛阳故城南郊东汉刑徒墓地》,北京:文物出版社,2007 年,附图五一。

国和山阳郡四个郡国。梁国、东平国、鲁国、山阳郡地域毗连,均在今河南、山东两省之间,①说明刘焉墓外来工匠的来源地十分集中。这一现象对于我们探讨北庄汉墓墓葬形制渊源也许会有启发。

北庄汉墓墓葬形制的特点是利用大量凿刻石材垒砌墓墙,而在西汉晚期的中山国,还见不到类似的墓制。目前在定县境内发现的八角廊40号汉墓和三盘山汉墓,被确认为西汉晚期的中山王陵墓,两墓均为木质黄肠题凑墓。②可以说,中山简王墓的墓葬形制在定县本地是找不到渊源关系的。

就目前的考古发掘来看,以石筑墓墙为特点的汉代诸侯王墓葬最早出现在今山东、河南两省交界地区,如山东巨野红土山汉墓,河南永城僖山一号墓、二号墓和窑山一号墓、二号墓便属于这一墓葬类型。③红土山汉墓墓主被认为是西汉昌邑王刘髆,④而僖山、窑山两墓墓主可确定为西汉晚期的某两代梁王和王后。赵化成、高崇文两位先生提到,僖山汉墓"反映了诸侯王墓中一种新葬制开始出现"。⑤就北庄汉墓的营造形制来看,与红土山汉墓、僖山汉墓、窑山汉墓多有近似,而红土山汉墓、僖山汉墓、窑山汉墓墓石同样带有题铭,因此两者间应当存在渊源关系。⑥

在对北庄汉墓的形制源流进行考察后,其营造工匠主要来自梁、鲁、东平、山阳四郡国的现象便值得探讨了。笔者以为,以石筑墓墙为特点的诸侯王墓葬形制首先出现于西汉晚期的昌邑国(即东汉山阳郡)和梁国。从西汉梁王陵的考古发掘来看,元帝、成帝时期梁国已广泛采用凿刻石块

---

① 谭其骧主编《中国历史地图集》第二册,北京:中国地图出版社,1982年,第44—45页。
② 河北省文物研究所《河北定县40号汉墓发掘简报》,《文物》1981年第8期;河北省文物管理处《河北省三十年来的考古工作》,载《文物考古工作三十年》,北京:文物出版社,1979年。
③ 阎根齐主编《芒砀山西汉梁王墓地》,北京:文物出版社,2001年;山东省菏泽地区汉墓发掘小组《巨野红土山西汉墓》,《考古学报》1983年第4期。
④ 刘瑞先生认为红土山汉墓墓主为下葬于武帝建元五年(前136)的山阳王刘定。见刘瑞《巨野红土山西汉墓墓主新考》,《中国文物报》2008年2月29日第七版。
⑤ 赵化成、高崇文《秦汉考古》,北京:文物出版社,2002年,第86页。
⑥ 孙波先生提到:"(河南永城僖山一号墓)石筑石墙代替了木质黄肠题凑,演变成黄肠石墓。并且这一墓制为后世的东汉定县北庄刘焉墓、淮阳北关刘崇墓等沿用。"见氏著《西汉诸侯王墓的发现和研究》,载《汉代考古与汉文化国际学术研讨会论文集》,济南:齐鲁书社,2006年。

垒砌墓壁的墓葬形制。除僖山汉墓、窑山汉墓外，僖山周边的梁国贵族墓也多采用这种墓葬形制。此后，以凿刻石块垒砌墓壁的墓葬形制逐渐由昌邑国、梁国流行于周边的东平、鲁等王国。至东汉初期，石筑墓墙的营造技术在梁、山阳、鲁、东平等地已经成熟。中山简王在营建陵墓时采用了石筑壁墙墓葬形制，因此从梁国、鲁国、东平国、山阳郡引进大量工匠参与王陵的营建，故北庄汉墓墓葬形制与僖山汉墓、窑山汉墓多有相似之处。如果笔者上述看法可以成立，则北庄汉墓墓石题铭对于研究东汉诸侯王墓葬形制的发展和流传是很有意义的。

另外一个值得注意的现象是，山东济宁东汉任城孝王刘尚墓墓石题铭所记录的工匠，也全部来自梁、鲁、东平、山阳四郡国。其中部分工匠的姓名与北庄汉墓墓石题铭工匠姓名相同，发掘者推测营建刘尚墓的部分工匠也参与了刘焉墓的修建。[①] 如整理者所言不误，则东汉初年的梁、鲁、东平、山阳四郡国存在一批专业营造陵墓的工匠群体。[②]

三、东汉时期中山国疆域变迁

北庄汉墓墓石题铭所记录的地名，除去梁国、东平国、鲁国、山阳郡辖县，均在中山国境内，我们据此可以大致复原出中山简王时代的中山国疆域范围。

根据史书记载，中山简王刘焉于永平二年（59）就国中山，永元二年（90）薨，北庄汉墓墓石题铭所反映的地名信息应当是这一时段内的情形。另外，《续汉书·郡国志》中山国蒲阴县自注"本曲逆，章帝更名"，安熹县

---

① 济宁市文物管理局《山东济宁市肖王庄一号汉墓》，载《考古学集刊》(12)，北京：中国大百科全书出版社，1999年。
② 北京西郊东汉秦君墓神道石柱有刻铭"永元十七年四月板令改为元兴元年其十月鲁工石巨宜造"。该石阙为东汉元兴元年(105)由鲁国工匠石巨宜所造，可窥见东汉初年鲁国石刻工匠在燕赵地区曾有广泛活动。见滕艳玲《关于秦君神道石柱及秦君石墓阙残件考释浅析》，载《北京文物精粹大系·石雕卷》，北京出版社，2000年。另据陈跟远先生研究，今陕北地区的东汉画像石墓葬形制也是通过鲁、山阳等郡国的工匠传入当地的。见《陕北东汉画像石初探》，载《纪念山东大学考古专业创建20周年文集》，济南：山东大学出版社，1992年。

自注"本安险,章帝更名",汉昌县自注"本苦陉,章帝更名"。在北庄汉墓墓石题铭中,安险、苦陉、曲逆皆未更名,整理者由此推定北庄汉墓的时代下限为汉章帝章和末年(88)。其实,对于这次更改地名,《水经注》有更为详细的记载。《水经·滱水注》曰:"汉章帝元和三年,行巡北岳,以曲逆名不善,因山水之名,改曰蒲阴焉。"①安险、苦陉、曲逆三县应同在元和三年(86)汉章帝北巡时,因"名不善"而被更名。北庄汉墓墓石题铭所反映的行政建制下限可进一步上推至元和三年。墓石题铭还多次出现"梁国",梁国乃章帝建初四年(79)设置。不过,我们还不能据此认定题铭所反映的行政建制上限为建初四年,因为题铭中还多次出现"梁郡",特别是工匠丁圣所凿刻的石料分别刻有"北平梁郡丁圣石"(6号)和"北平石梁国□郭丁圣"(99号),说明中山简王墓在建初四年以前已经开始营建,营建年代跨越了建初四年。② 综合以上几点,北庄汉墓墓石题铭所反映地名信息的时代应在公元59年至86年之间。

通过梳理北庄汉墓墓石题铭所记录的县名,公元59年至86年的中山国辖有北平、望都、上曲阳、新市、卢奴、安国、曲逆、北新城、安险、苦陉、唐、毋极十二县。③（见附图）

《汉书·地理志》记录的中山国疆域是汉成帝元延三年(前10)的情形,《续汉书·郡国志》所记录的中山国疆域是汉顺帝永和五年(140)的情形。现在我们根据北庄汉墓题铭复原出公元59年至86年之间的中山国疆域,便可以此为契机来探讨东汉时期中山国的疆域变迁情况。

为方便讨论,现将《汉书·地理志》、北庄汉墓墓石题铭、《续汉书·郡国志》所记录的中山国辖县编制成表(表2),以便于稍后作进一步的分析。

---

① 各本《水经注》皆作"章和二年"。今按,章帝北巡在元和三年,故《水经注》"章和二年"应为"元和三年"之误。杨守敬已作改正。见杨守敬、熊会贞疏《水经注疏》,南京：江苏古籍出版社,1989年,第1081页。
② 从墓葬的修建跨越了建初四年这一情况来看,原发掘者有关北庄汉墓墓主为中山简王刘焉的看法当无疑义。
③ 《后汉书·中山简王焉传》载:"(永平)十五年,焉姬韩序有过,焉缢杀之,国相举奏,坐削安险县。元和中,肃宗复以安险还中山。"则明帝永平十五年(72)至章帝元和元年(84)中山国不辖有安险县。

定县北庄汉墓墓石题铭相关问题研究　13

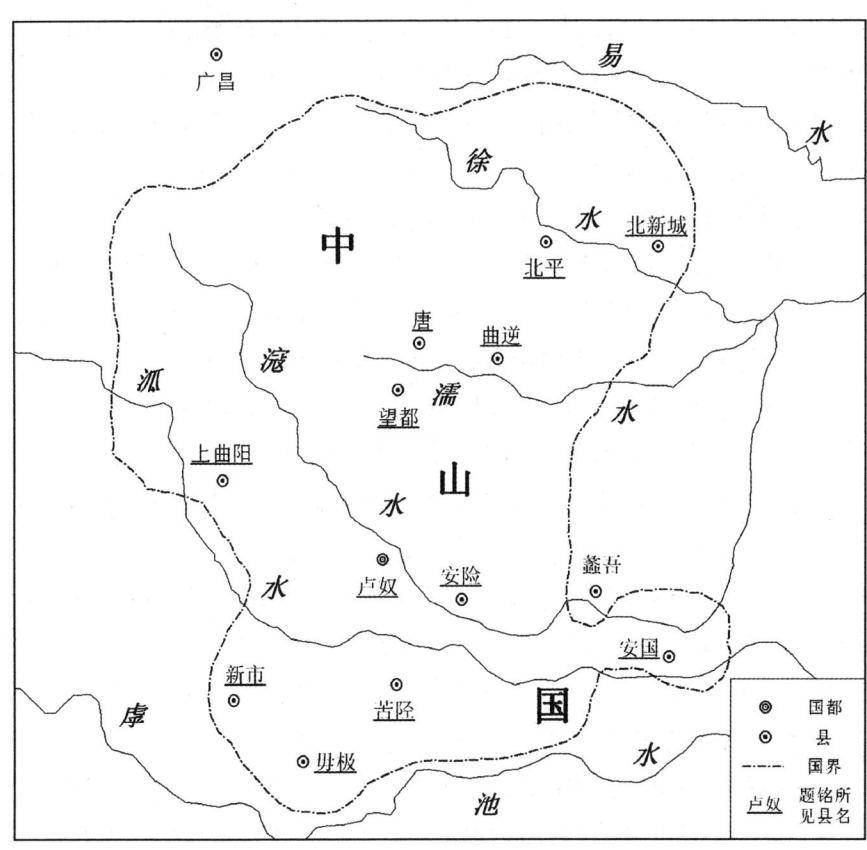

附图　中山简王在位时期中山国疆域范围

表 2　中山国疆域变化表（前 10—140）

地理志	卢奴	北平	北新城	唐	苦陉	安国	曲逆	望都	新市	毋极	安险	深泽	新处	陆成			
北庄墓石题铭	卢奴	北平	北新城	唐	苦陉	安国	曲逆	望都	新市	毋极	安险				上曲阳		
郡国志	卢奴	北平		唐	汉昌	安国	蒲阴	望都	新市	毋极	安憙				上曲阳	广昌	蠡吾

根据表2，我们可以对公元前10年至140年的中山国疆域变迁情况进行探讨。通过对比《汉书·地理志》和北庄汉墓墓石题铭所反映的中山国疆域，可以看到《汉书·地理志》中山国所辖深泽、新处、陆成三县没有出现在北庄汉墓墓石题铭中，说明三县在中山简王在位时期已经撤销。李晓杰先生推测深泽、新处、陆成三县在建武六年(30)六月光武帝"并省四百余县"时被撤销，①现在看来这一观点是可以成立的。

北庄汉墓题铭中多次出现的上曲阳，为陵墓石料和工匠的主要来源地，辅之以元和三年汉章帝巡幸中山国时派使者前往上曲阳祭祀北岳之事，可以明确至迟86年上曲阳县已经由常山郡转属中山国管辖。李晓杰先生认为上曲阳县于建初四年改属中山国，现在看来是有可能的，但也不能排除上曲阳县于建初四年以前改属中山国的可能性。

通过对比北庄汉墓墓石题铭和《续汉书·郡国志》所反映的中山国疆域，可以考察86年至140年中山国疆域变迁情况。

在《续汉书·郡国志》中，北新城为涿郡辖县，李晓杰先生推测北新城由中山国转属涿郡在建武三十年(54)以前。而北庄汉墓墓石题铭仍有北新城，则说明中山简王在位时期北新城属中山国管辖，北新城转属涿郡当在86年至105年之间。②

《续汉书·郡国志》中山国广昌县自注"故属代郡"。关于广昌县由代郡改属中山国的时间，李晓杰先生推测在建武二十六年(50)。但在北庄汉墓墓石题铭中却不见"广昌"，可见中山简王在位时期广昌县不属中山国管辖，广昌县改属中山国当在86年以后。

《续汉书·郡国志》中山国辖有蠡吾侯国。《后汉书·河间孝王开传》载永建五年(130)"(刘开)上书，愿分蠡吾县以封翼(刘开之子——笔者注)，顺帝从之"。据此，蠡吾县本河间国地，永建五年因分封河间王子侯国而别属中山国。北庄汉墓墓石题铭无蠡吾之名，可证史籍记载之可信。

---

① 本节所引述李晓杰先生观点，俱出自《东汉政区地理》，第91—93页。以下不再注明出处。
② 《后汉书·孙程传》："孙程字稚卿，涿郡新城人也。安帝时，为中黄门。"李晓杰先生称："(孙程)生当在和帝时，故可知北新城至迟已在和帝时由中山别属涿郡。"据此，北新城由中山转属涿郡的时代下限当在和帝元兴元年(105)之前。

由此，我们可以大致勾勒出公元前10年至140年中山国疆域沿革。汉成帝元延三年，中山国辖十四县。建武六年，汉廷省并深泽、新处、陆成三县。建初四年，上曲阳县由常山郡改属中山国管辖。故中山简王在位时期，中山国辖有十二县。汉和帝永元元年至汉顺帝永和五年之间，中山国北新城县改属涿郡，广昌、蠡吾两县分别由代郡、河间国来属。至永和五年，中山国辖有十三县。

附记：本文写作过程中，中国社科院考古研究所刘瑞先生，复旦大学出土文献与古文字研究中心施谢捷先生、程少轩先生，复旦大学历史地理研究中心李晓杰先生提供宝贵修改意见。河北大学宋史研究中心何慕女士前往定县协助核查北庄汉墓墓石题铭。特此致谢。

补记：本文原刊发于《考古》2012年第10期。文章写作期间，笔者委托何慕女士代为调查北庄汉墓墓石情况，发现北庄汉墓题铭墓石全部收藏于定州市石刻博物院，数量为488块。遗憾的是，这些墓石迄今仍未完整公布。2018年定州市旅游文物局编著《中山王汉墓出土黄肠石题刻精拓百品》新公布了70块题铭墓石拓片。新公布的墓石题铭并未动摇本文的基本结论。此次借该文收录于《瞻奥集》之机，笔者将《中山王汉墓出土黄肠石题刻精拓百品》新公布的相关墓石资料录入，以完善相关论证，同时期待这批墓石资料全部公布。

附表　《中山王汉墓出土黄肠石题刻精拓百品》
释文著录与发掘报告、何慕文章编号对照表

序号	页码	释　文	发掘简报编号	何慕文章编号	备　注
1	35	北平东平陵江□	无	322	何慕释"□"为"作"
2	36	北平工梁国单父	36	353	
3	37	北平梁国梁	无	292	
4	38	北平鲁石工田次	38	325	何慕缺释"次"，原拓片有"石"

(续表)

序号	页码	释文	发掘简报编号	何慕文章编号	备注
5	39	北平鲁石工田次作	164	无	
6	40	北平石	无		
7	41	北平石	无		
8	42	北平石安国工孟郎作	无	无	
9	43	北平石北新城工马伯成(作)	18	357	何慕缺释"作"
10	44	北平石东平王解	24	351	
11	45	北平石工卫□	无	311	
12	46	北平石鲁麃伯作	80	288	
13	47	北平石卫安	无	320/367	
14	48	北平石卫安	无	320/367	
15	49	北平石我建	150	435	发掘报告整理者缺释"石我"
16	50	北平石下(邑)周伯	无	401	
17	51	北平卫安石	32	356/428	
18	52	北平薛工	无	306	
19	53	北新城王文伯作	无	433	
20	54	成魏长兄作	160	55	发掘报告整理者缺释"成"
21	55	东平马兄北平	92	336/340/362/376	
22	56	东平王伯北平	无	296/334	
23	57	东平章丁伯石	无	129	
24	58	都富成江(河)	无	80	
25	59	平石安险工(杨)	无	345	

(续表)

序号	页码	释文	发掘简报编号	何慕文章编号	备注
26	60	平石鲁修大	无	427	据11号墓石题铭,应作"脩太"
27	61	平许叔北平石	无	403	
28	62	曲逆高	158	87	原拓片首字有"石",何慕补释末字为"巨"
29	63	曲逆梁	无	177/256	
30	64	曲逆梁	40	259	末字为"统",何慕误释为"工"
31	65	上山阳石土石	无	263	何慕释文"工山阳工石石"更妥
32	66	石鲁(亓)工孙伯作	无	49	何慕释"亓"为"卞"
33	67	石唐工邵次	96	191	《精拓》缺释"望都"
34	68	文(汶)阳工许伯望都石	无	104	
35	69	鲁文(汶)阳许伯	无	131	
36	70	(文)(汶)阳车和作	无	88	
37	71	(鲁)国文(汶)阳石工于(鱼)望都石	45	7	
38	72	望都	无		
39	73	望都	无		
40	74	望都	无		
41	75	望都	无		
42	76	望都	无		
43	77	望都□下(邑)朱礼	无	36/72	缺释之字应为"梁"字省写,何慕未释出"礼"
44	78	望都邓伯	无	11	

(续表)

序号	页码	释 文	发掘简报编号	何慕文章编号	备 注
45	79	望都东平寿张王伯作	无	20	
46	80	望都东平寿张陈荆作	无	111	何慕缺释"荆作"
47	81	望都石东平寿张陈荆作	无	45	
48	82	望都都石鲁国(亓)工孙伯作	无	4	
49	83	望都段山石	无	41	
50	84	望都富成江河	无	89	
51	85	望都富成江河	168	60	
52	86	望都富成江河	无		
53	87	望都富成江河	无		
54	88	望都富成魏长兄作	26	35/39	
55	89	望都富成魏长兄作	无	35/39	
56	90	望都盖孟石	104	22/114	
57	91	望都盖孟石	无	22/114	
58	92	望都梁	无	67	
59	93	望都梁国	无	147/197	
60	94	望都梁国	无	147/197	
61	95	望都梁国丁巨	137	98	
62	96	望都梁郡	103	105	
63	97	望都庆	74	40/193	原拓片有"王"
64	98	望都庆王	无	96	
65	99	望都庆王石	无		

（续表）

序号	页码	释文	发掘简报编号	何慕文章编号	备注
66	100	望都庆王石	无		
67	101	望都庆王石	161		
68	102	望都曲逆高巨曲石	88	94	发掘报告整理者误释第二个"曲"字为"由"
69	103	望都石	无		
70	104	望都石	无		
71	105	望都石	无		
72	106	上曲阳山阳石	无	266	
73	107	望都石东平章丁伯石	112	17	
74	108	望都石东平章开文作	无	81	
75	109	望都石东平章开文作	62	27	
76	110	望都石东平章王少作	无	58	
77	111	望都石工段山作	100	64	何慕漏释"工"
78	112	望都石卢奴刘	102	95	原拓片有末字"伯"
79	113	望都石工鲁工	无	97	
80	114	望都石鲁工柏		218	
81	115	望都石鲁工柏仲作	19	232	
82	116	望都石鲁工井孙伯作	无	136	何慕漏释"伯"
83	117	望都石鲁工井孙卿作	无	29/106/142	
84	118	望都石鲁工颜佃文作	无	1	据81号墓石刻铭可知"佃"为"伯"字误刻

(续表)

序号	页码	释文	发掘简报编号	何慕文章编号	备注
85	119	望都石鲁工颜伯文作	无	13	
86	120	望都石鲁国文(汶)阳石工于(鱼)□	59	24	
87	121	望都石鲁工井卿作	89	29/106/142	《精拓》漏释"孙"
88	122	望都石鲁田仲文作	无	19	
89	123	望都石鲁文(汶)阳县许伯	无	90/164	何慕缺释"县许伯"
90	124	望都石曲季陵	41、155	70	原拓片有"逆木工王"四字
91	125	望都石曲逆高巨作	无	47	
92	126	望都石曲逆工高巨作	23	153	
93	127	望都石曲逆刘建作	无	62/110/115/146	何慕缺释"作"
94	128	望都石曲逆刘建	10	62/110/115/146	
95	129	望都石曲逆刘建	无	62/110/115/146	
96	130	望都石曲逆刘建	无	9	何慕漏释"望"
97	131	(望)都石工曲逆刘(建)	无	159	
98	132	望都石曲逆张伯和	101	113/128	
99	133	望都石唐工孟佰	120	76	整理者释"佰"为"伯"
100	134	望都石文(汶)阳夏鱼土	140	2	

（续表）

序号	页码	释文	发掘简报编号	何慕文章编号	备注
101	135	亡(望)都石下(邑)朱伯	无	5	
102	136	望都石下(邑)朱伯	118	10	何慕补释末字"作"
103	137	望都下(邑)朱伯	无	78	
104	138	望都下(邑)许伯	无	66	何慕误释"许"为"付"
105	139	望都石章于通作	4	无	
106	140	望都曲逆李次孙尺二寸	77	222	《精拓》漏拓末字"石"
107	141	望都石东平陆工兒(倪)作	125、153	25/86/91/140/150	
108	142	望都石东平陆工兒(倪)作	37	25/86/91/140/150	
109	143	望都石曲逆刘建	无	62/110/115/146	
110	144	上曲阳	无		
111	145	上曲阳山阳谢(和)	130	261	原拓片有末字"石"

说明：1. 发掘报告所附拓片在本表称为"原拓片"。2. 因何慕文章没有附墓石拓片，故《精拓》某些墓石题铭可以与何慕文章的多块墓石释文对应。对于此类墓石，笔者将何慕文章释文相同的墓石编号全部列出，以符号"/"加以区隔。3. 带有"北平石""望都(石)""上曲阳"题铭的墓石因数量过于庞大，故本表没有列出何慕文章对应的墓石编号。

胡广《记高昌碑》与高昌麴氏、唐李元忠事迹丛考[*]

陈晓伟（复旦大学历史学系）

麴氏高昌政治史、中唐时期伊西庭地区的政治军事社会历来是西域史研究的关键问题，由于传世文献与此相关的历史记载颇为匮乏，学者主要依赖敦煌吐鲁番文书及出土碑志文献钩沉考索史事，成果相当丰硕。值得注意的是，明代永乐年间胡广撰《记高昌碑》提到时存麴氏《重光寺铭》《记寺田园刊之碑》《右卫将军领宿卫事麴叡芝追远寺铭》《无量寿窟铭》及唐代《西州四面精舍记》《大唐故伊西庭节度使开府仪同三司刑部尚书宁塞郡王李公神道碑》（以下简称《李元忠神道碑》）六种碑铭事关西域史地，目前鲜有学者论及，但却具有非常重要的学术价值，其中有不少待发之覆。

一、胡广《记高昌碑》的文献源头

这篇《记高昌碑》出自胡广（谥号文穆）所著《胡文穆公文集》。按《晁氏宝文堂书目》记述嘉靖间藏书情况，即著录"《胡文穆公文集》旧刻"，[①]焦竑《国史经籍志》及黄虞稷《千顷堂书目》等明清藏书目录均称胡氏《文穆

---

[*] 本文原刊《文献》2016年第6期。
[①] 晁瑮《晁氏宝文堂书目》卷上《文集》，上海：古典文学出版社，1957年，第44页。

集》为十九卷。① 然而这部十九卷的原刻本,"明末兵燹,集版毁没,仅有纸刻存留于家",②目前所见版本为复旦大学图书馆藏《胡文穆公文集》(索书号 5823),此系乾隆十六年(1751)重刻本。该文集卷首分列乾隆十五年及次年米嘉绩和上官谟撰写的序文,以及后裔张书《重修文穆祖集序》。这部重刻本卷数为二十卷,"其原本一十九卷,仍前编定,其扈从诗四小卷未入卷内,兹将此卷合为一卷,足成二十"。③ 所谓"扈从诗"是指胡广扈从明太宗朱棣北征蒙古时所作多篇诗文及日记,这些篇什此前或名以《扈从集》单行,④至此勒为一编。乾隆时期编修四库全书将此二十卷本《胡文穆公文集》列入存目类,四库馆臣已注意到这些碑铭的历史学价值,谓"惟《记高昌碑》有裨史事,《李元忠神道碑》所载事迹颇详,亦足备唐史之阙耳"。⑤

以上就是《胡文穆公文集》的版本流传情况。该书收录的《记高昌碑》涉及上述六种西域历史碑铭,就其具体来历,胡广自称"近年朝使往西域回,摹打高昌旧碑六本来进",写作时间署"永乐十三年十二月初十日庐陵胡广记"。⑥ 胡氏所言"朝使"指谁呢?

我们都知道,永乐年间最为著名的通使西域者当数陈诚。⑦ 据陈诚《狮子赋》记述,永乐十二年(1414)正月戊子,"发酒泉郡,出玉门关,道敦煌、月氏,经高昌、车师之故地,达蒙古、回鹘之部落"。⑧ 陈诚于是年三月初一日至火州城,此地即麴氏高昌都城旧址及唐朝伊西庭节度使管辖重镇。陈氏叙述其见闻说,该地"城方十余里,风物萧条,昔日人烟虽多,僧

---

① 焦竑《国史经籍志》卷五《集类·别集》,万历三十年刻本,叶 68b。黄虞稷著《千顷堂书目》卷一八《集部·别集类》,瞿凤起、潘景郑整理,上海古籍出版社,2001 年,第 479 页。
② 胡广《胡文穆公文集》卷首《重修文穆祖集序》,乾隆十六年重刻本,叶 1a。
③ 胡广《胡文穆公文集》卷首《重修文穆祖集序》,叶 1a。
④ 详见杨士奇著《东里文集》卷一二《故文渊阁大学士兼左春坊大学士赠荣禄大夫少师礼部尚书谥文穆胡公神道碑铭》,刘伯涵、朱海点校,北京:中华书局,1998 年,第 176 页。
⑤ 《四库全书总目》卷一七五《集部·别集类存目二》,中华书局影印浙本,1965 年,第 1553 页上栏。
⑥ 胡广《胡文穆公文集》卷一九《记高昌碑》,叶 31a、叶 37b。
⑦ 参见王继光《陈诚及其西使记研究》,北京:中华书局,2014 年,第 103—151 页。
⑧ 陈诚《陈竹山先生文集》内篇卷一《狮子赋》,雍正七年刻本,叶 39b—40a。

堂佛寺过半,今皆零落。东边有荒城基址"。① 同时作诗云:

> 高昌旧治月氏西,城郭萧条市肆稀。遗迹尚存唐制度,居民争睹汉官仪。梵宫零落留金像,神道荒凉卧石碑。征马不知风土异,隔花犹自向人嘶。②

陈诚使西域还朝的确切时间为永乐十三年十月。③ 胡广《记高昌碑》恰好写于当年十二月初十日,这与陈诚出还西域的行期亦正相合。最为关键一点的是,陈诚临行之际,永乐十一年秋八月既望胡广为其作《送陈员外使西域序》云"子鲁宜考其山川,著其风俗,察其好尚,详其居处,观其服食,归日征诸史传,求有合焉者,则予言为不妄也"。④ 这样看来,胡广与陈诚(字子鲁)素有交往,并嘱托陈氏在出使途中要留心西域山川风俗。据此判断,陈诚路经火州故城注意到当地残存"僧堂佛寺"及"梵宫",高昌麹氏四种碑铭均与捐施佛教寺院有关,或拾获于此地;"神道荒凉卧石碑"盖指大唐《李元忠神道碑》。综上所述,胡广所称"朝使"当指陈诚,途径火州城时摹拓了这六种高昌旧碑。

二、《重光寺铭》等碑铭所涉麹氏高昌政治史

永乐十三年十二月,胡广根据从陈诚手中访求的六种高昌碑铭而撰写《记高昌碑》,由此披露碑文中的若干细节内容:

其一《重光寺铭》,大魏员外散骑常侍、冠军将军、广平司空仲豫,为镇西将军交河麹子燸作,谓子燸为昭武王第五子,今上之亲弟,后有章和二

---

① 陈诚《西域番国志》,周连宽校注,北京:中华书局,1991年,第110页。
② 陈诚《陈竹山先生文集》内篇卷二《哈密火州城》,叶6b。
③ 《明太宗实录》卷一六九,永乐十三年十月癸巳,中研院历史语言研究所校勘本,1962年,第8册,第1884页。
④ 陈诚《陈竹山先生文集》外篇卷一《送陈员外使西域序》,叶3b—4a。

年出临交河郡之语。其二《记寺田园刊之碑》,背首云:"和平九年辛未岁八月二十九日。"①有子糦官爵。末云:"延昌十年庚寅岁,谨树玄碑,用传不朽。"其三《右卫将军领宿卫事麹叡芝追远寺铭》,②大周麟趾殿学士、普国弟侍读朱幹撰,中云:"叡芝,今上之从兄。祖镇京将军、横截公、镇卫等将军,田地宣穆公冲。考建武等将军、开定鄢耆龙骧等将军、横截太守孝真。世父左卫将军、田地太守孝亮,亲执玉帛朝于京师。"末云:"延昌八年岁次玄枵律中太簇上旬刊讫。"其四《无量寿窟铭》,太学博士、明威将军令狐京伯撰,中云:"麹氏元台公主,献文王之女,张太妃所生,今上之亲妹。"末云:"延寿七年庚寅七月下旬刊讫。"

以上四方《重光寺铭》《记寺田园刊之碑》《右卫将军领宿卫事麹叡芝追远寺铭》及《无量寿窟铭》题记中均涉及麹氏宗室人物,据此便可以检讨麹氏高昌家族王统及相关政治史问题。

(一)"麹坚"名讳之辨析

上述《重光寺铭》捐造施主为麹子糦,其身份十分明确,"子糦为昭武王第五子"。按建昌元年(555)《折冲将军新兴令麹斌芝造寺布施记》亦有"又愿照武王已下五王之灵"云云,③《梁书·高昌传》明确提到,麹氏高昌政权的创立者麹嘉"谥曰昭武王",④知子糦即麹嘉之子。此外,麹嘉继任者为子坚,该铭文采用其年号"章和二年",并称子糦乃是"今上之亲弟",亦知子糦与麹坚为兄弟。这样就完全可以解决"麹坚"名讳问题了。

中原文献多次提及此人事迹。兹举例如下:

一、《北史·高昌传》云:"嘉死,赠镇西将军、凉州刺史。子坚立。于后关中贼乱,使命遂绝。普泰初,坚遣使朝贡,除平西将军、瓜州刺史,泰临县伯,王如故。又加卫将军。"⑤《魏书·高昌传》在卷一○一中,诸本目录此卷注"阙"字,此据《北史》补文。故该传从上文作"子坚立"及"坚遣使

---

① 《记寺田园刊之碑》署"和平九年辛未岁八月二十九日",按"和平"年号仅行用四年,且辛未岁为和平元年,知"九"系"元"字之误。
② 按"右卫将军"原误作"石卫将军",今据《记高昌碑》下文"右卫将军领宿卫事麹叡芝"改。
③ 〔日〕池田温著《高昌三碑略考》,谢重光译,《敦煌学辑刊》1988年第1、2期合刊。
④ 《梁书》卷五四《高昌传》,北京:中华书局,1973年,第811页。
⑤ 《北史》卷九七《高昌传》,北京:中华书局,1974年,第3214页。

朝贡"云云。① 二、《隋书·高昌传》云："嘉死,子坚立。"②中华书局点校本《北史》《魏书》及《隋书》均止在"坚"字下标注专名号,即理解为麹氏单名"坚"。不过,《梁书·高昌传》却记述麹嘉卒后,"子子坚,使持节、骠骑大将军、散骑常侍、都督瓜州诸军事、瓜州刺史、河西郡开国公、仪同三司高昌王嗣位"。③ 此谓麹氏名"子坚",与上述诸书单称"坚"似有抵牾。王素先生据此认为,高昌王麹氏名字作"坚"正确,《梁书》等文献称"子坚"是因涉及与麹嘉的父子关系而衍"子"字。④

根据章和年间《重光寺铭》作"麹子犍"及"今上之亲弟"云云,知其行辈字派为"子"字无疑,则推知高昌王名字"麹子坚"为正。另外,我们还能提供两例重要证据:《魏书·出帝纪》永熙二年(533)十月癸未云:"以卫将军、瓜州刺史、泰临县开国伯、高昌王麹子坚为仪同三司,进爵郡王。"⑤及《梁书·高昌传》曰:"大同中,子坚遣使献鸣盐枕、蒲陶、良马、氍毹等物。"⑥两书无涉麹氏父子关系,皆作"子坚",传世文献与石刻资料由此互证。这说明,"麹子坚"一名为是,而非"麹坚"。

(二) 麹氏家族世系

第三块《右卫将军领宿卫事麹叡芝追远寺铭》撰者系"大周麟趾殿学士普国弟侍读朱幹",麟趾殿学士是北周明帝所创设,"刊校经史"。⑦ 麹氏高昌与北周通好,武成元年(559)闰五月及保定元年(561)正月先后遣使献方物,⑧故这位麟趾殿学士朱幹才有条件为麹叡芝撰写寺铭。

这份碑铭的事主为麹叡芝,从原始文献角度看,其所叙世次或许是目前所见唯一一份高昌麹氏宗室家谱,且十分关键。该铭文云:"祖镇京将军、横截公、镇卫等将军,田地宣穆公冲。考建武等将军、开定鄢耆龙骧等

---

① 《魏书》卷一〇一《高昌传》,北京:中华书局,1974年,第2245、2251页。
② 《隋书》卷八三《高昌传》,北京:中华书局,1973年,第1846页。
③ 《梁书》卷五四《高昌传》,第811页。
④ 王素《高昌史稿(统治编)》,北京:文物出版社,1998年,第339—340页。
⑤ 《魏书》卷一一《出帝纪》,第288页。
⑥ 《梁书》卷五四《高昌传》,第812页。
⑦ 《周书》卷四《明帝纪》,北京:中华书局,1971年,第60页。
⑧ 《周书》卷四《明帝纪》,第57页;卷五《武帝纪上》,第64页。

将军、横截太守孝真。世父左卫将军、田地太守孝亮,亲执玉帛朝于京师。"《魏书》《北史》有与之相发明的记载,按《魏书·世宗纪》记述永平元年(508),"高昌国王麴嘉遣其兄子私署左卫将军孝亮奉表来朝,因求内徙,乞师迎接"。① 《北史·高昌传》亦记此次麴孝亮通好之事,并且还提到神龟元年(518)冬,"孝亮复表求援内徙,朝廷不许"。② 上述两书所称麴孝亮与麴嘉系叔侄关系最为关键,根据这条线索,就能梳理出麴氏家族世系:

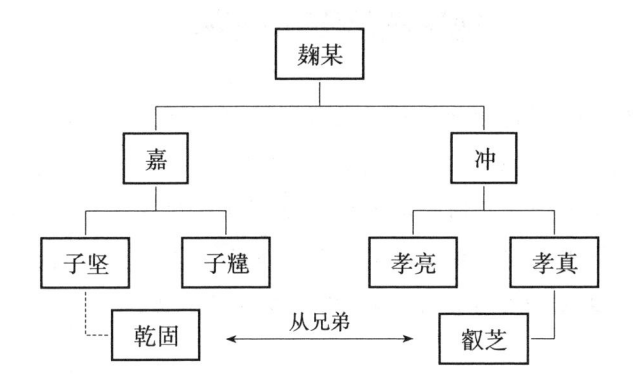

```
          麴某
         /    \
        嘉     冲
       / \    / \
     子坚 子燿 孝亮 孝真
      ⋮         |
     乾固 ←从兄弟→ 叡芝
```

上述《右卫将军领宿卫事麴叡芝追远寺铭》明确称"叡芝今上之从兄",刊讫时间署作延昌八年(568),此时高昌王麴乾固执政,从而明确叡芝与乾固当为从兄弟关系,子坚当属父辈。王素根据多种文献整理出《麴氏王国王统简表》,指出历任高昌王子坚、玄喜、□□、宝茂、乾固五人皆为父子相承,则乾固系子坚四世孙。③ 这一结论显然与上述石刻资料所见麴氏世系相牴牾,或有必要重新检讨该问题。

(三)《无量寿窟铭》人物身份

这件《无量寿窟铭》刻于延寿七年(630),此即高昌王麴文泰时期。该题记谓施主为元台公主,"今上之亲妹",由此明确二人的血缘关系。

毫无疑问,元台公主和麴文泰之父皆为"献文王",武周长安三年(703)《张礼臣墓志铭》叙述墓主曾祖张忠在麴氏高昌国的仕履,"伪高昌献文王之

---

① 《魏书》卷八《世宗纪》,第207页。
② 《北史》卷九七《高昌传》,第3214页。
③ 王素《高昌史稿(统治编)》,第358页。

建义将军、都绾曹郎中",①此"献文王"殆指麹伯雅？幸运的是,通过上元三年(676)《大唐甘露寺故尼真如之枢》可以解决上述疑问。该塔铭明确说"曾祖伯雅高昌献文王、祖文泰高昌光武王",②知伯雅与文泰为父子,伯雅谥号献文王,亦与《无量寿窟铭》所见麹氏家族人物关系相吻合。

三、《李元忠神道碑》与伊西庭地区政治军事问题

陈诚发现的两通唐碑,一块为大历十五年(780)六月杨澹然撰《西州四面精舍记》,有云"随军守左金吾卫兵曹参军张玠为节度观察处置副相李公述";一块为摄支度判官兼掌书记、朝散大夫虞王友朱震述《李元忠神道碑》,胡广指出两碑人物之间的关系,"前碑称李公而不名者,疑即元忠也"。③ 最为重要的碑刻要数后者,胡广迻录部分碑文：

> 李元忠,河东人也,本姓曹,字令忠,后以功赐姓改名。祖考以上皆负名称。元忠天资杰出,年幼狎诸童儿,好为战阵之形,缀幡旗以为乐。及弱冠,从军,蓄气厉节,尝抗臂言曰："大丈夫必当驱戎狄,扫氛祲,建号立功,皆□□□□能唇腐齿落而为博士者乎。故恒遇战,勇冠□□□□西伊西庭节度使、工部尚书弘农杨公之亚将。及弘农公被屠害,元忠誓报酬,乃以师五千,枭周逸戮强颙,雪江由之耻,报长泉之祸,义感四海,闻于九重,解褐授京兆沮道府折冲都尉。大历二年,遣中使焦庭玉,授伊西庭节度兼卫尉卿、瀚海军蕃落等使。大历五年九月,中使将军刘全璧至,加御史中丞。大历八年四月,中使内寺伯卫朝琯至,加御史大夫,赐姓改名,赐衣一袭。元忠勇于济时,急于周物,不矜不傲,俭约从下,辛勤玉塞,斩将搴旗,摧坚陷敌,以成厥功,大张权宜,广设方略,峻城深池,劝课畊桑,政令严明,边庭

---

① 侯灿、吴美琳《吐鲁番出土砖志集注》(下册),成都：巴蜀书社,2003年,第610—611页。
② 杨兴华《西安曲江发现唐尼真如塔铭》,《文博》1987年第5期。
③ 胡广《胡文穆公文集》卷一九《记高昌碑》,叶33a—35a。

肃靖。虽在戎旅之间,轻裘缓带,志闲心逸,故能使葛禄叶护稽颡归仁,拔汗郍王屈膝饮义。值边境有灾,民艰于食,尽发廪以振之,不足倾竭其资,又不足解玉带□□金鞍骏马以易粟,远近襁来者以万计,恩施绝幕,惠被【中阙】三年二月廿七日,中使。(此处阙四百廿九字)年土蕃围凉州,走保幕【中阙】否。碑云:"建中三年二月廿七日,加刑部尚书、宁塞郡王。"……碑云:"建中五年五月五日,公薨于北庭之廨宇,六年葬前庭东北原,火山南面。"

众所周知,大历年间伊西庭地区逐渐陷落,由此面临着极为复杂的政治军事斗争形势,唐长孺先生利用敦煌文献,并结合传世文献及出土石刻材料讨论了期间伊西北庭节度使的任选及其事迹,①本文《李元忠神道碑》所叙述李元忠履历恰好在这段时间内,有助于解决其中的某些关键问题。

(一) 从李元忠改赐姓名看《新唐书》叙事淆乱

李元忠本名曹令忠及其相关事迹已见于传世文献。例如,《谕安西北庭诸将制》就提到"安西北庭都护曹令忠",②但这道制书系年不明,故无法判断"曹令忠"一名的行用时间。《新唐书·郭昕附传》详细叙述曹令忠改名之原委:

> 建中二年,昕始与伊西、北庭节度使曹令忠遣使入朝。德宗诏曰:"四镇、二庭,统西夏五十七蕃十姓部落,国朝以来,相与率职。自关、陇失守,王命阻绝,忠义之徒,泣血固守,奉遵朝法,此皆侯伯守将交修共治之效,朕甚嘉之。令忠可北庭大都护、四镇节度留后,赐氏李,更名元忠。昕可安西大都护、四镇节度使。诸将吏超七资叙官"云。③

从这段记载来看,曹令忠因守土有功,故建中二年(781)德宗颁降诏书"赐

---

① 唐长孺《敦煌吐鲁番史料中有关伊、西、北庭节度使留后问题》,《中国史研究》1980年第3期。
② 宋敏求《唐大诏令集》卷一一六《政事·慰抚中·谕安西北庭诸将制》,北京:中华书局,2008年,第606页。
③ 《新唐书》卷一三七《郭昕附传》,北京:中华书局,1975年,第4613页。

氏李,更名元忠"。至为关键的问题是,曹令忠改赐姓名"李元忠"的时间绝不是这一年。

所幸《李元忠神道碑》明确提到,"大历八年四月,中使内寺伯卫朝瑨至,加御史大夫,赐姓改名,赐衣一袭",即指"曹令忠"更名"李元忠"。唐朝文献中有两条史料与此相印证,即《旧唐书·代宗纪》大历七年八月庚戌云"赐北庭都护曹令忠姓名曰李元忠";①及《册府元龟·总录部·名字》谓"曹令忠为北庭节度副大使,知节度使。大历七年八月,赐姓李,改名元忠,以边将宠之也"。② 以上两书记述的便是朝廷颁降诏令改赐李元忠姓名的时间及具体缘由。

那么,《新唐书·郭昕附传》为何出现如此乖舛?这就需要探究其史源。且看《旧唐书·郭昕附传》相应记载:

> 建中二年,与伊西北庭节度使李元忠俱遣使于朝,德宗嘉之。诏曰:"四镇、二庭,统任西夏五十七蕃十姓部落,国朝以来,相次率职。自关、陇失守,东西阻绝,忠义之徒,泣血相守,慎固封略,奉尊朝法,皆侯伯守将交修共理之所致也。伊西北庭节度使李元忠,可北庭大都护;四镇节度留后郭昕,可安西大都护、四镇节度使。其将吏已下叙官,可超七资。"
>
> 李元忠,本姓曹,名令忠,以功赐姓名。③

《唐会要》"安西都督府"条所记内容略同,即叙述完建中二年诏书内容后,复次云"郭昕者,子仪犹子;李元忠,始曾令名忠,后赐改焉"。④《资治通鉴》也是先引授官诏书然后再谈曹令忠赐姓名事。⑤ 最为重要的是,《旧唐

---

① 《旧唐书》卷一一《代宗纪》,北京:中华书局,1975 年,第 300 页。
② 王钦若《册府元龟》卷八二五《总录部中·名字第二》,中华书局影印明本,1960 年,第 9795 页。
③ 《旧唐书》卷一二〇《郭昕附传》,第 3474 页。
④ 王溥《唐会要》卷七三《安西都督府》,中华书局,1955 年,第 1329—1330 页。
⑤ 《资治通鉴》卷二二七《唐纪四十三》建中二年七月戊子,北京:中华书局,1956 年,第 7303 页。

书·德宗纪》建中二年七月戊子全文照录这道诏书,当中并无曹令忠赐姓改名一事。① 毫无疑问,曹令忠以功赐姓名事在大历七年,肯定不属于建中二年诏书的内容。上述《旧唐书》《唐会要》及《资治通鉴》史源本诸《德宗实录》或《建中实录》,诸书首先照录建中二年授官诏的源文件,再追记介绍李元忠名字之由来。论及欧阳修编撰《新唐书》大部分列传之取材,赵翼指出:"《新书》诸传,较《旧书》多大同小异,不过删其芜词,而补其未备,无有大相径庭者。"②该书《郭昕附传》因循《旧唐书·郭昕附传》,然而将原文"李元忠,本姓曹,名令忠,以功赐姓名"一语竟当作诏书内容,从而妄加改编。

根据这条线索,我们还发现《新唐书·郭昕附传》引述建中二年诏书中李元忠所除授的"四镇节度留后"官职大有问题。按《旧唐书·郭昕附传》有"伊西北庭节度使李元忠可北庭大都护四镇节度留后郭昕可安西大都护四镇节度使"云云,由于原文中的李元忠新授官职与郭昕旧领署衔前后相属,《新唐书》不加辨析地将"四镇节度留后"理解成为李元忠的新授官职,故云"令忠可北庭大都护、四镇节度留后,赐氏李,更名元忠。昕可安西大都护、四镇节度使"。这种改动完全是错误的。根据两唐书《郭昕附传》,皆称郭昕"肃宗末为四镇留后",③此后由于安西四镇与朝廷交通中断,郭氏官职从未发生过变化,知"四镇节度留后"系属郭昕的职任,显然与李元忠毫无瓜葛。

以上我们根据《李元忠神道碑》明确李元忠赐姓改名的具体时间,进而发现《新唐书·郭昕附传》叙事淆乱如此。

(二)神道碑所见伊西庭留后周逸的结局

安史之乱以后伊西庭地区局势危机,历任节度使任内接连被杀,最具影响的事件要数伊西庭留后周逸谋逆构陷案。

此事于传世文献中一无所征。研究发现,敦煌写卷 P.2492《河西节度

---

① 《旧唐书》卷一二《德宗纪》,第 329 页。
② 赵翼《廿二史札记校证》卷一七"新书立传独详处"条,王树民校证,北京:中华书局,1984 年,第 370 页。
③ 《旧唐书》卷一二〇《郭昕附传》,第 3474 页。《新唐书》卷一三七《郭昕附传》,第 4613 页。

观察使判牒集》"伊西庭留后周逸构突厥煞使主兼矫诏河已西副元帅"条云"祸福无门,惟人所召,奸回不轨,在法攸书,副帅巡内征兵,行至长泉遇害";及"差郑支使往四镇索救援河西兵马一万人"条还提到"周逸与逆贼仆固怀恩书,推亡固存,商书所重,去顺效逆,春秋则诛,周逸猖狂,素怀悖乱"。① 文书所见该"副帅"行至长泉(此地隶属伊吾郡纳职县),②遭到周逸与仆固怀恩谋害。唐长孺对这件写卷所涉人物早就有精彩考证,断定遇害者为伊西北庭节度使杨志烈。③ 然对于幕后主谋周逸的最终结局,上述 P.2492 号文书未作任何交代,传世文献更无记载。王小甫教授仅有一推测说,"估计他在仆固怀恩死后也就随之灭亡了"。④ 幸运的是,《李元忠神道碑》记述了李元忠之履历:

  故恒遇战,勇冠□□□□西伊西庭节度使、工部尚书弘农杨公之亚将。及弘农公被屠害,元忠誓报酬,乃以师五千,枭周逸戮强颧,雪江由之耻,报长泉之祸。

此谓"弘农杨公"及"长泉之祸",乃与《河西节度观察使判牒集》所记内容亦正相合,即指杨志烈被屠害。更为重要的一点,该神道碑指明李元忠身为杨氏副将"枭周逸",终报大仇,由此为这场谋逆案件定谳。

  综上所述,本文首次利用胡广《记高昌碑》迻录的六种高昌碑铭初步探讨了高昌麴氏、李元忠及其相关事迹,恐怕涉及的问题并不止这些,今提供这条线索,希望引起西域史研究者对这些石刻资料的充分重视。

---

① 上海古籍出版社、法国国家图书馆编《法藏敦煌西域文献》,上海古籍出版社,2002 年,第 20 册,第 185 页。
② 《新唐书》卷四〇《地理志四》,第 1046 页。
③ 唐长孺《敦煌吐鲁番史料中有关伊、西、北庭节度使留后问题》,《中国史研究》1980 年第 3 期。
④ 王小甫《安史之乱后西域形势及唐军的坚守》,《敦煌研究》1990 年第 4 期;后收入氏著《唐、吐蕃、大食政治关系史》,北京大学出版社,1992 年,第 204 页。

唐宋之际河西地区的部族关系与护国信仰

——敦煌 PT 1189.r 号《肃州府主致河西节度书状》译释

任小波(复旦大学历史地理研究中心)

一、引　　言

唐宋之际河西地区历史的重构,在相当程度上倚重于敦煌汉文、胡语文书所提供的年代参照和史实信息。吐蕃统治敦煌(786—848年)结束以后,直至西夏时期,藏文作为盛极一时的吐蕃帝国留下的文化遗产,仍是河西一带官民所操的一种通用语言。敦煌 PT 1189 号藏文写本即产生于这一时代背景之下。此卷系由上下两纸黏合而成,两处钤有署作"肃州之印"的同一方阳文朱印,一处位于正面(PT 1189.r 号,书状)下部末尾,一处位于背面(PT 1189.v 号,首题 *Chab gtor gi rgyud*,译言《水食子续》)纸叶接缝。此印表明,这件写本应是行用于当时的官府文书正本。根据 PT 1189.r 号书状,曹氏归义军、甘州回鹘鉴于劫盗频发而力图协调互保,甘州回鹘为了节制达怛(Da tar)、仲云(Ju ngul)、回鹘(Hor)诸部,召集诸部于肃州(Sug cu)大云寺内以多闻天王(gNam mtho)证盟起誓的史事,足可窥知唐宋之际河西地区复杂的部族关系和军政形势,以及共同崇奉多闻天王以求护国佑方的政治文化信仰思潮。

二、敦煌 PT 1189.r 号
写本描述及新译

PT 1189.r 号藏文写本，属于曹氏归义军统治敦煌时期的一件河西官府文书。1981 年，乌瑞（G. Uray）发表了一篇具有开拓意义的著名论文，题曰《吐蕃统治结束以后甘州、肃州和于阗官府中使用藏语的情况》，揭出吐蕃势力退出以后仍行用于河西官府的藏文文书 18 件。此文对于 PT 1189.r 号作了摘译和概述，将其年代推定为 10 世纪下半叶。[①] 此后，他又撰文对于新发现的同类文书予以证补，加之武内绍人先生的接续发现和讨论，颇有成效地推进了"后吐蕃时代的敦煌"（post-Tibetan Tun-huang）研究。1985 年，山口瑞凤提出 PT 1189.r 号主体部分的日文译文。[②] 1988 年，王尧、陈践先生提出完整的藏文录文和汉文译文。[③] 2006 年，赤木崇敏先生对于此卷重新作了译注和讨论。[④] 经过如上研究，学界对于此卷总的时代背景达成了大致共识，然而在文本释读上仍有不少未尽透彻之处。

PT 1189.r 号第 1—2 行首题 ha se tser to thyen the'i wong gyi zha sngar / ,/ sug cu 'i dbang po si to gyis mchid gsol ba' / /，译言"河西节度天大王尊前，肃州府主司徒谨呈"。其中 Thyen the'i wong 衔称，当与 Tser to（节度）、Si to（司徒）二词语源相类，正是汉文"天大王"的音译，用于指称归义军节度使。至于 dBang po 衔称，乌瑞曾撰专文予以讨论。他通过对勘多件归义军

[①] G. Uray, "L'emploi du tibétain dans les chancelleries des états du Kan-sou et de Khotan postérieurs à la domination tibétaine", *Journal Asiatique*, Vol. 269, Nos. 1-2, 1981, pp. 83-84, 87, 89.

[②] 山口瑞鳳《吐蕃支配期以後の諸文書》，山口瑞鳳編《講座敦煌 6：敦煌胡語文献》，東京：大東出版社，1985 年，第 519 頁。

[③] 王尧、陈践《敦煌吐蕃文书论文集》，成都：四川民族出版社，1988 年，藏文第 391—394 页，汉文第 192—193 页。

[④] 赤木崇敏《帰義軍時代チベット文手紙文書 P.T.1189 訳註稿》，荒川正晴編《東トルキスタン出土〈胡漢文書〉の総合調査》，大阪：平成 15—17 年度科学研究費補助金研究成果報告書，2006 年，第 77—86 页。

时期敦煌藏文、汉文写本的首题和内容,确论 dBang po 即是当时作为尊号的汉文"府主"一词的对称。① 笔者为求简明起见,兹为 PT 1189.r 号拟题《肃州府主致河西节度书状》。此卷的彩色图版,见于"国际敦煌项目"(IDP)网站。兹将此卷的拉丁转写及笔者的汉文译文迻录如下:

{1} $ // ha se tser to thyen the'i wong gyi zha sngar / {2} / sug cu 'i dbang po si to gyis mchid gsol ba' /

{3} thyen the'i wong gyi zha snga nas // dgun tshigs mtha' ma la bab ste // da cung dgung lhags che {4} ba dang // byang ngos kyi btsan 'bangs mang po la mnga' mdzad pa'i thugs khral gyis rab du 'o brgyal {5} na // rin po che sku gnyen po las snyun bzhengs sam ma bzhengs // mchid yi ge las snyun {6} [g]sol zhing mchis //

{7} $ // thyen the'i wong gyi zha snga nas // bdag cag ngan pa yang // 'dir mchis na // dar 'dos {8} "yen 'jo rtag par yar sgra bgyid pa'i slad bzhin / rgyal po la zhus pa las // rgyal po {9} gyis kyang // dar 'dos "yen 'jo blon po byi rog // stong ste 'i mgo rnams la lung sol {10} bgyis // dar 'dos "yen 'jo 'i blon po byi rog rnams kyang // bzang ma lus par bcas / {11} sug cur mchis nas // de'i yun zi 'i gtsugs lag khang du // da tar ju ngul hor {12} bcas / gnam mtho mtha' tshigs bgos // myi cig lcag cig du bgyis // yar {13} sha cab phyogs su di ring phan cad // rta mgo myi bstan sgra myi rgyug par bgyis // gang zhig {14} rkog nas song 'am / snga rgyugs byas te rta sga bstad de / sha cu phyogs jag byi pa yod na / {15} bu byas na pha bsad par bgyis // nu bo song na pho bo bsad par bgyis // de ltar bgyis {16} nas dam zhag bzang por bgyis na // sha cab phyogs kyi rkun byi myi bcad pa ci lags // de bar yang {17} sha cab pa myi gnyis rkur mchis pa // bdag cag gyis bzungs nas bdag cag gyi sar

---

① G. Uray, "The Title dBaṅ-po in Early Tibetan Records", P. Daffinà ed., *Indo-Sino-Tibetan: Studi in Onore di Luciano Petech*, Rome: Bardi Editore, 1990, pp.419 – 433.

mchis pa'i sa na / {18} hor sde dgu ni bcas bzang ma lus par sug cur mchis // rkun ma myi gnyis nged la khyo rog gi {19} mchi' // bdag ngan pas bros myi lags bgyis nas // ci tsam smra gleng bgyis nas hor la ma {20} stsal // bdag gyi sar mchis pa'i sa nas // bdag cag mkhar sgo 'i yag shi dang // ra ba'i rta {21} tshun cad brkus nas // bros la 'gro ba 'di // bdag la smre ched po bor ba las lags sam / {22} da ltar yang myi 'di gnyis bdag smre bor ba dang // yul mkhar gyi lde myig da lta 'tra bar {23} brtsan gyi mtha' ram tral ba 'di // jo bo the'i wong gyi mkhar lags // 'bangs chis ci {24} ltar bgyid pa de'i wong mnga' che // myi 'di gnyis bdag la bsad mchis pa lags / {25} hor la ma byin ba bdag nyes // slad nas sha cab gyi yo hong kwan gyi nu bo sgras khyer 'ongs {26} pa // da ltar bdag cag gyi cang "am 'gra lha la skyabs // bskyal zhing spya ngar brdzangs / {27} shar phan cad da lta kho na myi snyan ba'i kam cud ci yang ma mchis // kam cud bye zhib ni / {28} cang "am 'gra lha la skyabs la rma bar zhu //

释词：{3} zha snga ＞ zhal snga. {8} yar sgra ＞ g.yar sgra. {9} sol ＞ stsol. {12} gnam mtho ＞ rnam thos; mtha' tshigs ＞ tha tshig; bgos ＞ bsgos. {13} di ring ＞ de ring; phan cad ＞ phan chad. {14} rkog ＞ lkog. {16} dam zhag ＞ dam zhags. {18} khyo ＞ khyod; rog ＞ rogs. {20} yag shi ＞ g.yag shing. {21} tshun cad ＞ tshun chad; ched po ＞ chen po. {22} lde myig ＞ lde mig; 'tra ba ＞ 'dra ba. {23} tral ba ＞ dral ba; chis ＞ kyis. {26} bskyal ＞ bskul; spya ngar ＞ spyan sngar. {27} kam cud ＞ bka' mchid. {28} rma ba ＞ sma ba.

河西节度天大王尊前，肃州府主司徒谨呈：

天大王尊前：时届季冬，寒风凛冽。操理北道众多官民，甚是辛苦。贵体安泰与否？特此修书问候。

天大王尊前：卑职抵达此地之际，屡向达度因朱呈述，复又向王禀奏。王亦为此，特向达度因朱之臣梅录、千户首领人等发出谕帖。其臣梅录一行人等，偕同群贤抵达肃州。遂于大云寺之大殿内，达怛、仲云、回鹘诸部，共以多闻天王证盟，人各[手执]一鞭为誓："上部沙州，自今已后，不探马头，驱驰无声！无论何人，倘去偷渡、备鞍；沙州方面，若有劫匪、盗徒：子若为之，则殛其父；弟若行之，则殛其兄！"既立如此重誓，则于沙州窃贼，何不严予究治？近时，复有沙州二人前来行窃。吾等将其捉获，拘于见在驻地。回鹘九姓部落一行，偕同群贤抵达肃州。二贼求以"汝其助我"，卑职称其"确系逃人"。纵经何等诘问，终未交予回鹘。二贼又于吾处，启开城垣门闩，盗走院内马匹，径自逃逸而去。此事令吾忧苦异常。而今，此二人仍令吾忧苦。城垣门禁森严，亦为二贼所破。此乃阿郎大王城垣。民众宜应如何行事，权在大王！而今，此二人欲加害于吾。不曾将其交予回鹘，罪在吾身！是后，沙州杨乡官之弟，[奉命]将二贼携来。兹遣吾处张押衙腊罗嘉，前往尊前致礼。迤东一带，而今并无不佳之情。彼处详情，可向张押衙腊罗嘉垂询。

三、曹氏归义军政权与 邻近部族的关系

回鹘、达怛、仲云诸部，均系唐宋之际归义军政权周边较大的部族集团。当时河西一带部族杂居、道途不宁，诸部属民或因战乱，或因生计出没劫盗之事屡有发生。根据 IKS 13（= Ch.00269）号《于阗使臣奏稿》（于阗文，924 年），出使甘州的于阗使臣途遭仲云、回鹘劫掠，抵达沙州之时所携牲畜、财物损失殆尽。① 又据 P 2482.v 号《长乐副使田员宗启》

---

① 黄盛璋《敦煌于阗文 P.2741、Ch.00269、P.2790 号文书疏证》，《西北民族研究》1989 年第 2 期，第 58—59 页。关于 IKS 13 号写本的年代，参见赤木崇敏《十世紀敦煌の王權と轉輪聖王觀》，《東洋史研究》第 69 卷第 2 号，2010 年，第 73—74 页。

(943/946年左右),沙州、瓜州一带南山部族(仲云,汉文史籍又作"仲熨""种榅")[①]"贼寇极多",屡见人畜伤损之事。时人高居诲《使于阗记》亦称,仲云位处沙州之西,"其人勇而好战,瓜沙之人皆惮之"。[②] 根据PT 1189.r号第11—12行,达怛(Da tar)、仲云(Ju ngul)、[③]回鹘(Hor)诸部,盟誓于肃州大云寺内,务求平息"偷渡、备鞍"、"劫匪、盗徒"之事。张广达先生就此指出,此卷与Or 8212/89号《龙家首领书状》(粟特文)所记龙家、回鹘"并设咒誓"背景相若,当时"各部首领和各地首脑,需要时时通过'和定'(又称'和断')来调整彼此的利害关系和结束冲突"。[④] 根据P 3412.r号《都头安再胜等牒》(981年),"闻讯向东消息,言说回鹘、达怛及肃州家,相合就大云寺对佛设誓,则说向西行兵"。如上所举诸例,颇能反映当时河西地区复杂的部族关系和密切的政治联动。

根据P 2155.v号《曹元忠致回鹘可汗书状》,962年(建隆三年)五月廿七日、六月四日,雍归镇、悬泉镇人畜连遭回鹘窃贼杀害或劫掠,这些窃贼来自东部甘州辖境,经查"并是回鹘,亦称趁逃人来",六月某日归义军节度使曹元忠(944—974年在位)经"肃州人"带去书状,希望甘州回鹘可汗"细与询问,勾当发遣",究治这些"恶弱之人"。这件书状另外提及,同年五月十五日,会稽镇人畜又遭"肃州家"(龙家等部)引来的达怛的劫掠。瓜州辖下雍归、悬泉、会稽三镇,皆是归义军东境边防重镇,故而曹元忠特就此事致书询问。又据P 3272.v号《甘州使头阎物成文书》,967年(乾德五年)正月,曹元忠遣孔目官阎物成出使甘州,报书甘州回鹘可汗:

---

① J.R. Hamilton, "Le pays des Tchong-yun, Čungul, ou Cumuḍa au Xe siècle", *Journal Asiatique*, Vol.265, 1977, pp.351-379. 关于"南山"的名义问题,参见黄盛璋《敦煌文书中的"南山"与仲云》,《西北民族研究》1989年第1期,第4—12、116页。
② 《新五代史》卷七四《四夷附录·于阗》,第918页。
③ 关于"仲云"的藏文对音,参见G. Uray, "L'emploi du tibétain dans les chancelleries des états du Kan-sou et de Khotan postérieurs à la domination tibétaine", p.83;山口瑞凤《吐蕃支配期以後の諸文書》,第519—520页。
④ 张广达《唐末五代宋初西北地区的般次和使次》,原载李铮、蒋忠新主编《季羡林教授八十华诞纪念论文集》(下册),南昌:江西人民出版社,1991年;此处引自《张广达文集:文书、典籍与西域史地》,桂林:广西师范大学出版社,2008年,第188—190页。

早者因为有少贼行,已专咨启。近蒙兼惠厚仪,无任感铭之至。华翰所云:"令宰相密六往肃州,再设咒誓:自今已后,若有贼行,当部族内,随处除剪。"闻此佳言,倍深感仰。况厶(某)忝为眷爱,实惬衷诚。永敦久远之情,固保始终之契。

又云在此三五人往贵道偷来之事。况在此因为西州离乱,恶弱之人极多到来,构召诸处贫下,并总偷身向贵道偷劫去,厶并不知闻。近者示及,方知子细。当时尽总捉到枷禁讫,使人并总眼见。即便发遣文帖与诸处小镇:自今已后,若有一人往甘州偷去,逐(随)处官人,必当行宪。

如上所谓"华翰",当指962—967年之间甘州回鹘可汗致曹元忠的某件书状。荣新江先生考证,963年(乾德元年)二月曾有甘州回鹘使者抵达沙州,这件"华翰"正可依照史事排比断在该年,阎物成此次出使"系答元年甘州回鹘来书所问"。[①] 963年,甘州回鹘可汗致书曹元忠,称有归义军辖境来的三五窃贼,向东越入甘州为害;此后,曹元忠"发遣文帖与诸处小镇",严控窃贼越境为害;967年,曹元忠又因他事致书甘州回鹘可汗,对于963年之事作出最终答复,报以"在此因为西州离乱,恶弱之人极多到来",纠合"诸处贫下"越入甘州,此前"并不知闻"。此处"西州离乱",或与喀喇汗王朝东侵有关。960年,喀喇汗王朝阿萨兰汗穆萨(Mūsā)改宗伊斯兰教,其对天山北麓热海一带的进攻亦取得了决定性的胜利。963年,开始大举进攻于阗。考虑此时喀喇汗王朝已经逼近西州回鹘西境,[②]西州回鹘内部或其属部当有变乱发生,故而出现流民越境东奔之事。

基于PT 1189.r号前后语境,第12—14行yar sha cab phyogs(上部Sha cab方面)、sha cu phyogs(沙州方面),均指归义军辖境。此处Sha

---

① 荣新江《归义军史研究:唐宋时代敦煌历史考索》,上海古籍出版社,1996年,第27—29、340—342页。
② 华涛《西域历史研究:8至10世纪》,上海古籍出版社,2000年,第130—132、184页。

cab,当系 Sha cu(沙州)的一种变体或异写。① 同卷第 16—17 行 sha cab phyogs kyi rkun byi(沙州方面窃贼)、sha cab pa myi gnyis(沙州二人),即指来自归义军辖境的窃贼二人;第 25 行 sha cab gyi yo hong kwan(沙州杨乡官),则指归义军辖下的某县乡官。至于 yar(译言"上部",多指西部),亦可见于浙敦 114 号《肃州府主致沙州令公书状》(928—930 年)第 4 行,甘、肃二州常用这一地缘名词指称其地以西的归义军政权。根据 PT 1189.r 号第 7—10 行,肃州府主②报以"卑职抵达此地之际,屡向 Dar 'dos ''yen 'jo 呈述,复又向 rGyal po 禀奏。rGyal po 亦为此特向 Dar 'dos ''yen 'jo 之臣 Byi rog、千户首领人等发出谕帖"。此处 Dar 'dos ''yen 'jo,乌瑞将其还原为突厥文 Tarduš enjü,然而并未给出细致解说。③ 其中 tarduš,汉文史籍译作"达度""达头",原是突厥右翼(西部)部族称号;其中 enjü(= enčü, inčü,译音"因朱"),则为"所领封地""世袭领地"之义。故而 Tarduš enjü(达度因朱)一词,当系突厥故制遗予回鹘部族结构之例。田中峰人先生考证,Tarduš enjü 即是甘州回鹘右翼,地在甘州西北合黎山、张掖河一带。④ 基于前后语境,同卷第 18 行"回鹘九姓部落"(Hor sde dgu),亦指甘州回鹘部众。此处 Byi rog(< Buyruq),乃是回鹘文"大臣"

---

① 补注:关于 Sha cab 的所指,王尧、陈践先生释作 Sha chab(Sha chu 的敬语形式),译作"沙河",参见《敦煌吐蕃文书论文集》,汉文第 192—193 页。本文初稿采纳此说,进而援引《大慈恩寺三藏法师传》卷一所记玄奘经行"莫贺延碛,长八百余里,古曰沙河",推测 Sha cab 当系"沙河"一词的仿译。通过武内绍人先生提示,赤木崇敏先生指出 cab 或系 cu 的形容词写法,Sha cab 或系 Sha cu 的形容词形式,参见《归义军时代チベット文手紙文書 P.T.1189 訳註稿》,第 80—81 页。然而,同卷 sha cab gyi yo hong kwan 一语,表明 Sha cab 系一名词无疑。再次考量藏文原文和前后语境,笔者认为 Sha cab 的所指与 Sha cu(沙州)无别,或许反映了口语对于文本的影响,故而重新改写了译文和正文。

② 关于肃州府主"司徒"(Si to)的身份,赤木崇敏先生将其指为时任瓜州防御使的曹延恭(963—974 年在任),参见《归義軍時代チベット文手紙文書 P.T.1189 訳註稿》,第 84—85 页。冯培红先生认为此说不确,参见《敦煌的归义军时代》,兰州:甘肃教育出版社,2010 年,第 390 页。

③ G. Uray, "L'emploi du tibétain dans les chancelleries des états du Kan-sou et de Khotan postérieurs à la domination tibétaine", p.83.

④ 田中峰人《甘州ウイグル政権の左右翼体制》,森安孝夫编《ソグドからウイグルへ——シルクロード東部の民族と文化の交流—》,东京:汲古書院,2011 年,第 270—273、282—285 页。

或"宰相"的音译,汉文史籍译作"梅录""密六"。① 至于 rGyal po(王),应指甘州回鹘可汗。② PT 1263(= P 2762)号《藏汉对照词汇》第 7 行,即以 Dru gu rgyal po 对译"回鹘王"。

关于 PT 1189.r 号的年代,乌瑞推定其不早于 950 年,然而并未给出切实依据。赤木崇敏先生基于"诸部盟誓"这一史事,认为 PT 1189.r 号与 P 3272.v 号所记同为一事,并将前者的年代亦断为 967 年。③ 笔者基本赞同此说,略作如下修正:基于"西州离乱"这一背景,PT 1189.r 号第 1、3、7 行 Thyen the'i wong(天大王),第 23、24 行 Jo bo The'i wong(阿郎大王)或 De'i wong(大王),均指归义军节度使曹元忠。962 年六月,曹元忠经"肃州人"带去书状,希望甘州回鹘可汗究治甘州来的窃贼。PT 1189.r 号所谓"向王(甘州回鹘可汗)禀奏",当指肃州府主带去曹元忠书状之事。963 年二月,甘州回鹘可汗复函,已令宰相前往肃州"再设咒誓",节制回鹘、达怛等部,严禁彼等部众侵扰归义军东境。此处"再设咒誓",表明先前已有类似盟誓,此次又因事端再次"寻盟"。PT 1189.r 号所谓甘州回鹘可汗命令宰相前往肃州主盟,节制达怛、仲云、回鹘诸部,当指此事。963 年前后"西州离乱",屡有"恶弱之人"东奔沙州,继而越入肃州、甘州一带。同年二月,甘州回鹘可汗复函之中,遂向曹元忠询问沙州方向来的三五窃贼之事。PT 1189.r 号所谓盟誓以后不久,肃州遭遇沙州方向来的窃贼二人之害,当与甘州遭遇窃贼一事背景相同。根据同卷第 16—20 行,肃州府主捉获二贼以后,以其确系"逃人"(bros myi),并未交予甘州回鹘,此后二贼逃逸而去。又据第 25—26 行,沙州杨乡官(Yo Hong kwan)之弟捉获二贼,交予肃州处置,此即"诸处小镇"遵照曹元忠所下"文帖"行事。因此,肃州遣使携去这件书状,特地向曹元忠致礼。考虑曹元忠 964 年(乾

---

① 张广达《唐末五代宋初西北地区的般次和使次》,第 188—190 页;并参《张广达文集:文书、典籍与西域史地》,第 167—168 页。
② 补注:关于 rGyal po 的所指,本文初稿将其视作归义军节度使。白玉冬先生指出,rGyal po 当指甘州回鹘可汗,参见《P.T.1189〈肃州领主司徒上河西节度天大王书状〉考述》,《丝路文明》第 1 辑,2016 年,第 117—118 页。再次考量藏文原文和前后语境,笔者认为此说合乎情理、可以采信,故而重新改写了译文和正文。
③ 赤木崇敏《帰義軍時代チベット文手紙文書 P.T.1189 訳註稿》,第 83—84 页。

德二年)以后自号"大王",①PT 1189.r 号的年代当在 964 年。

  肃州位于归义军与甘州回鹘之间,迤北临近达怛等部,适为各部交通、联络的枢纽之地,故而当时常于此地盟誓。PT 1189.r 号第 27 行"迤东方面(甘州回鹘),而今并无不佳之情(myi snyan ba'i kam cud)"等语,足可表明 P 2155.v 号中的"肃州人"(肃州府主)在甘、沙交涉的中介地位。同卷第 23—25 行称肃州乃"阿郎大王城垣"(jo bo the'i wong gyi mkhar),似乎表明肃州此时属于归义军所辖。然而,同卷之中又存在明确的反证:甘州回鹘宰相、军队可以不经归义军的准许而进入肃州,其对肃州军政事务保有实际上的决定权。笔者认为,这件书状所谓肃州属于"阿郎大王城垣",实为居于甘、沙两强夹缝下的肃州府主对曹元忠的一种说辞。前述 kam cud 一词,山口瑞鳳译作"甘州"(Kam cu)。② 王尧、陈践先生将其译作"情状""近况",③最合前后语境。PT 1129 号《肃州曲恭福(Khug Gong 'bug)致河西僧录书状》第 9—10 行,即有 da ltar kam cud thos — //(而今听闻 kam cud)、kam cud — thos //(听闻 kam cud)等句。此卷与 PT 1189.r 号性质相类,均系归义军时期肃州发往沙州的藏文书状。据此可知,kam cud 确有颇为固定的涵义,释作 bka' mchid(译言"音讯""消息")当无疑碍。至于 PT 1189.r 号第 26、28 行 Cang "am 'gra lHa la skyabs,正是肃州府主遣往沙州的使者。Cang "am 'gra 实为汉文"张押衙"的音译,lHa la skyabs(译音"腊罗嘉")义为"神佑",Cang lHa la skyabs(张腊罗嘉)乃是吐蕃化了的汉人姓名。④ 犹似 PT 1131 号《张押衙书状》第 2 行 Cang "am 'gra Mang 'gu,可以译作"张押衙莽古"。

---

① 荣新江《归义军史研究:唐宋时代敦煌历史考索》,第 119、121—122 页。
② 山口瑞鳳《吐蕃支配期以後の諸文書》,第 519 页。
③ 王尧、陈践《敦煌吐蕃文书论文集》,汉文第 193、198 页。
④ Tsuguhito Takeuchi, "Sociolinguistic Implications of the Use of Tibetan in East Turkestan from the End of Tibetan Domination through the Tangut Period (9th–12th c.)", D. Durkin-Meisterest, S.-C. Raschmann et al. eds., *Turfan Revisited: The First Century of Research into the Arts and Cultures of the Silk Road*, Berlin: Dietrich Reimer Verlag, 2004, p.343, p.346 (n.39).

四、多闻天王信仰及"天大王"衔称的意涵

多闻天王即是"毗沙门天王"(Vaiśravaṇa Devarāja),属于佛教所谓护持世间的四大天王之一,因居北方又名"北方天王"。多闻天王作为于阗最主要的护国之神,以其在于阗王统建构传说中的独特地位,堪称于阗意识形态和信仰世界的主尊。约于 6 世纪初叶,于阗多闻天王信仰传入敦煌等地,受到河西官民的敬奉。中唐以后及至归义军时期,多闻天王信仰在敦煌臻于鼎盛。吐蕃统治敦煌时期,多闻天王仍被普遍尊崇。盖因吐蕃对于于阗、敦煌等地的经略,此一信仰波及吐蕃王庭。根据 PT 131 号《赞普愿文》(842 年以后),吐蕃末代赞普朗达玛(Glang dar ma,838—842 年在位)遇弑以后,处境危困的王妃蔡邦·樊([Tshes pong] 'Phan)、遗腹子奥松('Od srung,译言"光护")母子,曾为延续寿元(sku tse)、命祚(srog srid)以及护佑社稷(chab srid)、境土(khams),以杨柳宫(Pho phrang lcang lo)之主"多闻子"(rNam thos gyi sras,多闻天王)发愿盟誓。这件愿文,即是敦煌官民为此举行法事时的应用文本。据此可知,吐蕃末年赞普嗣位之争期间,奥松一派确如 PT 999 号《〈无量寿经〉写经帐册》(844 年)第 4—7 行所示,得到当时仍在吐蕃辖下的敦煌官民的政治支持。① 蔡邦王妃母子所以信重多闻天王,正是因其具有护持国主、国政、国土的神格力量。

根据 PT 1189.r 号第 12 行,达怛、仲云、回鹘诸部,于肃州大云寺(De'i yun zi)之大殿内,gnam mtho mtha' tshigs bgos //。此处"大云寺",当系武周时期所建官寺。对于最末一句,乌瑞译作"瓜分上天有限之地"(les zones limites de haut ciel furent partagées),② 山口瑞鳳译作"共

---

① 陈楠《P.T.999 号敦煌藏文写卷再研究——以往汉译本比较及相关史事补正与考辨》,《中国藏学》2008 年第 3 期,第 25—27 页。
② G. Uray, "L'emploi du tibétain dans les chancelleries des états du Kan-sou et de Khotan postérieurs à la domination tibétaine", p.83. 黄盛璋先生再传其讹,以致干扰到他对于仲云分布区域的判断,参见《敦煌文书中的"南山"与仲云》,第 12 页。

设永久之誓",①赤木崇敏先生译作"领会天空境界"。② 盖因语词译解上的疑窦,如上三家均未给出确诂。王尧、陈践先生译作"以多闻子神起誓",③最合藏文原义和前后语境。这段文字,实际可以释作 rnam thos tha tshig bsgos //,译言"共以多闻天王证盟"。此处 gNam mtho,即指多闻天王(rNam thos [sras],译言"多闻子")。多闻天王作为北方护方之神的特质,正与 PT 1189.r 号第 1 行"河西"(Ha se)、第 4 行"北道"(Byang ngos)所指区位相合。PT 1263 号《藏汉词汇》第 1 行,即以 Ha se byang ngos 对译"河西一路"。况以多闻天王作为重大盟誓的知鉴,非惟于史无征。根据唐代《寺塔记》,长安净域寺"佛殿内西座,番神甚古质。贞元以前西番两度盟(733 年唐蕃赤岭会盟、783 年唐蕃清水会盟),皆载此神立于坛而誓,相传当时颇有灵"。④ 谢继胜先生考证,此处"番神",亦见载于宋代《太平广记》《图画见闻志》诸书,特指多闻天王及其眷属。⑤ 这则多闻天王施于双边交涉的例证,足以反映于阗佛教文化对唐、蕃两国的影响。

曹氏归义军时期,流行于敦煌的多闻天王信仰具有鲜明的官方意涵。曹氏此一信仰特殷,缘自其与于阗在政治文化上的密切联系。尤其值得标举的是,947 年(开运四年)七月十五日,曹元忠施造《大慈大悲救苦观世音菩萨像》(SP 9、SP 242 等号)、《大圣毗沙门天王像》(SP 8、SP 245 等号)各一通。敦煌发现如上雕版印本多件,足以折射当时官府乃至民间此种信仰之盛。细察 SP 242 号《大圣毗沙门天王像》,多闻天王足下的地祇女神(Sa'i lha mo),以及左侧夜叉右手所托的婴孩(Sa nu,译言"地乳"),皆与于阗关系甚密。⑥ 再观多闻天王右侧,当为吉祥女神(dPal gyi lha mo)。

---

① 山口瑞凤《吐蕃支配期以後の諸文書》,第 519 页。
② 赤木崇敏《帰義軍時代チベット文手紙文書 P.T.1189 訳註稿》,第 79 页。
③ 王尧、陈践《敦煌吐蕃文书论文集》,汉文第 192 页。
④ 段成式《寺塔记》卷下《宣阳坊·净域寺》,北京:人民美术出版社,1964 年,第 24 页。
⑤ 谢继胜《吐蕃天王图像式样考——兼析于阗毗沙门或兜跋毗沙门天王渊源》,沈卫荣、谢继胜主编《贤者新宴:王尧先生八秩华诞藏学论文集》,北京:中国藏学出版社,2010 年,第 181—185 页。
⑥ J. Baker, "Vaiśravaṇa and the Lokapālas: Guardian Figures in the Art of Turfan and Beyond", D. Durkin-Meisterest, S.-C. Raschmann et al. eds., *Turfan Revisited: The First Century of Research into the Arts and Cultures of the Silk Road*, Berlin: Dietrich Reimer Verlag, 2004, pp.25 - 26.

根据 PT 960 号《于阗教法史》第 19—32 行，如上形象均系于阗建国传说中的重要元素。SP 245 号图像下方，相应刊印愿文一则：

> 北方大圣毗沙门天王，主领天下一切杂类鬼神。若能发意求愿，悉得称心。虔敬之徒，尽获福佑。弟子归义军节度使特进检校太傅谯郡曹元忠，请匠人雕此印板。惟愿国安人泰，社稷恒昌，道路和平，普天安乐。于时大晋开运四年丁未岁七月十五日纪。

曹元忠何以同日雕印观音菩萨、多闻天王二像，古正美先生指出此举缘自观音菩萨共多闻天王建于阗国的传说。① 这一重要提示，豁然凸显出曹氏的佛教治国理想及其多闻天王信仰的于阗背景。据此可知，这种以崇奉多闻天王为核心的护国信仰，实与当时颇为流行的佛教"转轮圣王"（Cakravartirāja）或"法王"（Dharmarāja）观念相表里。

西藏山南《琼结桥碑》（797 年以后），实为吐蕃赞普墀松德赞（Khri srong lde btsan, 755—797 年在位）墓碑。此碑中的赞普尊号，第 11 行写作"大法王"（Chos rgyal chen po），第 33—34 行写作"圣神大菩提"（'Phrul gyi lha Byang chub chen po）。其中前者，当系"法王"（chos rgyal）一词在吐蕃文献中的最早用例。② 四川石渠《丹达沟摩崖石刻》之中，主尊大日如来的右胁侍观音菩萨右侧刻有一则题记。其中第 1 行，即将墀松德赞称为"赞普菩萨"（bTsan po Byang cub sems dpa'）。据此可知，吐蕃赞普尊号之中使用"转轮圣王"观念，当不晚于 8 世纪末叶。根据 S 6135.v 号《赞普愿文》（9 世纪），庄严"当今神圣赞普"，"长为菩萨之人王，永应如来之付嘱"。这一表述，正与如上二例一脉相承。又据 S 1181.v 号《河西节度使愿文》（931 年），曹议金（914—935 年在位）自号"大王"，仍然袭用吐蕃时期"长为菩萨之人王，永应如来之付嘱"等辞。此处"大王"即指"菩萨之人

---

① 古正美《于阗与敦煌的毗沙门天王信仰》，《从天王传统到佛王传统：中国中世佛教治国意识形态研究》，台北：商周出版社，2003 年，第 488 页。
② H.E. Richardson, *A Corpus of Early Tibetan Inscriptions*, Hertford: Royal Asiatic Society, 1985, p.37.

王",这与 PT 1120.v 号《曹尚书致于阗王书状》(914—920 年)第 1 行称于阗王为"菩萨天子"(Byang cub sem pa' — Then [tse])相类,亦与 IKS 21 号《于阗使臣愿文》(于阗文,982 年)称于阗王为"菩萨王"(Baudasattū rre, Baudasatvāṃ rāṃdä)无异。① 根据 S 6551.v 号《阿弥陀经讲经文》(930 年前后),西州回鹘可汗"权称帝主人王,实乃化身菩萨"。此即表明,这类观念当时颇为流行。曹议金之后,曹元忠、曹延禄(976—1002 年在位)继称"大王",譬如 PT 1189.r 号第 23—24 行称曹元忠为"大王"(The'i wong, De'i wong),同样具有"转轮圣王"的意涵。

根据 PT 1189.r 号第 1—2 行,肃州府主称曹元忠为 Thyen the'i wong(天大王)。然而,似乎不能简单化地理解此词的汉文语源问题。这一衔称,或许受到突厥-回鹘政治文化传统的影响,可以释作"天"与"大王"的合体。PT 1188.v 号《圣天回鹘可汗告牒》(942 年)第 12 行所谓甘州回鹘"圣天可汗"(Dang ri — Kha' gan)、PT 1106.r 号《于阗王致天尚书书状》(944 年以前)第 16 行所谓沙州"天尚书"(Dang re Shang shu),其中 dang ri 或 dang re 均系回鹘文 tängri(译言"圣天"或"天",汉文史籍译作"登里")的藏文借词。② S 6551.v 号之中,西州回鹘可汗号称"圣天可汗"或"天王",实为回鹘文 Tängri qaghan 的不同译法。③ 根据 P 2988.v + P 2090.v 号《西州回鹘使臣愿文》(回鹘文,10 世纪),回鹘可汗、中原皇帝、沙州"太傅"(Taypww)名号之前,皆被冠以 tängri 一词。④ 钢和泰(A. von Staël-Holstein)藏卷《于阗使臣致沙州太保书状》(925—927 年)第 1、2、

---

① 赤木崇敏《十世紀敦煌の王權と轉輪聖王觀》,第 69、76—78 页。
② G. Uray, "New Contributions to Tibetan Documents from the Post-Tibetan Tunhuang", H. Uebach & J.L. Panglung eds., *Tibetan Studies: Proceedings of the 4th Seminar of the International Association for Tibetan Studies, Schloss Hohenkammer, Munich* 1985, München: Kommission für Zentralasiatische Studien, Bayerische Akademie der Wissenschaften, 1988, pp.520 - 524. 关于 PT 1106.r 号写本的年代,参见荣新江、朱丽双《一组反映 10 世纪于阗与敦煌关系的藏文文书研究》,《西域历史语言研究集刊》第 5 辑,2012 年,第 101—102 页。
③ 张广达、荣新江《有关西州回鹘的一篇敦煌汉文文献——S.6551 讲经文的历史学研究》,原载《北京大学学报》1989 年第 2 期;此处引自《张广达文集:文书、典籍与西域史地》,第 159—161、163—164 页。
④ J.R. Hamilton, *Manuscrits ouïgours du IXe-Xe siècle de Touen-houang: textes établis, traduits, et commenté*s, Tome I, Paris: Peeters, 1986, pp.83 - 92.

10、27行,称曹议金为"王"(rGyal po)或"天王"(lHa rgyal po),称于阗王为"狮子王"(Seng ge rGyal po)或"狮子天王"(Seng ge lHa rgyal po)。[1]此卷的年代在931年(长兴二年)之前,当时曹议金尚未自号"大王"。考虑这件书状发自于阗,故而其中所记衔称,或为曹氏归义军三代节度使自号"王"或"大王"的张本。PT 1284号《河西节度致于阗王书状》(978—980年[2])第6行,称于阗王为"天大王"(lHa'i rgyal po ched po),其与钢和泰藏卷中的"天王"(lHa rgyal po)并无本质不同。这一衔称频繁地使用于几大政权间的往还书状之中,恐非单一汉地传统之说可以解释。设若关照唐宋之际河西地区的部族生态和文化互动,其所蕴涵的曹氏归义军与回鹘、于阗的政治文化交流自亦不难想见。

五、结　语

基于PT 1189.r号所记史事及其背景,这件书状当系964年肃州府主致归义军节度使曹元忠的致礼信函。综合如上讨论,PT 1189.r号所记河西地区几大部族或政权间的交涉史事,虽是一个颇为具体的历史断面,但却反映了一个长时段的历史背景。唐宋之际河西地区部族关系与护国信仰的概貌,足可通过这件书状予以管窥和探寻。PT 1189.r号以其多层面的史实信息,集中折射出当时敦煌周边诸多部族碰撞与交流,以及多元文化分异与融合的状况。此点见诸政治文化领域,便是不同部族或政权对于多闻天王信仰的共识和实践,以及对于"转轮圣王"观念的袭用或互鉴。作为政治名号的"天大王"衔称的文化渊源,在此意义上展现出深广的背景内涵和丰富的历史语境。曹氏归义军三代节度使自号"王"或"大王"的文化心态,非惟藉其据有一方而自大自雄这一浅层因素,佛教治国的政治理想和护国佑方的价值动机庶几更占重要地位。曹氏归义军统治敦煌时

---

[1] W. Thomas & S. Konow, "Two Medieval Documents from Tun-huang", *Oslo Etnografiske Museums Skrifter*, Bind 3, Hefte 3, 1929, pp.123-126.
[2] 关于PT 1284号写本的年代,参见荣新江、朱丽双《一组反映10世纪于阗与敦煌关系的藏文文书研究》,第105—109页。

期的诸多史事,亦可循此路径获得较为通透的诠解。

附识之一：本文原载《西域历史语言研究集刊》第7辑（2014年）。发表以后,笔者对于译文和正文作过一些订正和补充。此后,白玉冬先生发表专文,对于PT 1189.r号的年代提出新的观点,刊于《丝路文明》第1辑（2016年）。此文指出：P 3272.v号《甘州使头阎物成文书》（967年）并未提及达怛、仲云参与会盟,故而不能作为PT 1189.r号的断代依据（第107页）；IKS 13号、P 2741号《于阗使臣奏稿》（924年）表明回鹘、达怛、仲云常于途中劫掠前往甘州的使臣,而且达怛、仲云与甘州回鹘系盟友关系,鉴于PT 1189.r号与这一背景存在相似之处,故而此本的年代应在曹议金自号"大王"的931—935年（第117—120、123页）。笔者认为：IKS 13号、P 2741号所反映的部族关系格局,实为唐宋之际河西地区一个长时段的历史现象,尚不足以作为断定某一写本具体年代的切实依据；与此相反,P 3272.v号所记"诸部盟誓"这一史事,以及"西州离乱"这一背景,仍是目前可资取信的唯一断代坐标。因此,本文原有结论不变。

（记于2018年6月）

附识之二：最近,陆离先生发表专文,对于PT 1189.r号的年代以及相关问题再作讨论,刊于《藏学学刊》第19辑（2018年）。此文基于白玉冬先生的断代之说,主要观点如下：P 3272.v号《甘州使头阎物成文书》（967年）以及相关写本表明,曹元忠掌政时期,归义军已经不能控制肃州,此时甘州回鹘完全领有肃州；PT 1189.r号明言肃州属于"阿郎大王（归义军节度使）城垣",同时甘州回鹘对于肃州事务仍然保有相当的干涉权,肃州府主为求庇护归义军辖境来的窃贼,未将窃贼交予甘州回鹘；P 3272.v号与PT 1189.r号所记并非一事,故而后者的年代应在931—935年（第67、69—72、83—85页）。笔者认为：基于PT 1189.r号藏文原文和前后语境,其与P 3272.v号所记仍为一事。PT 1189.r号所谓肃州属于"阿郎大王城垣",实为居于甘、沙两强夹缝下的肃州府主对曹元忠的一种说辞,这与肃州实际依属甘州回鹘并不矛盾。至于窃贼,当系西州"逃人"及其所纠合的"诸处贫下",并非全系归义军属民。因此,本文总的结论不变。

此外,陆离先生强调,PT 1189.r 号中的 Thyen the'i wong(天大王)衔称完全出自汉地传统,并举 P 3882.2 号《张元清逸真赞》称曹议金为"承天托(拓)西大王"为例(第 66—67 页)。他将"天"视作"承天"的省称,尚有未尽周致之处。汉地政治传统之中,确实存在"天王"之号。五胡十六国时代的君主称号,通常经过"王"→"天王"→"皇帝"这一不断抬升的过程,亦有因故将"皇帝"降为"天王"的事例。及至唐宋之际,仍有类似事例。根据 S 1563 号《西汉敦煌国圣文神武王敕》(914 年),归义军节度使张承奉(894—914 年在位)911 年败于甘州回鹘以后,国号"金山国"改称"敦煌国",王号"天子"降为"天王"。然而,通观 PT 1189.r 号以及相关写本,当时不同部族或政权对于政治名号的袭用或互鉴蔚为风尚。笔者认为:"天大王"与"天王"并无本质不同,这一衔称难保不受突厥-回鹘政治文化传统的影响,可以释作"天"与"大王"的合体。汉地传统中的"天王"即便古已有之,此时恐已突厥-回鹘化了。

(记于 2019 年 8 月)

新史料中所见札八儿火者史事及其时代背景

邱轶皓(复旦大学历史学系)

引 言

早在成吉思汗统一蒙古诸部以前,来自东部伊斯兰世界的穆斯林就已经活动于各部落之间从事长途商业活动。而在其早期征服活动中,也能够看到少量穆斯林追随者的身影。不过和蒙古人第一次西征(1219—1224)之后开始系统性地利用穆斯林管理国家的做法不同,这些早期的追随者大多是通过为成吉思汗个人提供军事、经济和外交方面的服务而被吸纳进其亲信群体的。

札八儿火者作为成吉思汗最早的一批非蒙古人追随者之一,为我们提供了一个观察蒙古人与中亚、伊朗穆斯林社会发生联系的案例。关于其生平,最基本的史料为《元史》所录之本传,该传当取材于其后人所提供的行状。该传仅集中于其生平的三个重要事件:1. 参与"共饮班朱泥河水";2. 引路攻破居庸关;3. 与丘处机对谈。效忠于德里算端(r. 1206—1526)的波斯语史家术兹札尼(Minhāj al-Sirāj Jūzjānī, 1193—ca. 1260)和帖木儿时期的史家宏答迷儿(Ghiyāth al-Dīn b. Humām al-Dīn al-Ḥusayn Khvāndamīr, 1475—1534/37)分别在所著史书中也就"札八儿使金并谍获攻金密道"一事,提供了一个与汉文记载大体平行的版本。和术兹札尼相对平实的记述不同,宏答迷儿的版本带有帖木儿后期史传文学的特征,辞藻华丽且包含有波斯语史书中常见的刻板对话。

正因为相关史料比较丰富,所以围绕这些文献而展开的研究成果也较多。如杨志玖先生很早就结合汉、波斯语文献对相关史事作过考证。另外,党宝海和本人也分别从不同角度撰文加以考述。[①] 不过近年来在伊朗新刊布的一种阿拉伯语蒙古史书,难得地为我们展示出同时代的波斯人对札八儿火者其人其事的看法。因此本文尝试从对新史料的译注切入,不仅对其传记信息加以增补,同时更进一步讨论历史记述者自身的宗教身份是如何影响,甚至重塑历史图景。

一、札八儿火者史事译注

1. 文献介绍

2015 年德黑兰大学历史系教授贾法里扬(Rasūl Jaʿfariyān)刊布了一部题为《蒙古-鞑靼君王纪事》(*Aḥwāl mulūk al-tatār al-mughūl*,下简称《纪事》)的阿拉伯语史书。题目为整理者所加,同时贾法里扬强调该书为巴格达陷落后最早的一批历史记录。

本书作者忽辛·本·阿里·巴惕惕(Ḥusain b. ʿAlī Baṭīṭī)。他是 1260 年代前后活动于伊朗阿思塔剌八忒市(Astarābād,在今伊朗古雷斯坦省同名城市)的什叶派宗教学者。马穆鲁克王朝教法学家(属沙斐仪派)、作家阿思喀兰尼(al-ʿAsqalānī,1372—1449)在其名人别号辞典中简略记载道,巴惕惕又名忽辛·本·阿合马·本·阿里·阿剌维(al-Ḥussayn b. Aḥmad b. ʿAlī al-ʿAlawī,阿剌维为什叶派分支),卒于约 600H/1203—4 年以后。[②] 按,其名字中的"巴惕惕"应该是别号。阿语词根 baṭṭ 一词有"胫、腿"义,又引申

---

① 杨志玖《补〈元史·札八儿火者〉》,《元代回族论稿》,天津:南开大学出版社,2013 年,第 363—369 页;《〈新元史·阿剌浅传〉证误》,《元代回族论稿》,第 370—377 页;党宝海《外交使节所述早期蒙金战争》,刘迎胜编《清华元史》第三辑,北京:商务印书馆,2015 年,第 159—187 页;Yihao Qiu, "Jaʿfar Khwāja: A Sayyid, Merchant, Spy and Military Commander of Chinggis Khan", *Along the Silk Roads in Mongol Eurasia: Generals, Merchants, and Intellectuals*, Michal Biran, Jonathan Brack, Francesca Fiaschetti (eds.), Oakland: University of California Press, 2020, pp.143-159.

② Ibn Ḥajar al-ʿAsqalānī, *Nuzhat al-albāb fī al-alqāb*, al-Riyāḍ: Maktabat al-Rushd, 1989, v.1, p.124. 按,阿思喀兰尼所记巴惕惕去世年代明显有误。

为"跛行、无胫的靴子"等义。至于他为何得此别名,整理者贾法里扬认为可能与其家族最初所从事的职业(如制靴匠人)有关。① 无独有偶,传记辞典作者者萨法底(al-Ṣafadī,1269—1363)也记录生活在九世纪的宗教学者亦不剌金·本·哈立的·哈斐兹(Ibrāhīm b. Khālid al-Ḥāfiẓ,? —250H/864—5)同样也以"巴惕惕而知名"(al-maʿrūf bi-Baṭīṭī)。②

除名字外我们对巴惕惕的生平事迹所知无几。他最有名的著作是把十三世纪初什叶派学者剌齐(全名:Jamāl al-Dīn al-Murtaḍa Abū ʿAbdallāh Muḥammad b. al-Ḥusain al-Ḥasan al-Rāzī)讨论什叶派合法性的著作《民智启蒙》(Tabṣirat al-ʿuwāmm,完成于620H/1223年)从波斯语译成阿拉伯语并加以续写(完成于658H/1260年)。③ 该书唯一的一个抄本,现存于伊朗议会图书馆(Kitāb-khāna-yi Majlis-i Shūrā-yi Islāmī)。此抄本应该是在伊朗境内抄录的,因为其中能看到明显的波斯语影响。例如位于词尾的字母 kaf,抄写者遵循波斯语书写习惯写作ک,而不是阿语的ك。

贾法里扬在评价巴惕惕的阿语译文时称其"阿语水平并非一流",理由是译文中有不少拼写错误。不过他也认可巴惕惕的译文时而也展示出了他对古典风格和文学修辞的了解。《民智启蒙》原书共26章,而《纪事》恰好收录于巴惕惕所续写的第27章。贾法里扬认为本章内容和风格独立于全书之外,意在记述史事而非表彰宗教。而我们巴惕惕生平的了解基本上就来自《民智启蒙》的译本和补编,以及少量什叶派学者的传记汇编。

---

① Ḥussain b. ʿAli Baṭīṭī, *Aḥwāl mulūk al-tatār al-mughūl*, Rasūl Jaʿfariyān (ed.), Qom: Nashir Mūrkh, 2015, p.10.
② Ṣalāḥ al-Dīn Khalil b. Aybak al-Ṣafadī, *Kitāb al-wāfī bi-l-wafāyāt*, Aḥmad al-Arnāʾūṭ and Turkī Muṣṭafā (eds.), Beirut: Dār Iḥyāʾ al-Turāth al-ʿArabī, 2000, v.5, p.226.
③ Josef van Ess, *Der Eine und das Andere: Beobachtungen an islamischen häresiographischen Texten*, Berlin: De Gruyter, 2011, (Studien zur Geschichte und Kultur des islamischen Orients, Band 23), v.1, p.1020; Baṭīṭī, *Aḥwāl mulūk al-tatār al-mughūl*, p.9. 剌齐书的波斯文版本已由伊克巴尔整理出版: Muḥammad b. al-Ḥussayn al-Ḥasan al-Rāzī, *Tabṣira al-ʿuwāmm fī maʿarifa maqālāt al-anām*, Abbas Iqbal (ed.), Tehran: Asāṭir Press, 1985。

据载,巴惕惕在阿思塔剌八忒(Astarābād)完成经堂教育后留居当地从事著述活动,并获得"谢赫"(Shaykh)头衔。① 1221 年,奉成吉思汗之命追击花剌子模算端的哲别、速不台二人率军进入呼罗珊地区。哲别的军队在阿模里(Amūl)和阿思塔剌八忒城屠杀甚惨。② 作为蒙古军队屠杀的幸存者,巴惕惕一直深受此事的影响,如他曾写诗形容自己的时代好比驻足"于深渊之侧"('alā shafā jurf)。③

不过作为什叶派穆斯林,巴惕惕也敏锐地预感到伴随着这些草原统治者而来的不仅有血腥杀戮,也可能是开启了一个对宗教少数派更为有利的时代。所以作者和大多数落入蒙古人治下的波斯本土民众一样,很快就接受并认可了后者的统治。更有甚者,在序言中巴惕惕公开声称自己写作《纪事》之目的是为了记录蒙古人兴起到征服报达(Baghdād)的历史。但翻阅过此书的读者很快就能发现,全书重心实在描述亦思马因派和哈里发的覆灭。作者不仅将阿拔思哈里发的结局归咎为对什叶派和阿剌维派的压迫(ẓulm),同时还以一首表达欣喜之情的颂诗(qaṣīda)作为全篇的压卷。④ 因此从某种程度来说,《纪事》中描述报达陷落的章节与其说是客观的历史记录,毋宁说反映了什叶教徒对该事件的主观感受和情绪宣泄。

巴惕惕在全书中仅有少数几处提到了他的信息提供者。其中最主要的一位名为阿明·丁(全名:Amīn al-Dīn Muḥammad b. Amīrgān al-Astarābādī)。而阿明·丁又是从供职于哈剌和林的穆斯林摩诃末·希法夫(Muḥmmad al-Ḥifāf,按,ḥifāf 意为"边境")那里,以及"一些蒙古老者——其中一些人曾随侍在成吉思汗家族身边,或曾目睹过他们的生平事业"('an baʿḍ al-mughālayn alladhī kāna shaikhan dahrīyan min jumla min taqarrub bi-Āl-Jinqiz Khān, wa taʿarruf min ḥālihum

---

① Muḥsin al-Ḥusaynī ʿĀmilī (1867—1952), Aʿyān al-shīʿah: durr al-thamīn fī ahamm mā yajibu maʿari fathū ʿalā al-muslimīnī, Beirut: Dār at-Taʿāruf, 1979 -, v.6, p.96.
② 《史集》记载了哲别军队在阿思塔剌八忒对居民的屠杀。拉施特《史集》,余大钧、周建奇译,北京:商务印书馆,1997 年,第一卷,第 2 分册,第 292 页。
③ Baṭiṭī, Aḥwāl mulūk al-tatār al-mughūl, p.12.
④ Baṭiṭī, Aḥwāl mulūk al-tatār al-mughūl, pp.91 - 94.

mushāhidan wa ʿayānan)那里听来的。① 我们没能够在同时代的波斯、阿拉伯语人名辞典中找到上述两人的生平事迹。看来他们未必是当地的长官或贤达,更可能仅仅是巴惕惕私人社交网络中的成员。同时,整理者贾法里扬也认为,巴惕惕不可能仅凭口述信息写作全书,应该也利用了部分在其写作时能搜罗到的编纂性史料。

2.《蒙古纪事》中的札八儿火者事迹

《纪事》中和札八儿火者有关的段落全文迻译如下:

> 成吉思(Jinqiz)成为大汗(*khānān kabirān*)和有名的异密之后,其权势益著,部众日增。因此他将目光投向了更为遥远的地区。商人们前往他那里,而那些了解[那些地区]的人也同样如此。他们告知他关于远方各国的信息,于是[成吉思汗]决意进而攻占契丹境内的每一片地区。
>
> 契丹的统治者之一阿勒坦王(Altūn Malik)进行了抵抗,因此他(成吉思汗)率领军队对之进行长期围困,但后者的策略未能奏效。
>
> 此时,他的军队中有一名极为机智聪明之人,此人为一品行端正的什叶教徒,为阿拉伯裔并操阿语(*min shīʿa sadīda ʿArabī al-nasab waʾl-lisān*),名为札八儿火者。某日,他来到成吉思[汗]跟前说:"若我能助你攻下该城,你将如何奖赏我?"——[该城]即"汗八里"(*Khām-Bāligh)。
>
> [成吉思汗]说:"若假你之手使我们顺利[攻占此城],你将会得到阿勒坦王的财富、妻子和王座。"
>
> 札八儿知道一些[通往汗八里的]秘密小道,因为他曾多次前往彼地行商。因此他带着军队穿过小道,包围并夺取了[城市]。阿勒坦王被俘,成吉思汗下令将其处死。他(成吉思汗)又将曾许诺过的一切,如[阿勒坦王的]王座和妻子赐予札八儿,然后就带着无数战利品返回了。②

---

① Baṭīṭī, *Aḥwāl mulūk al-tatār al-mughūl*, p.65.
② Baṭīṭī, *Aḥwāl mulūk al-tatār al-mughūl*, p.70;手稿影印版见 pp.108 – 109. 本章标题《成吉思汗攻克汉地》(*salṭa Chinggīz Khān ʿalā bilād Chīn*)为整理者所拟。

3. 考释

《纪事》的行文风格反映了一定程度的口语特征。如文中称金朝皇帝为"阿勒坦王（Altūn Malik）"而非当时波斯语史书（如志费尼、术札尼著作）中习见的"阿勒坦汗"。这应该是转述者为了便于听众理解而作的解释。与之类似的案例可见马可波罗所著《行纪》，作者在书中称金朝皇帝为"黄金王"（Roi Dor）。此外，《纪事》中的蒙古人名、地名的拼写也稍异于此后通行的写法。例如，成吉思汗被写作"Jinqīz"，而非大多数文献中所见的"Jinkīz"；"汗八里"则被写作"Khām-Bāligh"而非"Khān-Bāligh"等。这应该是讲述者本身的口音差别在文献中的反映。

更值得注意的是，称金朝都城为"汗八里"，而我们确知自金海陵王贞元元年（1153）后即改燕京为中都。到金贞祐三年（1215）金帝弃城南奔后，新据此地的蒙古人复改"中都"为"燕京"。至元九年（1272）并金旧中都入新建的大都。"汗八里"则是"大都"一名的突厥语翻译。① 故据"汗八里"一名，可判断现存《纪事》文本并非如整理者所认为的那样，完成于1260年。相反，它有可能在1272年之后经过了增补或改写。

在主要的叙述情节方面，《纪事》和同时代成书的《纳昔里史话》相似，都将1211年至1215年间连续发生的四次蒙金战事当成一个连续的事件来叙述。② 《纪事》着重描写了蒙古人对燕京的长期围困。③ 这一情节也

---

① 陈高华、史卫民《元代大都上都研究》，北京：中国人民大学出版社，2010年，第27页。而即使在中都改名之后，回鹘语和波斯语文献中仍常见以"Jūnk-dū"旧名与"汗八里"并称的用法。邱轶皓《大德二年（1298）伊利汗国遣使元朝考：法合鲁丁·阿合马·惕必的出使及其背景》，《中研院历史语言研究所集刊》，2016年，第八十七本第1分，第93页。

② Minhāj al-Sirāj Jūzjānī, *Tabakat-I-Nasirī: A General History of the Muhammadan Dynasties of Asia: including Hindustan, from A.H. 194 (810 A.D.) to A.H. 658 (1260 A.D.) and the Irruption of the Infidel Mughals into Islam*, Major H. G. Raverty (tr.), London: Gilbert & Rivington, 1881, v. 2, pp. 953 – 954; Jūzjānī, *Ṭabaqāt-i Naṣirī*, 'Abdalḥay Ḥabibī (ed.), Kabul: Pūhanī Maṭb, 1864, v. 2, pp. 100 – 101.

③ 根据汉文史料，蒙古军队对燕京的围困先后有两次，分别是贞祐元年至二年正月（1213—1214），贞祐二年三月至三年五月（1215）。宇文懋昭《大金国志校证》卷二四，崔文印校证，北京：中华书局，1986年，第324—325页。李心传《建炎以来朝野杂记》乙集卷一九《鞑靼款塞》，徐规点校，北京：中华书局，2000年，第851页。

普遍见于同时代的历史著作和教廷使节的报告中,并逐渐成为西方历史中表现蒙古人"野蛮"的刻板描述之一。[①] 此外,札八儿火者献计经小道攻金的事件被延后到围攻燕京期间,而《元史》和《纳昔里史话》均指出该事件发生在1213年攻克居庸关时。

巴惕惕书中所提供的最具价值的信息,是关于札八儿火者的族属和宗教派别的资料。称札八儿为"阿拉伯裔并操阿语",这和《元史》本传称其为"赛夷人"(Sayyid)可以相勘合。[②] 按,赛夷原本被用来指称穆罕穆德后裔,特别是指那些出自阿里和法蒂玛两子哈桑和侯赛因的子嗣。因此具有"赛夷"身份就相当于承认某人具有阿拉伯血统。而在蒙元一朝,蒙古统治者普遍有重视"根脚"(huja'ur)出身的习惯。据《元朝秘史》记载,成吉思汗对具有贵族血统的人,即便是世敌之子也往往能加以优待。[③] 因而札八儿火者圣裔身份无疑有助于其得到成吉思汗的重视。

而当蒙古人在进入中亚地区后,也将草原部族传统的身份观念和"根脚"意识带入当地,甚至部分强化了中亚本地穆斯林精英对族裔、血统的认同。穆明诺夫(Muminov)在一篇讨论中亚贵族和圣裔的论文中指出,在经历蒙古统治之后,本土的宗教家族更倾向于强调,甚至杜撰自身的圣裔血统(即阿拉伯族源)。[④] 巴惕惕写作的时代虽然较早,但作为一位从蒙古西征开始就较积极地与后者合作的什叶派学者,强调札八儿的阿拉伯身份应该来自和蒙古的实际交往经验。

我们更可以参考汉语、阿语的记载进一步推考札八儿火者的原居

[①] John of Plano Carpini, *Historia Mongolorum: The story of the Mongols whom we call the Tartars*. Translated Erik Hildinger, Boston: Branden Publishing Company, 1996, p.52. Gregory G. Guzman, "Reports of Mongol cannibalism in the thirteenth-century Latin sources: oriental fact or western fiction?", *Discovering New Worlds: Essays on Medieval Exploration and Imagination.*, Scott D. Westrem (ed.), New York and London: Garland Publishing, 1991, pp.31 - 68.
[②] 宋濂《元史》,卷一二〇,《札八儿火者传》,北京:中华书局,1976年,第2960页。
[③] 陈得芝《程钜夫求贤江南考》,《蒙元史研究丛稿》,北京:人民出版社,2005年,第594页。
[④] Ashirbek Muminov, "Dihqāns and Sacred Families in Central Asia", *Sayyids and Sharifs in Muslim Societies: the living Links to the Prophet*, Morimoto Kazuo (ed.), London: Routledge, 2012, pp.198 - 209.

地。《元典章》有一条,引述成吉思汗时期旧例,将汉儿民户事务交由"近都不儿、探木呵、大西札发儿和尚根底也相参委付了来"。①据洪金富考证,上揭文字中提及的三人即指不只儿(Bujir)、撒木合(Samghar)和札八儿火者,②别号"大西"可能是记录者用来表示札八儿火者原居地。考虑到传统汉文文献一般称突厥斯坦和中亚地区为"西域",则札八儿火者名字前的"大西"("大"当读如"泰")意为"极西",所指或为伊朗东部。

关于札八儿火者前往汉地时的身份,《元史》本传和波斯文史料的记述均强调其受成吉思汗之命以使节身份前金国,并乘机侦知绕过金人防守的小路。③ 而他的使节身份同时也体现在《金史》径直以"乙里只"称之而不名。甚至远在埃及的马穆鲁克历史学家答瓦答里(al-Dawādarī,写作年代为:1309/10—1335/6)也通过经阿哲儿拜占人(Azirbāyjān)带到叙利亚和埃及的信息,在其编年史中也提到成吉思汗派遣一名"使者"(iljī)——即札八儿火者前往金朝谍取情报的故事。④

但《纪事》却称札八儿火者曾多次前往汉地行商(kāna yatjara ilayhā)。这则信息虽有异于上述记载,却能在史料中找到相应的证据。对于什叶派穆斯林从事前往中国的长途贸易,十二世纪的作者马卫集(Marwazī)就曾记载道,早在倭玛亚王朝时期(r. 661—750)阿里派(什叶派)教徒为了躲避倭马亚人的迫害而逃往呼罗珊,并从那里前往中国。他们在中国学会了汉语以及其他来到中国的人的语言,并在商队与贸易者

---

① 《元典章》卷八《吏部·官制二·选格·色目汉儿相参勾当》,陈高华、张帆、刘晓、党宝海点校,北京:中华书局;天津古籍出版社,2011年,第一册,第246页。
② 洪金富《元典章点校释例续》,《元史及民族与边疆研究集刊》,第24辑,上海古籍出版社,2011年,第48页。
③ 英译本作:效力于那些人(蒙古人)的……札八儿以经商为名来到阿勒坦汗军中(Ja'far, who was among that people [the Mughals], among the force of the Altūn Khan under semblance of traffic)。不过据波斯文本当作:"以遣使为名派往阿勒坦汗处"(ba-vajh-i risālat ba nazdīk-i Altūn Khān firistād)。Tabakat-I-Nasiri, v. 2, pp. 953 - 954; Ṭabaqāt-i Nāṣirī, v.2, pp.100 - 101.
④ al-Dawādārī (Abū Bakr b. ʿAbd-Allāh b. Aybak), Kanz al-durar wa-jāmiʿ al-ghurar, Ulrich Haarmann (ed.), Cairo: Deutsches Archäologisches Insitut Kairo, 1971, Der Bericht über die frühen Mamluken, v. 7, p.235; Ulrich Haarmann, "Altun Hān und Čingiz Hān bei den ägyptischen Mamluken", Der Islam, 1974, v.51, pp.29 - 30.

之间做中间人。① 继倭马亚王朝之后，阿拔思哈里发（r. 750—1258）和由迁居河中的突厥部落建立的塞尔柱王朝（r. 1037—1194）仍然延续了对什叶派的不宽容态度。因此，什叶派教徒为躲避宗教迫害而东迁伊斯兰核心地区并进入汉地，应该是一个长期的过程，而他们中的许多人应该是凭借自己的经商才能谋生的。

对于地处欧亚贸易网络东端的金朝而言，来自中亚的穆斯林商人也扮演着越来越重要的角色。十世纪以降，随着高昌回鹘、西夏、西辽和花剌子模等区域性政权的兴起，将原本连贯为一体的陆上丝绸之路分割为各个区域性商业网络。随着商业网络的复杂化，越来越多来自中亚的穆斯林商人逐渐参与到与金朝的贸易活动中来，尽管直到十二世纪回鹘商人仍然控制了丝路东段大多数的商业份额。大定中（1161—1188）来自虎思斡耳朵（Ghuzz Ordo）的"回纥移习览三人至西南招讨司贸易"。②

而对于草原上的蒙古诸部来说，中亚商人则适时填补了因金朝出口限制（如铁器）而造成的物资短期。同时从中亚输入的日用品，例如衣服等也是游牧民日常生活不可或缺的商品。伊本·阿昔儿（Ibn al-Athīr）就曾经记载说，因为花剌子模沙从西辽手中夺取河中地区的战争暂时切断了前往东方的商路，随即导致了蒙古草原上服装的奇缺。③ 而曾经出使蒙古草原的南宋使节彭大雅也称"鞑人所需"大多为"汉儿及回回等人贩入草地"。④

除了从事长途贸易外，来自中亚的穆斯林商人的语言能力也使他们

---

① Shiraf al-zamān Tāhir Marwazī, *Sharaf al-Zaman Tahir Marvazi on China, the Turks and India*, V. Minorsky (ed. and tr.), Frankfurt am Main: Institute for the History of Arabic-Islamic Science at the Johann Wolfgang Goethe University, 1942, p.17, 66. 根据洛杉矶图书馆和伊朗议会图书馆两个新抄本作的翻译见，乌苏吉（M. B. Vosoughi）（著），王诚译，邱轶皓审校《〈动物之自然属性〉对"中国"的记载：据新发现的抄本》，《西域研究》2016 年第 1 期，第 105 页。
② 脱脱《金史》卷一二一《粘割韩奴传》，北京：中华书局，1978 年，第 2637 页。
③ Ibn al-Athīr, *The Chronicle of Ibn al-Athīr for the Crusading Period from al-Kāmil fī'l-taʾrīkh*, D. S. Richards (tr.), Burlington: Ashgate, 2007, vol.3, p.205.
④ 彭大雅《黑鞑事略校注》，许全胜校注，兰州大学出版社，2014 年，第 84—85 页。

受到蒙古人的重视。如马卫集称来到东方的什叶派穆斯林很快学会了汉语及其他语言,彭大雅则称回回"多技巧,多会诸国言语"。语言优势和行商于各地的特点,使得蒙古人也常常利用穆斯林充当侦查汉地情报的间谍。据赵珙《蒙鞑备录》所记,当时故金地区还流传有田姓回鹘商人"饶于财,商贩巨万,往来于山东、河北,具言民物繁庶,与乣军同说鞑人治兵入寇"。①

二、札八儿史事西传的网络

《蒙古纪事》和《纳昔里史话》中札八儿火者的事迹应该是来自不同信息渠道的两个不同版本。理由之一是术兹札尼本人始终保持着对什叶教徒的仇视,其次则是信息的来源不同:术兹札尼的消息来自花拉子模使节赛典赤·宝合丁·剌齐(Sayyid Ajjāl Bahā' al-Dīn al-Rāzī)的报告,②而巴惕惕的信息则来自前面提到两位穆斯林阿明·丁和摩诃末·希法夫。那么当时为何会存在一个连接蒙古草原和阿思塔剌八忒的信息网络?札八儿火者的事迹,又为何会引起阿思塔剌八忒穆斯林特别的关注?这必须要从阿思塔剌八忒在伊朗什叶派历史上的特殊地位中寻求解释。

阿思塔剌八忒靠近祃赞答儿和里海,是朱里章第二大城,其规模仅次于地区首府朱里章城。雅库忒·哈马维《地理词典》一书称阿思塔剌八忒以汇聚各色技艺的才智之士而知名。③除此之外,当地也出产各类谷物、水果和丝织品,甚至直到伊利汗后期,该地仍需定时缴纳丝织品充

---

① 赵珙《蒙鞑备录》,王国维校注,《王国维遗书》第十三册,上海古籍出版社,1993年,叶14a—14b。
② Jūzjānī/Raverty, *Tabakat-I-Nasirī*, v.2, p.963; Jūzjānī/Ḥabībī, *Ṭabaqāt-i Naṣirī*, v.2, p.102. 党宝海《外交使节所述早期蒙金战争》,第169页。
③ Yāʻqūt b. ʻAbd Allāh al-Ḥamawī, *Muʻjam al-buldān*, Beirut: Dār Ṣādar, 1977, v.1, pp.174-175; Yāʻqūt ibn ʻAbd Allāh al-Ḥamawī, *Dictionnaire Géographique, Historique et Littéraire de la Perse et des Contrées Adjacentes*, Barbier de Meynard (tr.), Paris: Imprimerie Impériale, 1861, p.32.

当贡赋。①

在伊斯兰征服时期,朱里章地区(包括阿思塔剌八忒)信仰琐罗亚斯特教的波斯居民曾在阿拉伯人入侵初期频频发起叛乱,最终皈依了什叶派,并逐渐发展为伊朗东部较有规模的什叶派聚居地。据穆思妥菲(Mustawfī)称,朱里章城以有被称为"红色的墓"(Gūr-i Surkh)的什叶派圣墓而闻名,据说墓主人是阿里后裔之一第六代伊玛目贾法儿·撒底黑(Jaʿfar al-Ṣādiq)及其子摩诃末(Muḥammad),均葬在距阿思塔剌八忒不远的朱里章城,并成为在什叶派信众中有影响力的圣墓。② 不过在塞尔柱王朝统治时期,出身于突厥部族的统治者属逊尼派并对什叶信众持敌视态度。例如,《治国策》作者内扎米·木勒克记述道:如果有人提出要为突厥人服务,若他说自己是来自库姆(Qum)、卡尚(Kāsān)、阿巴(Āba)或雷伊(Ray)的什叶派,就会遭到拒绝并被告知:"走吧,我们是杀蛇的而不是养蛇的。"而在另一节里,和内扎米·木勒克交好的哈纳斐派法官穆沙塔伯(Mushṭṭab)说,"如果你看到一个诨名为拉斐迪(Rāfiẓī,即什叶派)的人声称信仰伊斯兰教,就杀死他们,因为他们是多神论者"。③ 正因如此,所以在蒙古兴起之前故阿思塔剌八忒的什叶派社群在波斯语文献中显得籍籍无名。

但也因为如此,在经受了蒙古西征军队最初的屠戮之后,阿思塔剌八忒的什叶派居民忽然发现过去怀有宗教偏见的统治者被一扫而空。新的征服者则宽容地支持一切能为汗室"告天、祈福"功能的宗教形式。所以仅仅在哲别扫荡当地十年后,阿思塔剌八忒就成了与蒙古人积极合作的

---

① Ḥamdallāh Mustawfī Qazvīnī, *The Geographical Part of the Nuzhat al-Qulūb*, G. Le Strange (tr.), Leyden: Brill, 1919, p.156; ʿAbd Allāh b. Muḥammad b. Kiyā al-Māzandarānī, *Die Resälä-ye Falakiyyä des ʿAbdollah Ibn Moḥammad Ibn Kiyā al-Māzandarānī. Ein persischer Leitfaden des staatlichen Rechningswesens* (um 1363), W. Hinz (ed.), Wiesbaden, 1952, p.155.

② Ḥamdallāh Mustawfī Qazvīnī, *The Geographical Part of the Nuzhat al-Qulūb*, G. Le Strange (tr.), Leyden: Brill, 1919, p.156.

③ Khvāja Niẓām al-Mulk, *Siyar al-mulūk (Siysāt-nāma)*, Hubert Darke (ed.), Tehran: Intishārāt-i Bungāh-i Tarjamah va Nashr-i Kitāb, 1981, p.216, 219; Niẓām al-Mulk, *The Book of Government, Or, Rules for Kings: The Siyar al-Muluki, Or, Siyasat Nama of Nizam al-Mulk*, Hubert Darke (tr.), London: Routledge, 2002, p.160, 162.

地区。窝阔台在位期间，由舍里甫丁（Sharaf al-Dīn）和成帖木儿（Chen-Temür）负责招徕伊朗东部各地世侯（蔑力，Malik），着手恢复呼罗珊地区的经济秩序。在大汗首肯下，从迦布德扎马（Kabūd-jāma，今名：Ḥājjilār）到阿思塔剌八忒地面被委任给亦思法合八忒（Isfahbād，名：Nuṣrat al-Dīn）。① 据《札兰丁传》，此人原为朱里章总督（Ṣāḥib）之子，花剌子模末代算端于1224年委任其为梯弗里斯（Tiflīs）的长官，而将阿思塔剌八忒交给塔只丁·哈三（Tāj al-Dīn Ḥasan）。②

在舍里甫丁领导下的财政机构（dīvān）被设在了阿思塔剌八忒，而非传统上世侯治所所在地迦布德扎马。柯尔巴斯（Kolbas）指出，舍里甫丁仅在阿思塔剌八忒才成功将重新铸造标准伊斯兰货币的设想付诸实践。③ 这都反映出阿思塔剌八忒从1230年代起就成为伊朗东部的经济中心。而位于阿思塔剌八忒附近的算端·答云（Sulṭān-Davīn）则成了蒙古监临官驻扎地。在伊利汗国建立后，合赞汗在汗国东部边境的驻营地也坐落于算端·答云。④ 末代伊利汗不赛因（Abū Saʿīd）死后，戍守呼罗珊前线的诸王鲁合蛮（Luqmān b. Ṭughā-Tīmūr）同样也是在算端·答云登位称汗的。⑤ 伴随着阿思塔剌八忒经济地位的提升，这里也成了什叶派的重镇。柯尔巴斯称，舍里甫丁在阿思塔剌八忒共发行过两种钱币，其一铸有"合汗"（al-Khāqān）字样；另一种则铸有清真言（kalima）"阿里是安拉的扶

---

① ʿAlī al-Dīn ʿAṭā Malik Juvaynī, *Genghis Khan: The History of the World Conqueror*, J. A. Boyle (trans.), Manchester: Manchester University Press, 1997, p.487；志费尼《世界征服者史》，何高济译，北京：商务印书馆，2006年，第543页；《史集》第二卷，第57页。
② Shihāb al-Dīn Muḥammad Khurandizī Nasawī, *Sīrat-i Jalāl al-Dīn Mīngibirnī*, M. Mīnovī (ed.), Tehran: Shirkat-i Intishārāt-i ʿIlmī va Farhangī, 1965, p.154.
③ Judith Kolbas, *The Mongols in Iran: Chingiz Khan to Uljaytu 1220 – 1309*, London: Routledge, 2006, pp.95 – 96.
④ 《史集》第三卷，第153—155页。算端·答云的具体位置，据波义勒考订，为古尔甘河和哈剌速河（Qarā-Sū）之间的一座山名。Juvaynī, *The History of the World Conqueror*, p.500, note 11，《世界征服者史》，第558页，注11。《札兰丁传》载，札兰丁在听闻其父死于里海海岛的消息后，即在阿思忒剌八忒继位。这说明阿思忒剌八忒附近确有适宜突厥骑兵驻扎的草场。Nasawī, *Sīrat-i Jalāl al-Dīn Mīngibirnī*, p.69.
⑤ Muʿīn al-Dīn Naṭanzī, *Muntakhab al-tavārīkh-i Muʿīnī*, Jean Aubin (ed.), Tehrān: Kitab furust-yi Haiyām, 1957, p.159.

助者"('Alī walī Allāh)。① 后者无疑彰显出当地什叶穆斯林社会的规模，以及他们在经济生活中的影响。

对当时生活在中亚、蒙古以至汉地的什叶派穆斯林而言，阿思塔剌八忒也成了他们和伊朗本土联络的重要节点。因征发赋税和稽核账目的需要，大汗的使节常往返于哈剌和林与阿思塔剌八忒之间，②同时也应有不少本地的穆斯林前往大汗斡耳朵供职。巴惕惕序中提到的两位信息提供者即为一例。札八儿火者应该也和当时许多移居汉地的穆斯林一样，通过家族和宗教的网络与中亚、波斯的什叶派社群保持着联系。这也能解释为何《纪事》所述札八儿火者在征金过程中的作用，可以与汉文史料相互印证。

阿思塔剌八忒在移居东方的什叶派群体中的影响力，还能从一份据称抄成于元代的波斯文赛典赤家谱中观察到。在这份题名为《咸阳家谱》的文献中，编纂者将第十位伊玛目纳基(al-Naqī)、第十一位伊玛目哈桑·阿斯卡里(Ḥasan al-'Askarī)的葬地，以及第十二位伊玛目马赫迪(al-Mahdī)的出生地都记录为"阿思塔剌八忒"，但根据同时代阿文史料，纳基和哈桑·阿斯卡里的葬地，及马赫迪的出生地均在萨马拉(Sāmarrā'，在今伊拉克)。③ 这应该是作者有意的改写，显示出该地在蒙元时期什叶派穆斯林观念中的重要性。

阿思塔剌八忒事实上也是伊朗东部逊尼、什叶和亦思马因等数个教派相杂居的地方。伊本·阿昔儿在塞尔柱统治时期唯一一次提及该地是在554H/1159年。因为当年阿思塔剌八忒的什叶派居民和当地的沙斐仪派支持者之间爆发了大规模冲突，多名沙斐仪派教徒被杀。由于塞尔柱君主在宗教上的倾向性，什叶派居民遭到镇压，许多人不得不亡命他处。④ 志费尼则记载到，1245年前后盘踞在厄尔布尔士(Alborz)山区的"异

---

① Kolbas, *The Mongols in Iran*, p.95.
② Juvaynī, *The History of the World Conqueror*, p.495；《世界征服者史》，第553页。
③ 马保全《山东博物馆藏赛典赤·赡思丁后裔族谱外文部分成书年代考》，《世界宗教文化》2014年第2期，第101页。
④ Ibn al-Athīr, *The Chronicle of Ibn al-Athīr for the Crusading Period from al-Kāmil fī'l-ta'rīkh*, D. S. Richards (tr.), Burlington: Ashgate, 2007, v.2, pp.109–110.

端"——亦思马因派徒众烧杀并摧毁了迦布德扎马、阿思塔剌八忒、阿模里(Amul)等地。① 而阿思塔剌八忒当地什叶派和逊尼派之间的冲突,甚至一直延续到伊利汗国统治瓦解后。由异密·外力(Amīr Vālī)领导的什叶派武装和支持逊尼派的撒八儿答儿(Sarbadār)政权仍然围绕着阿思塔剌八忒争斗不已。②

三、什叶派视野下的蒙古西征

正因为阿思塔剌八忒的什叶派穆斯林群体在蒙古统治时期的特殊地位,以及该地正位于什叶派和亦思马因、逊尼派等多种教派混居的边界线上,因此,宗教身份的敏感性使得《蒙古纪事》一书的作者更多地是基于什叶派的立场与情感好恶,而非出于客观记录史事的目的来写作本书的。故作者除了借札八儿火者的事迹宣扬了什叶派穆斯林在成吉思汗初兴起时期的功绩外。还借用火者·纳昔儿丁·图昔(Khvāja Naṣīr al-Dīn Ṭūsī)在征服巴格达(元代译"报达")过程中的作用,适时表达了对新建立的伊利汗国的效忠之心。

在记录《亦思马因城堡的征服》一章中,《蒙古纪事》的作者声称纳昔儿丁·图昔"自青年时就被囚禁于(maḥbūsan)阿剌模忒[城堡]中,所以他内心倾向于破坏他们的事业"。③但正如《史集》和《元史》等文献显示的,纳昔儿丁·图昔为亦思马因派效力并非出于强迫,也未曾事先与旭烈兀暗通款曲。而他之所以能够被旭烈兀赦免并跻身高位,完全是当时蒙古人重视医生、术士等技术人员的习惯所致。从这一点来看,《蒙古纪事》可以被看作是一部什叶派视角支配下的蒙古史。作者的写作意图反映出什叶派在伊利汗国统治下逐渐得势,并积极利用蒙古人来增强自身合法性的策略。

从《蒙古纪事》一书写作的时代背景来看,什叶派等宗教少数派主动

---

① Juvaynī, *The History of the World Conqueror*, p.542;《世界征服者史》,第603页。
② John M. Smith, *The History of the Sarbadar Dynasty 1336 - 1381 A.D. and its Sources*, Hague: De Gruyter Mouton, 1971, (Publications in Near and Middle East studies. Series A, Monographs), pp.85 - 86.
③ Baṭīṭī, *Aḥwāl mulūk al-tatār al-mughūl*, p.81.

选择和征服者合作，充当后者的智囊和耳目，恐怕是当时中亚、西亚伊斯兰社会面对蒙古风暴的一种普遍性焦虑心态。这点在札八儿火者身上表现得非常典型，汉语、波斯语和阿拉伯语史书均聚焦于他在征金事件中的作用。不过和《蒙古纪事》中的正面形象不同，从来自坚持抵抗蒙古入侵的德里宫廷，且持敌视什叶派立场的术兹札尼看来，札八儿火者无非是鼓动蒙古人入侵周边政权的帮凶。如果说在札八儿火者的故事里，因为受害者是"异教"的金朝政权，术兹札尼未曾明确表露其态度的话，那么在同书的《窝阔台纪事》中，术兹札尼就用一种刻板的笔调描写了一个来自不花剌的伊玛目札马鲁丁（Jamāl al-Dīn）。后者据称"经常祈祷让蒙古人前去入侵剌火儿（Lahor）"。①

随着蒙古人兵锋继续西进，越来越多类似的报道见诸同时或稍后的穆斯林作者笔下。而在这种主体族群（或主流宗教群体）对少数宗教教徒越发猜忌的心态的影响下，当地社会的教派矛盾愈演愈烈，也事实上削弱了对蒙古人的抵抗实力。如在阿拔思王朝覆亡前夕，身为末代哈里发宰相的阿里合迷（Muʾayyad al-Dīn b. al-ʿAlqamī），因为是什叶派教徒就成为众矢之的。据称，他借职务之便大肆扩大什叶派的势力，遂招致逊尼教徒的不满。双方冲突的结果是什叶派落败，一些人被杀而另一些遭劫掠。阿里合迷于是暗中写信联络旭烈兀，表示要献城出降。这个故事流传甚广，在德里的术兹札尼和埃及的马穆鲁克作家答哈必（al-Dhahabī）各自提供了一个相似的版本。② 而在报达陷落后，什叶派和基督徒（Erke'ün）受到蒙古人事实上的豁免，也不免让旁观者进一步坐实这种猜忌。③ 有趣的

---

① Jūzjānī/Raverty, *Tabakat-I-Nasirī*, v.2, p.1142.
② *Ṭabaqāt-i Nasirī*, vol. 2, pp. 1228 - 1234; *Ṭabaqāt-i Nasirī*, vol.2, pp. 190 - 192; Muḥammad Ibn-Aḥmad al-Dhahabī, *Taʾrīkh al-islām wa-wafayāt al-mashāhīr wa al-aʿlām*, ʿUmar ʿAbd-as-Salām Tadmurī (ed.), Beirut: Dār al-Kitāb al-ʿArabī, 1997, v. 56, pp.33 - 39.
③ 《史集》第三卷，第 69 页。Biran 比较并列举了波斯、阿拉伯、叙利亚语文献中所记载的得到豁免的不同宗教派别。Michal Biran, "Music in the Mongol Conquest of Baghdad: Ṣafi al-Dīn Urmawī and the Ilkhanid Circe of Musicians", *The Mongols' Middle East: Continuity and Transformation in Ilkhanid Iran*, Bruno de Nicola, Charles Melville (eds.), Leiden: Brill, 2016, p.141, note 27.

是，当效力于伊利汗的阿拉伯语作家伊本·法瓦的（Ibn al-Fawaṭī, 1244—1323）在其编年史重述这个故事时，却删去了所有不利于什叶派的指控。[1] 这也许和伊利汗宫廷中什叶派的得势有关。

这种猜忌心态同样也体现在带有"官方"色彩的波斯语史家笔下。如《世界征服者》的作者志费尼（其家族为逊尼派）所记述的负面的穆斯林形象多为什叶教徒。如企图骗取窝阔台财物的阿里后人察儿黑（Chargh），以及在脱列哥那朝扰乱朝政的失剌（Sira）等人。[2] 由于志费尼书在早期蒙古史中的权威地位，他对于宗教派别的差异态度也影响到后世的大多数作家。

正如Stephan Conermann在讨论马穆鲁克编年史的书写传统时所作的评价："一般说来，马穆鲁克的编年史是虚构和史实参半的作品。"[3] 而历史主题（topos）通常真实而有所本，其作用则是将记述者的各种主观意图牢牢锚定在真实的历史参照物上。[4] 同样，我们也可以将相似的评价加诸波斯语，或在伊利汗国境内编写的穆斯林蒙古史书身上。从前揭札八儿火者的案例中可以看出，至少我们在讨论《蒙古纪事》这部作品时，应该考虑到该作品是历史本相和写作者意图相结合的产物。写作者试图按照自身的立场和情感好恶重塑历史叙事的努力，恰好折射出其所身处的时代和社会本身所存在的各种矛盾和冲突。

---

[1] Hend Gilli-Elewy, "*Al-Ḥawādit al-ǧāmī'a*: A Contemporary Account of the Mongol Conquest of Baghdad, 656/1258", *Arabica* 58, 2011, p.368.
[2] Juvaynī, *The History of the World Conqueror*, p.224, 245；《世界征服者史》，第244—245、270 页。
[3] Stephan Conermann, "Tankiz ibn ʿAbd Allāh al-Ḥusāmī al-Nāṣirī (d.740/1340) as Seen by his Contemporary al-Ṣafadī (d.764/1363)", *Mamluk Studies Review* 12：2, 2008, p.4
[4] Albrecht Noth, Lawrence I. Conrad, *The Early Arabic Historical Tradition: A Source-Critical Study*, Michael Bonner (trans), 2nd ed. Princeton：The Darwin Press, 1994, p.109.

《颜氏家训·文章》校读札记

张金耀(复旦大学中文系)

颜之推《颜氏家训·文章》为南北朝时期文学批评的重要篇什,研究者甚多。阐发其文学观念、论述其批评思想之论著且不论,其文本之校释,自清代赵曦明注、卢文弨补注(见《抱经堂丛书》本《颜氏家训》)经现代周法高《颜氏家训汇注》[①](以下简称《汇注》)、王利器《颜氏家训集解》[②](以下简称《集解》)以迄于今,代不乏人,后出转精。近年籀读《家训》,一得之虑,书诸简端。今撷取数则,略加点定,敬希方家,有以赐正。

一

学问有利钝,文章有巧拙。钝学累功,不妨精熟;拙文研思,终归蚩鄙。但成学士,自足为人。必乏天才,勿强操笔。吾见世人,至无才思,自谓清华,流布丑拙,亦以众矣,江南号为詅痴符。

"詅痴符"一词始见于此。赵曦明注、郝懿行《颜氏家训斠记》、王利器《集解》、《汉语大词典》有详略不一的解释。

"詅",衒也,叫卖。"詅痴",叫卖痴呆。宋元时,苏州一带除夕时有

---

① 周法高《颜氏家训汇注》,中研院历史语言研究所,1960 年;第二版,1993 年。下文征引据第二版。
② 王利器《颜氏家训集解》,上海古籍出版社,1980 年。增补本,北京:中华书局,第一版,1993 年;第二版,2013 年。下文征引据增补本第二版。

"卖痴呆"之俗。范成大《腊月村田乐府十首》序:"余归石湖,往来田家,得岁暮十事,采其语,各赋一诗,以识土风,号《村田乐府》。……其九《卖痴呆词》。分岁罢,小儿绕街呼叫云:'卖汝痴,卖汝呆。'世传吴人多呆,故儿辈讳之,欲贾其余,益可笑。"其九《卖痴呆词》曰:"除夕更阑人不睡,厌禳钝滞迎新岁。小儿呼叫走长街,云有痴呆召人买。二物于人谁独无,就中吴侬仍有余。巷南巷北卖不得,相逢大笑相挪揄。栎翁块坐重帘下,独要买添令问价。儿云翁买不须钱,奉赊痴呆千百年。"(《石湖诗集》卷三〇)元人高德基《平江记事》云:"吴人自相呼为呆子,又谓之苏州呆。每岁除夕,群儿绕街呼叫,云:'卖痴呆,千贯卖汝痴,万贯卖汝呆!见卖尽多送,要赊随我来。'盖以吴人多呆,儿辈戏谑之耳。吴推官尝谓人曰:'某居官久,深知吴风。吴人尚奢争胜,所事不切,广置田宅,计较微利,殊不知异时反贻子孙不肖之害。故人以呆目之,谓之苏州呆,不亦宜乎!'"苏州地属江南,"卖痴呆"一语或承自南朝时的"訡痴",但具体含义及使用场合有所改变。

"訡痴",犹今言丢丑、出洋相、丢人现眼。而"訡痴符"之"符"为何意,诸家未作解释。今按,"訡痴符"之"符",犹"符箓"之"符"。六朝时天师道盛行,符箓流播。《颜氏家训》中《治家》《风操》即记载当时民间多行"巫觋祷请","符书章醮","画瓦书符,作诸厌胜"。根据其具体作用,符可分为多种。如葛洪《抱朴子内篇》之《杂应》《登涉》《遐览》诸篇记各种道符,尤其《遐览》载大符五十余种(小符甚多,难以尽记),有消灾符、延命神符、治百病符、厌怪符、六甲通灵符等;另有护身符(《艺文类聚》卷七〇引梁刘缓《镜赋》:"银缠辟鬼咒,翠厄护身符。")、治癫符(《隋书》卷三四《经籍志三》著录《老子石室兰台中治癫符》)等。"訡痴"与前举"消灾"等均为动宾结构,"訡痴符"可能是仿照"消灾符"等的一种戏谑说法(戏仿,parody)。明人田汝成《西湖游览志序》:"未浃四旬,勒梓已竟。窃愧才绵识昧,笔削无方。符号訡痴,虚上官之雅意;楮宜覆瓿,贻大方之哂言。""符号訡痴",谓符之名为"訡痴",亦可为证。

"訡痴符"语含嘲讽,《颜氏家训》此处用以讥刺无才思却强操笔而成笑柄之人。后世沿用,如宋王应麟《困学纪闻》卷一七云:"和凝为文,以多为富,有集百余卷,自镂板行于世。识者多非之,此颜之推所谓'詅痴符'也。"宋吴曾《能改斋漫录》卷一一"宋景文诗尽龙洞之景"云:"三泉龙洞,以山为门,深数十步,复见天日及山水之秀,盖自然而成,非人力也。宋景文公赋诗云(中略)曲尽龙洞之景。利路漕为刻石,仍以石本寄公,公答书云:'龙门拙句,斐然妄发。阁下仍刊翠琰,示方来,言诗之人,得不笑我哉?江左有文拙而好刊石者谓之詅蛊符,非此谓乎?嚎嚎!'""詅蛊符"之"蛊"通"痴"。《后汉书》卷四一《刘盆子传》:"帝笑曰:'儿大黠,宗室无蛊者。'"李贤注:"《释名》曰:'蛊,痴也。'""詅蛊符"即"詅痴符"。以上两例中"詅痴符",语词虽袭自《颜氏家训》,但意思稍有变化,指文才拙劣而好刊刻行世。

"詅痴""詅痴符"用于讥讽他人,也可用于自谦自嘲,献丑、露拙也,有多人以之命名自己的著作,性质与"管窥""续貂"等相同。

(一) 宋人李庚诗文集《詅痴符》,二十卷。《直斋书录解题》卷一八:"詅之义,衒鬻也。市人鬻物于市,夸号之曰詅(原注:去声)。此三字本出《颜氏家训》,以讥无才思而流布丑拙者。以名其集,示谦也。"书已佚,存楼钥《詅痴符序》,略谓"客有以书一编示余,曰:'此赤城李公察院所为诗文,名曰《詅痴符》。公亡矣,莫晓其名书之意。'余曰:'公于书无不读,此名殆不苟也。海邦货鱼于市者,夸诩其美,谓之詅。鱼虽微物,亦然。字书以为詅,衒卖也。颜黄门之推作《家训》,曰:"吾见世人至无才思,自谓清华,流布丑拙,亦已众矣,江南号为詅痴符。"公之意,盖出于此,特谦辞耳。'"(《攻媿集》卷五二)

(二) 元明之际祝金诗文集《聆(詅?)痴集》,若干卷。明周叙《祝先生墓表》:"所著诗文有《聆痴》等集若干卷,皆温淳雅正,类其为人。"(明程敏政编《皇明文衡》卷九四)"聆"义为细听,"聆痴"不辞,当作"詅痴","聆"为"詅"之形近讹字。另如下述(五) 清代佚名小说集《詅痴符》,曾多次遭禁毁,其书名在道光十八年(1838)江苏按察使裕谦设局查禁淫词小说所开"计毁淫书目单"(余治《得一录》卷一一)和道光二十四年(1844)浙江巡抚、学政等设局查禁淫词小说所开"禁毁书目"(汪棣香《劝毁淫书征信录》)中写作《聆痴符》;直到同治七年(1868)江苏巡抚丁日昌查禁淫词小说"计开应禁书目"(《江苏省例藩政》同治七年)才写作《詅痴符》。①

(三)明人陈与郊传奇集《詅痴符》。为《樱桃梦》《鹦鹉洲》《麒麟罽》《灵宝刀》四部传奇之总名。有陈氏家刻本,影印收入《古本戏曲丛刊》二集。书前万历甲辰(三十二年,1604)"友人齐悫书于任诞轩"之序云:"予率读至尽,三跋焉。曰:噫!此可谓詅痴符耶!昔颜黄门谓人士自号清华、流布丑拙者曰詅痴符。漫卿之号若此而流布若彼,可谓詅痴符。""齐悫"及其斋名"任诞轩"都是陈与郊别署之名,②"漫卿"亦是,此序实为陈与郊托名之自序。因该书名"詅痴符"较为冷僻,后来四库馆臣还特意解释:"语出《颜氏家训》,谓可笑之诗赋也。"(《四库全书总目》卷一七九《隅园集、蒹川集》提要)

(四)清人余心孺文集《詅痴梦草》,十二卷。有康熙燕台刻本。此书"虽无悖逆不法字句,但语多狂瞽",于乾隆四十年(1775)纂修《四库全书》时遭查禁。③ 国家图书馆幸存此刻本,影印收入《四库禁毁书丛刊补编》。康熙三十八年(1699)《自序》云:"集十二卷,倘达者睹之,如闻呓语,曷胜绝倒喷饭?名曰《詅痴梦草》。詅音令,训自衒卖也。《颜氏家训》曰:人乏天才,勿强操笔。世人无才,自谓清华,流布丑拙,亦已众矣,江南号为詅痴符。予痴不能自治,敢自号为清华,以诗文衒卖,流布其丑耶?犹之置瘵通衢以求良剂,非谬衒其长,实不敢讳疾忌医,求痛加针砭于国手,倘蒙大人先生发蒙振聩,一喝醒痴迷,卖此诗文痴癖也。"

(五)清代佚名小说集《詅痴符》,二卷。收入文言短篇小说35篇。因书中多人兽恋与乱伦故事,曾多次列入江苏、浙江禁毁书目,详见上述(二)元明之际祝金诗文集《聆(詅?)痴集》引录。今存嘉庆己巳十四年

---

① 分别见于王利器辑录《元明清三代禁毁小说戏曲史料》(增订本),上海古籍出版社,1981年,第136、122、143页。
② 参徐朔方《晚明曲家年谱·陈与郊年谱》,《徐朔方集》第三卷,杭州:浙江古籍出版社,1993年,第395页。
③ 参乾隆四十年八月二十六日《广西巡抚熊学鹏奏查缴违碍书籍情形折》、九月二十五日《军机大臣奏行文山西巡抚查缴张泰交〈受祐堂集〉书板片》,闰十月初二日《署理山西巡抚觉罗巴延三奏查获〈受祐堂集〉板片书籍等情折》,分别见中国第一历史档案馆编《纂修四库全书档案》,上海古籍出版社,1997年,第423、444、451页。

(1809)序刊本,北京大学图书馆藏。① 另北京翰海拍卖有限公司 2011 年春季拍卖会拍品中有此书。书前耕石农者叙云:"因汰其繁芜,仅存若干首以付梓,作者得毋怨予曰:奈何必欲流布吾丑恶,为嫛婗子所笑。"将文稿付梓,流布丑恶,为人所笑,即"訡痴符"也。

(六)清人郑复光光学原理著作《镜镜詅痴》,五卷。自序云:"以物象物,即以物镜镜。可因本《远镜说》,推广其理,敢曰尤贤,詅吾痴焉耳。"书名中第一个"镜"为动词,照、映之义;第二个"镜"为名词,在此指光学仪器、元件。《远镜说》为德国传教士汤若望所著介绍望远镜的专书。

二

吾家世文章,甚为典正,不从流俗。梁孝元在蕃邸时,撰《西府新文》,迄无一篇见录者,亦以不偶于世,无郑、卫之音故也。有诗赋铭诔书表启疏二十卷,吾兄弟始在草土,并未得编次,便遭火荡尽,竟不传于世。衔酷茹恨,彻于心髓!操行见于《梁史·文士传》及孝元《怀旧志》。

王籍《入若耶溪》诗云:"蝉噪林逾静,鸟鸣山更幽。"江南以为文外断绝,物无异议。简文吟咏,不能忘之;孝元讽味,以为不可复得,至《怀旧志》,载于《籍传》。

以上两段文字均提及梁孝元帝萧绎《怀旧志》,此书早佚。章宗源《隋书经籍志考证》卷一三、姚振宗《隋书经籍志考证》卷二〇曾予考证,另赵曦明注、刘盼遂《颜氏家训校笺》、②陈直《颜氏家训注补正》、③王利器《集

---

① 参潘建国《稀见清代禁毁小说〈詅痴符〉》,《文学遗产》2005 年第 6 期。增订稿改题《稀见清代禁毁小说〈詅痴符〉考略》,收入氏著《古代小说文献丛考》,北京:中华书局,2006 年。
② 刘盼遂《颜氏家训校笺》,《女师大学术季刊》第 1 卷第 2 期,1930 年 6 月,收入氏著《刘盼遂文集》,北京师范大学出版社,2002 年。
③ 陈直《颜氏家训注补正》,收入氏著《摹庐丛著七种》,济南:齐鲁社,1981 年。

解》等也有涉及,现今多位学者探求更为深入。① 兹加综理,并作补充。

《金楼子·著书》中《怀旧志》下原注云:"金楼自撰。""金楼子"为梁元帝萧绎自号。战国秦汉以来,屡见帝王权臣招邀门客文士编纂书籍而署己名。② 如秦国相邦吕不韦之《吕氏春秋》,西汉淮南王刘安之《淮南子》,三国魏文帝曹丕之《皇览》,南朝宋临川王刘义庆之《世说新语》,南朝齐竟陵王萧子良之《四部要略》,唐代魏王李泰之《括地志》、章怀太子李贤之《后汉书》注等。南朝梁代亦是如此,如武帝萧衍之《通史》《华林遍略》,安成王萧秀之《类苑》,昭明太子萧统之《文选》,简文帝萧纲之《法宝联璧》《长春义记》。萧绎也有此举,但他对吕不韦、刘安这种著述假手于人的行为非常鄙视和不满,"常笑淮南之假手,每蚩不韦之托人"(《金楼子序》),"予尝切齿淮南、不韦之书,谓为宾游所制"(《金楼子·立言上》)。自己苦心经营、欲以传世的《金楼子》,自"年在志学,躬自搜纂"(《金楼子序》),延续三十余年,其间"不令宾客窥之"(《金楼子·立言上》),全凭自己独立撰述,不让门客幕僚参与,以致外人不晓,误以为"金楼子"是用真金锻造的楼子,前来拜访求借玩赏(《金楼子·杂记上》)。③ 在《金楼子·著书》中,萧绎对与自己有关的书籍的不同撰著情况,大多加注予以区别。有自撰,如《全德志》《荆南志》等书,与《怀旧志》一样,也是"金楼自撰",《丹阳尹传》是"金楼为尹京时自撰",《仙异传》是"金楼年小时自撰";有合撰,如《长州苑记》系"金楼与刘之亨等撰";有自为序而交由他人代撰,如《研神记》乃"金楼自为序,付刘毅纂次",《补阙子》乃"金楼为序,付鲍泉、东里撰";有完全交由

---

① 参钟仕伦《〈金楼子〉研究》,北京:中华书局,2004年,第272—273页;吴光兴《萧纲萧绎年谱》,北京:社会科学文献出版社,2006年,第411页;许逸民《金楼子校笺》,北京:中华书局,2011年,第1008—1009页;陈志平、熊清元《金楼子疏证校注》,上海古籍出版社,2014年,第803—804页;孙猛《日本国见在书目录详考》,上海古籍出版社,2015年,第800—802页。
② 参钱锺书《管锥编》第三册《全上古三代秦汉三国六朝文》二三《全汉文卷二六》"门客著书",北京:中华书局,1986年,第940—942页。傅刚《汉魏六朝著书、编集撰人考论》,《中国文化研究》2000年秋之卷。傅刚《〈昭明文选〉研究》,北京:中国社会科学出版社,2000年,第44—46页。
③ 参田晓菲《诸子的黄昏:中国中古时代的子书》,《中国文化》第27期,2008年,收入氏著《影子与水文:秋水堂自选集》,南京大学出版社,2019年。田晓菲《烽火与流星——萧梁王朝的文学与文化》,北京:中华书局,2010年,第60—61页。

他人代撰,如《晋仙传》为"金楼使颜协撰",《奇字》为"金楼付萧贲撰",《玉子诀》为"金楼付刘缓撰",《食要》为"金楼付虞预撰",《梦书》为"金楼使丁觇撰"。① 据此体例,《怀旧志》确为萧绎亲撰,而非他人代笔。

《怀旧志》卷数,记载不一。《金楼子·著书》、《梁书》卷五《元帝本纪》作一卷,《隋书》卷三三《经籍志二》、《日本国见在书目录》、《新唐书》卷五八《艺文志二》作九卷。又《南史》卷八《梁本纪下》、卷四四《齐武帝诸子列传·竟陵文宣王子良》载萧绎撰《怀旧传》,前者著录为二卷,《怀旧传》当系《怀旧志》异称。

《怀旧志序》尚存,载《金楼子·著书》、《艺文类聚》卷三四,王利器《集解》据前者引录。据序知《怀旧志》为萧绎感于岁月不停驻、知交半零落,追念已故友人的记录,"备书爵里,陈怀旧焉"。唐人刘知幾将《怀旧志》与王粲《汉末英雄记》、戴逵《竹林名士传》、卢子行(卢思道)《知己传》并列,认为诸书"独举所知,编为短部",称为"小录"(《史通·杂述》)。清人浦起龙释"小录"云:"此谓私志之书,各录知交,而非正史。"(《史通通释》)

据上引《颜氏家训·文章》两段文字,《怀旧志》记载颜协(颜之推父)操行,并有王籍传,传中录王籍《入若耶溪诗》"蝉噪林逾静,鸟鸣山更幽"两句。二人都长期担任湘东王萧绎的僚佐。颜协任湘东王国常侍,兼府记室。湘东王出镇荆州,转正记室。卒于大同五年(539)(《梁书》卷五〇《文学列传下·颜协》、《周书》卷四〇《颜之仪传》)。王籍于梁天监中任湘东王咨议参军,随府会稽。湘东王为荆州,引为安西府咨议参军,带作塘令。湘东王集王籍文为十卷(《梁书》卷五〇《文学列传下·王籍》、《南史》卷二一《王弘附王籍传》),王籍约卒于大同四年(538)。②

而《南史》卷四四《齐武帝诸子列传·竟陵文宣王子良》载萧子良之孙萧贲"起家湘东王法曹参军,得一府欢心",侯景之乱时,湘东王萧绎为讨伐檄文,"贲读至'偃师南望,无复储胥露寒;河阳北临,或有穹庐毡帐',乃

---

① 参清水凯夫《文选撰(选)者——昭明太子和刘孝绰》,日本立命馆大学《学林》1984年第3期,收入氏著,韩基国译《六朝文学论文集》,重庆出版社,1989年。前揭傅刚《汉魏六朝著书、编集撰人考论》。前揭傅刚《昭明文选》研究》,第48—50页。
② 前揭吴光兴《萧纲萧绎年谱》,第212页。

曰：'圣制此句，非为过似，如体目朝廷，非关序贼。'王闻之大怒，收付狱，遂以饿终，又追戮贲尸。乃著《怀旧传》以谤之，极言诬毁"。① 则《怀旧志》非惟思旧，亦是谤书。史载萧绎"禀性猜忌"（《梁书》卷五《元帝本纪》），"性好矫饰，多猜忌，于名无所假人。微有胜己者，必加毁害"（《南史》卷八《梁本纪下》），这则事例也可作一旁证。萧绎驰檄讨伐侯景，时在大宝三年（552）二月（《梁书》卷五《元帝本纪》），《怀旧志》成书当在此之后。

有学者考《怀旧志》时，附列萧绎与刘孝绰书："近在道务闲，微得点翰，虽无纪行之作，颇有怀旧之篇。"②其意似乎认为其中"怀旧之篇"与《怀旧志》有关。萧绎与刘孝绰书出自《梁书》卷三三《刘孝绰传》，传载员外散骑常侍兼廷尉卿刘孝绰因携妾入官府而其母犹停私宅，遭御史中丞到洽奏劾而被免官，萧绎去信给予慰勉。由萧绎致书和刘孝绰覆书内容来看，事在萧绎由丹阳尹迁转荆州刺史抵达江陵之初，时系普通七年（526）。③萧绎赴任途中因暂无繁杂公务而得享清闲，方有暇动笔作文，"虽无纪行之作，颇有怀旧之篇"。当时萧绎虽已历任会稽太守、丹阳尹、摄扬州刺史、荆州刺史，但年方十九，"怀旧"只是怀念往事旧交，与多年以后《怀旧志》之追忆亡友行历完全不同，二者并无关联。

《金楼子序》云："裴几原、刘嗣芳、萧光侯、张简宪，余之知己也。"《梁书》卷五《元帝本纪》、《南史》卷八《梁本纪下》亦载萧绎"与裴子野、刘显、萧子云、张缵及当时才秀为布衣之交"。几原为裴子野表字，嗣芳为刘显表字，简宪为张缵谥号。或将以上两段记载相比照，指出萧光侯即萧子

---

① 萧绎《金楼子·立言上》对萧贲之劣迹也有记录："萧贲忌日拜官，又经醉，自道父名。有人讥此事，贲大笑曰：'不乐而已，何妨拜官。'温酒之谈，聊慕言在，了无怍色。贲颇读书而无行，在家径偷祖母袁氏物，及问其故，具道其母所偷，祖母乃鞭其母。出货之，所得余钱乞问乃沽酒供醉。本名涣，兄弟以其憸，因为呼贲。此人非不学，然复安用此学乎？"
② 见前揭钟仕伦《〈金楼子〉研究》，第 273 页；前揭陈志平、熊清元《金楼子疏证校注》，第 803 页。
③ 詹鸿《刘孝绰年谱》，收入刘跃进、范子烨编《六朝作家年谱辑要》（下册），哈尔滨：黑龙江教育出版社，1999 年，第 345—346 页；前揭吴光兴《萧纲萧绎年谱》，第 128—129 页。

云,光侯为子云失载之谥号。① 此说不确,光侯实为萧劢谥号(《南史》卷五一《梁宗室列传上·吴平侯景子劢》)。② 其谥号光侯,当是萧劢袭封父爵吴平侯,谥光,故称光侯或吴平光侯;③犹曹植逝前为陈王,死后谥思,故称思王或陈思王。诸人之中,裴子野卒于中大通二年(530),刘显卒于大同九年(543),张缵卒于太清三年(549)(均见《梁书》《南史》本传),萧劢卒年未见记录,但《南史》卷五一《梁宗室列传上·吴平侯景子劢》载萧劢任广州刺史时,"以南江危险,宜立重镇,乃表台于高凉郡立州,敕仍以为高州",此后萧劢被征为太子左卫率,卒于回都赴任途中。④ 高州设于大通(527—529年)中(《隋书》卷三一《地理志下》合浦郡海康县),萧劢当卒于大通中或此后不久。萧绎为丹阳尹时,萧子云为丹阳尹丞,"深相赏好,如布衣之交",子云卒于太清三年(549)(《梁书》卷三五《萧子恪附弟子云传》、《南史》卷四二《齐高帝诸子列传上》)。萧绎以裴子野、刘显、萧劢、张缵、萧子云为知己好友,五人之卒皆在《怀旧志》成书之前,《怀旧志》当有此五人。

另颜协卒后,萧绎"甚叹惜之",作《怀旧诗》"称赞其美",兼以伤之。其一章曰:"弘都多雅度,信乃含宾实。鸿渐殊未升,上才淹下秩。"(《梁书》卷五〇《文学传下·颜协》、《周书》卷四〇《颜之仪传》)张缵卒后,萧绎也曾写诗追思,其序曰:"简宪之为人也,不事王侯,负才任气,见余则申旦达夕,不能已已。怀夫人之德,何日忘之。"(《梁书》卷三四《张缅附弟缵传》、《南史》卷五六《张弘策附子缵传》)萧绎所写追思张缵之诗,可能也是《怀旧诗》。推测萧绎《怀旧诗》与《怀旧志》一样,也涉及多位故友,为组诗,与此前沈约《怀旧诗》(存伤王融、伤谢朓等九首,见《艺文类聚》卷三四)、此后杜甫《八哀诗》等形制相同。

---

① 前揭吴光兴《萧纲萧绎年谱》,第100、307页。另许逸民也以萧光侯为萧子云,见前揭氏撰《金楼子校笺》,第20页。
② 此点陈志平、熊清元已指出,见前揭氏撰《金楼子疏证校注》,第13、380页。
③ 萧劢称吴平光侯之例,如萧绎《金楼子·聚书》:"又值吴平侯广州下,遣何集曹沔写得书。"《艺文类聚》卷四八载萧绎《侍中吴平光侯墓志》。《陈书》卷二七《江总传》:"总七岁而孤,依于外氏。幼聪敏,有至性。舅吴平光侯萧劢,名重当时,特所钟爱。"
④ 《艺文类聚》卷四八载萧绎《侍中吴平光侯墓志》亦云萧劢"征为太子左卫率,遘疾,薨于道"。

三

《后汉书》:"囚司徒崔烈以银铛锁。""银铛",大锁也。世间多误作金银字。武烈太子亦是数千卷学士,尝作诗云:"银锁三公脚,刀撞仆射头。"为俗所误。

"武烈太子"为萧绎长子萧方等,"数千卷学士"指读数千卷书之学士。据梁阮孝绪《七录序》(《广弘明集》卷三引)、《隋书》卷三二《经籍志一》,南北朝时期皇家中秘藏书数量在一万余卷至三万余卷之间。这一时期私家藏书,张盾、贺拔胜、黎景熙、谢弘微、沈驎士、褚湛之、刘善明、孔休源、李谧、宋繇、阳尼、元顺、杨愔、陆爽等藏书千余卷至数千卷,史传即加载录,可见当时家藏千余卷至数千卷书已属少见;而如陆澄、崔慰祖、沈约、任昉、王僧孺、萧劢、张缅、张缵、元延明、穆子容等藏书万余卷甚至两三万卷,则殊为难得。① 绝无仅有的是萧绎聚书四十年得八万卷(《金楼子·聚书》),为这一时期见诸记录藏书最多者。萧绎对于书籍执着的迷恋和长期的搜集,外加生为皇子,历履丹阳尹、荆州刺史、江州刺史等显职,又即位为帝的高贵身份以及由此带来的远非一般人可比拟的巨大便利和充分保障,通过承赐、抄录、购买、受赠、接收、攘夺等多种途径,方才达到如此空前的藏书规模。② 西汉河间王刘德修学好古,广搜群籍,藏书

---

① 上述各人藏书数量详见史传记载,不必缕举,可参刘汝霖《魏晋南北朝时期的私家藏书》,《图书馆》1961 年第 3 期;傅璇琮、谢灼华主编《中国藏书通史》,宁波出版社,2001 年,第 121—140 页;陈德弟《魏晋南北朝私家藏书述论》,《图书与情报》2006 年第 1 期;陈德弟《先秦至隋唐五代藏书家考略》,天津古籍出版社,2011 年,第 35—98 页;陈德弟《秦汉至五代官私藏书研究》,天津古籍出版社,2012 年,第 148—155 页;范凤书《中国私家藏书史》(修订版),武汉大学出版社,2013 年,第 20—38 页。

② 参丁红旗《〈金楼子·聚书〉所反映萧绎藏书及齐梁间书籍流通》,《文献》2010 年第 3 期。赵立新《梁代的聚书风尚——以梁元帝为中心的考察》,收入中国魏晋南北朝史学会、武汉大学中国三至九世纪研究所编《魏晋南北朝史研究:回顾与探索——中国魏晋南北朝史学会第九届年会论文集》,武汉:湖北教育出版社,2009 年;修订稿改题《〈金楼子·聚书篇〉所见南朝士人的聚书文化和社群活动》,收入甘怀真编《身分、文化与权力——士族研究新探》,台北:台大出版中心,2012 年。

极丰,可敌汉室,萧绎则宣称"颇谓过之"(《金楼子·聚书》),认为自己藏书之富已超过朝廷。但这些藏书中多有复本,如《五经》《史记》《汉书》《三国志》等书就有来自不同渠道的多种版本(《金楼子·聚书》)。侯景之乱平定之后,搜罗建康公私书籍七八万卷,运往萧绎所在的江陵,合萧绎自有收藏,共计十几万卷。但在西魏攻陷江陵时,几乎全被焚毁。

《颜氏家训·勉学》曰:"观天下书未遍,不得妄下雌黄。"此语表现了颜之推对于校勘书籍的审慎态度,但也从另一方面说明当时书籍总数尚有限,颜氏方出此语。即使如此,由于各种条件的限制,遍观天下书实际上难以实现。对于一般人而言,中秘藏书,当然难得一见;私家藏书,也多不轻相假。由上述公私藏书数量来看,南北朝时能接触并进而阅读数千卷甚至逾万卷书的机会并不太多。故当时读书数千卷或逾万卷,则足以视为博览笃学,往往为世所称,得以载诸典籍。如陶弘景读书"万余卷"(《梁书》卷五一《陶弘景传》、《南史》卷七六《隐逸列传下·陶弘景》),萧绎自称"三十余载,泛玩众书万余矣"(《金楼子·自序》),崔儦"每以读书为务,负恃才地,忽略世人,大署其户曰:'不读五千卷书者,无得入此室。'"(《隋书》卷七六《文学列传·崔儦》、《北史》卷二四《崔逞附崔儦传》)

是以《颜氏家训》所称"数千卷学士",犹言博学之士。又《颜氏家训·书证》:"《易》有蜀才注,江南学士遂不知是何人。王俭《四部目录》不言姓名,题云'王弼后人'。谢炅、夏侯该,并读数千卷书,皆疑是谯周。""读数千卷书",即谓读书甚多。

《颜氏家训》另有三处,亦云读若干卷书:

> 虽百世小人,知读《论语》《孝经》者,尚为人师。虽千载冠冕,不晓书记者,莫不耕田养马。以此观之,安可不自勉耶!若能常保数百卷书,千载终不为小人也。(《勉学》)

> 有一士族,读书不过二三百卷,天才钝拙,而家世殷厚,雅自矜持,多以酒犊珍玩,交诸名士,甘其饵者,递共吹嘘。(《名实》)

> 夫学者所以求益耳。见人读数十卷书,便自高大,凌忽长者,轻慢同列,人疾之如雠敌,恶之如鸱枭。如此以学自损,不如无学也。(《勉学》)

据传世载籍与出土墓志的记载，可知魏晋南北朝时习读之书为《孝经》《论语》《诗经》《礼记》《左传》等儒家重要典籍。① 尤其《孝经》《论语》《诗经》三种，几乎是当时共同的基础书籍。前引《颜氏家训·勉学》即云"虽百世小人，知读《论语》《孝经》者，尚为人师"，同篇又称士大夫子弟接受教育，"多者或至《礼》《传》，少者不失《诗》《论》"，也说明《论语》《孝经》《诗经》为初阶读物，《礼记》《左传》则为进阶读物。据《隋书》卷三二《经籍志一》，各种注本《孝经》多为一卷，较为通行的郑玄注本《论语》、何晏集解本《论语》均为十卷，《诗》约二十卷（《韩诗》二十二卷，《毛诗》二十卷）。三种书合计约三十卷。前引《颜氏家训·勉学》所谓"读数十卷书"，大约就是指读过这几种基础书籍而已。若仅"读数十卷书"，便自恃傲物，为学未能得益，反而自损，则不如无学。

读数十卷书，日常生活或勉强足用，甚至还可为人师，但远不足以维持或提升社会阶层。前引《颜氏家训·勉学》"若能常保数百卷书，千载终不为小人也"。句中之"保"，主要意思并非物质形态层面的取得、拥有，而应指文化修养层面的阅读、掌握。只有读数百卷书，才能不作小人（此指仆隶下人），否则"虽千载冠冕，不晓书记者，莫不耕田养马"，源远流长的世家大族，若不读书，也会门户衰微，沦为厮役。另还可补充两例。宋彭城王刘义康不读书，"袁淑尝诣义康，义康问其年，答曰：'邓仲华拜衮之岁。'义康曰：'身不识也。'淑又曰：'陆机入洛之年。'义康曰：'身不读书，君无为作才语见向。'其浅陋若此"（《南史》卷一三《宋宗室及诸王列传上·武帝诸子》）。袁淑不直接回答刘义康对自己年龄的问询，而代以与自己年龄相仿的东汉邓禹（字仲华）拜大司徒和西晋陆机入洛阳之时。② 虽说袁淑"博涉多通"，"纵横有才辩"（《宋书》卷七〇《袁淑传》、《南史》卷二六《袁湛附袁淑传》），但他以前人故实答复刘义康，并非有意刁难，而本

---

① 详参周一良《魏晋南北朝史札记》（补订本）"诵《孝经》"，北京：中华书局，2015年，第43—44页。
② 邓禹拜大司徒，时年二十四岁（《后汉书》卷一六《邓禹传》）。而陆机入洛阳之年，则有二十九岁（《晋书》卷五四《陆机传》）、二十岁（朱东润《陆机年表》，《武汉大学文哲季刊》第1卷第1期，1930年）等说，而非二十四岁。参前揭周一良《魏晋南北朝史札记》（补订本）"陆机入洛之年"，第471—472页。

为当时文士常用的方式,是他们之间展示甚至比赛学问的"行话",即刘义康所说的"才语",但刘因不读书而茫然不解。刘义康权倾朝野,不知谦退,与宋文帝刘义隆渐生嫌隙,改授都督江州诸军事、江州刺史,出镇豫章。文帝遣沙门释慧琳看望,刘义康问是否还能返都,慧琳答:"恨公不读数百卷书。"应是委婉批评刘义康"素无术学,闇于大体"。后刘义康涉嫌谋逆,被贬为庶人,徙付安成郡。刘义康在安成读书,见西汉淮南厉王刘长之事,废书叹曰:"前代乃有此,我得罪为宜也。"(《宋书》卷六八《武二王列传·彭城王义康》、《南史》卷一三《宋宗室及诸王列传上·武帝诸子》)宋齐间王僧虔曾撰诫子书勉励诸子勤奋读书,各自努力,"或有身经三公,蔑尔无闻;布衣寒素,卿相屈体。或父子贵贱殊,兄弟声名异。何也?体尽读数百卷书耳"(《南齐书》卷三三《王僧虔传》、《南史》卷二二《王昙首附王僧虔传》)。贵贱逆转、声名显微的差别,就在于是否读数百卷书,与前引《颜氏家训·勉学》"虽百世小人"云云意旨相同。魏晋以来,玄学大兴,清谈成为贵族交往活动中重要的娱乐和才艺,时论常以清谈之胜负判定人才之优劣,因此《老子》《庄子》《周易》(合称"三玄")及其注疏和论述,成为贵族在儒家经典之外的学习内容。王僧虔的这篇诫子书就是告诫诸子不可未熟读"三玄"及其众家注疏和论述(即此书所称"论注百氏")就贸然清谈,他所说"读数百卷书",除了儒家经典之外,当然还包括这些书籍。①

综合以上三例,读数百卷书应可视作当时贵族基本文化素养的标准。② 大约五百年之后的北宋人宋祁训诫诸子须有学问,还称胸中存数百卷书,方能不被人鄙视耻笑:"人不可以无学,至于章奏笺记,随宜为之。天分自有所禀,不可强也。要得数百卷书在胸中,则不为人所轻消矣。"(《宋景文笔记》卷下)

---

① 参牟润孙《论魏晋以来之崇尚谈辩及其影响》,香港中文大学出版社,1966年,收入氏著《注史斋丛稿》(增订本),北京:中华书局,2009年。安田二郎《王僧虔「誡子書」考》,《日本文化研究所研究报告》第17辑,1981年,收入氏著《六朝政治史の研究》,京都大学学术出版会,2003年。余英时《王僧虔〈诫子书〉与南朝清谈考辨》,《中国文化》第8期,1993年,收入氏著《历史人物考辨》,《余英时文集》第九卷,桂林:广西师范大学出版社,2006年。余氏认为"数百卷书"即是"三玄"及其"论注百氏",似不太确切。
② 井上进著,李俄宪译《中国出版文化史》,武汉:华中师范大学出版社,2015年,第51页。

读数百卷书,只是具备当时贵族基本文化素养,还难称博学。前引《颜氏家训·名实》所举士族"读书不过二三百卷",未可言多,以酒犊珍玩求取名士称赏,声价大盛,竟然得以出境充任聘使,但后来终因才薄学浅被人识破。

要之,在颜之推所处时代,以读书数量而论,数十卷略具初等文化;数百卷约当中等文化,为当时贵族基本文化素养的标准;数千卷足称博学;而逾万卷则极为稀见。后来杜甫诗语"读书破万卷,下笔如有神"(《奉赠韦左丞丈二十二韵》),说明读书广博方能下笔自如,虽然唐时书籍数量较前代大为增加,阅读条件较前代有所改观,但"读书破万卷"又谈何容易!对于普通读书人来说,直至印刷术已广泛应用于书籍刊刻而使书籍获取大为便利的宋代及以后,"读书破万卷"才逐渐变得不那么遥不可及。

四

何逊诗实为清巧,多形似之言。扬都论者,恨其每病苦辛,饶贫寒气,不及刘孝绰之雍容也。虽然,刘甚忌之。平生诵何诗,常云:"'蘧车响北阙',懂懂不道车。"又撰《诗苑》,止取何两篇,时人讥其不广。

"蘧车响北阙"之"蘧车",原作"蘧居"。清孙志祖《读书脞录》卷七"蘧车"曰:"'蘧居','居'字误,当作'车',盖用蘧伯玉事。何逊《早朝》诗云:'蘧车响北阙,郑履入南宫。'见《艺文类聚·朝会类》《文苑英华》,彭叔夏《辨证》云'集本题作《早朝车中听望》',是也。'懂懂不道车',是讥何诗语,然不得其解,岂以'蘧车'二字音韵不谐亮邪?"陈直《颜氏家训注补正》曰:"《何逊集·早朝车中听望》诗云:'诘旦钟声罢,隐隐禁门通。蘧车响北阙,郑履入南宫。'蘧车用蘧瑗事,郑履用郑崇事。本诗蘧车两字,甚为分明,而刘孝绰谓作蘧居,因指摘何逊诗句未切合车字,或孝绰当日所看传本作蘧居耳。懂字见《玉篇》,训为乖戾也。"周法高《汇注》引洪业曰:"案《列女传·仁智篇》:'卫灵公与夫人夜坐,闻车声辚辚,至阙而止。过阙复有声。公问夫人曰："知此谓谁？"夫人曰："此蘧伯玉也。"公曰："何以知之？"夫人曰："妾闻礼下公门，式路马，所以广敬也。……蘧伯玉，卫之贤大夫也；仁而有智，敬于事上。此其人必不以闇昧废礼，是以知之。"公使视之，果伯玉也。'夫伯玉之车，至阙而无声。何仲言早朝诗中之车乃响于北阙，是乖戾无礼之车也。故孝绰讥之为憧憧不道之车，不得称蘧车也。"

"蘧车响北阙，郑履入南宫"两句诗中，"蘧车"用蘧瑗（字伯玉）夜间过阙而下车礼敬的慎独恭谨之事（《列女传》卷三《仁智传·卫灵夫人》，上引洪业说已录），"郑履"用郑崇屡次规谏汉哀帝以至于哀帝可识其履声的正直敢诤之事（《汉书》卷七七《郑崇传》），二典一车一履，恰好相对。若作"蘧居"，则不合。《艺文类聚》卷三九、《文苑英华》卷一九〇《何水部集》、《汉魏六朝百三家集·何逊集》录此诗，二字也均作"蘧车"。孙志祖校"蘧居"当作"蘧车"，是，王利器《集解》已据改。陈直推测刘孝绰当日所见此诗传本作"蘧居"，恐未必。疑当是《颜氏家训》原本或传抄本之误。

"车"古有一音与"居"同，皆为鱼部字，①象棋棋子"车"现仍保留此音。出土文献和传世文献中保留了较多"车""居"音同讹混之例，如《诗经·邶风·北风》"携手同车"，阜阳汉简《诗经》S045作"携手同居"。②《礼记·礼运》"天子以德为车"，郑玄注："车或为居。"《庄子·徐无鬼》"若乘日之车"，陆德明《经典释文》："元嘉本车作居。"孟子名轲，其字汉代尚未闻（赵岐《孟子题辞》），魏晋唐时出现子居、子舆、子车三说，根据名、字意义的关联及居、舆、车意义和读音的关系，孟子当字子舆，因舆、车通用，讹为"子车"；又因车、居音同，讹作"子居"。③ 敦煌卷子P.3174《古贤集》："太公往往身不御（遇），八十屠钩自钓鱼。有幸得逢金（今）帝主，文王当唤召同

---

① 林亦《车字古有"居"音》，《古汉语研究》2001年第3期；孟蓬生《"车"字古音考——兼与时建国先生商榷》，《古籍整理研究学刊》2002年第3期；徐时仪《玄应和慧琳〈一切经音义〉研究》，上海人民出版社，2009年，第362—364页。
② 文物局古文献研究室、安徽阜阳地区博物馆阜阳汉简整理组《阜阳〈汉简〉诗经》，《文物》1984年第8期；胡平生、韩自强《阜阳汉简诗经研究》，上海古籍出版社，1988年，第6、55—56页。
③ 王瑞来《孟子字辨》，《文汇报》2016年8月12日。

居卜车。"所咏之事为姜太公年老穷困,钓于渭阳,周文王田猎遇之,与语大悦,同车共归(见《史记》卷三二《齐太公世家》)。抄写时本欲写"车"字,却误写为同音的"居"字,发现后于"居"字右侧加一小"卜"号表示删除该字,①再补写"车"字。②《颜氏家训》"蘧车"作"蘧居",与上举诸例一样,因音同而生讹混。

"懱懱不道车",孙志祖称是刘孝绰"讥何诗语"。联系上文"刘甚忌之"与下文"撰《诗苑》,止取何两篇",孙说是。但孙氏自认对"懱懱不道车"语"不得其解",猜测可能是"'蘧车'二字音韵不谐亮"。陈直推测刘孝绰所见何逊诗此二字作"蘧居",于是"指摘何逊诗句未切合车字"。揆诸其意,陈氏似将"不道"解作不说出、不提及。洪业指出蘧伯玉知礼,其车至阙无声,但何诗却云"蘧车响北阙","是乖戾无礼之车",故刘孝绰讥之。

今按,洪业之说较为妥帖,兹略加申述。"懱",《玉篇·心部》释为"乖戾也",《集韵·麦韵》释为"乖剌也",反常背理之意。古代汉语中许多名词之前的"不",相当于"无",意为没有。如"不翼而飞""不胫而走"等,另如"不学无术","不""无"对文,意思相同。《汉书》卷四五《息夫躬传》:"躬母圣,坐祠灶祝诅上,大逆不道。圣弃市,妻充汉与家属徙合浦。躬同族亲属素所厚者,皆免废锢。"《汉书》卷九七上《外戚列传上》:"元光五年,上遂穷治之,女子楚服等坐为皇后巫蛊祠祭祝诅,大逆无道,相连及诛者三百余人,楚服枭首于市。"同书二传记录近似案件,一用"大逆不道",一用"大逆无道","不道"即"无道",不守礼法、胡作非为。"懱懱不道车"之"不道"义同,"懱懱不道车",意为反常背理、不守礼法之车。

---

① 古人写字有误,用墨涂去。后来多改为在误字右侧加点(加一两点到五六点都有,比较随意),或在误字右侧画一短竖再加点(近似于"卜"形等),表示删除该字。参张小艳《删字符号卜与敦煌文献的解读》,《敦煌研究》2003年第3期。张涌泉《说"卜煞"》,《文献》2010年第4期,增订稿收入氏著《著名中年语言学家自选集·张涌泉卷》,上海教育出版社,2011年;又氏著《敦煌写本文献学》,兰州:甘肃教育出版社,2013年,第328—352页。
② 类似这种先写了读音相同或相近的误字,然后删除,再补书正字的例子还有一些。如敦煌卷子S.1920《百行章一卷》:"至于广学不侍卜仕明朝,侍省全乖色养。"敦煌卷子S.1441《励忠节钞·政教部》:"《史记》云:夫理人者,先诱进以仁义,束缚刑献卜宪(金耀按:"宪"字补写于该行天头),所以总一海之内而整齐万人。"

齐梁之际,隶事用典,蔚成风气,不仅聚会时以隶事多寡互争高下,而且诗文写作也以用典相尚。① 如误用典故,则会遭到诟病,《文心雕龙·指瑕》与《颜氏家训》之《勉学》《文章》中就列举了一些前人和时人误用典故的例子。"蘧车"之典,蘧伯玉乘车至阙,下车礼敬,车停无声,而何逊诗却云"蘧车响北阙",误用典故,触犯大忌,故刘孝绰以"憧憧不道车"嘲讽。

引文中刘孝绰"又撰《诗苑》"之《诗苑》,周法高《汇注》未出注,王利器《集解》称:"《诗苑》未见著录,《隋书·经籍志》:'《文苑》一百卷,孔逭撰。'据《玉海·艺文志》载《中兴书目》:'逭集汉以后诸儒文章:赋、颂、骚、铭、评(金耀按:《玉海》原文作诔),吊,典,书,表,论,凡十,属目录。'孝绰所撰《诗苑》,当是集汉以来诸家之诗,总此二书,则蔚为文笔之大观矣。范德机《木天禁语》谓:'唐人李淑有《诗苑》一书,今世罕传。'盖在唐代,孝绰之书已亡,而李淑续作之,然至元时,则李淑之书,一如孝绰之书,俱皆失传矣。"

已有多位学者指出此处刘孝绰撰《诗苑》应即《(古今)诗苑英华》。②《隋书》卷三五《经籍志四》、《旧唐书》卷四七《经籍志下》、《新唐书》卷六〇《艺文志四》均著录《古今诗苑英华》,梁昭明太子撰,仅卷数稍异:前者载十九卷;后二者载二十卷,当是并录一卷计算。③ 萧统有《答湘东王求文集

---

① 参刘师培《中国中古文学史讲义》第五课《宋齐梁陈文学概略》丁《总论》,上海古籍出版社,2000年,第95—96页。王瑶《隶事·声律·宫体——论齐梁诗》,《清华学报》第15卷第1期,1948年,收入氏著《中古文学史论》,北京大学出版社,2014年。何诗海《齐梁文人隶事的文化考察》,《文学遗产》2005年第4期,氏著《汉魏六朝文体与文化研究》第六章《齐梁文人隶事》,北京大学出版社,2011年,第236—278页。胡宝国《知识至上的南朝学风》,《文史》2009年第4期;收入氏著《将无同——中古史研究论文集》,北京:中华书局,2020年。
② 参清水凯夫《〈文选〉编辑的周围》,《立命馆文学》第377、378期,1976年;同人前揭《文选撰(选)者考——昭明太子和刘孝绰》。以上二文收入前揭氏著,韩基国译《六朝文学论文集》。冈村繁《〈文选〉的编纂实况与当时对它的评价》,《日本中国学会报》第38集,1986年,收入氏著《文选之研究》,陆晓光译,上海古籍出版社,2002年。曹道衡、沈玉成《有关〈文选〉编纂中几个问题的拟测》,赵福海等《昭明文选研究论文集》,长春:吉林文史出版社,1988年;收入沈玉成《沈玉成文存》,北京:中华书局,2006年。
③ 参于溯《〈古今诗苑英华〉考》,《古典文献研究》第17辑上卷,南京:凤凰出版社,2014年。本系古典文献学研究生殷婴宁亦曾告知此点,谨致谢忱!

及〈诗苑英华〉书》(萧统《昭明太子集》卷四),作于普通三年(522),①当时《诗苑英华》已经编成,"其书已传"。

初唐长安纪国寺慧净(或作惠净、慧静、惠静)法师纂辑《续古今诗苑英华》十卷(《旧唐书》卷四七《经籍志下》、《新唐书》卷六〇《艺文志四》作二十卷)。《玉海》卷五四引《中兴馆阁书目》谓是书"集梁大同至唐永徽"间诗,《郡斋读书志》卷二〇谓"辑梁武帝大同年中《会三教篇》至唐刘孝孙《成皋望河》之作"。《续古今诗苑英华》起于梁大同年间(535—546年),与萧统所编《诗苑英华》下迄时间(普通三年之前)未能密合。故有学者认为,《古今诗苑英华》是刘孝绰对萧统编《诗苑英华》所作的增补本;另有学者甚至认为,《古今诗苑英华》虽署萧统之名,而实出刘孝绰之手。刘孝绰(卒于梁大同五年[539])为萧统幕中主要文士,曾奉命为萧统编纂文集并作序,学界一般还认为他是萧统编纂《文选》的主要助手,前述学者的两种看法均有较大可能。因此后世或将《古今诗苑英华》编者径题为刘孝绰。② 除《颜氏家训》此处之外,道宣《续高僧传》卷三《唐京师纪国寺沙门释慧净传》引刘孝孙为《诗英华》(即《续古今诗苑英华》)作序曰:"自刘廷尉所撰《诗苑》之后,纂而续焉。""刘廷尉"即刘孝绰,其曾任廷尉卿。刘孝孙序明确指出《续古今诗苑英华》为《诗苑》续书,而《玉海》卷五四引《中兴馆阁书目》称《续古今诗苑英华》"以续刘孝孙《古今类聚诗苑》",误。③

《古今诗苑英华》早佚,其相关情况的记录也留存甚少。其收录诗人、作品,仅知收录晋人王康琚《反招隐诗》和何逊诗二篇(前引《颜氏家训·

---

① 具体考证见俞绍初《昭明太子萧统年谱》,《郑州大学学报》2000年第2期;又载氏撰《昭明太子集校注》附录,郑州:中州古籍出版社,2001年。
② 参前揭于溯《〈古今诗苑英华〉考》。
③ 关于《续古今诗苑英华》,可参李珍华、傅璇琮《唐人选唐诗与〈河岳英灵集〉》,《中国韵文学刊》1989年第2、3期,收入李珍华、傅璇琮《河岳英灵集研究》,北京:中华书局,1992年;又收入傅璇琮《唐诗论学丛稿》,北京:京华出版社,1999年。陈尚君《唐人编选诗歌总集叙录》,《中国诗学》第2辑,南京大学出版社,1992年;收入氏著《唐代文学丛考》,北京:中国社会科学出版社,1997年;又收入氏著《唐诗求是》,上海古籍出版社,2018年。傅璇琮、卢燕新《〈续诗苑英华〉考论》,《文学遗产》2008年第3期。

文章》,但未载篇名)。① 其编纂体例,于篇题之下当列有作者小传,包括其时代、爵里、才行等。② 其选录倾向、风格现已无法评判,唐人高仲武称其"失于浮游"(《中兴间气集序》),即有虚浮不实的缺陷。

　　王利器《集解》据范德机《木天禁语》载"唐人李淑有《诗苑》一书,今世罕传",推测刘孝绰撰《诗苑》唐代亡佚,李淑继之续撰《诗苑》,元时失传。此说多有差误。清代四库馆臣已据晁公武《郡斋读书志》考出《木天禁语》"唐人李淑有《诗苑》一书"句中《诗苑》为《诗苑类格》,撰者李淑为宋仁宗时,并非唐人(《四库全书总目》卷一九七《木天禁语》提要)。今按,李淑字献臣,有传附《宋史》卷二九一《李若谷传》。李淑所撰《诗苑类格》,又称《宝元诗苑类格》《李公诗苑类格》,三卷。《玉海》卷五四"宝元诗苑类格"载此书为宋仁宗宝元二年(1139)"翰林学士李淑承诏编为三卷。上卷首以真宗御制八篇条解声律为常格,别二篇为变格,又以沈约而下二十二人评诗者次之;中卷叙古诗杂体三十门;下卷叙古人体制别有六十七门"。《郡斋读书志》卷二〇云:"宝元三年,豫王出阁,淑为王子傅,因纂成此书上之。述古贤作诗体格,总九十目。"此外《遂初堂书目》、《直斋书录解题》卷二二、《宋史》卷二〇九《艺文志八》等亦著录,列入"文史"或"文说"(含诗话、文评等)类,即后世"诗文评"类之前身。此书元以后不见著录,大约亡于其时。有佚文散见于曾慥《类说》、陈元靓《事林广记》、佚名《锦绣万花谷》、潘自牧《记纂渊海》、王应麟《困学纪闻》、魏庆之《诗人玉屑》、蔡正孙《事林广记》诸书,今有多种辑本。③ 由上述目录解题、所列类别以及现存佚文来看,《诗苑类格》为讲述作诗法式、标准的诗格,并非诗选,当然不可能是刘孝绰撰《诗苑》之续编。

---

① 《文选》卷二二王康琚《反招隐诗》李善注:"《古今诗英华》题云晋王康琚,然爵里未详也。"五臣吕向注:"《今古诗英》题云晋王康琚,而不述其爵里、才行也。"其中《古今诗英华》《今古诗英》应即《古今诗苑英华》,据此知《古今诗苑英华》收录晋人王康琚《反招隐诗》。
② 此据上注所引《文选》卷二二王康琚《反招隐诗》李善注和五臣吕向注(参见上注)推断。参前揭傅刚《〈昭明文选〉研究》,第168页。
③ 参王发国、曾明《李淑〈诗苑类格〉考略》,《西南民族大学学报》2000年第1期。李裕民《〈宋诗话辑佚〉补遗》,《文献》2001年第2期,收入氏著《宋史考论》,北京:科学出版社,2009年。卞东波《李淑〈诗苑类格〉辑考》,《中国诗学》第10辑,北京:人民文学出版社,2005年,收入氏著《宋代诗话与诗学文献研究》,北京:中华书局,2013年。

钞本《全唐文目》考释*

夏婧(复旦大学中文系)

唐五代诗文作品经由清代官方组织编纂为《御定全唐诗》九百卷、《钦定全唐文》一千卷,是近现代文史研究长期倚重的基本文献。《全唐诗》编修主事者曹寅档案的整理结集,编纂底本如胡震亨《唐音统签》、季振宜《全唐诗》稿本的完整刊出,为探讨官修本成书始末、编纂方式提供了最直接的佐证,①也有助于理解现有文本处理的得失因由。近年随着清代档案不断刊布,《全唐文》成书阶段的一些重要环节也渐趋明晰。与官修《全唐诗》情形类似,清辑唐五代文的编纂也依傍于一部内府旧本,该底稿未见存世,但通过比勘编校阶段遗存的几种文本实物,仍可拼接出较此前远为详尽丰富的线索,并据以反观编者的取舍裁断,笔者前撰《清编〈全唐文〉稿抄本及校档述要》(《文献》2013年第4期)曾作考订。近期又于上海图书馆检得《全唐文目》一种,考其内容,可判断为清廷重辑唐文时过录的旧本存文总目,是已发现资料中最接近编纂底本的一份史料,兹作考释如下。

---

* 本文初稿曾提交复旦大学中古中国共同研究班讨论(2018年6月20日),后发表于《文学遗产》2019年第4期,承复旦大学中文系张金耀老师及《文学遗产》审稿专家提示修改意见,谨此申谢。收入本书时有所修订。
① 参见周勋初《叙〈全唐诗〉成书经过》,原刊《文史》第八辑,收入《周勋初文集·文史探微》,南京:江苏古籍出版社,2000年,第185—207页。

钞本《全唐文目》与"内府旧藏《全唐文》"关系探源

《全唐文目》(线善 814409－13)钞本五册,上海图书馆藏。每册首叶钤有"扬州阮氏琅嬛仙馆藏书印""上海市图书馆所藏""上海图书馆藏"朱文印,末叶有"中华民国廿六年五月七日"蓝紫色戳记。第一册首叶复有"文选楼"墨文印。"文选楼""扬州阮氏琅嬛仙馆藏书印"皆系清人阮元印鉴,可知曾经其箧藏。上海旧书业二酉书店于 1935 年 7 月刊印《二酉书店书目》著录"五六四三,稿本,全唐文目十六卷,扬州阮氏文选楼原钞红格精写小字本,有阮氏印章记。五厚本,实洋四十元",[①]所记即此部钞本。书店经营者徐绍樵、王昭美均为扬州人士,或藉地缘之便收采乡邦文献。因久未售出,至 1936 年 12 月曾调整价目,"全唐文目十六卷,红格精钞本,文选楼珍藏印。五本,二十五元"。[②] 钞本第五册末叶有手书"二十五元"字样,"中华民国廿六年五月七日"应即 1937 年入藏上海市图书馆登记时间,可知该钞本大致递藏转售始末。

清代官方组织纂修唐五代文,始于嘉庆十三年(1808)十月,仁宗因"内府旧藏《全唐文》"虽已初具规模,但体例未协、选择不精,下诏重辑。[③] 随即在西华门内文颖馆设置编修处,添派提调,遴选总纂、纂修、协修等各级职员。编撰开展之后,又相继增派总阅数人专司校勘,组成以翰林院编修、庶吉士为主的修撰班底。内府旧本唐文亦下发至修书处,缮录副本,作为后续编纂的工作底本。[④] 参修馆臣以之为基础,普查相关文献,进行篇目文字的增删校改,逐一编定卷次,依照内府书籍进呈本款式缮写录

---

① 《二酉书店旧书目录(第五期)》集部补遗,第 467 页。
② 《二酉书店旧书目录(第七期)》集部总集类,第 360 页。
③ 中国第一历史档案馆编《嘉庆朝上谕档》第 13 册,桂林:广西师范大学出版社,2008 年,第 599 页。又《御制〈全唐文〉序》,董诰等编《全唐文》,北京:中华书局,1983 年,第 1 页。
④ 嘉庆十九年闰二月二十五日文颖馆总裁董诰奏"窃臣馆于嘉庆十三年十月初七日奉旨颁发内府贮《全唐文》一百六十卷,交臣馆增辑,以成完书,随经缮录副本存馆",翁连溪编《清内府刻书档案史料汇编》下册,扬州:广陵书社,2007 年,第 468 页。

正。至嘉庆十九年(1814)闰二月,文颖馆诸员完成初步纂辑。同年六月,书稿交抵扬州两淮盐政,由其组织人力校订刊刻。① 随后又经增补删刈部分篇目,最终厘定成编,于嘉庆二十一年(1816)十月刻印刊行。②

此部钞本所有者阮元(1764—1849)字伯元,一字芸台,乾隆五十四年(1789)进士,为当时名儒。嘉庆十四年(1809)因失察科考事褫夺浙江巡抚之职,九月授编修在文颖馆行走。适值清廷重辑唐文,因任总阅一职。至十六年七月升少詹事,十七年五月补授工部右侍郎,管理钱法堂事务,十月改任漕运总督。③ 实际在馆约两年,主要参与前期校阅。钞本《全唐文目》或系在馆期间录副使用,离馆时携出。个别处附有朱笔校订批语,如钞本第一册叶十正"与宁王宪等书",粘签云"(阙)皎诏(阙)王宪等书,删";第五册叶十一正"元度《论十体书》",粘签云"即唐元度,应加唐字";叶十一正"郄昂《梓材赋》《岐邠泾宁四州八马坊颂碑》",叶十一反又有"郗昂《老人星赋》《骊山伤古赋》《蚌鹬相持赋》",粘签云"郄昂,郄与郗同,应是一人"。粘签存数无多,仅前举三处,未知是否尚有散落者,所涉问题,刊本已作改并。《全唐文》重辑阶段,相关文本往往经多人、多次传阅校核,具体责任者不易逐一厘清判定,尽管难以断言上述批语即出阮氏手笔,但也不乏此种可能。《钦定全唐文》刊行之后,阮元曾于嘉庆二十三年(1818)作《全唐文补遗》一卷,辑录官书未收作品一百二十八篇,④可知其对纂辑唐文事仍有关注。

"内府旧藏《全唐文》"是促成嘉庆间修书活动的直接动因,也是重辑工作最重要的文本凭据。检视该钞本著录篇目及编次,与《全唐文》刊本出入颇多,可知并非定本目录。结合时人关于旧辑本的描述,则可作进一步推论。总纂官之一的法式善《校全唐文记》云:

---

① 嘉庆十九年七月十九日阿克当阿奏"开文颖馆纂办《全唐文》一书业经告竣,奏交两淮盐政校对刊刻……于六月十九日抵署",《清内府刻书档案史料汇编》(下册),第470页。
② 中国第一历史档案馆、扬州市档案馆编《清宫扬州御档》第13册第3918件,扬州:广陵书社,2010年,第9181—9182页。
③ 赵尔巽等撰《清史稿》卷三六四《阮元传》,北京:中华书局,1977年,第11421页。又中研院历史语言研究所内阁大库档案,登录号112268—001。
④ 中国国家图书馆藏清钞本,又参陈尚君《述〈全唐文〉成书经过》第七节《〈全唐文〉的刊刻与补遗》,《唐代文学丛考》,北京:中国社会科学出版社,1997年,第77—78页。

内府《全唐文》抄本十六函，每函十册，约计其篇，盖万又几千焉。前无序例，亦无编纂姓氏，首叶钤"梅谷"二字私印。相传海宁陈氏遗书，或云玲珑山馆所藏，或云传是楼中物。大约抄非一手，藏非一家，辑而未成，仅就人所习见常行采掇为卷，唐人各集亦皆录从近代坊本。①

又云：

　　内府所藏唐文原本十六函，每函十册，得人一千七百余，第一叶有"梅谷"图记，为海宁陈氏裒辑未完之书。苏大司空官两淮盐政时以重价购得，进呈乙览。②

《钦定全唐文》凡例指摘旧本编纂之失，云：

　　原书制诰，别立一门，与全书体例未协。
　　原书批答，即载本文之后，体例未协。今按世次，改归帝王集内。
　　原书唐太宗文内，载入晋宣、武二帝并张华、陆机、王羲之论赞。
　　唐人说部最夥，原书所载如《会真记》之事关风化，谨遵旨削去。此外如《柳毅传》《霍小玉传》之猥琐，《周秦行记》《韦安道传》之诞妄，亦概从删。
　　原书误收唐以前文，如宇文逈之《庾信集序》、尹义尚之《与齐仆射书》，误收唐以后文，如王珪之《除郝质制》、冯志亨之《普天黄箓大醮碑》等篇，今删。③

《全唐文》进书表又云：

---

① 法式善《校全唐文记》，《存素堂文续集》卷二，《续修四库全书》第1476册影印国家图书馆藏稿本，上海古籍出版社，2002年，第755—756页。
② 法式善撰，涂雨公点校《陶庐杂录》卷一，北京：中华书局，1959年，第7页。
③ 《全唐文》凡例，第13、15、16页。

宋有王珪,乃并制词于叔玠;唐无徐勉,竟收赋句于修仁。缘汉章之号亦肃宗,马严疏载;取鲍出之传于《魏略》,鱼豢名胪。葺冯志亨黄篆碑铭,下侵元代;搜尹义尚与齐书启,上列陈贤。魟表韦琳,梁才远借;虎图李翰,蜀本重编。可频瑜见渔仲之书,忘为复姓;宇文逌作兰成之序,屡入前朝。毋㚡毋婴,舛由形似;蒋防蒋访,紊以声同。唐元度校正九经,殷盈孙熟精三礼,乃名存而姓佚,致畛别而区分。著元翰而复出崔鹏,昧文成之即为张鷟,凤兮本一,豕也讹三。原其多误之由,盖亦未成之本。①

以上关于旧辑本具体文本特征的记述,提供了考索钞本性质的关键信息。此部钞本为朱色框栏,半叶十一行,版心著录"全唐文目第某函",总计十六函,每函内又分十册钞录篇目,不另分卷次。全书以撰人立目,收录具名作者近一千九百人,除个别撰者因存文数量过多或人所熟知,仅标列其名示意,②钞本将每位作者名下收存篇目逐一录出,约一万一千篇。钞本所记第一函第七册至第十册总以"制诏"立目,收录各类制敕诏诰册文、策问试判,即凡例所云"别立一门"。"批答即载本文之后",可资印证者如二函第七册姚元崇《对武后问冤狱疏》后"批诏附"、六函第一册令狐峘《元陵议》下附"御批答"、十二函第四册《唐节度使崔珙进周公祠灵泉图并题奏状及敕批答》。别载史书论赞,钞本一函第二册"太宗皇帝"名下收有《晋书宣帝总论》《晋书武帝总论》《晋书陆机陆云传论》《王羲之传赞》《张华传》《王羲之传》等篇。"会真记"所指,因元稹名下未备列存文篇目,无从考实,且所叙崔、张故事之"莺莺传"本在元氏集外别行,此处疑指钞本十六函第三册崔莺莺《答微之书》。清廷重辑时对单篇传奇文多摒弃不取,类似以"事关风化"为由削去者,尚有六函第十册沈既济《枕中记》、九函第

---

① 《全唐文》进书表,第8页。
② 此类情况包括杨炯(二函第九册)、王勃(三函第二、三册)、骆宾王(三函第六册)、李白(六函第一册)、杜甫(六函第三册)、陆贽(七函第一、二、三册)、韩愈(九函第一、二、三、四册)、柳宗元(九函第七、八、九、十册,十函第一册)、元稹(十函第五、六册)、白居易(十函第七、八、九、十册,十一函第一册)、杜牧(十一函第十册,十二函第一册)、李商隐(十三函第一册)。

五册陈鸿《长恨歌传》、十一函第七册沈亚之《秦梦记》、十五函第九册李朝威《柳毅传》。凡例所举四篇误收文,依次见于十四函第七册、十六函第一册、二函第七册、十六函第六册。《全唐文》进书表补叙数篇误收作品,其中马严《上肃宗章帝封事》见六函第十册,为东汉文;鱼豢《鲍出传》见十五函第二册,为三国文;韦[琳](璘)《鲲表》见十四函第六册,为萧梁文。① 所云"竟收赋句于修仁",钞本未见录存梁人徐勉(字修仁)赋作,或为此目传钞疏漏,或系馆臣别有所指。② 又钞本七函第五册收李翰《裴昊将军射虎图赞》(《全唐文》刊本卷四三一,据《唐文粹》卷二四),八函第四册又重出于李翱名下,李翱集旧有蜀本二十卷,③是谓"蜀本重编"。进书表所举鱼鲁阙夺之误、分合归并之失,均可于钞本中获得印证。综上诸端,钞本反映的函帙状态、存文规模、特殊体例、误收作品等,均显示所录内容即旧辑唐文的篇目部分;而钞本并无旧辑原本钤有的"梅谷"图记,加之持有者曾参与清廷编校工作,又表明钞本本身系重辑阶段使用的某一过录本。

前引法式善文称旧本唐文编者"海宁陈氏",葛兆光据陈其元《庸闲斋笔记》等考订为陈邦彦:④

鲍庐宗伯为香泉太守之侄,康熙癸未,与弟文勤相国同入翰林。……纯庙御极,命缮写御制诗,内府书籍、秘殿珍藏,悉俾笺钥。洊历春卿,数年之间,扈从凡二十七次,宠遇之隆,一时无两。居家撰

---

① 钞本误作"韦璘"。严可均校辑《全梁文》卷六八据《太平广记》收入王琳名下,注云《酉阳杂俎》作"韦琳",《全上古三代秦汉三国六朝文》,北京:中华书局,1958年,第3360—3361页。
② 此钞本系过录本,存在传写脱误可能。如十六函第一册叶四、五,据撰者及篇目对应关系,实际顺序应作倒转。台湾"国家图书馆"藏《全唐文移篇删篇补篇目录》是反映嘉庆官修初纂稿至正式付刻之间篇目调整的校改档案。其中《删篇目录》云"卷四百三十七,《永阳太妃墓志铭》,系梁徐勉文,删",可知初稿确曾误收徐勉作品,进书表或指此而言,今刊本已作删削。
③ 陈振孙撰,徐小蛮、顾美华点校《直斋书录解题》卷一六"李文公集",上海古籍出版社,1987年,第480页。
④ 葛兆光《关于〈全唐文〉的底本》,《学林漫录》九集,北京:中华书局,1984年,第145—147页。

著不下百数十种,奉敕所成者,有《历朝题画诗》《全唐文》《宋史补遗》《谥法考》诸书。①

陈邦彦(1678—1752)字世南,号春晖、匏庐,浙江海宁人。康熙四十二年(1703)二甲进士,历任翰林院编修、左中允、侍读学士。康熙五十八年至六十一年丁忧。雍正初尝任《古今图书集成》副总裁,四年(1726)因作诗讥刺钱名世不力,被革职还乡。② 乾隆八年(1743)复用为翰林院侍读学士,③后官至内阁学士、礼部侍郎。十六年十二月因受阿尔赛欠银案牵连,遭乾隆申饬革职。④ 次年卒世。陈氏所著有《墨庐小稿》《春驹小谱》《乌衣香牒》《春晖堂集》等,康熙四十五年至雍正十三年日记稿本亦存世。

《庸闲斋笔记》列举陈氏奉敕所成诸书,今仅《历朝题画诗》一种传世,即康熙四十六年(1707)御制序文的《历代题画诗类》,知其编撰出自康熙宸衷。陈辑《全唐文》的敕纂原委目前别无记载,仅就已有材料稍作推测,或与《御定全唐诗》的编成有关。康熙四十四年三月南巡途中,敕令江宁织造曹寅组织编刊《全唐诗》。因主要利用胡震亨《唐音统签》、季振宜《全唐诗》拼凑而成,同年十月已初步编定,进呈样本。⑤ 是时陈邦彦侍读南书房,曾亲睹进呈本。⑥ 至四十六年四月十六日康熙御制序文,《御定全唐诗》告成。陈邦彦本人奉敕所编《历代题画诗类》恰在同日蒙获序文,康熙

---

① 陈其元撰,杨璐点校《庸闲斋笔记》,北京:中华书局,1989年,第11页。
② 《世宗宪皇帝上谕内阁》卷四三:"(四年四月二十一日)陈邦彦平日行止不端,卑污下贱,今遵旨作诗,又谬误舛错。……陈邦彦、陈邦直俱着革职,发回原籍,令地方官约束,不得出境生事。"《景印文渊阁四库全书》第414册,台湾商务印书馆,1986年,第383页。
③ 乾隆八年十二月初一日上谕"陈邦彦原系旧日翰林,着留京师,俟有讲读学士缺出补授",初五日上谕"陈邦彦着在武英殿行走",中国第一历史档案馆编《乾隆朝上谕档》第1册,北京:档案出版社,1991年,第887—888页。
④ 乾隆十六年十二月初十日上谕"陈邦彦奏所欠阿尔赛案内寄顿银两不能完项一折,陈邦彦所欠系在雍正年间之案……着革职,令其回籍,所欠银两从宽,免其交纳",《乾隆朝上谕档》第2册,第584页。
⑤ 康熙四十四年十月二十二日曹寅奏,故宫博物院明清档案部编《关于江宁织造曹家档案史料》,北京:中华书局,1975年,第34页。
⑥ 陈邦彦《匏庐公日记》卷一:"(康熙四十五年正月二十六日)又大学士陈、工部王到南书房奏曹织造进呈《全唐诗》样本事,内有应改字样一二十处,其样本仍交还曹织造。书有二套十六本。"上海图书馆藏稿本。

急于彰显的文治之盛可谓小有所成。《全唐诗》刊行在即,起意编录一部与之相配的文章总集亦在情理之中,深受信赖、又有官书编纂经验的陈邦彦无疑是一合适人选,因此陈辑唐文很可能也出于康熙授意。钞本《全唐文目》的一处记录或可作为旁证。全唐诗文编纂的基本体例是以撰人立目,下附小传,再录存相关作品。钞本一函第二册"太宗皇帝"下注云"纪传已见《全唐诗》内,兹不重载",应系据原本过录,表明《全唐文》编纂初衷意在与《全唐诗》并行,存有诗作之撰者因在前书已有小传,故此编从略。至于具体纂辑时间,康熙四十六年或为其着手编修上限,《全唐文目》显示旧辑本中唐玄宗特以"明皇"列目,疑与避称康熙名讳有关。至康熙晚年,陈邦彦解职丁忧,仍未闻定稿进呈。其后历雍、乾二朝,宦海沉浮,别委他事,辑本或就此搁置箧中,故法式善谓为"哀辑未完之书"。

陈辑唐文入藏内府系由苏楞额进呈。① 苏楞额姓纳喇氏,满洲正白旗人。乾隆五十九年(1794)从粤海关监督任上奉召入京,未至而命署两淮盐政。嘉庆元年(1796)正月以例外呈进贡物得旨严饬,五月调浙江盐政兼织造事务。四年九月回京,任上驷院卿。② 据法式善云"苏大司空官两淮盐政时以重价购得",则旧本约在乾隆末至嘉庆初年进呈内廷,但时人翁方纲(1733—1818)文中透露的线索却与此说稍有出入。翁氏《化度寺邕禅师塔铭跋》云:"今其字最少之本在陆谨庭家,既为我双钩来矣;其存字略多一本、拓手微逊者,昔在缪文子处,今归蒋氏,予亦借来细对,此二本皆与予藏此本毫发不差。……浙中有人家藏《全唐文》者,托友访查,其碑板中竟无此文,则是碑全文竟不可得见。"③ 又同人跋宋拓《化度寺碑》云:"嘉庆己未四月,借吴门蒋秀才元诚所收缪氏宋拓本裱册……与陆谨庭前年所寄来双钩弆州藏之第二本,实亦同时所拓。"④ "己未"乃嘉庆四

---

① 嘉庆二十一年十一月二十五日上谕"内府旧存《全唐文》写本系由苏楞额呈进",《嘉庆朝上谕档》第 21 册,第 569 页。
② 李元度辑《国朝先正事略》卷一〇〇,周骏富编《清代传记丛刊》第 193 册,台北:明文书局,1985 年,第 665 页。
③ 翁方纲《化度寺邕禅师塔铭跋》,《复初斋文集》卷二二,《续修四库全书》第 1455 册影印李彦章校刻本,第 566 页。
④ 翁方纲撰,沈津辑《翁方纲题跋手札集录》,桂林:广西师范大学出版社,2002 年,第 106 页。

年,可知翁氏并获陆、蒋二本《化度寺碑》已在该年四月;又托友访查"浙中人家藏《全唐文》",今检钞本存目,确未著录此篇,是谓"竟无此文",①疑是时陈辑本尤未出浙省。据苏楞额历官迁转,嘉庆元年五月至四年九月恰在浙江盐政任上;旧辑原本所钤"梅谷"印记最有可能的归属者行迹亦未出两浙所辖,②因此法式善所云"两淮"或系"两浙"误记,旧辑本的进呈时间可能稍晚至嘉庆四年左右。

《全唐文目》所见旧辑与重编工作得失

　　钞本《全唐文目》性质既判定,可据其存目考察旧辑本已成规模;与刊行本相较,又可从篇目增删去取、体例调整、撰者考订等角度,具体分析清廷重辑工作的得失。

　　据钞本所录篇目,可推知《文苑英华》、《唐文粹》、唐人别集等习见典籍存文,旧辑已悉行采入,修书诏称之"卷帙闳富""采辑大备"并非虚誉,近半规模业已奠定。惟因各篇源出不同,时有重复,旧本后续删并未及厘定。如旧辑于唐次(七函第九册)、沈传师(十一函第二册)二人名下均收录《元和辩谤略序》,前者出《唐文粹》卷九五,《全唐文》刊本卷八六四据《旧唐书·唐次传》"其书三篇,谓之《辨谤略》。……传师奉诏与令狐楚、杜元颖等分功修续,广为十卷,号《元和辨谤略》,其序曰"云云,③列名于沈传师。又如牛僧孺《原仁》(七函第十册)、韦筹《原仁论》(十五函第十册),旧本二者并取,考其内容实同,前者据《唐文粹》卷四三,后者出《文苑英华》卷

---

① 《化度寺碑》即《化度寺故僧邕禅师舍利塔铭》,清廷重辑时增入刊本卷一四三李百药名下。
② 旧辑本散出应在乾隆十七年(1752)陈邦彦殁后。"梅谷"印记归属,葛兆光考证清人字号为梅谷者有张绍龄、王玶、陆烜、赵榕,但无材料表明诸人与陈书有过关联,同时也不排除"梅谷"或即陈邦彦本人私印(《关于〈全唐文〉的底本》,第147页);陈尚君认为"梅谷"即乾隆后期平湖藏书家陆烜,平湖为海宁邻县(《述〈全唐文〉成书经过》,第63页)。由于法式善并未描述印记具体形制,据现有材料,无法断言此方"梅谷"是否即陆烜惯常钤用之朱文葫芦印,姑记以待考。
③ 刘昫等撰《旧唐书》卷一九〇下《唐次传》,北京:中华书局,1975年,第5061页。

七四六,《全唐文》刊本卷七八八据《英华》隶属韦氏,删牛氏名下存文。

旧辑除致力搜检历代总集、唐人别集,于地方文献也有所涉猎。方志子目中的艺文、金石诸门往往抄存与当地有关作品,名胜、古迹等门类也多载题咏。虽然唐宋时期志乘存世者有限,但方志编写层累递修的特点使得前书记载多为后出之作因袭保存,可资稽考前代史料。旧辑所采,如卢照邻集外文《郑太子碑铭》(二函第六册,刊本卷一六七),见《(嘉靖)翼城县志》卷六;①陈乔《新建信州龙虎山张天师庙碑》(十四函第二册,刊本卷八七六),见《龙虎山志》卷中;②张绍《冲佑观铭》(十五函第九册,刊本卷八七二),见《武夷山志》卷一六。③ 又如王守泰《记山顶石浮图后》(五函第一册,刊本卷三五三)、梁高望《云居寺石浮屠铭》(五函第五册,刊本卷三〇五)、刘济《涿鹿山石经堂记》(十一函第五册,刊本卷五二六)、王大悦《云居寺门右石浮图铭序略》(十四函第九册,刊本卷三六一)、何筹《云居寺故寺主律大德神道碑铭并序》(十五函第七册、刊本卷七五七)诸篇,皆为房山云居寺周遭石刻,疑采自朱彝尊《日下旧闻》。④ 对地方文献搜采有失泛滥、取择颇欠精审的弊端,旧辑本则多乏甄别。如皮日休《襄州孔子庙学记》(十三函第四册,刊本卷七九七),所载与《唐文粹》卷五一程浩《扶风县文宣王庙记》前半文字全同,惟截去"扶风古县也"以下与篇题"襄州"相悖内容,后人依托改撰痕迹明显。⑤ 溯其史源,疑因《(嘉靖)湖广图经志

---

① 鄢桂枝修,杨汝江纂《(嘉靖)翼城县志》,《天一阁藏明代方志选刊续编》第 4 册影印明嘉靖二十七年刻本,上海书店出版社,1990 年,第 774—775 页。
② 元明善撰,张国祥、张显庸续撰《续修龙虎山志》卷中,《四库全书存目丛书》史部第 228 册影印北京图书馆藏明刻本,济南:齐鲁书社,1996 年,第 157—161 页。
③ 衷仲孺撰《武夷山志》卷一六,《四库全书存目丛书》史部 228 册影印江西图书馆藏崇祯十六年刻本,第 594 页。今按,据篇题,旧辑疑仅存铭颂部分,刊本卷八七二改题《武夷山冲佑宫碑》,别据他书增补碑序,内容更为完备。
④ 于敏中等编纂《日下旧闻考》卷一三一《京畿·房山县二》,北京古籍出版社,1981 年,第 2112—2114 页。
⑤ 尹楚兵《皮日休等诗文订补》,《盐城师范学院学报》2010 年第 6 期,第 18 页;刘兴超《皮日休〈襄州孔子庙学记〉辨伪》,《钦州学院学报》2011 年第 5 期,第 15—17 页。按,刘氏认为皮日休曾以此文书壁,后人因文字剥落或传抄匆忙而误为皮氏自撰,似可稍加补正。其一,皮氏书壁说别无他据;其二,程浩文内仅云地方官员崇祀孔庙,与篇题"庙记"相称;此篇截取前半颂扬孔子部分改称"学记",却无对应内容,且学记体写作兴于两宋,此出宋以后托附可能更大,恐非一般传误。

书》卷八等地方文献署为皮日休而误。① 又如吕温《论请舜庙奏》(十函第四册,刊本卷六二六),不见于吕氏别集、唐宋总集著录,实系元结作品,《(万历)湖广总志》卷九三题署吕氏,②旧本因而误采。

《钦定全唐文》重编凡例指出旧辑本各类疏失,以往仅具笼统印象,可藉由钞本实例获得直观认识。

篇目误属问题,如房玄龄(二函第一册)名下连续收存《遗表》《为王尚书遗表》《权文公遗表》,三篇均辑自《文苑英华》卷六二六,仅首篇标出房氏之名,后两篇原未题署撰人,且"权文公"者即权德舆,显非房文,旧辑未审《英华》著录体例,顶冒致误。又唐俭《奏霖雨为害咎在主司表》(二函第七册),据《旧唐书》卷三七《五行志》,实为唐休璟上表。撰者误作分并,如张鹭(二函第八册)与张文成(二函第十册)、褚无量(四函第八册)与褚元量(十六函第二册),皆别为二人。姓名舛误,如常词《修浯溪记》(十一函第三册)、常表微《麟台碑》(十一函第三册),实即韦词、韦表微;盈孙《太庙议》《奏论郊祀内臣朝服》(十三函第六册),脱书姓氏,即殷盈孙;温自作《代李中丞荐道州刺史温状》(十六函第一册),辑自《英华》卷六三八,实即吕温自作之篇。上述问题,重辑时均已更正。

编次方面,旧辑依循《全唐诗》体例,大致排定帝王、后妃、宗室、臣工、闺阁、释道、阙名序列,各部之内再按撰者时代先后序次。因属草创初成,尚未逐一厘定,失序处所在多有。如杜元颖(二函第三册)为穆宗朝宰臣,旧本置于唐初诸臣间。富嘉谟(十四函第二册)本为武后、中宗时人,旧辑置于五代冯道、冯延巳之后;又沿袭《英华》卷九六题署之误,别将"富嘉誉"《丽色赋》(十六函第二册)列于时代不明部分,造成同一人分并失当。第十四函第四册至第十六函第二册,主要收录辑自《文苑英华》的世次失考撰者作品,旧本仅据各家姓氏所属平水韵目编列前后,其间也颇有可进一步推考余地,重辑阶段即凭藉人事关联再作推定,如通过同题省试赋、

---

① 薛刚纂修,吴廷举续修《(嘉靖)湖广图经志书》卷八,《日本藏中国罕见地方志丛刊》影印嘉靖元年刻本,北京:书目文献出版社,1991年,第860页。
② 徐学谟纂修《(万历)湖广总志》卷九三,《四库全书存目丛书》史部第196册影印福建省图书馆藏万历刻本,第539页。

判、策等稽考作者大致年辈,编入相应卷次。

作为断代分体总集,旧辑本最严重的阙失无疑表现为收录非唐五代文以及非单行篇章,前项问题详下文考述,后一类主要包括误采唐五代人所修史书论赞及误收问答对谈。前者,重辑凡例仅举唐太宗《晋书》各篇示例,核以钞本,可知旧辑本在唐初修史诸臣如李百药、令狐德棻、长孙无忌、魏徵,后晋监修史书宰臣刘昫名下收存史书序、论、赞等四十余篇。①若从已单行专书中再刺取成篇,则将不胜其载,故重辑仅保留韩愈《顺宗实录》,以其附载别集,无单行之本,其余各篇概从删削。

误采问答奏对,凡例指出"文有答问体,如非有先生论答宾戏之类,皆系其人自作。原书误收《唐书》两人问答之词,标立名目,不知言虽其人之言,文则史氏之文,与答问之体有别,类此者删"。② 比对钞本存目与刊本相关内容增减,可知此类大致涉及奏对、谏言等非正式形诸笔墨的谈论。如钞本原有宁王宪《凉州曲声有播迁之祸论》(一函第六册),推考所指,即《新唐书·让皇帝宪传》"又凉州献新曲,帝御便坐,召诸王观之。宪曰:'曲虽佳,然宫离而不属,商乱而暴,君卑逼下,臣僭犯上。发于忽微,形于音声,播之咏歌,见于人事,臣恐一日有播迁之祸。'帝默然。及安史乱世,乃思宪审音云"之中"宪曰"部分,③属临时对答,并未涉笔成文,刊本卷九九宁王宪名下已无此篇。又如钞本姚思廉名下收《谏幸九成宫疏》(二函第一册),即《贞观政要》"贞观七年,太宗将幸九成宫。散骑常侍姚思廉进谏曰:'陛下高居紫极,宁济苍生,应须以欲从人,不可以人从欲。然则离

---

① 此类如李百药《北齐文苑序》(二函第三册)、令狐德棻《周书孝义序》《北周太祖论》《北周诸王论》《周书沈重论》《周书文论》(二函第三册)、长孙无忌《隋书律历序》《隋书食货序》《隋书刑法序》(二函第四册)、魏徵《隋书文学传序》《南史梁朝总论》《西戎论》《隋书夷狄论》《隋史总论》《隋书总论》《北齐总论》《周书八柱国传论》《隋书儒林传论》《周书皇后传论》《杨素传赞》《韩擒贺若弼传赞》《隋书隐逸传》(二函第五册)、韦述《辛替否传》(五函第七册)、蒋系《宪宗本纪论赞》(十二函第七册)、刘昫《姚崇十事》《武则天论》《唐敬宗论》《唐德宗论》《唐穆宗论》《唐睿宗论》《史臣论唐之昌由于得人之盛赞》《史臣论李纲郑[善][美]果杨恭仁杨师道李大亮等忠孝廉节可风赞》《史臣论封伦萧瑀裴矩事赞》《史臣论建成元吉残忍凶狂太宗逆取顺守赞》《史臣论房杜皆命世之才赞》《文苑表》(十四函第一册)、刘[昫](朐)《李训论》(十五函第四册)、阙名《唐宗室世系表》《唐宗室赞》《南诏列传赞》(十六函第十册)。
② 《全唐文》凡例,第15页。
③ 欧阳修、宋祁撰《新唐书》卷八一《三宗诸子传》,北京:中华书局,1975年,第3599页。

宫游幸,此秦皇、汉武之事,故非尧、舜、禹、汤之所为也。'言甚切至。太宗谕之曰:'朕有气疾,热便顿剧,故非情好游幸,甚嘉卿意。'因赐帛五十段",①重辑亦已删刈。

凡例认为此类"问答之词"多从《唐书》辑出,实则细绎所涉篇目,可推知旧辑直接利用文献为明永乐十四年(1416)黄淮、杨士奇等编《历代名臣奏议》。该书三百五十卷,分门编录自商周以迄宋元历朝奏答章疏。《奏议》永乐原刊本流传较罕,至明末张溥节录重刻刊行,遂广其传。② 尽管钞本《全唐文目》仅记存篇目,未录原文,但从相关篇目拟名,仍可推断其渊源所自。如钞本所收李大亮《密表使者求鹰》(二函第6册),即《奏议》卷一九三"太宗尝遣使至凉州,都督李大亮有佳鹰,使者讽使献之。大亮密表曰:'陛下久绝畋猎,而使者求鹰。若陛下之意,深乖昔旨;如其自擅,便是使非其人。'"③前举宁王宪文亦见《奏议》卷一二七、姚思廉文见《奏议》卷二八七。类似见于旧本而为重辑删去"问答之词",尚有张[玄](元)素《论隋君自专法日乱疏》(二函第一册,见《奏议》卷二七)、张行成《晋[州](国)地震奏对》(二函第一册,见《奏议》卷二九八)、李安道《上灾异疏》(二函第一册,见《奏议》卷二九八)、褚遂良《谏漆器雕俎》(二函第三册,见《奏议》卷二〇一)、杨师道《采泰山众议》(二函第四册,见《奏议》卷二九四)等。

《历代名臣奏议》成书虽晚,因收采较备,且集于一编,较之普查群籍,自便搜检。为重辑本留存篇目也不乏辑自该书,主要涉及五代入宋者作品:如颜衎《请定内外官制》(钞本十四函第一册,《全唐文》刊本卷八六一),见《奏议》卷一五九、《宋史》卷二七〇;杨昭俭《谏宥张彦泽》(十四函第二册,刊本卷八六三),见《奏议》卷一七四、《宋史》卷二六九;窦贞固《请定举官赏罚》(十四函第一册,刊本卷八六五),见《奏议》卷一三一、《宋史》卷二六二;聂崇义《论禘祫疏》(十四函第十册,刊本卷八六五),见《奏议》

---

① 吴兢撰,谢保成集校《贞观政要集校》卷二,北京:中华书局,2003年,第103页。
② 永瑢等撰《四库全书总目》卷五五《史部·诏令奏议类·历代名臣奏议》,北京:中华书局,1965年,第502页。
③ 黄淮、杨士奇编《历代名臣奏议》卷一九三,上海古籍出版社,1989年,第2531—2532页。

卷一八、《宋史》卷四三一。据刊本存文覆按，除《宋史》外，皆以《奏议》为另一文献来源。以旧辑采摭用书范围而言，两《唐书》内存文尚多有漏略，何遑逐卷翻检《宋史》，假《奏议》辑出更为可能。

又旧辑本于南唐陈致雍名下存文三篇：《上音律疏》《劾中书不许旌表吉州孝子瞿处圭》《祖宗配郊位议》（十四函第二册），也可确知分别辑自《奏议》卷一二七、卷一一六、卷一八。陈致雍仕闽为太常卿，入南唐除太常博士，通晓三礼，谙熟典章，《宋史·艺文志》著录其《曲台奏议》二十卷。原集不传，《全唐文》刊本卷八七三至卷八七五录其撰文九十四篇，较旧本大为增益，实系重编时据《永乐大典》辑补。① 在陈氏原集久佚情形下，旧辑所得三篇文字从其他来源录出，较合情理；《奏议》所存陈氏作品除卷一九一奏文失收外，已尽数在此，亦可印证。

《全唐文》刊本中部分改并未尽之误，也可提供初辑源出《奏议》的旁证。如卷四三二李至《谏贷死以流人使自效疏》（钞本十四函第五册），据《文苑英华》卷六一九、《新唐书》卷一一九《贾至传》，即刊本卷三六七收于贾至名下《论王去荣打杀本部县令表》（钞本七函第四册）。② 重出之由，盖因《奏议》卷二〇九作"中书舍人李至谏曰"云云，③致旧本别以"李至"立目误采，又为重辑沿袭。

作为官修唐文前身的陈邦彦旧辑本，以个人之力汇集唐五代文万余篇，清廷则在此基础上进行了大量整理工作，包括篇目增删、体例编次调整以及各类具体错误订正。重辑时广泛调用内府所藏图籍，又借助地方力量，普查各类文献，尤其乾隆年间《四库全书》的纂修完成以及对《永乐大典》文献价值的重新认识，使得编纂用书的取择较旧本大为胜出。由于

---

① 今可据《永乐大典》残卷覆按者，如《全唐文》卷八七三《祖宗配郊位议》，见《大典》卷五四五五引《曲台奏议》；卷八七五《左威卫大将军琅琊太尉侍中王继勋墓志铭并序》，见《大典》卷六八五一引《曲台奏议》。又《大典》卷一九七九一引《曲台奏议·举摄献官行事给祭服》云"应祭祀郊庙行礼，差摄行事官品，从下摄上，其衣服合从高给。今伏见两司相承，只以见居官品给其朝服，诚失崇敬之道。伏乞睿慈，宣下所司，依仪施行"，馆臣或以未明标"陈致雍"之名而漏辑。
② 二篇重出，考订参见劳格《读〈全唐文〉札记》，《读书杂识》卷八，《续修四库全书》第1163册影印光绪四年月河精舍丛钞本，第284页。
③ 《历代名臣奏议》卷二〇九，第2753页。

《永乐大典》久藏中秘，外间无缘窥见，参修馆臣极为倚重，搜讨佚文也最用心力。法式善称："余纂唐文，于《永乐大典》暨各州县志内采录，皆世所未见之篇。"①又云："余披检唐人之文，如张燕公、陈子昂、陆宣公、颜鲁公、权载之、独孤至之、韩昌黎、柳柳州、白乐天、欧阳行周、刘宾客、李义山、杜牧之、罗昭谏，行世本外各有增益者数十，少者亦五六。其不习见于世之人，盖往往而有也。"②在馆臣补辑篇目中，李商隐文集、陈致雍《曲台奏议》佚文的检出最具规模，此类仅见或首见于《大典》的唐五代单篇佚文约在三百篇以上。《全唐文》凡例曾批评旧本兼收五代作品而挂漏甚多，重辑则相对充分利用《册府元龟》《旧五代史》等文献予以增补，故进书表云"以《册府》为滥觞，更箴《册府》"。③此外，清代兴起的访碑活动使大量散见于各地的金石文字为世人所知，乾嘉之际金石学更渐至鼎盛，馆臣利用金石类专书及志石拓本辑补石刻存文，将之视为唐文撰作的重要组成，也反映了时风影响。如提调兼总纂官徐松《监察御史里行王仲堪墓志跋》云："唐王仲堪墓志，乾隆己酉、庚戌间出于京师广渠门内，翁检讨因培宜泉得之。……嘉庆中诏开唐文馆，余充总纂官，遂以石属余曰：'不以此时表彰之，使前贤姓氏湮没不传，吾之罪也。'余亟命工拓数十纸，既录其文以补馆书之遗，并分赠海内金石家。"④此篇即增入刊本卷六一四王叔平名下。又如刊本卷九五九阙名《施昭墓志》，赵绍祖记志石发现原委云"嘉庆四年五月，余从弟杞治圃，掘土筑墙，见石而取之"；又云："此文今刻《全唐文》中。泾在唐为僻邑，时未有以文名者，而此铭应时出土，余刻之《金石续钞》，遂得独入。"⑤

肯定重辑拾遗补阙之余，也应指出，对于有别集存世的撰者而言，流传有绪的集本所存篇目往往更为可靠，编者据群籍检出的逸文常有误收

---

① 法式善《陶庐杂录》卷三，第63页。
② 法式善《校〈永乐大典〉记》，《存素堂文续集》卷二，第754页。
③ 《全唐文》进书表，第8页。
④ 缪荃孙辑《星伯先生小集》，《烟画东堂小品》第七集。按"翁检讨因培宜泉"，其人应即翁方纲次子翁树培。
⑤ 赵绍祖撰《安徽金石略》卷三，牛继清、赵敏校点《赵绍祖金石学三种》，合肥：黄山书社，2012年，第67页。

之嫌。以李翱作品为例,旧辑大体据明刊《李文公集》收采,较集本补入三篇:《仲尼不历聘解》,据《唐文粹》卷四六,实系盛均文,①因《山东通志》卷三五署李翱而致误;《条兴复太平大略》,见《历代名臣奏议》卷二八,所涉内容已见同人《论事疏表》;《裴旻将军射虎图赞并序》,此据《事文类聚》后集卷三六署李翱,实即李翰文。清廷重辑又增补集外文八篇,除《代李尚书进画马屏风状》出《文苑英华》卷六四一、《答泗州开元寺僧澄观书》出《英华》卷六八八及《唐文粹》卷八、《马卢符墓志》出《英华》卷九四六、《断僧相打判》《断僧通状判》出《云溪友议》卷下为可信外,其余如《卓异记序》系陈翱文、《八骏图序》系李观文、②《辨邪箴》为李德裕文,均属误收。且《全唐文》既专钦定之名,后人刊行唐集多据以补遗,光绪元年(1875)冯焌光刊刻李翱集,跋云:"今以《钦定全唐文》中所载一一对勘,多所折衷。又获诸本所无者八篇……今《马少监墓志》即从《钦定全唐文》补录,合他文七篇为补遗一卷",③也相应蹈袭原书之失,应作为今人进行相关文献整理的前车之鉴。

剔除旧辑本疑伪误收作品则是馆臣另一要务。除前引凡例、进书表所举数例,结合钞本所示,可判断为重辑阶段删削篇目尚有:王珪《贤妃苗氏进封德妃制》《皇长女德宁公主进封徐国公主制》(二函第七册),二篇与《除郝质制》均辑自明代贺复徵编《文章辨体汇选》卷一七,为同名宋人之作。孔熙[先](元)《为彭城王檄征镇文》(十五函第一册),辑自《文苑英华》卷六四五,为刘宋文。刘义庆《归猿洞记》(十五函第四册),见明郭棐编《岭海名胜记》卷一一,所记内容即裴铏《传奇》载孙恪妻化猿故事,疑出伪托。督隆《乞立诸葛亮庙表》(十五函第八册),为三国文,④见《历代名臣奏议》卷二八三"蜀后主时督隆乞立诸葛亮庙,表曰"云云,⑤疑误视作后蜀

---

① 余嘉锡著《四库提要辨证》卷二〇,北京:中华书局,1980年,第1286—1287页;叶树仁《读〈全唐文〉札记》,《北京师范学院学报》1989年第3期。
② 《四库提要辨证》卷二〇,第1286—1287页。
③ 冯焌光《新刊李文公集跋》,上海图书馆藏《三唐人集》本。
④ 据《三国志》卷三五《诸葛亮传》裴注引《襄阳记》,此篇为习隆、向充上表,钞本误作"督隆"。
⑤ 《历代名臣奏议》卷二八三,第3690页。

文。史祥《答隋太子广书一首》(十五函第十册),辑自《英华》卷六六七,为隋文。吴镜秋《笙山图·调寄醉太平》(十五函第十册),王昶《国朝词综》云:"吴雯炯字镜秋,丰城人,有《香草词》一卷",①为清人作品。麻衣道者《正易心法四十二首》(十六函第六册),为宋文。阙名《大周天和二年岁在丁亥十月戊辰朔十月丁丑立师旷庙记》(十六函第十册),为北周文。又虞世南《隋元德太子哀册文》(二函第十册),辑自《英华》卷八三九,为在隋时撰作。皇甫枝《渤海夫人孙氏传》(十五函第五册),疑即《古今说海》所录皇甫枚《三水小牍》"渤海封夫人"条,篇末误作"皇甫枝撰",②实即唐人专书片段。

旧本误而重辑校改未尽,对成书影响最为严重的问题依然是疑伪误文的遗存。《全唐文》刊本至少尚存唐前后文六十一篇、伪托文五十篇,因旧本沿误者分别占二十四篇、③十三篇。④ 推寻误收的根本原因,多与编纂用书取择不当有关,如旧辑本误收诸篇赋文即因盲从清代陈元龙所编

---

① 王昶辑《国朝词综》卷二二,《续修四库全书》第 1731 册影印上海辞书出版社图书馆藏嘉庆七年王氏三泖渔庄刻增修本,第 176 页。
② 陆楫编《古今说海·说略戊集·三水小牍》,上海文艺出版社,1989 年,第 3—5 页。
③ 此类包括姚揆《仙岩铭》(二函第一册,刊本卷九〇一)、颜真卿《泛爱寺重修记》(六函第二册,刊本卷三三七)、马燧《论晋隰慈州檄》(六函第十册,刊本卷四三八)、韦皋《破吐蕃露布》(七函第四册,刊本卷四五三)、范传正《广祐英惠王父子碑铭》(七函第九册,刊本卷六一四)、沈亚之《行勉赠克躬先生》(十一函第七册,刊本卷七三七)、刘乾《招隐寺赋》(十四函第四册,刊本卷九五四)、王淮《辞免起复太宰表》二首(十四函第八册,刊本卷四四八)、王渭《为族兄瑗谢守度支尚书表》(十四函第六册,刊本卷九五一)、崔伯易《珠赋》(十五函第三册,刊本卷四三四)、胡交《修洛阳宫记》(十五函第六册,刊本卷三五二)、陈觉《显密圆通成佛心要集序》(十五函第八册,刊本卷八七一)、李纯甫《华严原人论后序》(十五函第九册,刊本卷九五五)、常德志《兄弟论》(十五函第十册,刊本卷九五三)、傅梦求《围棋赋》(十六函第一册,刊本卷九八五)、屈蟠《[析](折)疑论叙》(十六函第一册,刊本卷九〇二)、释彦悰《金光明经序》《通极论》《福田论》(十六函第三册,刊本卷九〇五)、吴筠《檄江神责周穆王璧》(十六函第六册,刊本卷九二五)、阙名《修行道地经序》《达摩多罗禅经序》《法句经序》(十六函第十册,刊本卷九八六)。
④ 此类包括陈元光《请建州县表》(二函第十册,刊本卷一六四)、沈佺期《峡山赋》(三函第四册,刊本卷二三五)、宋璟《梅花赋并序》(四函第三册,刊本卷二〇七)、颜真卿《送福建观察使高宽仁序》(六函第二册,刊本卷三三七)、裴度《三藏无畏不空法师塔记》(七函第七册,刊本卷五三八)、刘禹锡《陋室铭》(十四函第三册,刊本卷六〇八)、施肩吾《西山群仙记》(十一函第三册,刊本卷七三九)、李德裕《冥数有报论》《周秦行纪论》(十二函第九册,刊本卷七一〇)、皮日休《襄州孔子庙学记》(十三函第四册,刊本卷七九七)、白鸿儒《莫孝肃公诗集序》(十三函第六册,刊本卷八一六)、江采蘋《楼东赋》(十五函第二册,刊本卷九八)、吴筠《元纲论后序》(十六函第六册,刊本卷九二五)。

《历代赋汇》。该书正集一百四十卷、外集二十卷、逸句二卷、补遗二十二卷,康熙四十五年(1706)御制序文。《全唐文》刊本卷二〇七(钞本四函第三册)宋璟《梅花赋》,见《赋汇》卷一二四,自宋代已对其真伪聚讼纷纭。①卷四三四(十五函第三册)崔伯阳《珠赋并序》,见《赋汇补遗》卷一二,本系北宋崔伯易文,卷九五四(十四函第四册)刘乾《招隐寺赋》(《赋汇》卷一〇六)、卷九五八(十六函第一册)傅梦求《围棋赋》(《补遗》卷一三)皆明人之作,因《赋汇》错题唐人,旧本未作分辨而辑,馆臣又失考沿误。②

旧本不误而重辑编纂致讹,主要反映在撰者考订,尤其集中于两类情形。一为实际撰者失考,但刊本所题显非其人。最典型地表现为《文苑英华》本阙撰者,刊本即冠以前篇作者之名。如卷二七四刘知幾名下《韦弦赋》《京兆试慎所好赋》,《英华》卷九二阙名,次于刘氏《思慎赋》,据二赋文内避讳、唐人试赋沿革等,前人已考辨非出刘作。③ 又卷三五七高适名下《苍鹰赋》,据《英华》卷一三六阙名,前为高適《奉和李泰和鹘赋有序》;④卷三五九杜甫《越人献驯象赋》,《英华》卷一三一阙名,前为杜甫《天狗赋》。⑤以上诸例,旧本原列于阙名部分,尚不为误,重辑刻意推求明确撰者,又失于考察《英华》编纂体例,以致隶属失当。更有甚者,如《全唐文》卷八〇〇陆龟蒙名下《四灵赋》《獬廌赋》,不见于陆氏别集,二文辑自《英华》卷八四,为该卷起首两篇,原均阙名;《英华》卷八三末篇为陆龟蒙《中酒赋》,《英华》虽有省称前人之例,但未见跨卷领属,刊本改题实不可信。上述撰者生平创作研究均已相当深入,误属情形较易甄别,而大量中小作家行迹不显,因之造成的传误恐仍有不少。另一类则表现在石刻撰文者的考订,

---

① 参见劳格《读〈全唐文〉札记》(《读书杂识》卷八)、陈尚君《再续劳格读〈全唐文〉札记》(《唐代文学丛考》)、刘辰《〈全唐文〉宋璟〈梅花赋〉为伪说补证》(《文学遗产》2008年第4期)、李成晴《宋璟〈梅花赋〉的伪文源头及文本"制造"》(《中国典籍与文化》2018年第2期)等。
② 以上三篇具体辨订参见笔者《〈全唐文〉误收唐前后文校读札记》,《中华文史论丛》2015年第2期,第337—355页。
③ 洪业《〈韦弦〉、〈慎所好〉二赋非刘知幾所作辨》,《洪业论学集》,北京:中华书局,1981年,第376—383页。
④ 刘开扬《高適诗集编年笺注》例言,北京:中华书局,1981年,第3页。
⑤ 陈尚君《再续劳格读〈全唐文〉札记》,《唐代文学丛考》,第96页。

如钞本十六函第十册阙名《唐宝际寺故寺主怀恽奉敕赠隆阐大法师碑铭》,刊本据文云"弟子大温国寺主思庄等,并攀号积虑,哀慕居怀,嗟覆护而无时,仰音颜而靡日。犹恐居诸易远,淑善湮沈,敬想清徽,勒兹[玄](元)琬"而收入"思庄"名下,①并无充分理由。重辑阶段曾据《金石萃编》等增补石刻文字,也往往径将立石刊书人、志主之子等行文中出现的人物定为撰者,大多缺乏力证,不宜遽信。

结　　语

经陈邦彦草创至清廷排比整理、增删补苴而成的《钦定全唐文》二万余篇,奠定了近三百年来唐五代文章总集的基本格局,时至今日仍广为研究者援引。钞本《全唐文目》的发现,提供了考察此次纂修活动前后两个阶段文献处理得失的契机,无论是初编抑或重辑阶段,囿于文本获取难易、用书观念等局限,编者对明清晚出典籍所存前代作品过于采信,又未能结合其他线索再作考辨,是造成疑伪误文羼入的关键原因。

旧时文献获取不易,清辑《全唐文》聚散成编,以其采摭相对完备、翻检较为省便,成为取资考校之源。而以当下文献征引讲求溯源的立场反观,清人所辑各篇作品自有其本源,较之将全书视作整体、不加区别地笼统引证,更值得重新审视甄别原书实际具有文献价值的部分。以目前覆按结果,暂时未知源出或未见早于《全唐文》记载的篇目仅在二百五十篇左右,其中又有近九十篇陈致雍作品可知系从《永乐大典》已佚卷帙辑出。考虑现有检索存在的漏略,最终数量只应有减无增。对全书所存二万余篇唐五代文而言,不到百分之二的部分是其独到之处。当然该部分作品是否全属唐五代人文字、是否存在误收或伪托情形,实际征引时仍有再作具体推考的必要。

---

① 《全唐文》卷九一六,第 9537 页。

敦煌变文疑难字词辨释*

张小艳（复旦大学出土文献与古文字研究中心）

敦煌变文的整理与研究，自 20 世纪初发现以来，经过几代学人的孜孜努力，已经取得了引人瞩目的成绩。① 但囿于当时的客观条件，尤其是前人所据多为不清晰的缩微胶卷或黑白图版，致使以往的校录本中仍留有一些疑难之处。近年来，借助国际敦煌项目（IDP）网站公布的彩色照片，笔者将前人的整理本与相应的彩色照片对读的过程中，对某些不易理解的字词产生了一点不成熟的想法。兹不揣谫陋，择取其中数条进行辨释，敬请读者指正。

一、汝

S.2204《董永变文》："郎君如今行孝仪（义），见君行孝感天堂。数内一人归下界，暂到浊恶至他乡。帝释宫中亲处分，便遣**汝**等共田常

---

* 本文初稿承梁春胜提出具体的修改意见；后又提交复旦大学"中古中国共同研究班"（2018.4.25）讨论，得到各位同仁及研究生邓博方的宝贵意见，谨此一并表示感谢。

① 举其荦荦大者即有：王重民、王庆菽、向达、周一良、启功、曾毅公《敦煌变文集》（简称《变文集》），北京：人民文学出版社，1957 年。蒋礼鸿《敦煌变文字义通释》，北京：中华书局，1959 年；第六版增订本后收入《蒋礼鸿集》第一卷，杭州：浙江教育出版社，2001 年。项楚《敦煌变文选注》（简称《选注》），成都：巴蜀书社，1990 年；增订本，北京：中华书局，2006 年，本文据后者征引。周绍良、白化文、李鼎霞编《敦煌变文集补编》（简称《补编》），北京大学出版社，1989 年初版，2016 年第 2 版，本文据后者征引。潘重规《敦煌变文集新书》（简称《新书》），台北：文津出版社，1994 年。黄征、张涌泉《敦煌变文校注》（简称《校注》），北京：中华书局，1997 年。

（填偿）。……董仲长年到七岁，街头由喜（游戏）道边旁。小儿行留被毁骂，尽道董仲没阿娘。遂走家中报慈父：'**汝等**因何没阿娘？'"（《英藏》4/41A—B）①

按："汝"，《变文集》(111—112)、《新书》(927—928)照录，《选注》(301、308)前字照录，后字下注："汝等"句，谓汝等因何使我没阿娘。《敦煌变文集校议》认为："汝等"当校作"奴等"，"奴"为董仲自呼。②《校注》(174—175、178)径录作"奴"，注云：奴，原录作"汝"，此处为天女所述，"汝"当作"奴"，为天女自称；下文董仲所问"奴等因何没阿娘"，"奴"原卷亦作"汝"。《英藏敦煌社会历史文献释录》第十一卷两句中的"汝"均照录，出校称《校注》改作"奴"。③ 马国强指出，《校议》《选注》所解可商。"汝等"句并非董仲询问其父之语，"汝等"是董永对小辈的称号，犹言"汝"，"等"字不为义，属人称代词复数同一形式。前文"便遣汝等"中"汝等"亦表单数，都是父母辈对子女的称呼。"汝等因何"句是董永听了儿子诉说后，自问自答、以问启答的过渡语，即："你为什么没有娘呢？"接着即追述往事，告诉其母的来去踪迹。④

综观各家之说，《选注》所解与董仲作为儿子向父亲询问的口吻不合。《校议》《校注》读"汝"为"奴"，表示女子、小儿的自称，切于文意，但未举出

---

① "《英藏》4/41A-B"指《英藏敦煌文献（汉文佛经以外部份）》（简称《英藏》，14 册，成都：四川人民出版社，1990—1995 年）第 4 册 41 页上栏至下栏，下仿此。本文引用的其他敦煌图录版本信息如下：《法藏敦煌西域文献》（简称《法藏》，34 册），上海古籍出版社，1995—2005 年；《俄藏敦煌文献》（简称《俄藏》，17 册），上海古籍出版社，1992—2001 年；《国家图书馆藏敦煌遗书》（简称《国藏》，146 册），北京图书馆出版社，2005—2012 年；《台东区立书道博物馆所藏中村不折旧藏禹域墨书集成》（简称《中村》，3 册），日本文部科学省科学研究费特定领域研究〈东アジア出版文化の研究〉总括班，2005 年；《敦煌秘笈》（简称《秘笈》，9 册），日本武田科学振兴财团影印杏雨书屋藏敦煌文献，大阪，2009—2013 年。
② 郭在贻、张涌泉、黄征《敦煌变文集校议》（简称《校议》），长沙：岳麓书社，1990 年，第 91 页。
③ 郝春文主编《英藏敦煌社会历史文献释录》（简称《释录》）第十一卷，北京：社会科学出版社，2014 年，录文见第 303、304 页，校记见第 307 页[一六][二四]。
④ 马国强《敦煌变文校注商榷》，《周口师专学报》1996 年第 1 期，第 69—70 页；同作者《敦煌变文词语校释》，《兰州教育学院学报》1999 年第 3 期，第 18 页。二文观点大抵相同，后文补充了例证，此据后者征引。

"汝"借作"奴"的实例,①难以令人信服。马说认为"等"字不为义,"汝等"表单数,可从;但将董仲所问"汝等"句视为董永以问启答的过渡语,却与原卷的行文脉络相忤,恐不可信。窃以为上引两句中"汝"皆当读为"儿","儿等"就是"儿",分别用为仙女与小儿董仲的自称。

　　读音上,"汝"《广韵》音人渚切,为日纽语韵遇摄;"儿"音汝移切,属日纽支韵止摄,二字声同韵别,但唐五代西北方音中"遇""止"二摄读音混同无别,②故敦煌文献中"汝""儿"通借之例较为常见。如 S.1477《祭驴文》:"教汝托生之处,凡有数般:莫生官人家,轭驾入长安……莫生和尚家,道汝罪弥天;愿汝生于田舍汝(儿)家,且得共男女一般看。"(《英藏》3/79B)S.1392《孔子项托相问书》:"吾以(与)儿(汝)捨(掊—掘)却高山,塞却江海。"(《英藏》3/6A)是其例。此外,敦煌写本中还有"汝"与"饵"、"汝"与"尔"、"儿"与"如"、"如"与"儿"通借的例子,它们的语音关系跟"汝"与"儿"一样,均属声母相同,韵母为遇、止二摄混同者。如 S.4629《文样·患文》:"时则有坐(座)前厶公奉为小娘染患,经今数旬,药汝(饵)频施,不蒙撼(减)退。"(《英藏》6/178A)P.2187《破魔变》:"魔王当汝(尔)之时,道河(何)言语?"(《法藏》8/177)S.2922《韩朋赋》:"使者答曰:'我是宋王使来,共朋同有(友)。朋为公(功)曹,我为主薄(簿)。朋友(有)松(私)书,寄回新妇。'阿婆回语新妇:'儿(如)客此言,朋今事(仕)官(宦)且得胜常。'"(《英藏》4/256B)后例中"儿",异本 P.2653(《法藏》17/109B)作"如"。S.2614《大目乾连冥间救母变文》:"如(儿)今痛切更无方,业报不容相替伐(代)。"(《英藏》4/121B)"如"字异本 BD.3789(《国藏》52/385A)作"儿"。皆其例。

　　词义上,"儿"作为女子自称,无论敦煌文献还是传世典籍均多有其例。如 S.1441V《云谣集·破阵子》:"寂寞长垂珠泪,焚香祷尽灵神。应是

---

① "汝"(日纽语韵)与"奴"(泥纽模韵),二字韵相近而声略远。P.2187《破魔变》"库内绫罗,任奴糇束"(《法藏》8/179)的"奴",《校注》(547)疑当读作"汝",此解于文意较切,但敦煌文献中"奴""汝"通借颇为罕见,远不及"汝""儿"通用习见。正是基于这一考虑,笔者才提出"汝"当读为"儿"。

② 邵荣芬《敦煌俗文学中的别字异文和唐五代西北方音》,《中国语文》1963 年第 3 期;收入《邵荣芬语言学论文集》,北京:商务印书馆,2009 年,第 274 页。

潇湘红粉继(系),不念当初罗帐思(恩)。抛**儿**虚度春。"(《英藏》3/49) P.5039《孟姜女变文》:"姜女悲啼,向前借问:'如许髑髅,佳(家)俱何郡?因取夫回,为君传信。君若有神,**儿**当接引。'"(《法藏》34/156—157)唐郑綮《开天传信记》:"又有妇人投状争猫儿,状云:'若是儿猫,即是儿猫;若不是儿猫,即不是儿猫。'"①首例"儿"为家中思念夫君的女子自称;中例"儿"为孟姜女自称;末例一、三句中"儿"表雄性;二、四句中"儿"为告状妇人自称。至于董仲询问自己的父亲而自称"儿",则属合情合理,无烦举证。

若将"儿"此义施于上引"汝等"两句,前句为仙女向董永转述帝释之语:"便派儿来与你一起偿还债务";后句系董仲向父亲董永询问的话:"儿为何没有阿娘",文意顺适无碍。可见,校"汝"作"儿",不仅切于文意,也合于当时西北方音的用字习惯。

二、何碓无觜　孤碓无觜

P.3883《孔子项托相问书》:"夫子问小儿曰:'汝知何山无石?何水无鱼?何门无关?何车无轮?何牛无犊;何马无驹;何刀无环?何火无烟?何人无妇?何女无夫?何日不足?何日有余?**何碓无觜**?何树无枝?何城无使?何儿无字?'小儿答曰:'土山无石,井水无鱼,空门无关,舆车无轮,泥牛无犊,木马[无]驹,斫刀无环,荧(萤)火无烟,仙人无妇,玉女无夫,冬日不足,夏日有余,**孤碓无觜**,枯树无枝,空城无使,小儿无字。'"(《法藏》29/84A)

按:"何碓无觜""孤碓无觜"两句,相关的整理本中均统一录作"何雄无雌""孤雄无雌"。其中,最早对它作校录的《变文集》(231—232),于前句出校云:"雌"原作"觜",据辛卷改,下同。② 此后,《新书》(1119)前句誊

---

① (唐)郑綮《开天传信记》,北京:中华书局,2012年,第95页。本文援引传世文献用例,首次出现详注其出处,再次引用则于引文后括注其页码。
② 该书以 P.3883 为原卷,参校 P.3833(甲)、P.3255(乙)、P.3754(丙)、P.3882(丁)、S.5529(戊)、S.5674(己)、S.5530(庚)、S.1392(辛)、S.395(壬)、S.2941(癸)诸本。《选注》(476—477)以《变文集》为底本进行注解,此条无注。

录《变文集》校记,后句出校说明新增异文:"雌"原卷、甲、丙、丁皆作"觜";①《校注》(357)仅在前句出校说明己、庚一两卷亦作"雌"。② 上述三种整理本所据原卷、校本大抵相同。后来,《释录》第二、六卷分别以S.395、S.1392为底本,参校P.3833(甲)等十二个写本进行校录,前卷径将底本中残存的"觜"录作"雌",出校称他本作"觜"者误;后卷将底本中的"碓"一律校作"雄",出校称据文意及异本改;"雌"字依旧称异本作"觜"者误。③ 总之,凡底本作"碓"与"觜"者,《释录》均认为误,当据文意和异本改作"雄"与"雌"。

不难看出,从1957年《变文集》正式刊行至今,学界对"何碓无觜""孤碓无觜"两句中所涉"碓/雄"与"觜/雌"这两组异文,仍坚定不移地取"雄""雌"而舍"碓""觜"。那么,两组异文中究竟当以哪组为是呢?为了彻底弄清这一问题,笔者将敦煌文献中现存所有《相问书》写本内,保留有这两句的相关字形均一一截图制成比对表(参表1),以便将各写本中"碓/雄"与"觜/雌"两组异文的用字及字形完整、直观地呈现出来。

表1 "何碓无觜""孤碓无觜"中各本相关字形比对表④

字形 卷号	问句	答句	出处
P.3883(原)	何[碓]无[觜]	孤[碓]无[觜]	《法藏》29/84A
P.3833(甲)	何[碓]无[觜]	孤[碓]无[觜]	《法藏》28/286B—287A

---

① 《新书》所据原卷、校本均与《变文集》同。
② 《校注》所据原卷、校本均同于《变文集》,唯将S.5530(庚)按正、反两面所抄分列为庚一和庚二。
③ 郝春文主编《释录》第二卷,2003年,录文见第262页,校记见第269页[二二]。书中以S.395为底本,参校P.3833(甲)、P.3255(乙)、P.3754(丙)、P.3882(丁)、S.5529+Дx.1356+Дx.2451(戊)、S.5674(己)、S.5530(庚)、S.1392(辛)、P.3883(壬)、S.2941(癸)、S.5530V(甲二)、Дx.2352(乙二)诸本。书中首次将S.5529+Дx.1356+Дx.2451成功缀合,提供了更多的异文,值得注意。第六卷,2009年,录文见第23页,校记见第35、37页[六一][七七]。书中以S.1392为底本,S.395为辛本,其余参校本与第二卷同。
④ 表中卷号后括注的文字,系《变文集》所据原卷与校本序码的标注,以便互参。

(续表)

卷号 \ 字形	问句	答句	出处
P.3882(丁)	何碓无觜	孤碓无觜	《法藏》29/82B
S.2941(癸)	何碓无觜	——觜	《英藏》4/258A
S.395(壬)	————	——无觜	《英藏》1/181B
P.3754(丙)	————	——觜	《法藏》27/251A
S.1392(辛)	何碓无雌	孤碓无雌	《英藏》3/5B
S.5530R(庚)	何雄无碓	孤雄——	《英藏》7/224B
S.5530V(庚1)	何雄无雌	孤雄——	《英藏》7/225A
S.5674(己)	何雄无觜	孤雄无雌	《英藏》9/61B
S.5529+Дх.1356+Дх.2451(戊)	何雄无雌	孤碓无雌	《俄藏》8/112B 《英藏》7/222B

从表1所列相关字形看，前字作"碓"者有 P.3883、P.3833、P.3882、S.2941、S.1392 等 5 卷，作"雄"者有 S.5674、S.5530V、S.5529＋Дх.1356＋Дх.2451 及 S.5530R(其字作"雅"，系"雄"之形讹)等 4 卷；后字作"觜"者有 P.3883、P.3833、P.3882、S.2941、S.395、P.3754 等 6 卷；作"雌"者有 S.1392、S.5674、S.5530R、S.5530V、S.5529＋Дх.1356＋Дх.2451 等 5 卷（前 3 卷作"雌"，为"雌"之俗省）。11 件写本中，作"碓""觜"者较作"雄""雌"者略占优势。值得注意的是，《变文集》《新书》《校注》均以 P.3883 为原卷进行校录，而该卷前字实作"碓"，并非"雄"。或许正因为《变文集》等书在录文之初，将前字误认作"雄"，面对后字"觜"时，便顺理成章地据辛本改作"雌"了。这种误释，一方面与其所据照片或图版漫漶不清有关，另一方面也与"碓""雄"二字形近易混、不易辨识有极大关系。

由于俗书方口、尖口不分，"雄"俗写多作"碓"。如 S.388《群书新定字样》:"雄雄,二同。"(《英藏》1/171B)《干禄字书·平声》:"碓雄,上俗下正。"①"碓"左边所从"石"的撇笔若不出头,即与"碓"字完全混同。敦煌写本中就有这样的例子,如 BD.8099《斋仪》:"惟患者乃桂林豪族,碓泒(派)灵苗。"(《国藏》100/293B)S.1399《王梵志诗·沉沦三恶道》:"碓捣硙磨身,覆(復)生还覆(復)死。"(《英藏》3/13A)前例中"碓"与"碓"同形,但在句中与"豪"义近,应为"雄"的形讹;后例中"碓"与"雄"形似,句中与"硙"相对,显系"碓"之形讹。因此,对"碓/雄"这组异文,若凭字形难以取舍,便当设法从文意上寻求抉择的依据。

相较《变文集》《新书》《校注》等书,《释录》第二、六卷校录时,所据图版已颇清晰,故其录文均能据底本如实地进行释读,譬如第二卷据 S.395将其中残存的"觜"录作"觜",第六卷据 S.1392 将其中的"碓"与"雌"准确地录作"碓"与"雌",却又"据文意及异本"将前卷的"觜"与后卷的"碓"分别校改为"雌"与"雄"。那么,《释录》所据文意具体又是怎样的呢?

回到上文所引《相问书》中那段文字,可知"何雄无雌""孤雄无雌"两句,出现在孔子与项托问答的语境中。从内容看,孔子所问大多是日常生活中一些具体而习见现象的特例,所涉物象的关系都非常紧密,如山与石、水与鱼、门与关、车与轮、牛与犊、马与驹、刀与环、火与烟、树与枝等。其中体现的特色及所涉物象的密切关系,可从"何门无关""空门无关"中窥豹一斑:"门"为生活中常见之物,"关"是"门"的必要构件。按理,凡"门"皆有"关",无"关"则属特例,即唯有发生特殊情况时才会出现"无关"的特例。而项托回答的"空门"恰好就属于这种特殊情况,"空"者,无也,"空门"指没有门而仅存门框的情况,只有在这种情况下才会出现"无关"的特例。

以此来衡量"何雄无雌""孤雄无雌"两句中所涉"碓/雄"与"觜/雌"这两组异文,可以看出:"碓、觜"与"门、关"之间的类比关系更近。首先,"碓、觜"属日常生活中习见而具体的物事;其次,"碓"与"觜"关系密切,"觜"即"碓觜",是"碓"的必要构件(详下文),无"觜"之"碓"属特例。相

---

① 施安昌编《颜真卿书〈干禄字书〉》,北京:紫禁城出版社,1992年,第14页。

反,"雄、雌"与"门、关"之间却不具备这种相似的类比关系。首先,"雄、雌"属抽象概念,非日常生活中习见的具体物象,用在孔子与项托之间的问答场合不合适;其次,"雄"与"雌"的关系并不紧密,它们只是两种独立的性别特征,"雌"并非"雄"存在的必要条件,"无雌"于"雄"属正常现象,"雌""雄"同体才真是特例。因此,从上下文的语境看,"碓、觜"较"雄、雌"更切于文意。

就"碓、觜"的词义来看,"碓"是一种舂米的用具,简式的碓仅由杵、臼构成,因以手执杵而舂,或称手碓;复式的碓则用支架撑起一根木杠,一端装石头或木椎(有的还在木椎下端套有铁质椎头),用脚踏另一端,连续起落,脱去下面臼中谷粒的皮(参图1、2),①因以脚踏木杠而舂,俗称踏碓。《玉篇·石部》:"碓,所以舂也。"②《广韵·队韵》:"碓,杵臼。"③"觜"本指鸟嘴,《广韵·纸韵》:"觜,喙也。"(245)清段玉裁《说文解字注·角部》:"觜犹柴,锐词也,毛角锐。凡羽族之咮锐,故鸟咮曰觜。"④"觜"亦可指尖如鸟嘴之物,如舂碓的杵,其末梢略尖,形如鸟嘴,故称"碓觜",也写作"碓嘴","嘴"为"觜"的后起增旁字。如唐张鷟《朝野佥载》卷六:"宋令文者,有神力……又以五指撮**碓觜**,壁上书得四十字诗。"⑤P.3234V《净土寺西仓司麦豆布绁粟油等破历·油破》:"油三胜,梁内买**碓觜**用。"(《法藏》22/244B)宋释惟一《环溪惟一禅师语录》卷下《禅人请赞》:"赤土画簸箕,冬瓜作**碓觜**。"⑥明陈铎《嘲人盖屋》套曲:"橡子是累年积下锄头柄,地磉是到处搬来**碓嘴**石。"⑦汪曾祺《冬天》:"踩碓很好玩,用脚一踏,吱扭一声,**碓嘴**扬

---

① "碓"的释义参罗竹风主编《汉语大词典》第7卷"碓"条,上海:汉语大词典出版社,1991年,第1056页。"踏碓图1"参季羡林主编《敦煌学大辞典》刘玉权撰"踏碓图"条,上海辞书出版社,1998年,第195页;"踏碓图2"参(元)王祯撰,缪启愉、缪桂龙译注《东鲁王氏农书译注》卷九农器图谱集之九"图125 碓",上海古籍出版社,2008年,第507页。
② (南朝梁)顾野王著,(宋)陈彭年等增订《大广益会玉篇》,北京:中华书局,1987年,第105页。
③ (宋)陈彭年等编撰,周祖谟校勘《广韵校本》,北京:中华书局,2004年,第390页。
④ (清)段玉裁《说文解字注》,上海古籍出版社,1988年,第186页。
⑤ (唐)张鷟著,赵守俨点校《朝野佥载》,北京:中华书局,1979年,第135页。
⑥ 曾枣庄、刘琳主编《全宋文》第344册,上海辞书出版社,2006年,第364页。
⑦ 谢伯阳编《全明散曲》(增补版),济南:齐鲁书社,2016年,第657页。

了起来,嘭的一声,落在碓窝里。"①相关的歇后语有:"**碓嘴舂碓窝——准着**"。② 由此可知:简式的碓由杵、臼合成,"碓觜"指碓杵末端略尖的部分;复式的碓由支架、碓杠、碓觜和臼组成,"碓觜"指碓杠末端装插的石头或木椎,故又称"碓觜石"或"碓头"。

图 1　榆林窟西夏第 3 窟踏碓图(刘玉权绘)

图 2　元王祯《农书》卷九所附踏碓图

明白了"碓""觜"之义及其内在关系后,再来看"孤碓无觜",就不难理解其中的意蕴了。"孤"者,独也,碓杠一般总是与碓觜相配,"孤碓"指仅存碓杠而无碓觜的碓。上文所举《朝野佥载》例中,富有神力的宋令文以五指"撮"走碓觜后剩下的碓,应该就是项托所说仅存碓杠的"孤碓"。③ 以此所解"碓""觜"之义,还原到"何碓无觜""孤碓无觜"的语境,文意顺适无碍。孔子问:"什么碓没有碓觜?"项托答:"(仅存碓杠的)孤碓没有碓觜。"唯有如此直白显豁的回答,方才切合项托的孩童身份。相反,若据异本作"何雄无雌""孤雄无雌",不仅与上下文并列的语句格格不入,而且语义表达也令人莫名其妙,不知所云。很难想象,这样的语句会出现在孔子与项托问答的场合。

---

① 汪曾祺《人间草木》,天津人民出版社,2014 年,第 168 页。
② 白维国主编《现代汉语句典》,北京:中国大百科全书出版社,2001 年,第 329 页。
③ 文献中也有"孤碓"之例,如宋刘子翚《屏山集》(明刻本)卷十二《谕俗十二首》之十:"寒堤孤碓在,废圃鸣泉出。"(叶五)元贡奎《云林集》(明弘治三年范吉刻本)卷四《居庸关蚤行》:"涧深孤碓响,山暗数灯明。"(叶十二)二诗中"孤碓"均用以突显环境、气氛之幽静、荒凉。前例中"孤碓"既可能指独立而完整的一座碓,也可能指没有碓觜仅存碓臼的废弃不用的碓;后例中"孤碓"应指山中独立的一座水碓。

由此看来,在"碓/雄"与"觜/雌"这两组异文中,不论从上下文语境显示的文意还是文字本身的词义来看,均当以前者为是。异本作"雄"者,当是"碓"之形近讹误;作"雌"者,应是"碓"讹作"雄"后,抄手觉得"觜"于义不谐而作出的臆改(即为使它与"雄"在文意上相对,而将"觜"改作"雌")。就像以往的整理本将"碓"误认作"雄"后,不顾原卷作"觜",而据异本改作"雌"一样。总之,以往整理本中有关"何雄无雌""孤雄无雌"两句的校录,均当作"何碓无觜""孤碓无觜"。唯其如此,方合于文意,才能真切地揭示出孔子所问与项托所答的神韵与智慧。

三、初来花下

P.3883《孔子项托相问书》:"夫子曰:'汝知屋上生松,户前生苇,床上生蒲,犬吠其主,妇坐使姑,鸡化为雉,狗化为狐,是何也?'小儿答曰:'屋上生松者,是其椽;户前生苇者,是其箔;床上生蒲者,是其席;犬吠其主,为傍有客;妇坐使姑,**初来花下**也;鸡化为雉,在山泽也;狗化为狐,在丘陵也。'"(《法藏》29/84B)

按:"初来花下",P.3833(《法藏》28/287B)、P.3255(《法藏》27/314B)、S.5529+Дx.1356+Дx.2451(《俄藏》8/113B)、S.395(《英藏》1/181B)等 4 卷同;S.1392(《英藏》3/6A)作"初来花夏";S.5674(《英藏》9/63A)作"初来化下";P.3754V(《法藏》27/351A)作"物来化下"。比较可知:"夏"为"下"之音借字;"化"系"花"之省借;"物"是"初"之俗写形讹。"初来花下",作为变文校理中的疑难词句,向来备受关注。综观学界相关的校释意见,主要有如下两种:

1. 结婚,或新妇刚过门。张鸿勋于"花下"注云:"指结婚。"①《选注》(480)将"初来花下"释为:"指新妇刚刚过门。"刘瑞明指出:张鸿勋、项楚之注不误。"花下"当作"他下",意为他家。"花"字下部的"化"是"他"字

---

① 张鸿勋《敦煌讲唱文学作品选注》,兰州:甘肃人民出版社,1987 年,第 88 页。

成误,又误加草字头。敦煌文书中,"某某下"的说法与"某某家"相同,如S.525《搜神记》:"父母叹曰:'我儿未得好学。'遂遣向定州博士边孝先生下入学。"(《英藏》2/3A)即"边先生家之意",异本中村139号作"边先生处学"(《中村》中/335),下、家、处,三者义同。唐王建《新嫁娘词三首》之三:"三日入厨下,洗手作羹汤。未谙姑食性,先遣小姑尝。"①前二日便是姑做饭,新妇坐吃现成。清孙枝蔚《新嫁娘》诗之六:"从今愁妇职,人莫羡三朝。"②即三朝之后勿复"妇坐使姑"了。③

2. 用佛典,指妇女生小孩。郭在贻、黄征、张涌泉认为:"初来花下"乃俗文学作品暗用净饭王夫人临产来到无忧花树之典,其义为"生小孩"。"妇坐使姑"中"妇"是新妇,"姑"是婆婆。媳妇使唤婆婆,只有在生小孩时才有可能,故云"妇坐使姑,初来花下也"。④ 后《校注》(363)明确释为"妇女做产"。吴浩军以为:据旧时生活状况及习俗,媳妇只有在特殊情况下才有可能使唤婆婆。这种特殊情况除了新妇刚过门外,还有生孩子、坐月子时。若作此解,则为暗用佛典摩耶夫人于花下攀枝而生悉达太子的故事。推究事理,后说更为妥帖。⑤

由上可知,学界对"初来花下"句主要有两种看法:一指新妇结婚、刚过门时;二是用摩耶夫人于无忧花树下攀枝生子之典,表示女人做产、生孩子。尤以后说影响较大,或以此为据探讨敦煌变文词汇的"造词法",认为"花下"乃化用"净饭王夫人临产时曾到无忧花树下"的佛典故事,这里

---

① (唐)王建撰,尹占华校注《王建诗集校注》,成都:巴蜀书社,2006年,第108页。
② (清)孙枝蔚《溉堂前集》卷八,《续修四库全书》第1407册,上海古籍出版社,2002年,第377页下栏。
③ 刘瑞明《〈敦煌变文校注〉刍议》,《文教资料》1992年第2期,第88页;类似的观点亦见于同作者《〈孔子项托相问书〉再校议》,《敦煌学辑刊》2001年第1期,第18—19页。后文论证更周备,本文据以征引。上文所引《搜神记》及《新嫁娘》的两首诗,皆源自刘之后文,笔者复核标注出处。
④ 郭在贻、黄征、张涌泉《敦煌变文释词》,《语言研究》1989年第1期,第70—71页;类似的观点又见于同作者《〈敦煌变文集新书〉校议(下)》,《文献》1989年第3期,第211—212页。本文在参考前文的基础上,主要依据后者征引。
⑤ 吴浩军《敦煌赋三篇注释商订》,载其著《酒泉地域文化丛稿》,兰州:甘肃文化出版社,2007年,第20—21页。

特指"临产分娩"。① 然上引二说对"花"的解释及校读，均嫌推测成分过重，难以令人信服。"花"究竟当如何校读，成了准确理解这句话的一大症结。

2009年10月，李盛铎旧藏、后为日本杏雨书屋收藏的羽33号《相问书》残卷，正式刊载于《敦煌秘笈》第1册第231页，使我们能一睹其真容。张涌泉指出：该卷可与 Дx.2352 缀合。其中异文亦有可为校勘之资者。如"何谓'初来花下'？众说纷纭，乃本篇校勘的一大难点。查本卷，'花'字作'往'，或许能为我们校读此句提供新的线索"。② 所言诚是！此则新异文的出现，确为我们校读"花"字指示了新的方向。

窃以为"往"当系"佳"之形近误书，而"佳"又为"家"的同音借字。敦煌写本中"佳""往"形近，易于讹混。如S.126《十无常》："伤嗟生死转回路，不觉悟。巡还(环)来佳(往)几时休，受飘流。"(《英藏》1/53A)S.329《书仪镜·与四海贺冬书》："长至惟新，履纳往(佳)庆。"(《英藏》1/131A)P.2054《十二时普劝四众依教修行·夜半子》："或往(佳)期，或失意。聚散悲欢事难纪。"(《法藏》3/338A)前例中"佳"系"佳"之俗写(俗书"亻"与"彳"不分)，但却为"往"之形近误字；后两例中"往"与"往"均系"往"的手写，但皆为"佳"之形误。"往""佳"二字形近易混，由此可见一斑。

"佳"字《集韵》有居牙切的读音，属见纽麻韵，与"家"音同，可以通借。敦煌文献中，"佳"借作"家"颇为习见。此仅举S.2073《庐山远公话》中比较典型、集中的一段文字为例，即："相公买得贱奴，便令西院往(家)人领于房内安下。远公曰：'自知常(偿)债，更不敢怨恨他人。出入佳(往)来，一任鞭镫驱使。'……来日早辰(晨)，相公朝退，升厅而坐，便令左右唤西院往(家)人将来。是时三十佳(家)人齐至厅前，相公问：'昨夜西院内，阿那个往(家)人念经之声？'时有往(家)人团座头启相公曰：'僧夜念经，更不是别人，即是新买到贱奴念经之声。'"(《英藏》3/269A)这段文字中，

---

① 陈明娥《敦煌变文词汇计量研究》"变文词汇的造词法考察"节，厦门大学出版社，2006年，第224页。
② 张涌泉《新见敦煌变文写本叙录》，《文学评论》2015年第5期，第134页；随文附有缀合图，可参。

既有"佳""往"讹误之例,又有不少"佳"借为"家"的实例,直观地展示了羽33号中"家"误作"往"的实际过程:家→(音借)→佳→(形讹)→往。

由此看来,羽33号《相问书》中"初来往下"当作"初来家下",则项托所答应为"妇坐使姑,初来家下也",其句意谓新妇坐着使唤婆婆,是因为她初来家中。文意顺适无碍。以此反观上揭写本中的"初来花下",可知"花"应为"家"之音借。"花"《广韵》音呼瓜切,为晓纽麻韵,与"家"(见纽麻韵)声近(晓、见分属喉、牙音)韵同,应可通借。如"贺"从"加"声、"霞""遐""暇""瑕""虾"诸字从"叚(假之初文)"声等,均属喉、牙音相谐之例。是知上述有关"初来花下"的两种解说中,自当以"新妇刚过门"之说最为恰切,然刘瑞明谓"花"系"他"之误,"花下"当作"他家"则属猜测之词,但他援引文献论证"下"与家、处义同及列举新妇初来三朝可坐享现成的文例,均为我们的校读提供了文意理解的支持;而解作"妇人做产、生小孩"之说,本据"花下"立论,而今已知"花"为"家"之借,则其说犹无根之木,不攻自破。

四、博

龙谷大学藏《悉达太子修道因缘》:"大臣见大王别要苦楚,遂奏云:'将耶输母子卧在床上,向下着火,应是(时)**博煞**。'"(《补编》212A)

按:"博",《补编》(98)校作"缚",《新书》(545)、《校注》(473)从之。例中只说将耶输母子卧在床上,下面燃火,即可将其"博"杀,并未提及绑缚之事;且若仅是"缚",恐怕也不可能即刻致死。故以往整理本将"博"校作"缚",于义不谐,于理难通。那么,其中的"博"当校作什么字呢?

萧旭以为"博"当读为"爆",二字同音通借。① "爆"或换旁作"煿",《集

---

① 萧旭《群书校补(续)》第六册《敦煌文献校补》,新北:花木兰出版社,2014年,第1340—1341页。下引《集韵》《龙龛手镜》《齐民要术》的书证、文例均引自萧文,笔者重新复核标注出处。

韵·铎韵》："爆,火干也……或作煿。"①《龙龛手镜·火部》:"煿,补各反,迫于火也,与爆亦同,出《川韵》。"②《齐民要术·作酢》:"有薄饼缘诸面饼,但是烧**煿**者,皆得投之。"③从所引文献看,其说可从。但值得注意的是,"爆/煿"此义在唐宋文献中常用"迫"来表示。

读音上,变文中"愽"与"爆/煿"均属帮纽铎韵,"迫"为帮纽陌韵,"迫"与之声近义通。如 S.5437《汉将王陵变》:"将士行莫营数里,在后唯闻相煞声。"(《英藏》7/66B)前句异本 P.3627 作"二将驀营行数里"(《法藏》26/138B)。其中"莫"为"驀"之借字,"莫"为铎韵,"驀"属陌韵,即为铎、陌二韵通借之例。

词义上,"迫"本指逼近,用在有"火"的语境,即可表示用火气熏炙、烘烤,其义犹"煏"。《玉篇·火部》:"煏,火干也。"④北魏贾思勰《齐民要术·伐木》:"凡非时之木,水沤一月,或火**煏**取干,虫则不生。"缪启愉校释:煏,指"逼近火旁烘炙"[《齐民要术校释》(第 2 版),第 378—380 页]。"迫"这种用法习见于唐宋典籍,如唐冯贽《云仙杂记》卷八"八角玉升"条(出《逢夏记》):"宣帝时,西夷怛陀国贡八角玉升,夏以水浇之则无暑,冬以火**迫**之无寒,异事甚众。"⑤《云笈七签》卷六九金丹部引《英砂诀》:"又文火养一七日,候干,紧固济,武火**迫**之一日,其砂涌出于宝锅之上,而红黄映彻,光耀不可言。"⑥宋王谠《唐语林》卷六补遗:"时豪家食次,起羊肉一斤,层布于巨胡饼,隔中以椒豉,润以酥,入炉**迫**之,候肉半熟食之,呼为'古楼子'。"⑦宋周密《志雅堂杂钞》卷上图画碑帖:"玉炉一枚,其文云龙,盖思陵旧物也。惜乎经火**迫**坏了。"⑧以上诸例中"迫"与"煏"及萧氏所论"爆/煿"的音义皆近。

---

① (宋)丁度等编《集韵》,北京:中华书局,2005 年影印《宋刻集韵》,第 208 页下栏。
② (辽)释行均编《龙龛手镜》,北京:中华书局,1985 年,第 245 页。
③ (北魏)贾思勰撰,缪启愉校释《齐民要术校释》(第 2 版),北京:中国农业出版社,1998 年,第 552 页。
④ (南朝梁)顾野王著,(宋)陈彭年等增订《大广益会玉篇》,北京:中华书局,1987 年,第 99 页下栏。
⑤ (唐)冯贽《云仙杂记》,《丛书集成初编》本,北京:中华书局,1985 年,第 57 页。
⑥ (宋)张君房编,李永晟点校《云笈七签》,北京:中华书局,2003 年,第 1535 页。
⑦ (宋)王谠《唐语林》,北京:中华书局,1987 年,第 556 页。
⑧ (宋)周密《志雅堂杂钞》,清粤雅堂丛书本,叶六。

将"迫"此义施于上引"应是(时)博煞"句,可知大臣所奏"苦楚",原来是用火将耶输母子活活熏烤致死,可谓残忍之极。由此看来,在实际使用中,"爆/煿"或借"博""迫"等用常字来表示"火干"义。

五、沿寮

P.2187《破魔变》:"然后衙前大将,尽孝尽忠;随从沿寮,惟清于(惟)直。"(《法藏》8/177)

按:"沿",《变文集》(345)录作"公",《选注》(594)、《新书》(590)、《校注》(531)皆从之。从字形看,"沿"右从"㕣",左从"氵",当系"沿"字手写。"㕣"又为"沿"字篆文的隶变体,"㕣"小篆作"㕣",隶定为"㕣",秦汉古文字及魏晋隋唐楷书中,"㕣"旁多写作"公"形。①《干禄字书·平声》:"鉛鈆,上通下正。"并注云:"沿船并同。"(25)颜元孙将"鈆"视为"通"体,盖因当时"㕣"旁写作"公"异常通行之故。就敦煌文献看,"铅""沿"几乎都写作"鈆""沿","船"大多写作"舩",也或作"舡",②故"沿"即今"沿"字。如 S.4654《舜子变》:"阿耶暂到寮杨(辽阳),沿路觅些些宜利,遗(遣)我子勾当家事。"(《英藏》6/206)句中"沿路"即"沿路"。然"沿寮"又当作何解呢?窃以为"沿"当是"员"之音借字,"沿寮"即"员寮",也作"员僚",指官吏。

读音上,"沿"《广韵》音与专切,为以纽仙韵;"员"音王权切,属云纽仙韵,二字声近韵同。据邵荣芬研究,唐五代西北方言"云""以"二纽不分。③也就是说,"员""沿"二字的读音在当时混同无别。且敦煌文献中即有它

---

① 张涌泉《敦煌俗字研究》下编《敦煌俗字汇考》"㕣""沿"条,上海教育出版社,2015 年第 2 版(1996 年初版),第 369—370、536 页;梁春胜《楷书部件演变研究》"公(㕣)"条,北京:线装书局,2012 年,第 313—314 页。
② 字例参黄征《敦煌俗字典》"船""铅""沿"条,上海教育出版社,2005 年,第 61、318、474 页。
③ 邵荣芬《敦煌俗文学中的别字异文和唐五代西北方音》,《邵荣芬语言学论文集》,第 218 页。

们辗转相通之例。如 P.3128V《解座文》:"初定之时无衫袴,大(待)归娘子没**沿房**。"(《法藏》22/353A)P.2564《嬬䡢新妇文》:"且与**缘房**衣物,更别造一床毡被。乞求趁却,愿更莫逢相值。"(《法藏》16/14B)前例中"沿"为"缘"的同音借字,"沿房"即"缘房",指嫁妆、妆奁。"缘"又可用为"圆"的音近借字,如 P.3270《儿郎伟》:"兄供(恭)弟顺,姑嫂相爱相连(怜)。男女敬重,世代父子**团缘**。"(《法藏》22/333A)句中"缘"显为"圆"之借,而"员"乃"圆"之古字,既然"圆"与"缘"、"缘"与"沿"可以相通,那么"员"自然亦能跟"沿"通用。

词义上,"员寮"即"员僚",泛指官吏,习见于唐五代文献。如 BD.3024《八相变》:"是时太子车驾及诸侍从**员寮**,才出南门,忽尔行次,不逢别事,见一老人:发白如霜,鬓毛似雪。"(《国藏》41/127)P.2652V《诸杂谢贺》中有一首题为"自身得官谢诸**员廯(寮)**"(《法藏》17/106B)。《旧唐书》卷一三九《陆贽传》:"至如宫闱近侍,班列**员僚**,但驰走从行而已,忽与介胄奋命之士,俱号功臣,伏恐武臣愤惋。"①皆其例。故上引例中"沿(沿)寮"即"员僚",指官吏。

六、复制

S.2614《大目乾连冥间救母变文》:"罗卜自从父母没,礼垃(泣)三周**复制**毕。"(《英藏》4/116B)

按:"复制",《变文集》(714)、《新书》(685)、《释录》卷十三(2)均照录,《选注》(850)释云:"指复墓之礼。亦云'覆墓'。"《校注》(1040)从之。曾良指出:《选注》所解疑未确。"覆墓"是在"殡后三日",而变文中是"礼泣三周复制毕","三周"即三年,时间不吻合,"复制"应非覆墓。"复"有除义,"复制"指除丧制,父母之丧,三年而毕。②曾说有一定的道理,但"复"恐不当以"除"义解之。其句谓罗卜父母去世后,他依礼制守丧满三年。

---

① (后晋)刘昫等撰《旧唐书》,北京:中华书局,1975 年,第 3797 页。
② 曾良《敦煌文献语词例释》,《文献》1996 年第 3 期,第 170—171 页。

窃以为"复"当读为"服","复制"即"服制",指服丧之制。

读音上,《广韵》"复""服"皆音房六切,二字音同,可以通借。且敦煌文献中即有"复"借作"服"的实例。如 P.3833《王梵志诗》:"古来**复**丹石,相次入黄泉。"(《法藏》28/282A)BD.62V《患文》:"唯公乃四大假合,尪疾缠身;百节酸疼,六情恍忽(惚)。虽**复**人间药饵,世上医王、诸佛如来为种种疗治,未蒙诠(痊)损。"(《国藏》1/282A)前例"复",项楚谓"通作'服'";①后例"复",黄征、吴伟校作"服",②是其证。

词义上,"服制"谓服丧制度,文献多有其例。如《风俗通义·十反》:"(范滂)父字叔矩,遭母忧……三年服阕,二兄仕进。叔矩以自替于丧纪,独寝坟侧,**服制**如初,哀犹未歇。"③《魏书》卷五二《张湛传》:"兄怀义,闲粹有才干。遭母忧,哀毁过人,**服制**虽除,而蔬粝弗改。"④S.343《脱服文》:"慈颜一去,再睹无期,堂宇寂寥(寥),昊天罔极。但以礼章有[限],俗典难违;**服制**有终,除凶就吉。"(《英藏》1/143A)皆其例。

从文意看,在 BD.2496《目连变文》中,与上引"礼泣**三周复制**毕"句近似的内容作:"目连葬送父母,安置丘坟,**持服三周**,追斋十忌,然后舍却荣贵,投佛出家。"下文相应的唱词为:"目连父母亡没,殡送**三周礼毕**。遂即投佛出家,得蒙如来赈恤。"(《国藏》34/408)可见,所谓"三周复制"即"持服三周",也就是服丧三年,其中"复"显然当读为"服"。前贤以本字解之,释"复制"为"复墓之礼"或"除丧制",恐不可从。

七、悬沙

S.2614《大目乾连冥间救母变文》:"娘娘见今饥困,命若悬丝,汝若不去(起)[慈]悲,岂名孝顺之子?生死路隔,后会难期。欲救**悬沙**之危,事亦不应迟晓(晚)。"(《英藏》4/121A)

---

① 项楚《王梵志诗校注》(增订本),上海古籍出版社,2010 年,第 239 页。
② 黄征、吴伟编校《敦煌愿文集》,长沙:岳麓书社,1995 年,第 676 页。
③ (汉)应劭撰,王利器校注《风俗通义校注》,北京:中华书局,1995 年,第 218—219 页。
④ (北齐)魏收《魏书》,北京:中华书局,1974 年,第 1154 页。

敦煌变文疑难字词辨释　　121

按："沙"，《变文集》(739)径校作"丝"，《校注》(1035)、《释录》(13/29)从之；《新书》(710)径录作"丝"，《选注》(931)从之，注云：悬丝，形容极其危殆。例中上文有"命若悬丝"之语，以此来看，前贤有关"悬沙"的校、注，似颇切于文意。但考虑到"沙"与"丝"形音皆不近，应无形误、音借的可能。考佛教文献中有"悬沙"之说，指悬挂沙袋以缓解饥饿，犹望梅止渴。如北魏菩提流支译《无量寿经优婆提舍愿生偈》"爱乐佛法味，禅三昧为食"北魏昙鸾注："此二句名庄严受用功德成就。佛本何故兴此愿？见有国土，或探巢破卵为饛饶之膳，或悬沙指俉为相慰之方。"(《大正藏》T40/P830B11—B14)元云峰集《唯识开蒙问答》卷下："问：请举思虑为食之事。答：如悬沙疗饥，望梅止渴。"(《卍续藏》X55/P365A23—A24)明广莫《楞严经直解》卷八："三者思食……思是思量，以希望心，任持不忘，如彼悬沙望梅，能止饥渴，皆思食义也。"(《卍续藏》X14/P835A14—A17)"悬沙"也作"悬砂"，如宋延寿《宗镜录》卷七三："古师义门手钞云：思食者，如饥馑之岁，小儿从母求食，啼而不止，母遂悬砂囊诳云：'此是饭。'儿七日谛视其囊，将为是食。其母七日后解下视之，其儿见是砂，绝望，因此命终。"(《大正藏》T48/P826A3—A7)可见，所谓"悬沙"本指悬沙袋以疗饥，上揭变文中用以形容目连母亲在阿鼻地狱中经受的极度饥困的状态，故称"救悬沙之危"。

八、械

P.2319《大目乾连冥间救母变文》："大目乾连冥间救母变文一卷。其偈子每械三两句后云云是。"(《法藏》11/324B)

按："械"，《法藏敦煌汉文写本注记目录》第一卷录校作"械(pour 缄?)"①，谓其字为"械"，疑当校作"缄"。川口久男录作"械"，认为它恐怕

---

① Catalogue des Manuscrits chinois de Touen-houang Fonds Pelliot chinois de la Bibliothèque Nationale, Volume Ⅰ (No. 2001—2005), J. Gernet et Wu Chiyu, Paris, 1970, p.198.

是一种挂变文图卷的木案或书架。此卷是P.2416(笔者按：当是S.2614)的缩删本，删去韵文部分说"云云"，整句的意思是否"其白话讲唱文，每挂一张图后仅有两三句"？待考。① 砂岗和子录作"械"，谓"每械"就是"每章"，"械"与"解"音近，可以通用，而"解"有"回、章"之义，故"械"亦可表此义。"云云"恐怕不是删去韵文的标志，而是跟"如云""若如"意思差不多。②《敦煌俗字典》将其归在"祴"下，注音jiè，③大概认为其字系"祴"之俗体。

就字形看，"械"左边所从为"扌"(俗写"木""扌"二旁不分)，右边所从为"咸"的手写(左下的"口"因草写而未封口)，故《法藏目录》作"械"可从，但不应校为"缄"，而当以本字解之。《说文解字·木部》："械，篋也。从木，咸声。"徐锴系传："械，木篋也，函属。"④《集韵·覃韵》："函，容也。或作械。"(82)慧琳《一切经音义》卷七《大般若波罗蜜多经》第五百四十卷音义"宝函"条："(函)古文作榴，或作械。《考声》云：'木匧也。'《说文》作函。函，篋也。《桂苑珠丛》云：'盛经书、盛珍宝器物也。'经文作函，亦通用。"⑤后汉支曜译《阿那律八念经》："又少欲者，其义譬如王有边臣，主诸**械**篋，满中彩衣，而汝自乐着龎弊者，少欲知足，隐处精进……"(《大正藏》T1/P836A1—A4)宋何梦桂《和韵问魏石川疾》："君宜借力宽诗课，我亦埋头事药**械**。"⑥是知"械"者，函也，指盛放物品的匣子、盒子等。

上举"每械三两句"中，"械"位于"每"与数量短语之间，用为名量词。"械"这种用法亦见于押座文，如S.3491V《破魔变押座文》："直饶玉提(缇)金萧(绣)之徒，未免于一**械**灰烬。"(《英藏》5/107)"一械"即一盒。弄清"械"的词义及用法后，再来看"偈子每械三两句后云云是"的意思。"偈

---

① 川口久男《大目乾连冥间救母变文》，大东文化大学东洋研究所《敦煌资料と日本文献》，1984年。笔者未见此文，此据下文所引砂岗和子转引。
② 砂岗和子《以元刊〈佛说目连救母经〉补勘〈大目乾连冥间救母变文〉》，敦煌研究院编《1994年敦煌学国际研讨会文集——纪念敦煌研究院成立50周年·宗教文史卷》(上)，兰州：甘肃民族出版社，2000年，第184—185页。
③ 黄征《敦煌俗字典》，第198页。
④ (南唐)徐锴《说文解字系传》，北京：中华书局，1987年，第115页下栏。
⑤ 中华大藏经编辑局《中华大藏经》第57册，北京：中华书局，1993年，第521页上栏。
⑥ (宋)何梦桂《潜斋集》卷二，《景印文渊阁四库全书》第1188册，台北：商务印书馆，1986年，第400页下栏。

子"本谓偈颂,此特指变文中的唱词;"械"本指盛放物品的盒子,"每械"就是"每盒",因变文写本为卷轴装,不用时或卷束存于盒中,①故以"械"来称量用"盒"装盛的变文写卷。具体到 P.2319《目连变文》中的偈颂,"械"则相当于我们常说的"段";②"云云"指行文有所省略。"偈子每械三两句后云云是"句,意谓该卷变文中每段唱词抄几句后即缀以"云云",表示后面的内容省掉了。③ 这在 S.2614 与 P.2319 两件写本的唱词中有清楚的体现,此举一段为例比对如下(表 2):

表 2 S.2614 与 P.2319 唱词比对示例表

卷号	S.2614(《英藏》4/116B)	P.2319(《法藏》11/325A)
偈颂	罗卜自从父母没,礼垃(泣)三周复制毕。 闻乐不乐损刑容,食旨不甘伤勄骨。 闻道如来在鹿琬(苑),一切人天皆无(忾)恤。 我今学道觅如来,往诣双林而问佛。 尔时佛自便逡巡,稽首和尚两足尊。 左右磨诃释梵众,东西大将散支神。 看(胸)前万字颇黎色,项后圆光像月轮。 欲知百宝千花上,恰似天边五色云。	罗卜自从父母没,礼泣三周复制毕。 闻乐不乐损形容,食旨不甘伤勄骨。 闻道如来在鹿宛(苑),一切人天皆忾恤。 我今学道觅如来,往诣双林而问佛。 云云

---

① 这可从敦煌愿文中"启金函"之语得到证明,如 S.5957《文样·邑文》:"是日也,开月殿,启金函,转大乘,敷锦席。"(《英藏》9/241)说明斋会上转读的经卷原存放于金函中。
② 此处以"械"指称成段的唱词,可能与变文讲唱时以图与诗相配有关,这从 P.4524《降魔变》写卷中可得到很好的说明。该卷正面绘舍利弗与劳度叉斗圣的彩图,背面则是与图画相配的诗句(即 P.2319 所谓"偈子"),讲者按正面的图画演说故事,一段讲毕,即由唱者依背面的诗句吟唱。如是按照故事情节逐段讲唱,直至将整卷讲唱完毕。因是按图配诗逐段讲唱,便临时用表整卷经文的量词"械"来指称部分段落的唱词,可视为以整体指代部分。此处对"械"这种用法的解释,获益于研究生邓方方的提示。另,关于 P.4524《降魔变》中以图配诗的讲唱方式,参〔美〕梅维恒著,杨继东、陈引驰译,徐文堪校《唐代变文》,上海:中西书局,2011 年,第 114—117 页。
③ 以"云云"表省略,文献习见。如《汉书》卷五〇《汲黯传》:"上方招文学儒者,上曰吾欲云云。"颜师古注:"云云,犹言如此如此也,史略其辞耳。"载(汉)班固撰,(唐)颜师古注《汉书》,北京:中华书局,1962 年,第 2317 页。

（续表）

卷号	S.2614(《英藏》4/116B)	P.2319(《法藏》11/325A)
偈颂	弟子凡愚居五□(欲)，不能舍离去贪嗔。 直为平生罪业重，殃及慈母入泉□(门)。 只恐无常相逼迫，苦海沉沦生死津。 愿仏慈悲度弟子，学道专心报二亲。 世尊当闻罗卜说，知其正直不心耶(邪)。 屈指先论四谛去(法)，后闻应当没七遮。 纵令积宝陵云汉，不及交(教)人暂出家。 恰似盲龟遇浮木，由(犹)如大火出连(莲)花。 炎炎火宅难逃避，滔滔苦海阔无边。 直为众生分别故，如来所已(以)立三车。 佛唤阿难而剃发，衣裳便化作袈裟。 登时证得阿难(罗)汉，后受婆罗提木叉。 罗卜当时在仏前，金炉怕怕起香烟。 六种琼林动大地，四花标样叶清天。 千般锦绣补(铺)床座，万道殊(珠)幡空里玄(悬)。 佛自称言我弟□(子)，号曰神通大目连。	

由表2所列S.2614与P.2319两件写本中唱词的差异，即可直观地领会后卷首题下小字注"偈子每械三两句后云云是"的具体内涵。反观上引川口久男与砂岗和子关于"云云"的理解，可知前者是而后者非。

元渊之死与北魏末年政局

——以新出元渊墓志为线索

徐冲（复旦大学历史学系）

对于今日的中国中古史研究来说，石刻史料尤其是新出墓志的重要性毋庸赘言。① 其中北朝墓志虽然在数量上难与唐代墓志相匹，但因志主多为社会上层人士，蕴含的历史信息尤其丰富有致，历来为学者所重。如所周知，中华书局点校本二十四史中由唐长孺领衔的"北朝四史"②之整理，就大量利用了赵万里《汉魏南北朝墓志集释》③的成果。近年罗新、叶炜《新出魏晋南北朝墓志疏证》则在传统订史补史的层面之外，充分整合学界新知，在解读墓志所载历史信息方面取得了更具突破性的成绩。④

面对持续累积的中古墓志史料，在个别考释之外，笔者以为尚有两个方向值得努力。其一是将墓志的出现作为中古社会一种标志性的文化现

---

① 参见仇鹿鸣《大陆学界中国中古史研究的新进展（2007—2010）·石刻》，收入《中国中古史研究：中国中古史青年学者联谊会会刊》第3卷，北京：中华书局，2013年；同氏《十余年来中古墓志整理与刊布情况述评》，收入《唐宋历史评论》第4辑，北京：社会科学文献出版社，2018年。
② 《魏书》，北京：中华书局，1974年；《北齐书》，北京：中华书局，1972年；《周书》，北京：中华书局，1971年；《北史》，北京：中华书局，1974年。
③ 赵万里《汉魏南北朝墓志集释》，桂林：广西师范大学出版社，影印本，2008年，以下简称《集释》。
④ 罗新、叶炜《新出魏晋南北朝墓志疏证》，北京：中华书局，2005年。以下简称《疏证》。书评见陆扬《从墓志的史料分析走向墓志的史学分析——以〈新出魏晋南北朝墓志疏证〉为中心》，收入氏著《清流文化与唐帝国》，北京大学出版社，2016年。

象,探讨它在当时历史世界中的样态、位置与功能。这方面学界已有初步尝试。① 其二则是跳脱"纪传体王朝史"②所集聚的历史书写,在一方方墓志的言说中寻找通往历史现场的多歧路径,从而更为深刻地理解政治史的形成过程。本文即以新出元渊墓志所提示的历史信息为线索,在重点梳理元渊于六镇乱后个人行迹的基础之上,对《元渊墓志》与《北史·太武五王传》两种文本形成的政治语境进行深入解读。并希望以此为切入点,重新思考北魏末年六镇之乱爆发后的政局走向,把握北朝后期历史的演进脉络。

一、元渊墓志录文

元渊墓志近出洛阳,据拓片可知志高、宽七十四厘米,三十八行,行三十八字。③ 志主元渊,北魏孝明帝孝昌二年(526)十月二日卒,孝昌三年(527)十一月廿五日葬。以下为笔者根据拓片所作录文(录文前数字编号表示行数;原墓志志文中的空格予以保留,以"○"表示):

01 魏故使持节侍中骠骑大将军仪同三司吏部尚书兼尚书仆射东北道行台前军广阳王墓志铭
02 ○祖讳谭,○世祖太武皇帝之第三子,楚王。
03 ○考讳嘉,太保、司徒公,广阳懿烈王。
04 王讳渊,字智远。河南洛阳人。层绪配天,鸿基就日。构远叶

---

① 如徐冲《从"异刻"现象看北魏后期墓志的"生产过程"》一文,整理讨论了北魏后期墓志中存在的多种"异刻"现象,指出其时墓志的生产过程是丧家、文士、朝廷等多种权力要素共同参与和互动的结果。初刊《复旦学报》2011年第2期,大幅修改后收入余欣主编《中古时代的礼仪、宗教与制度》,上海古籍出版社,2012年。
② 以"纪传体王朝史"为切入点对汉唐间历史书写的考察,参见徐冲《中古时代的历史书写与皇帝权力起源》,上海古籍出版社,2012年。
③ 元渊墓志具体出土信息不明,目前处于私人收藏状态。拓片收入洛阳市文物管理局编《洛阳出土少数民族墓志汇编》,郑州:河南美术出版社,2011年,第78页;郑州市华夏艺术博物馆编《圣殿里拾来的文明》,北京:文物出版社,2011年,第77页;赵君平、赵文成编《秦晋豫新出土墓志搜佚》,北京:国家图书馆出版社,2011年,第29页;齐运通编《洛阳新获七朝墓志》,北京:中华书局,2012年,第23页。详参梶山智史编《北朝隋代墓誌所在総合目録》,东京:汲古书院,2013年,第56—57页。

于扶桑,道长源于濛汜。祖出藩为辅,登四

05 岳以杰立。考居中作相,跖三台而上征。王禀气高山,资神昴宿,天机迥发,灵台峻举。开云雾于衿抱,

06 悬日月于匈怀。岩岩与崧岱齐峰,洋洋共江河并注。而挺异纨绮,媲美珠玉。苞三善以佩瑜,总两髦

07 而觋梓。初为给事中,又转通直郎。六翮孤飞,羽仪之望已显。千寻特秀,栋梁之器先标。及为中书侍

08 郎,便已荫映时辈。又袭王爵,为黄门郎。若其敷奏羽猎,图状门户,如流吐而未躬,陵云起而弥迅。增

09 号冠军,前驱伐蜀。鼎湖奄弃,复路言归。虽悬车之效未成,而驰轮之心已壮。乃授持节督肆州诸军

10 事、征房将军、肆州刺史,拥盖出关,建旗临部。掾史共楚赵同风,学校与齐鲁比列。还兼都官尚书,为

11 河南尹。甫登礼阁,世称武库,暂临京辅,人谓神明。后除平南将军、秘书监。至于金匮玉板之图,兰台

12 石室之典,莫不辨其三豕之讹,正其五日之谬。又为使持节、都督恒州诸军事、安北将军、恒州刺史。

13 揽辔登车,褰帷望境,豪门即已敛手,奸吏望风解印。乃迁镇南将军、卫尉卿,寻转光禄勋,乃除殿中

14 尚书。朝廷吟想大风,言思巨鹿,嗟我怀人,佥议攸在。乃以本将军都督北征诸军事,后增侍中,进号

15 征北,除吏部尚书,兼右仆射、北道行台,即为大都督。而申令靡违,树标无舛。拥曾①波以注荥,翻高风

16 而陨蓁。于是愚智影从,戎华响应,信之如皦日,归之如流水。改授使持节、侍中、都督定州诸军事、卫

17 将军、定州刺史。宽猛相资,智勇兼设。燕人祭其北门,胡马不敢南向。寻征为吏部尚书,侍中、将军如

---

① 此字疑为"层"字之讹。

18 故。乃挂床言迈,留筑将归。无不弃子攀车,垂泪抱马。及处琁机,爰执衡石,当时称言水镜,天下号曰

19 龙门。俄转车骑将军,余官如故。又以赵魏倒悬,冕疏旰食,将相在躬,安危注意。复授使持节、骠骑大

20 将军、仪同三司,兼尚书仆射、东北道行台。即领前军,余官仍本,增邑八百户,给后部鼓吹。遂纵金开

21 敌,投骨噬犬,行已有业,许其成务。但以尚想雁门,愿言昌邑,从中制外,有所未遑。拥市人以先驱,

22 临散地而后殿。慨垂翅于既往,思奋翼于将来。实秉贯日之诚,横有改书之谤。恐金縢之未开,欲布车

23 以就闲。而天地无心,豺狼得志,衔须未因,推墙奄及,春秋卅有二,以孝昌二年岁在丙午十月丁卯

24 朔二日戊辰,薨于瀛洲之高阳郡界。于是内外士女,远近华夷,莫不泣涕捐珠,行哭罢市。惟王孝通

25 神明,仁及草木,忠为令德,义成独行。学备金羽,文兼绮縠,风韵闲雅,神采清润。佩芳兰以高视,怀琁

26 琰而上驰。至于出临藩屏,入排閤闱,德允民宗,任膺时辅。众流并会,庶事同归,随方悬解,应机独悟。

27 非但深晓治体,固亦洞识文情。拔杞梓于丘园,引鹓鹭于江海。或握灵蛇之珠,或秉雕龙之翰。每使

28 陈书骑上,摘文阁下,授言即以成表,唇意必复过人。及其倾身重山①之怀,虚己轻财之量,散千金犹

29 脱屣,费万钟如遗迹。不杂名利之间,独出风尘之外。白玉所以全其两宝,黄金于是慎于四知。既道

30 济生民,气盖当世,礼乐攸归,盛衰所属。九流钦意,若众川之慕仓海。百姓归怀,如列星之仰明月。但

31 濡足授手之业,乃勤王而未成。崩维折桂之祸,竟道穷而奄

---

① 此字疑为"士"字之讹。

至。粤以三年,岁在丁未,十一月庚申朔

32 廿五日甲申,窆于洛阳城西。地久天长,河移岳毁,前知若见,堕泪于此。乃作铭曰:

33 灵瑞云兴,神光电映。构兹圣宝,握此天镜。上叶开元,下武膺庆。大风自远,长波是泳。展步周行,翰飞

34 阿阁。任属紫泥,文成丹艧。执戟金马,献赋铜雀。表色无穷,见奇善乐。入侍华盖,出驾朱轮。下格河海,

35 上应星辰。温温玉润,郁郁芳尘。当时冠冕,为国宗臣。万民所望,百辟攸仰。凭云高引,抟风峻上。龙章

36 垂饰,芳树连响。乃命启行,以膺俞往。任当分阃,忧在同舟。方思栞木,以济横流。谁谓天道,乃异人谋。

37 蹉跎蜷蚁,零落山丘。昔开东阁,风流广宴。今闭西陵,寂漠空莫。一朝永诀,万事长变。悲隆大鸟,酸感

38 群燕。

二、元渊墓志所见"异刻"发微

如录文所见,《元渊墓志》记载志主元渊卒于孝明帝孝昌二年(526)十月二日,年四十二岁,则当生于孝文帝太和九年(485)。据墓志所载广阳王爵位、父名嘉和生平事迹,可以判断志主即对应于《魏书》卷一八《太武五王传》中的广阳王元渊。学者早已指出,《魏书》此卷"渊"名作"深",是佚失后为后人以《北史》卷一六《太武五王传》补而《北史》避唐讳所导致的结果。[①] 元渊之子元湛墓志1917年已出于河南安阳,[②] 载"母琅邪王氏,父肃,尚书令、

---

① 《魏书》卷一八《太武五王传》,"校勘记一八",第438页;《北史》卷一六《太武五王传》,"校勘记三〇",第626页。
② 《集释》卷三引吴士鉴《九钟精舍金石跋尾乙编》谓元湛墓志"碑于丁巳年出土"(第76页),即王壮弘、马成名《六朝墓志检要》所言"1917年河南安阳出土"(上海书画出版社,1985年,第223页)。拓片见《集释》,图版九六,第391—392页;北京图书馆金石组编《北京图书馆藏中国历代石刻拓本汇编》(以下简称《北图藏拓》),郑州:中州古籍出版社,1989年,第6册,第109页;毛远明校注《汉魏六朝碑刻校注》(以下简称《校注》),北京:线装书局,2008年,第7册,第372页。录文见赵超《汉魏南(转下页)

司空宣简公",①可知渊妻为王肃之女。又据安阳新出高永乐墓志,其妻元氏为"太师、广阳王渊第三女"。②综合正史与墓志中的相关信息,可整理北魏广阳王家世系简表如下。③

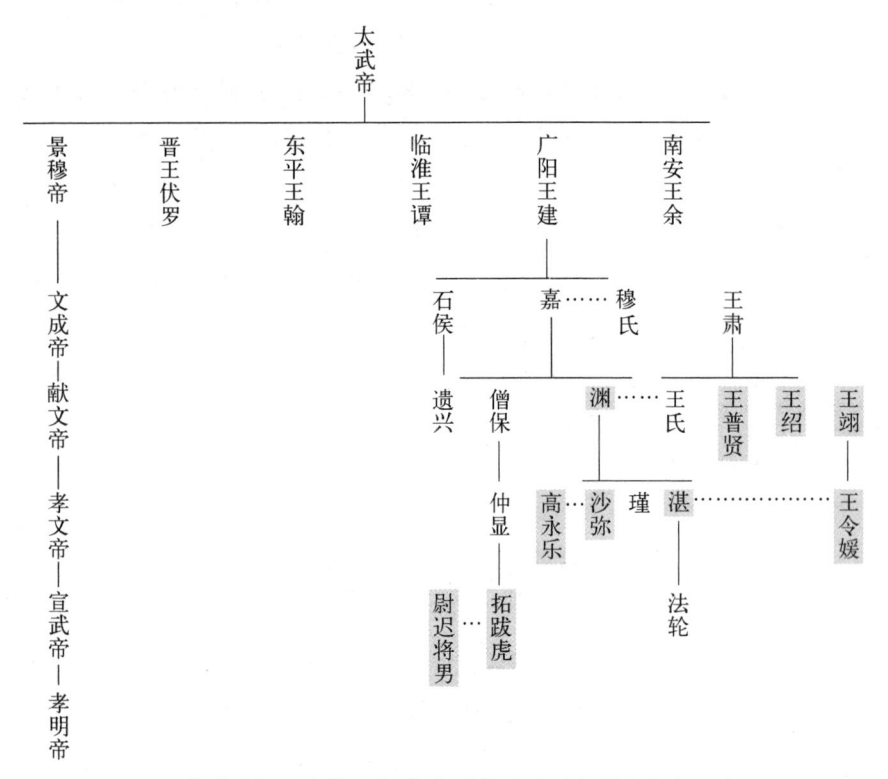

北魏广阳王家世系表(深色背景者表示有墓志出土)

(接上页)北朝墓志汇编》(以下简称《汇编》),天津古籍出版社,1992年,第356页;《校注》,第7册,第373—374页。详参梶山智史编《北朝隋代墓誌所在総合目録》,第70—71页。赵万里在《集释·元湛墓志》的跋语中早已指出了《魏书》《北史》所见"元深"之误。

① 《汇编》,第356页;《校注》,第7册,第373页。
② 贾振林主编《文化安丰》,郑州:大象出版社,2011年,第178页。此材料承复旦大学李煜东同学提示,谨致谢意。高永乐妻元沙弥即元渊第三女的墓志近亦出于安阳一带,收入叶炜、刘秀峰主编《墨香阁藏北朝墓志》,上海古籍出版社,2016年。
③ 世系表中的元僧保一支详情,参见牟发松《〈拓跋虎墓志〉释考》,《魏晋南北朝隋唐史资料》第18辑,2001年,第127—139页;《疏证》,第251—254页。

由于墓志的出土,关于广阳王元渊,我们现在就拥有了正史列传和出土墓志两种相对集中的史料。对照看来,这两种史料是各有侧重的。《北史》卷一六《太武五王传》关于元渊的早年经历记述比较简略,主要篇幅放在了正光五年(524)后参与平讨六镇之乱并最终身死葛荣之手的经历上。这应该反映了作为《北史》基础的《魏书》卷一八《太武五王传》的基本面貌。尤其大幅收录两篇元渊在平乱期间给胡太后朝廷的上表,为今日学者研究六镇之乱提供了相当重要的信息。[①]《元渊墓志》则提供了诸多元渊在正光五年之前的仕历细节,恰可补史传之阙。如起家给事中,又先后曾为通直郎、中书侍郎、黄门郎,即完全不见于《北史》。若我们执着于史料与史实之间的"客观"对应关系,则关于元渊的上述两种史料确可以互补的面貌构成一种和谐存在。

然而元渊墓志中一种"异刻"现象的存在,却对于这种"和谐感"构成了严重挑战。这里所谓"异刻",指的是在一方墓志之内所出现的非正常刻写。不仅仅指留白、挤刻、空位、补刻等较为明显的现象,也包括不记赠官、仅记历官等较为隐蔽的阙失。[②] 以我们对于北朝墓志"生产过程"的了解而言,一方正常墓志当在两处记录志主从朝廷所得赠官。[③] 一处是志题所记志主荣衔,一处是志文后半部分对志主死后所得哀荣的整体叙述。反观元渊墓志,则在这两处关节均表现出了"异刻"的性质。志题"魏故使持节、侍中、骠骑大将军、仪同三司、吏部尚书、兼尚书仆射、东北道行台、前军、广阳王墓志铭",无一不是见于志文叙述的元渊生前历官。志文则在"以孝昌二年岁在丙午十月丁卯朔二日戊辰,薨于瀛洲之高阳郡界"和"粤以三年,岁在丁未,十一月庚申朔廿五日甲申,窆于洛阳城西"两句之间通常是叙述朝廷所予哀荣的空间内,仅以"惟王孝通神明,仁及草木,忠

---

① 这两篇上表应该都出自元渊文胆温子昇之手。据《魏书》卷八五《文苑·温子昇传》:"正光末,广阳王渊为东北道行台,召为郎中,军国文翰皆出其手。"第1875页。
② 详参前引徐冲《从"异刻"现象看北魏后期墓志的"生产过程"》一文中的具体阐释。
③ 关于中古时期的赠官,参见窪添慶文《北魏における贈官をめぐって》,收入氏著《魏晋南北朝官僚制研究》,东京:汲古书院,2003年,中译本赵立新等译,上海:复旦大学出版社,2016年;刘长旭《两晋南朝赠官研究》,北京师范大学博士学位论文,2002年;吴丽娱《终极之典:中古丧葬制度研究》,北京:中华书局,2012年。

为令德,义成独行"等虚文谀词堆砌应付,而无一语及元渊从朝廷所得哀荣。尤其考虑到元渊的卒葬之间长达年余,这种赠官记录的缺失就更加显得不正常了。

据《魏书》与《北史》相关纪传,元渊死于定州起事的六镇流民领袖葛荣之手。同罹难者,尚有章武王元融。元融墓志亦已出土。[①] 其志题为"使持节、侍中、司徒公、都督雍华岐三州诸军事、车骑大将军、雍州刺史、章武武庄王墓志铭"。志文在卒葬之间则叙述道,"二宫动容于上,百僚奔走于下。给东园秘器,朝服一具,衣一袭,赗物八百段。追赠使持节、侍中、司空(复进司徒)、都督雍华岐三州诸军事、车骑大将军、领雍州刺史,王如故。特加后部鼓吹"。这才是为国罹难的宗室在洛阳朝廷所应得的正常待遇。[②] 即使并非宗室身份,如孝昌末分别战殁于北镇和关陇的宇文善、宇文延兄弟,前者"赠使持节、车骑将军、都督冀州诸军事、冀州刺史、开国男如故,祭以太牢",后者"遣中谒者仆射萨长乐吊慰,赠布二百匹,凡百供用,皆以公给。追赠假节、冠军将军、豫州刺史"。[③] 对比之下,元渊墓志中赠官记录的缺失,当是直至入葬之时胡太后朝廷都未行赠官褒赏的真实反映。

元渊之子元湛墓志中的一段叙述值得注意。志文在记述元湛"除为羽林监,又转散骑郎,在通直"之后,即言"及遭不造,殆将毁灭,哀感庭禽,悲燋垄树。乃袭爵为广阳王"。[④] "及遭不造",显然指其父元渊死事。这段叙述有意无意地暗示读者,元湛在元渊死后即行袭爵为广阳王,因为这在北魏本是正常程序。但实际情况并非如此。《北史》卷一六《太武五王传》记载元渊为葛荣所害之后,"庄帝追复王爵,赠司徒公,谥曰忠武";元

---

① 元融墓志拓片见《集释》,图版 575;《北图藏拓》,第 5 册,第 60 页;《校注》,第 94 页。录文见《汇编》,第 204—207 页;《校注》,第 95—97 页。参见徐冲《北魏元融墓志小札》,收入余欣主编《存思集:中古中国共同研究班论文萃编》,上海古籍出版社,2013 年。
② 当然元融所得哀荣的规格也是比较高的,背后很可能有其时执政者中山王元略的作用。参见前引徐冲《北魏元融墓志小札》。
③ 《魏书》卷四四《宇文福传》仅记兄弟二人死后分别获赠车骑将军、冀州刺史和冠军将军、豫州刺史(第 1002 页)。哀荣的详细信息见《宇文善墓志》《宇文延墓志》,拓片均收入前引郑州市华夏艺术博物馆编《圣殿里拾来的文明》,第 74—75 页。
④ 《汇编》,第 356 页。

湛则是"孝庄初,袭封"。① 这与《魏书》卷一〇《孝庄纪》中"(建义元年528,四月)甲辰,追复故广阳王渊、故乐安王鉴爵"的记录是一致的。② 也就是说,要到尔朱荣入洛、河阴之变、孝庄帝即位等一连串的政治巨变发生之后,死于两年之前的元渊才被新的当权者予以赠官和谥号,③并"追复"王爵;其子元湛也是此时方才得以袭封广阳王爵位的。换言之,此前的胡太后朝廷不止是未予死于"贼"手的元渊以赠官哀荣,反而削夺了他广阳王的爵位。《元湛墓志》乃讳言之。而《元渊墓志》志题中的"广阳王"之称,应该也是丧家执意为之的结果,并非彼时情状的真实反映。④

事实上,元渊身死"贼"手之后,广阳王家在胡太后朝廷所受到的惩处,要远比未予赠官和褫夺王爵更为严厉。《北齐书》卷四七《酷吏·宋游道传》载:

> 魏广阳王深(渊)北伐,请为铠曹,及为定州刺史,又以为府佐。广阳王为葛荣所杀,元徽诬其降贼,收录妻子,游道为诉得释,与广阳王子迎丧返葬。中尉郦善长嘉其气节,引为殿中侍御史,台中语曰:"见贼能讨宋游道。"⑤

---

① 《北史》卷一六《太武五王传》,第621页。
② 《魏书》卷一〇《孝庄纪》,第257页。"乐安"为"安乐"之讹。元鉴于孝昌三年被任为相州刺史、北讨大都督,是继元渊之后继续领导军队与葛荣叛军作战的宗室将领。其后"见天下多事,遂谋反,降附葛荣。都督源子邕与裴衍合围鉴,斩首传洛,诏改其元氏"(《北史》卷一九《文成五王传》,第684页)。
③ 段成式《酉阳杂俎·前集》卷八《梦》载:"魏杨元慎能解梦,广阳王元渊梦着衮衣倚槐树,问元慎。元慎言当得三公,退谓人曰:'死后得三公耳,槐字木傍鬼。'果为尔朱荣所杀,赠司徒。"北京:中华书局,1981年,第83页。按元渊为葛荣所杀,《酉阳杂俎》误为尔朱荣,但其死后得三公之事则是一种准确的描述。这一传说应该反映了时人对于元渊及广阳王家遭际变幻的深刻印象。
④ 北魏墓志中屡见丧家不守朝廷公制,以私意刻入墓志的情形,尤以宗室墓志为甚。典型表现如平文帝子孙的墓志坚持"太祖平文皇帝"之称,而不顾其时北魏宗庙中的"太祖"已经改为道武帝。参见佐川英治《東魏北齊革命と『魏書』の編纂》,《東洋史研究》64-1,2005年;王铭《"正统"与"政统":拓跋魏"太祖"庙号改易及其历史书写》,《中华文史论丛》2011年第2期;赵永磊《塑造正统:北魏太庙制度的构建》,《历史研究》2017年第6期。
⑤ 《北齐书》卷四七《酷吏·宋游道传》,第652页。

这是记录元渊死后广阳王家遭遇最为直接的史料。由此可知,虽然元渊为葛荣所杀,但胡太后朝廷在其政敌元徽的推动下,却认定元渊"降贼",遂有"收录妻子"之祸。广阳王妻应该就是上文提到的王肃之女、元湛之母。广阳王子指元湛的可能性更大。元渊北征时元湛一直跟随左右,①当与其父同入葛荣军中,则在朝廷方面看来亦为"降贼"。颇疑宋游道也是跟随府主投向葛荣的"左右"亲信之一,后在元渊被杀后如下引温子昇一样设法逃归洛阳。亲历者的身份应该是他的上诉能够在一定程度上扭转朝廷态度的关键所在。但胡太后朝廷的让步也仅止于释放广阳王家人并允许安葬元渊,墓志所反映的不予哀荣和未恢复王爵都说明朝廷方面仍然维持了元渊"降贼"的政治判断。在此背景下,宋游道的行动确为义举,故郦道元"嘉其气节"。

对比之下,元渊的另一位故吏温子昇的行为就很容易理解了。《魏书》卷八五《文苑·温子昇传》载:

正光末,广阳王渊为东北道行台,召为郎中,军国文翰皆出其手。于是才名转盛。……及渊为葛荣所害,子昇亦见羁执。荣下都督和洛兴与子昇旧识,以数十骑潜送子昇,得达冀州。还京,李楷执其手曰:"卿今得免,足使夷甫惭德。"自是无复宦情,闭门读书,厉精不已。②

如"军国文翰皆出其手"之语所示,温子昇为元渊素所倚重的心腹文士。由上记载可知,他与元渊同入葛荣军中。虽然在元渊死后子昇设法逃归洛阳,却"无复宦情,闭门读书"。联系上引《北齐书·宋游道传》所言的广阳王家遭遇,这显然是一种避祸之举。

《周书》卷三四《杨敷传》中亦有一段记载值得深究:

---

① 《周书》卷一五《于谨传》载元渊北征时身边有"子佛陁"(第244页),《北史》卷二三《于谨传》则记作"世子佛陁"(第846页),当即指湛。《北史》卷一六《太武五王传》又记元徽向胡太后构陷元渊时说:"广阳以爱子握兵在外,不可测也。"第618页。结合《周书》《北史》两书《于谨传》的记述,元徽所谓广阳王之"爱子"应该就是元湛。
② 《魏书》卷八五《文苑·温子昇传》,第1875页。

> 杨敷字文衍,华山公宽之兄子也。父暄,字景和。……以别将从魏广阳王深(渊)征葛荣,为荣所害。赠殿中尚书、华夏二州诸军事、镇西将军、华州刺史。
>
> 敷少有志操,重然诺。每览书传,见忠臣烈士之事,常慨然景慕之。魏建义初,袭祖钧爵临贞县伯,邑四百户。除员外羽林监。①

"华山公宽"即杨宽,与杨暄同为杨钧之子。②《周书》卷二二《杨宽传》明言元渊与杨宽"素相委昵",③而其兄暄亦以别将身份跟随元渊北征葛荣,显示了杨钧家族与广阳王家之间的密切关系。杨暄最后"为(葛)荣所害",这一措辞暗示他可能并非如章武王元融一般"于阵见杀",④而是与前述宋游道、温子昇一起,作为元渊的左右亲信与府主同入葛荣军中,后亦与府主同为葛荣所杀害。那么可以想象朝廷方面当亦视之为"降贼",也会同样给予不予哀荣甚至收录妻子、削夺爵位等严厉惩处。上引《周书》言杨暄子杨敷在河阴变后的"建义初"方才"袭祖钧爵临贞县伯",与元渊子湛在孝庄帝上台后方得袭广阳王爵的际遇如出一辙,背后显然存在相同的政治历程。由此推测,"殿中尚书、华夏二州诸军事、镇西将军、华州刺史"这些杨暄所获赠官,也更有可能是在"建义初"与广阳王家一起被平反时才得到的待遇。

与此相关的是,尽管并未跟随出征,杨暄弟杨宽仍然受到了元渊"降贼"事件的牵连。《周书》卷二二《杨宽传》载:"魏广阳王深(渊)与(杨)宽

---

① 《周书》卷三四《杨敷传》,第 599 页。
② 杨钧为杨播族弟,《魏书》卷五八有传,并已有墓志出土。关于北魏太和年间崛起的弘农杨氏家族及其在中古时期的影响,参见王庆卫、王煊《隋代华阴杨氏考述——以墓志铭为中心》,《碑林集刊》第 11 辑,西安:陕西人民美术出版社,2005 年;王庆卫、王煊《隋代弘农杨氏续考——以墓志铭为中心》,《碑林集刊》第 12 辑,西安:陕西人民美术出版社,2006 年;王庆卫《新见北魏杨椿墓志考》,《出土文献研究》第 8 辑,上海古籍出版社,2007 年;王庆卫、王煊《新见北魏杨津墓志考》,《碑林集刊》第 14 辑,西安:陕西人民美术出版社,2009 年;窪添慶文《北魏における弘農楊氏》,收入氏著《墓誌を用いた北魏史研究》,汲古书院,2017 年;佐川英治《北魏末期の北边社会与六镇之乱——以杨钧墓志和韩买墓志为线索》,《魏晋南北朝隋唐史资料》第 36 辑,2017 年。
③ 《周书》卷二二《杨宽传》,第 365 页。
④ 参见《魏书》卷一九下《景穆十二王列传下》,第 515 页。

素相委昵。深（渊）犯法得罪，宽被逮捕。魏孝庄时为侍中，与宽有旧，藏之于宅，遇赦得免。除宗正丞。"①孝庄帝元子攸为侍中在孝昌二年八月其进封长乐王之后，②而元渊死于其年十月。则这里的所谓"深（渊）犯法得罪"，只能是指元渊死后"元徽诬其降贼"事。杨宽险遭朝廷逮捕可能不仅仅只是因他与元渊"素相委昵"，当也与前述其兄杨暄同被认定"降贼"有关。幸赖侍中元子攸之助方得以逃过一劫。而杨暄之子杨敷得以在"建义初"袭祖钧爵位，不难想象叔父杨宽乃至孝庄帝元子攸在背后的推动作用。

综上所述，可以确认的是，虽然《北史·太武五王传》和《元渊墓志》都将元渊之死记述为身死"贼"手，然而当时胡太后朝廷的官方态度却是认定元渊"降贼"。由此当然不但未有哀荣，原有的广阳王爵亦被褫夺，且将其妻子收监，亲故亦多有被逮之虞。后赖故吏宋游道的奔走上诉，广阳王家人方才得释，并可将元渊遗体迎回洛阳完成安葬。其时距离元渊身死葛荣军中已过年余。但此时朝廷仅仅只是减轻了对广阳王家的惩处力度，而并未撤销对于元渊"降贼"的指控。今天出现在我们眼前的带有前述若干"异刻"特征的元渊墓志，就是广阳王家在此不名誉的官方结论之下，努力书写的一种纪念。元渊及广阳王家得到真正的平反，恢复名誉和爵位，是要等到又一年后的河阴巨变了。

三、元渊之死的真相

以上由《元渊墓志》在书写上的曲折表现，讨论了元渊身死"贼"手之后广阳王家的遭际。同时可以看到，《北史》卷一六《太武五王传》言元渊为葛荣叛军俘虏后"被害"，《北齐书》卷四七《酷吏·宋游道传》则将广阳王家遭遇的主要原因归之于"元徽'诬'其降贼"，措辞构句之间显见东魏北齐上层精英对于元渊的回护态度。与此形成对比的，则是北魏胡太后朝廷对于元渊降贼之事的执着认定，以及在此背景之下元渊墓志中的隐

---

① 《周书》卷二二《杨宽传》，第 365 页。
② 《魏书》卷一〇《孝庄纪》，第 255 页。

晦曲折。这种差异实际上对应了文本形成的政治语境。只有对此给予足够关注，方能揭示元渊之死的真相。

作为最为接近历史现场的材料，《元渊墓志》叙述道"而天地无心，豺狼得志，衔须未因，推墙奄及。春秋卅有二，以孝昌二年岁在丙午十月丁卯朔二日戊辰，薨于瀛洲之高阳郡界"。这里除了具体的时间和地点之外，回避了元渊之死的所有细节。《北史·太武五王传》中的记述要详尽许多：

> 渊（原文作"深"，径改。下同）以兵士频经退散，人无斗情，连营转栅，日行十里。行达交津，隔水而阵。贼（鲜于）脩礼常与葛荣谋，后稍信朔州人毛普贤，荣常衔之。普贤昔为渊统军，及在交津，渊传人谕之，普贤乃有降意。又使录事参军元晏说贼程杀鬼。果相猜贰。葛荣遂杀普贤、脩礼而自立。荣以新得大众，上下未安，遂北度瀛州，渊便率众北转。荣东攻章武王融，融战败于白牛逻。渊遂退走，趣定州。闻刺史杨津疑其有异志，乃止于州南佛寺。停二日夜，乃召都督毛谧等六七人，臂肩为约，危难之际，期相拯恤。谧疑渊意异，乃密告津，云渊谋不轨。津遣谧讨渊，渊走出，谧叫噪追蹑。渊与左右行至博陵郡界，逢贼游骑，乃引诣葛荣。贼徒见渊，颇有喜者，荣新自立，内恶之，乃害渊。①

据《魏书》卷九《肃宗纪》，鲜于脩礼率六镇降户反于定州在孝昌二年正月。② 北魏朝廷最初派出长孙稚与河间王元琛讨伐，至四月失利奔还。元渊随即于五月中被任为大都督，率章武王元融等北讨脩礼。元渊本人在六镇之乱爆发之初，即曾受命统军镇压，据说"前后降附二十万人"。而当北魏朝廷将六镇降户分迁至冀、定、瀛三州就食时，元渊亦曾表示反对，言"此辈复为乞活矣，祸乱当由此作"。③ 现在承长孙稚与元琛新败之后就任大都督北征，也算是临危受命。上引文中的"兵士频经退散，人无斗情"，

---

① 《北史》卷一六《太武五王传》，第620—621页。
② 据《魏书》卷六八《甄琛附子楷传》，鲜于脩礼初反于定州西北之左人城（第1517页）。
③ 《北史》卷一六《太武五王传》，第618页。

应该即指之前的长孙稚军败之事。

元渊率军与鲜于修礼"隔水而阵"的"交津",是有特定所指的一处重要地点。《水经注疏》卷十《浊漳水》载:"漳水又东北径武邑郡南,魏所置也。又东径武强县北。又东北,径武隧县故城南。……白马河注之。……又东南径武邑郡北,而东入衡水,谓之交津口。"①此地在魏齐时为冀、定、瀛三州交界的要津所在,至隋仍有武强县交津桥之所。② 元渊选择在此与鲜于修礼叛军隔漳水而阵,同时对修礼军内部展开离间工作。《元渊墓志》中所谓"遂纵金开敌,投骨噬犬,行已有业,许其成务",当即指此。从前引《北史·太武五王传》的叙述来看,元渊离间的重点是曾为自己统军的朔州人毛普贤。然而结果却导致修礼军内部发生火并,葛荣杀修礼、普贤而自立,成为元渊更为强劲的对手。③ 据《魏书·肃宗纪》,时在八月癸巳,距离元渊受命北征已经三月有余。

代鲜于修礼自立之后,葛荣向北撤向瀛洲。元渊即渡过漳水追进。未料为葛荣败于白牛逻,章武王元融阵亡。时在九月辛亥。白牛逻在博野县,④属于瀛洲高阳郡。史载元融"苦战终日,更无外援,遂大奔败,于阵见杀",⑤显示葛荣军攻击的对象可能仅止于元融军,元渊所率领的魏军主力或无大损失。不过此役败后,元渊随即向西退向定州。

《北史·太武五王传》此后的记述颇多疑点。元渊为葛荣所败,退向定州,却仅止于州南佛寺。其时元渊应该还领有相当数量的军队,力量不可小觑。定州刺史杨津拒其入城,是因为"疑其有异志"。⑥ 关于这一点,

---

① 其后杨守敬加按语曰:"《通鉴》梁普通七年,葛荣被趣瀛洲,魏广阳忠武王深自交津引兵蹑之,即此。胡氏以清漳入浊漳之交漳口当之,非也。又陈天嘉三年齐平秦王彦单骑北走,至交津,获之。《注》引此文不误。"杨守敬、熊会贞疏,段熙仲点校《水经注疏》(上册),南京:江苏古籍出版社,1989年,第987—989页。
② 参见《隋书》卷七五《儒林·刘焯传》,北京:中华书局,1973年,第1718页。
③ 关于葛荣代鲜于修礼自立的过程还存在其他不同的叙述,《魏书》卷九《肃宗纪》载:"贼帅元洪业斩鲜于修礼,请降,为贼党葛荣所杀"(第252页),与《北史·太武五王传》的记述相当不同。
④ 《魏书》卷九《肃宗纪》,第245页。
⑤ 《魏书》卷一九下《景穆十二王传下》,第514页。
⑥ 此前杨津为北道大都督率军至定州城下,亦曾为刺史元固所拒。参见《魏书》卷五八《杨播传附杨津传》。

我们还可以找到其他线索。《周书》卷一五《于谨传》载：

> 孝昌元年，又随广阳王征鲜于脩礼。军次白牛逻，会章武王为脩礼所害，遂停军中山。侍中元晏宣言于灵太后曰："广阳王以宗室之重，受律专征，今乃盘桓不进，坐图非望。又有于谨者，智略过人，为其谋主。风尘之隙，恐非陛下之纯臣矣。"灵太后深纳之。诏于尚书省门外立榜，募能获谨者，许重赏。……谨遂到榜下曰："吾知此人。"众人共诘之。谨曰："我即是也。"有司以闻。灵太后引见之，大怒。谨备论广阳忠款，兼陈停军之状。灵后意稍解，遂舍之。寻加别将。①

这段文字对于于谨的言行品格多有夸饰之处，②但所反映出的孝昌初元渊与胡太后朝廷之间的紧张关系则相当准确。中山为定州州治所在。从上引《北史·太武五王传》的记载可知，元渊并未入于州城，而是停军于州南佛寺，所谓"停军中山"当即指此。但是元渊停于城外乃是在刺史杨津已经"疑其有异志"的情况下不得已的选择，侍中元晏所指责的"盘桓不进，坐图非望"，似不当理解为对元渊停于定州城外的指责，而是囊括了他率军北讨后的整体表现，大概尤指在交津与鲜于脩礼叛军的长期对峙。若对这些细节不必苛求的话，则可以说《周书·于谨传》的以上叙述正是以后人对当时舆论的强烈记忆为基础而出现的。实际上仅凭于谨一人之辞，元渊恐怕还是难以洗脱"坐图非望"的嫌疑。

这种舆论在以《魏书》为基础的史料中是以另一种面目出现的。《北史·太武五王传》载元渊受任北讨鲜于脩礼时，政敌城阳王元徽即奏言"广阳以爱子握兵在外，不可测也"，③胡太后因此"敕言章武王等潜相防

---

① 《周书》卷一五《于谨传》，第 245 页。
② 《北史》卷二三将于谨作为北魏著名的于栗䃅家族之后同传，"校勘记"指出："《周书》卷一五《于谨传》不言其为于栗䃅子孙，《北史》当是据于氏家传，疑非事实。"实际上，《周书·于谨传》关于谨早年行迹的记述，也有诸多夸饰和模糊之处。张金龙《北魏政治史》也指出了这一点，兰州：甘肃教育出版社，2008 年，第 9 册，第 387 页脚注 1。
③ 《北史》卷一六《太武五王传》，第 618 页。亦可参考《魏书》卷一九《景穆十二王传中》，第 483 页。

备"。其后即大幅收录了元渊为自己辩护的上书,颇有回护之意。前引《北齐书》卷四七《酷吏·宋游道传》则明言是"元徽诬其降贼"。《魏书》卷一九下《景穆十二王传下》亦言元徽"又不能防闲其妻于氏,遂与广阳王渊奸通。及渊受任军府,每有表启,论徽罪过,虽涉诬毁,颇亦实焉"。①《元渊墓志》中所言"实秉贯日之诚,横有改书之谤",针对的对象应该也是元徽。《魏书》系统的史料关于元渊事迹的书写继承了《元渊墓志》背后的广阳王家立场,将元渊投敌之事归之于其政敌元徽个人的诬陷。

然而事实上,如上文对《周书·于谨传》的分析所示,对于元渊北征后"坐图非望"的指责和戒备,恐怕并非仅来自元徽一人的私怨,而是代表了洛阳朝廷相当一个群体的看法。关于这一方面,刻于孝庄帝永安三年(530)的元液墓志中亦有相当珍贵的记录留存。②志言元液正光末以府僚随大都督李崇北征。后李崇为元渊所构,解任还京,渊专总戎政。③元液即以平北将军、别将身份留任,继续参与元渊领导的北边平叛之事。墓志于此却兀然叙曰:"而广阳趣乖城濮,内念雄规,虽握强兵,恐无救乱。君遂因疾,苦请还京。自发之后,威略弗周,妖贼纠纷,果乱东夏。当世名哲,咸服之识机者焉。"④其口径与前引《周书·于谨传》侍中元晏所言是基本一致的,显示所谓"渊有异志"的说法在当时的流传之广。⑤值得注意的是,元液墓志制作的永安三年,已是前文所言元渊获得孝庄帝朝廷平反、其子湛袭广阳王爵之后,即广阳王家至少在官方层面已经恢复了名誉。但《元液墓志》的作者及其背后的丧家对此似乎并不认同,仍然坚持了河阴之变前

---

① 《魏书》卷一九下《景穆十二王传下》,第511页。
② 元液墓志1929年出土于洛阳瓦店村西、张阳村东北(据郭玉堂原编著,郭培育、郭培智主编《洛阳出土石刻时地记》,郑州:大象出版社,2005年,第42页)。拓片见《集释》,图版一一一;《北图藏拓》,第5册,第136页;《校注》,第6册,第304页。录文见《汇编》,第269页;朱亮主编《洛阳出土北魏墓志选编》,北京:科学出版社,2001年,第154—155页;《校注》,第6册,第305页。
③ 事详《魏书》卷六六《李崇传》,第1473—1474页;《北史》卷一六《太武五王传》,第616—618页。
④ 《汇编》,第269页。
⑤ 六镇之乱爆发后,类似情形并不陌生。《魏书》卷二五《长孙稚传》载:"初,稚既总强兵,久不决战,议者疑有异图。"第647页。

胡太后朝廷的官方评价。① 这一记录应该可以说明当时胡太后朝廷对于元渊行为的定性有着强有力的舆论基础，并非仅凭元徽个人操弄而已。

在原本负有监视之任的章武王元融于白牛逻之役阵亡后，面对率大军临城的广阳王元渊，定州刺史杨津因"疑其有异志"而拒其入城。虽然史料中看不到元渊与杨津之前交往的记录，但如前节所指出的，元渊与杨暄、杨宽兄弟私交甚密；而杨氏兄弟的父亲杨钧，与杨津乃是同族兄弟的关系。杨暄既随元渊北征，此时很可能亦在定州城外的广阳王军中。对比之下，杨津对于元渊却采取了坚决的拒斥态度，当是在前述舆论影响之下所做出的反应，或许背后亦有朝廷方面的授意。前引《北史·太武五王传》所谓元渊都督毛谧"疑渊意异，乃密告津，云渊谋不轨"云云，也不能排除是杨津对元渊手下进行的成功策反。

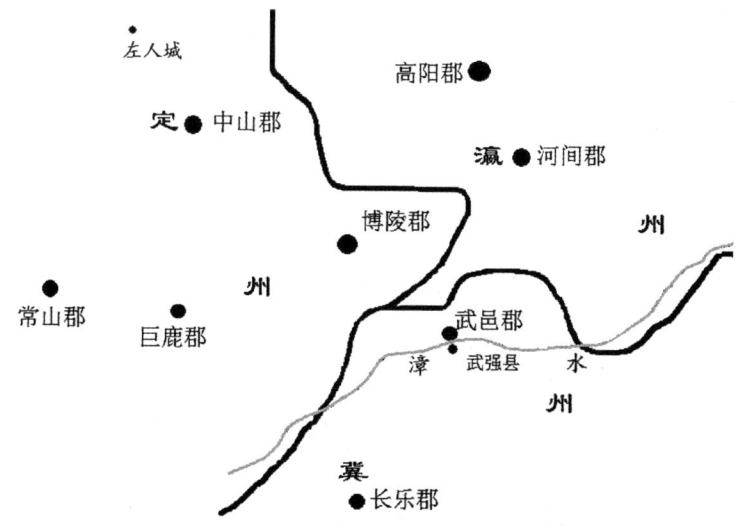

北魏冀、定、瀛三州地图（改绘自谭其骧主编《中国历史地图集》，北京：中国地图出版社，1982年，第四册，第50—51页）

---

① 元液墓志言其"以建义元年四月十四日薨于洛阳孝弟之里"，显然亦为河阴之变的遇害者。而广阳王家因其与北镇势力的联系而在河阴变后的孝庄帝朝廷迎来了平反，成为河阴之变的受益者。这或许也是《元液墓志》背后的丧家坚持胡太后时代的元渊评价的原因之一。

无论如何,在都督毛谧等人的逼迫之下,元渊被迫出走。同行者仅有"左右",可知他已失去对麾下军队的控制。据前节的梳理,"左右"之中至少应该包括其世子元湛及温子昇、宋游道、杨暄诸人。《北史·太武五王传》云渊至博陵郡界,为葛荣军游骑所获,引诣葛荣。这里的行文回避了元渊出走之后的去向问题。如果说元渊为定州刺史杨津所拒不得入城,而欲从定州前线返回洛阳的话,似乎更应该沿太行山东麓南下取道相州(邺城)。① 但他被葛荣军所获的地点却是在定州东部最为接近瀛州的博陵郡界。白牛逻之役后,葛荣军盛,瀛州基本已非复魏有。元渊以左右寥寥,却偏向东行,不能不说本即有投向葛荣军的重大嫌疑。《北史·太武五王传》乃讳言之。前引《北齐书·宋游道传》说"广阳王为葛荣所杀,元徽诬其降贼",其实并非空穴来风。退一步说,即使元渊确实并非主动投奔葛荣,但在他入于葛荣军后,如前引《周书·于谨传》和《元液墓志》所表现的那样,洛阳方面认定其"降贼"的舆论极为强烈,绝非仅起于元徽的诬告而已。在这种情况下,元渊最初是否抱有"降贼"之念其实已经不再重要。从元渊率军来到定州城下与杨津对峙之时起,广阳王家的命运就已经迎来了转折点。

四、元渊与北镇势力

以上从《北史·太武五王传》记载的若干细节出发,试图尽量复原元渊之死的真相。我们认为,元渊极有可能在白牛逻之役后走上了与洛阳朝廷的对抗之路。值得注意的是,前引《北史·太武五王传》在记述元渊入于葛荣军后,特别提到"贼徒见渊,颇有喜者"。从其后"荣新自立,内恶之,乃害渊"的记述来看,所谓"喜"者并非是在庆祝俘获北魏宗王的战功,反而是对元渊表示拥戴之意,所以才引起了葛荣的忌恨。事实上,在贼徒之"喜"与葛荣之"恶"的背后,存在着相同的动因,即元渊和北镇势力之间业已存在密切关联。

---

① 参见严耕望《唐代交通图考》第 5 卷《河东河北区》篇肆伍《太行东麓南北走廊驿道》,中研院史语所专刊83,1986 年,第 1513—1550 页。

唐长孺在《试论魏末北镇镇民暴动的性质》一文的一个注释中曾经敏锐指出：

> 《北史》卷一六《太武五王广阳王建附孙深（渊）传》说元渊率军镇压鲜于脩礼领导的义军，灵太后敕"章武王等潜相防备"。……虽然这时由于元徽和他有旧怨，有意排挤他，但元渊确和北镇豪强有联系。恒州人请他当刺史，他又要求在恒州之北设置郡县，安置所谓"北镇降户"，都表示他和北镇豪强有一定关系。毛普贤是他的统军，混入起义队伍，和元渊继续联系，以致鲜于脩礼被杀。可以说明一方面他利用起义军队伍不纯的情况，进行阴谋活动，另一方面也表示他企图利用起义军这份力量来满足自己的政治野心。他退走定州时，刺史杨津也怀疑他的企图。最后被起义军俘虏，本传称"贼徒见深颇有喜者"，谁能喜欢这个镇压和阴谋破坏起义活动的元魏宗室大将呢？显然只有义军中间的北镇上层分子。[1]

虽然在描述元渊最后的动向时出言谨慎，但唐先生这段话已经将元渊与北镇势力间存在的密切联系揭示得非常清楚。正光、孝昌之际北边纷乱，天下鼎沸，元渊与北镇势力之间的互动确实有迹可寻。元渊早在孝明帝初年即曾先后出任过肆州刺史与恒州刺史，其间与北边势力必有交往。不过据吴廷燮《元魏方镇年表》，元渊出任恒州刺史在正光元年、二年间，为时不算太长。[2] 今天所能看到的与北镇势力间的联系，似乎主要都是正光五年六镇之乱爆发后元渊参与北讨之后的事情。除了唐先生举出的前统军毛普贤和"贼徒见渊，颇有喜者"，我们还可以找到不少类似的北镇人物。如《魏书》卷八〇《贺拔胜传》载：

> 正光末，沃野人破落汗拔陵聚众反，（贺拔胜父）度拔与三子、乡

---

[1] 唐长孺《山居存稿》，《唐长孺文集》，北京：中华书局，2011年，第60页。
[2] 吴廷燮《元魏方镇年表》，收入《二十五史补编》，北京：中华书局，1955年，第4册，第4572页。

中豪勇援怀朔镇,杀贼王卫可瓌。度拔寻为贼所害,……胜与兄弟俱奔恒州刺史广阳王渊。胜便弓马,有武干,渊厚待之,表为强弩将军,充帐内军主。恒州陷,归尔朱荣,转积射将军,为别将,又兼都督。①

胜弟岳,……与父兄赴援怀朔,……后归恒州,广阳王渊以为帐内军主,表为强弩将军。州陷,投尔朱荣,荣以为别将,进为都督。②

贺拔度拔父子本为武川镇豪强,在六镇之乱爆发后站在北魏朝廷一方协助镇压。③ 与他们一起袭杀贼王卫可瓌的"乡中豪勇",包括了西魏宇文泰所出的宇文氏家族,东魏北齐系统的《魏书》乃讳言之。④ 上引文说度拔死后,贺拔胜兄弟俱奔恒州刺史广阳王元渊。如前所述,元渊任恒州刺史在正光元年至二年间。正光五年六镇乱后贺拔兄弟所投之元渊,早已经卸任恒州刺史了。其时身份应即《元渊墓志》所言的"乃以本将军都督北征诸军事,后增侍中,进号征北,除吏部尚书,兼右仆射、北道行台,即为大都督"。但元渊随即任命他们为帐内军主应该是一种确实的历史信息,显示他们颇得重用。前述曾为元渊统军的朔州人毛普贤,大概也是在这时投奔元渊的。

贺拔兄弟转投尔朱荣的时间,《魏书·贺拔胜传》说在"恒州陷"后。恒州陷在孝昌二年七月戊申。⑤ 其时元渊尚率军在交津与鲜于脩礼对峙。若贺拔兄弟果在元渊军中,似无转投尔朱荣之理。《北史》卷四九《贺拔允传》则称:"初度拔之死,(贺拔)允兄弟俱奔恒州刺史广阳王深(渊)。深(渊)败,归尔朱荣。"⑥ 即将贺拔兄弟投奔尔朱荣的契机归之于元渊的败亡。而如前所述,元渊死于葛荣之手。贺拔兄弟是在白牛逻之役后就直接投向尔朱荣,还是先随元渊入于葛荣军,后在尔朱荣击灭葛荣后再入于

---

① 《魏书》卷八〇《贺拔胜传》,第1780页。
② 《魏书》卷八〇《贺拔胜传》,第1782页。
③ 参见唐长孺《试论魏末北镇镇民暴动的性质》,前引氏著《山居存稿》,《唐长孺文集》,第40—42页。
④ 参见《周书》卷一《文帝纪上》、《北史》等西魏北周隋唐系统的史料。
⑤ 据《魏书》卷九《肃宗纪》,第244页。
⑥ 《北史》卷四九《贺拔允传》,第1795页。

尔朱,限于史料,无法深论。但在元渊率军北讨与鲜于脩礼对峙于交津的三个月中,他们应该都还在元渊军中任职。

有趣的是,曾与贺拔度拔父子一起击杀"贼王"卫可瓌的武川镇豪强宇文家,此时却正身处漳水对岸的鲜于脩礼叛军之中。《周书》卷一《文帝纪上》说宇文泰"少随德皇帝在鲜于脩礼军"。"德皇帝"指宇文泰父肱,其"避地中山,遂陷于鲜于脩礼。脩礼令肱还统其部众。后为定州军所破,殁于阵"。① 与宇文肱同时战殁的还有其次子连,②但宇文家包括宇文泰在内的主要成员仍然得以进入鲜于脩礼军中。这一过程在后来为北齐所拘执的宇文护母阎姬给宇文护的信中有生动的回忆:

> 鲜于脩礼起日,吾之阖家大小,先在博陵郡住。相将欲向左人城,行至唐河之北,被定州官军打败。汝祖及二叔,时俱战亡。汝叔母贺拔及儿元宝,汝叔母纥干及儿菩提,并吾与汝六人,同被擒捉入定州城。未几间,将吾及汝送与元宝掌。贺拔、纥干,各别分散。宝掌见汝云:"我识其祖翁,形状相似。"时宝掌营在唐城内。经停三日,宝掌所掠得男夫、妇女,可六七十人,悉送向京。吾时与汝同被送限。至定州城南,夜宿同乡人姬库根家。茹茹奴望见鲜于脩礼营火,语吾云:"我今走向本军。"既至营,遂告吾辈在此。明旦日出,汝叔将兵邀截,吾及汝等,还得向营。③

联系前后文来看,所谓"吾之阖家大小",显然不仅是阎姬与宇文护母子,而是指宇文肱所率领的以宇文家为核心的整个政治团体,与前引《周书·文帝纪》所言的"脩礼令肱还统其部众"中的"部众"可以对等。无法确认让这一团体"先在博陵郡住"的指示主体是北魏政府还是鲜于脩礼,但他们在空间上区隔于脩礼的主体势力则是可以肯定的。博陵在定州东南,

---

① 《周书》卷一《文帝纪上》,第2页。
② 《周书》卷一○《杞简公连传》载宇文连"随德皇帝逼定州,军于唐河,遂俱殁"(第159页)。
③ 《周书》卷一一《晋荡公护传》,第170页。

脩礼起事的左人城在定州西北,故宇文家在投奔脩礼时为驻扎于定州城中的北魏军队所截击。① 宇文肱和次子连俱死,阎姬和宇文护等被俘。但宇文洛生、宇文泰兄弟当顺利进入脩礼军,所以能在得到"茹茹奴"的情报后"将兵邀击",救回宇文护母子。

在鲜于脩礼军中的宇文家势力,可能仍然维持了小团体的形式。《周书》卷一〇《莒庄公洛生传》载"及葛荣破鲜于脩礼,乃以洛生为渔阳王,仍领德皇帝余众"。② 宇文洛生的这一地位显然承自其父宇文肱,应该在入于脩礼军后即已获得,葛荣以洛生为"渔阳王"反而是笼络之举。史料显示其弟宇文泰与其侄导、护均曾在葛荣军中。③ 在鲜于脩礼与元渊对峙于交津的三个月中,以宇文洛生为首的武川镇豪强宇文家应该一直是其麾下的重要力量。而漳水对岸的元渊军中,就有与他们同出武川的患难之交贺拔兄弟。这一个案显示了在六镇降户于河北再次起兵之后,奉命北讨的北魏军队与叛军之间因为北镇势力的存在而出现的复杂关系。元渊之所以能对鲜于脩礼军展开离间工作,盖缘于此。后来定州刺史杨津之所以拒元渊于城外,或许也有这方面的考虑。毕竟定州城内的"北人"数量亦复不少。④

其他与元渊有关的北镇人物尚有若干。据《周书》卷一五《于谨传》,于谨为元渊身边的重要谋士,从正光末北征破六韩拔陵到孝昌中征讨鲜于脩礼和葛荣,数献奇策。而从他的早年行迹看来,应为北镇出身。⑤ 此外,"世为第一领民酋长"的叱列伏龟亦在正光五年元渊北征之际被请为

---

① 从鲜于脩礼初起左人城这一时间推测,宇文家所遭遇的"定州官军"更可能来自定州刺史杨津的前任元固。参见《魏书》卷五八《杨播传附杨津传》,第1297页。
② 《周书》卷一〇《莒庄公洛生传》,第159页。
③ 《周书》卷一《文帝纪》载:"及葛荣杀脩礼,太祖时年十八,荣遂任以将帅。"第2页。同书卷一〇《邵惠公颢传附子导传》说宇文导"初与诸父在葛荣军中"(第154页),卷一一《晋荡公护传》说宇文护"随诸父在葛荣军中"(第183页)。
④ 《魏书》卷五八《杨播传》载杨津为定州刺史守城,"贼帅"元洪业在受其招抚的同时,劝其"城中所有北人,必须尽杀"。杨津则"以城内北人虽是恶党,然掌机中物,未忍便杀,但收内子城防禁而已。将吏无不感其仁恕"(第1298页)。类似情形亦见于《魏书》卷六八《甄琛传附子楷传》,第1524页。
⑤ 《周书》所谓"河南洛阳人"和《北史》所谓"于栗䃅六世孙",当均系后世伪托。参见前引张金龙《北魏政治史》,第9册,第387页脚注1。

宁朔将军,"委以帐内兵事"。①"其先与魏氏俱起,以国为姓"的若干树利周亦从广阳王征葛荣。② 这些记载显示了正光孝昌之际元渊在北镇人士中所能够动员的势力之广,而这反过来也可以成为他联手北镇势力达成个人野心的推动力。无须等到后来窘迫入于葛荣军中,元渊尚在交津率大军与鲜于脩礼对峙之际,洛阳朝野关于广阳王有"异志"的舆论已经纷然而起,背景正在于此。

入于葛荣军后,尽管受到部分北镇人物的欢迎,但元渊终为葛荣所杀。在洛阳的广阳王家亦受到了朝廷的严厉处罚。然而如前所述,在一年后洛阳迎来"河阴之变"的历史巨变之后,③广阳王家的命运随之发生了戏剧性的转折。前引《魏书》卷一〇《孝庄纪》载建义元年(528)四月"甲辰,追复故广阳王渊、故乐安王鉴爵"。据多方河阴之变遇难者墓志所载可知,此年四月为戊子朔,河阴之变发生在十三日庚子。④ 则甲辰为十七日。仅在河阴之变发生三天之后,广阳王家即得以恢复名誉。元渊子湛应该也是在此时得袭广阳王爵位的。即《北史·太武五王传》所言的"孝庄初,袭封",此时元湛年十七岁。据《元湛墓志》,他在"袭爵为广阳王"后,又"除通直散骑常侍,转给事黄门侍郎,而王如故"。

又《文镜秘府论·西卷·文二十八种病》收温子昇《广阳王碑序》曰:"少挺神姿,幼标令望,显誉羊车,称奇虎槛。"⑤因为仅存片语,很难对此碑做更多讨论,如碑主究竟是元渊还是元湛就颇难确认。但立碑在中古社

---

① 《周书》卷二〇《叱列伏龟传》,第341页。
② 《周书》卷一七《若干惠传》,第280页。《周书》记若干树利周北征葛荣后,"战没,赠冀州刺史"。如前文的讨论所示,这里所谓的"战没"未必一定是阵亡。至少"冀州刺史"这样的第一流赠官为河阴之变后方才追赠的可能性更大。
③ 关于河阴之变,参见窪添慶文《河陰の变小考》,收入氏著《魏晋南北朝官僚制研究》;陈爽《河阴之变考论》,《中国社会科学院历史研究所学刊》第4集,北京:商务印书馆,2007年。
④ 如《元邵墓志》《元均之墓志》《元湛墓志》《元子正墓志》《唐耀墓志》,分别见《汇编》,第222、225、240、246、248页。《通鉴》据《长历》亦同。唯《元略墓志》记事变干支为"四月丙辰朔十三日戊辰"(《汇编》,第238页),当误。
⑤ 遍照金刚撰,卢盛江校考《文镜秘府论汇校汇考》,北京:中华书局,2006年,第981页。韩理洲编《全北魏东魏西魏文补遗》亦据《文镜秘府论》收此《碑序》,并云"姑订作于永安二年"(西安:三秦出版社,2010年,第22页),未知何据。

会是一种高规格待遇。无论如何,碑序之作和广阳王碑的树立,与河阴变后广阳王家恢复名誉的政治历程显然是联动的措置。虽然如前引《元液墓志》所示,此时关于元渊"有异志"的舆论尚强烈残留于幸免于难的洛阳精英心中。

广阳王家在河阴之变后得以恢复名誉的推动力来自何方,似没有直接的材料可以说明。推测起来,新即位的孝庄帝元子攸身边有如杨宽这样与元渊"素相委昵"的人士存在。曾经隐居避祸的元渊故吏宋游道和温子昇此时亦重新活跃,温子昇更成为孝庄帝心腹,预于伏杀尔朱荣父子和元天穆的明光殿之变。[1] 而前述元渊结交的北镇势力如贺拔兄弟在尔朱集团中的重要地位也是不可忽视的因素。可以认为,虽然元渊在六镇乱后的多方经营并没有给他带来实际的政治成功,但为广阳王家在河阴变后的时代洪流中继续前行提供了有力支撑。[2]

五、结　语

上文以新出元渊墓志中的异刻现象为切入点,结合相关正史记载与墓志材料,对元渊及广阳王家在北魏末年自六镇乱后至河阴之变这段历史进程中的行迹命运做了尽可能清晰的复原与梳理。

可以看到,关于元渊的两种主要史料《元渊墓志》和《北史·太武五王传》,其背后都有着特别的政治语境。《元渊墓志》于孝昌三年被书写付刻之际,正值胡太后朝廷认定元渊"有异志"且降附葛荣叛军,对广阳王家实行了褫夺王爵的严厉处罚。对此主流舆论,广阳王家以墓志中的隐晦不语表达了沉默的抗争。而从河阴之变到高欢上台,广阳王家不仅迎来了平反,且政治地位一再跃升至于权力顶端。于公共场所树立歌功颂德的广阳王碑,和在国史系统中重新书写正光孝昌之际的元渊行迹,显然都是

---

[1]　《魏书》卷八五《文苑·温子昇传》,第1875—1876页。
[2]　不过此时朝廷似仅止于为元渊平反和恢复名誉,并使其子元湛袭爵入仕,而并未让广阳王家进入权力核心。就北魏宗室的情况而言,因为与尔朱氏之间联姻关系的存在,南安王家在孝庄帝时期的地位更显重要。参见前引徐冲《北魏元融墓志小札》。

广阳王家政治影响力的相应延伸。今天我们看到的《北史·太武五王传》中对于元渊"有异志"和"降贼"的显著辩护，应该与上述历史书写有着直接的继承关系。而河阴之变前的主流舆论，此时反而以潜流的形式转入了如《元液墓志》这样的边缘存在。无视这些政治语境的复杂转换，仅以"真实"与否来讨论史料，无疑会与历史真相失之弥远。

不过无论当时及后来的舆论如何变化，元渊在率军北讨河北六镇降户的过程中怀有个人政治野心当是不争的事实。他的行动并不以直接击败鲜于脩礼军为主要目标，而是致力于将更多的北镇势力纳入个人麾下。孝昌初年洛阳朝廷对元渊的忧虑、戒备和惩处，代表了相当一个群体的立场，用元渊与元徽间的私怨来解释是远远不够的。而这一立场的背后隐含的另一个历史真实就是，当六镇乱民处在与朝廷对立的状态下时，他们中还是有不少人不由自主地要在宗室重臣中寻求政治代表力量。所以在元渊隔交津与鲜于脩礼对峙的三个月中，朝廷方面关于其"有异志"的舆论纷然不息。以至于定州刺史杨津亦以大敌视之，必欲除之而后快。元渊其后入于葛荣军中的具体过程难以确认。不过设若他未被葛荣所杀而是能够相互协作，这样一个"元魏宗室重臣+六镇镇民"组合的庞大集团，特别考虑到元渊在洛阳和北镇同时拥有的影响力，一定能让洛阳朝廷感受到不亚于一年半以后尔朱荣携元子攸（孝庄帝）兵临城下时的巨大压力。而正是后者让洛阳朝廷后来直接放弃了抵抗，导致河阴惨剧发生，也正式开启了从北魏到东、西魏再到北齐、北周乃至隋唐帝国的漫长过渡。

附记：本文曾口头报告于复旦大学"中古中国共同研究班"（2013.10.30）和首都师范大学历史学院"史学沙龙"（2013.11.21），后刊《历史研究》2015年第1期。承蒙多位师友与三位匿名评审专家多方指正，仇鹿鸣、陈爽先生惠赐高清拓片，于此并致谢忱。此次收入《瞻奥集》，文字略有订补，并加入地图和拓片。又关于元渊墓志，尚有李森、刘军两位先生的大文[《北魏元渊墓志释考》，《甘肃广播电视大学学报》25-1，2015年；《新出元渊墓志所见北魏超品宗室的仕进特征——兼论城阳、广阳二王冲突之实质》，《苏州大学学报（哲学社会科学版）》2017年第3期]，敬希读者参看为幸。

暗　涌

——出土文献所见唐德宗之太子地位

唐雯（复旦大学中文系）

元载，肃代之际最著名的权相，大历十二年（777）三月，其夫妇及三子为代宗所诛，故渊源于唐代原始史料的《旧唐书·元载传》大书其恶，"载诐辅国以进身，弄时权而固位，众怒难犯，长恶不悛，家亡而诛及妻儿，身死而殃及祖祢"。赞词则直接给予"贪人败类"的评语，[1]可谓盖棺论定，《新唐书》本传、《资治通鉴》叙元载事大致不脱其窠臼，即使叙其功绩，亦往往加诸贬词，因此千余年来，元载留给世人的形象似乎始终是负面的，虽有现代学者勾稽史料，试图为元载洗刷，[2]但渊源于唐代官方的单方面史料仍难以呈现出历史的复杂性。近日，陈尚君师揭出会昌四年（844）刘三复撰严厚本墓志中一段史料，让我们看到了历史惊人的另一面：

  元载、杨炎之谥，纷纷而□□有三十余年，公谥元为忠，杨为厉。相国郑公覃问曰："元载贪冒有状，而恣其悍妻恶子，奈何以忠相之？"公抗辞曰："元载赃罪盈亿，斯可恶也，然当代宗朝有将不利于东宫者，载有翊戴德宗之功。□欲□之，其可得乎？"其议遂定。[3]

---

[1] 《旧唐书》卷一一八《元载传》，北京：中华书局，1971年，第3427页。
[2] 吴毅《侧论元载》，《人文杂志》2002年第3期，第124—129页。
[3] 严厚本墓志拓片及录文刊《西安新获墓志集萃》，北京：文物出版社，2016年，第211—213页。另参陈尚君《元载的平反》，《文汇读书周报》2016年11月7日第三版。

这段文字虽稍有残缺,但意思明白,《唐会要》称德宗朝议元载谥,"太常博士崔韶请谥曰荒……博士王炎改谥成纵。二议交持,故事不行",太常王彦威上奏以驳王炎,然"事寝不报",元载之谥遂定。① "荒",《谥法》给出的解释是"昏乱纪度""纵乐无厌""内外纵乱""好乐怠政""纵禽无厌""纵乐不反",②这大抵还符合元载留给后人的印象;而"成纵"则"美恶齐致",③已有出入,"忠"则完全颠覆了后人的一般印象,而所谓"翊戴德宗",更是揭出了一段当时颇为人所知,而后世已经模糊的宫闱秘闻。然而严氏墓志所述元载保护东宫事迹终系偶然所及,不意元载墓志近年居然于西安出土并刊布,④文中同样提到了他对于太子的策立和保护之功:

> 至若谟明紫极,立定禁中之策;顿伏青蒲,不摇天下之本。本隐末显,道秘迹彰,此又可为大君子矣。

"青蒲"句用西汉史丹谏止元帝易储之典:

> 上寝疾,傅昭仪及定陶王常在左右,而皇后、太子希得进见。上……数问尚书以景帝时立胶东王故事。……丹直入卧内,顿首伏青蒲上,涕泣言曰:"皇太子以适长立,积十余年,名号系于百姓,天下莫不归心。臣子见定陶王雅素爱幸,今者道路流言,为国生意,以为太子有动摇之议。审若此,公卿以下必以死争,不奉诏。……"上因纳……太子由是遂为嗣矣。⑤

严厚本和元载墓志所要表达的当然都是元载对于太子策定和保护之功,然而却因此揭开了德宗鲜为人知的东宫生涯的一角。

---

① 王溥《唐会要》卷八〇,上海古籍出版社,2006年,第1759页。《唐会要》未系年,《新唐书》卷一四五系于兴元元年(784),北京:中华书局,1971年,第4714页,今从。
② 《唐会要》卷八〇,第1738页。
③ 同上书,第1759页。
④ 录文及拓片见王庆昱《新见唐宰相元载墓志考释》,《书法》2018年第2期,第44—51页。
⑤ 《汉书》卷八二《史丹传》,北京:中华书局,1962年,第3377—3378页。

德宗储位的确立及最终即位,从传世文献的记载来看似乎是极其顺利的。他在代宗即位两年后即以皇长子身份被立为皇太子,代宗去世两天后即波澜不兴地继承大位。① 他是代宗之后,唐代第二位以皇长子身份立为太子并成功继位的皇帝,即使是代宗的太子地位也曾屡遭挑战,若非李辅国和程元振在最后关头拥立,能否登位也大有问题。而德宗的继位却没有那么惊心动魄,以至于传世文献几乎都未对其十五年的太子生涯作正面记述。然而这并不是全部的真相,陈寅恪先生曾据《新唐书·刘晏传》指出德宗太子之位并非如想象的那么稳固,②实际上此事最早见诸《资治通鉴考异》引《建中实录》:

初,大历中,上居东宫,贞懿皇后方为妃,有宠,生韩王迥,帝又钟爱,故阉官刘清潭、京兆尹黎干与左右嬖幸欲立贞懿为皇后,且言韩王所居获黄蛇,以为符,动摇储宫,而晏附其谋,冀立殊效,图为幸辅。时宰臣元载独保护上,以为最长而贤,且尝有功,义不当移。……后其议渐定,贞懿终不立。③

元载和严厚本墓志中所谓保护东宫应该就指此事。事实上,《旧唐书·赵涓传》中的一段材料最能够说明代宗对太子的态度:

永泰初,(赵)涓为监察御史。时禁中失火,烧屋室数十间,火发处与东宫稍近,代宗深疑之,涓为巡使,俾令即讯。涓周历墙闱,按据迹状,乃上直中官遗火所致也,推鞫明审,颇尽事情。既奏,代宗称赏焉。德宗时在东宫,常感涓之究理详细。及刺衢州,年考既深,又与观察使韩滉不相得,滉奏免涓官,德宗见其名,谓宰臣曰:"岂非永泰初御史赵涓乎?"对曰:"然。"即拜尚书左丞。④

---

① 《旧唐书》卷一二《德宗纪》,第319页。
② 陈寅恪《唐代政治史述论稿》,北京:生活·读书·新知三联书店,2001年,第256—257页。
③ 《资治通鉴》卷二二六《考异》引《建中实录》,第7276页。
④ 《旧唐书》卷一三七《赵涓传》,第3760页。

由此我们可以看到,宫中的一次偶然失火,只是因为地点略近东宫,便引起了代宗对太子的深切怀疑,如无赵涓"究理详细",此事后果恐怕难以预料。德宗对此深为感激,在继位后将其由衢州刺史超迁为尚书左丞。这段材料无疑地表明了代宗对太子的强烈不信任,而这奠定了德宗十五年皇太子生涯的基调。

事实上,代宗在立储的问题上即表现出了令人不安的犹豫。虽然德宗作为皇长子,在代宗即位之初即任天下兵马大元帅,受命"统河东、朔方及诸道行营、回纥等兵十余万讨史朝义",①在收复东都并平定河北之后又兼任尚书令。② 天下兵马大元帅是一个非常敏感的职衔,在平定安史叛乱的背景下,它至少在名义上意味着对唐王朝军队的全盘掌控和指挥,肃宗以及代宗本人都曾经担任此职,其地位的重要性不言而喻。而尚书令一职,太宗之后不再授予他人,此时授予德宗,显然有它特殊的含义在,似乎德宗的储位至此早已是水到渠成。然而代宗却似乎并不情愿:

> 宝应二年(763)五月,宰臣及文武百僚上表请立皇太子,两表不从。宰臣等又上言曰:"……守嫡不建,继体未孚,天下颙颙,实有所望,陛下固辞,未免亿兆摇心。伏愿远图百代之谋,俯遂群臣之请。"……诏答曰:"卿等谟明庙堂……请正长嫡……诚哉是言……但以黎庶不康,甲兵久顿……册命之礼……方俟有年,用申盛典。高秋玄月,平秩不遥,因其万物之成……依卿所请。"③

此时,代宗即位已经一年,④按照此前惯例,应立储君以正东宫之位,⑤

---

① 《旧唐书》卷一一《代宗纪》,第 270 页。
② 《旧唐书》卷一二《德宗纪》,第 319 页。
③ 《册府元龟》卷二五七,北京:中华书局,1960 年,第 3062 页上—下栏。
④ 据《旧唐书》卷一一《代宗纪》,代宗宝应元年四月即位,第 268 页。
⑤ 据《旧唐书》诸帝纪,此前唐代诸帝首次立太子的时间分别是武德元年(618,卷一《高祖纪》,第 7 页)、武德九年(629,卷二《太宗纪》上,第 31 页)、永徽三年(652,卷四《高宗纪》上,第 70 页)、神龙二年(706,卷七《中宗纪》,第 142 页)、景云元年(710,卷七《睿宗纪》,第 155 页)、开元三年(715,卷八《玄宗纪》上,第 174 页)、乾元元年(758,卷一〇《肃宗纪》,第 252 页),其立太子皆在即位后三年内。

但是他并不打算立太子,宰臣及文武百僚上表请立,居然被驳回两次。而时任宰相者为元载、苗晋卿、裴遵庆、刘晏,①时"苗晋卿以老疾,请三日一入中书",②而裴遵庆也已七十八岁,③真正任事的宰相只有元载和刘晏二人,而刘晏乃元载所荐,④而元载此时正为代宗所信任,故而此次上表请立太子事件,元载应是主导者。因此其墓志所谓"立定禁中之策",并非空穴来风。

最终代宗不得不在宰臣等"亿兆摇心"的危语耸动下答应秋后再作分疏,然而本年七月,德宗并没有如约被立为太子,而是颇为诡异地被赐铁券并图形凌烟阁。⑤

自唐太宗将二十四位"勋臣"图形凌烟阁后,图形凌烟阁成为唐代帝王褒奖功臣的传统,但是这一褒奖事实上只针对臣子,而德宗是太子的潜在人选,现在却与郭子仪、仆固怀恩、田承嗣、鱼朝恩、程元振等一道"画像于凌烟之阁",⑥这份荣耀似乎在肯定德宗功绩的同时,也宣告着他的臣子身份,而这一身份与郭子仪等人并无不同。与此类似的例子便是太宗,太宗曾在武德元年八月和裴寂、刘文静等人同被列名太原元谋,并恕一死,⑦而此时建成已于两个月前被立为太子。⑧ 这表明太子无需额外褒赏,而特别的勋赏只给予臣子。

而被赐予铁券对于德宗来说似乎更为尴尬。铁券最初是汉高祖与功臣盟誓的凭证,所谓"丹书铁契,金匮石室,藏之宗庙"者。⑨ 此后铁券的含义渐渐变为"许以不死",⑩然而帝王的誓言从来都是不可信的,北魏时孝庄帝欲劝降尔朱世隆,遂赐予铁券,不料尔朱世隆曰:"太原王功格天地……赤心奉国……长乐不顾信誓,枉害忠良,今日两行铁字,何足可信!

---

① 《新唐书》卷六二《宰相表中》,第1694—1696页。
② 《旧唐书》卷一一《代宗纪》,第269页。
③ 《旧唐书》一一三《裴遵庆传》载其大历十年(775)卒,年九十,宝应二年七十八岁。第3356页。
④ 《旧唐书》卷一一八《元载传》,第3410页。
⑤ 《旧唐书》卷一一《代宗纪》系其事于广德元年(即宝应二年762)七月,第274页。
⑥ 《册府元龟》卷一三三,第1608页下。
⑦ 《唐会要》卷四五,第935页。
⑧ 《旧唐书》卷一《高祖纪》,第7页。
⑨ 《汉书》卷一下《高祖纪下》,第81页。
⑩ 《魏书》卷一三《皇后传》,北京:中华书局,1974年,第329页。

吾为太原王报仇,终不归降。"①唐代的铁券同样只是疑忌的产物。武后末年,担心武氏子孙在她死后"为唐宗室蹍藉无死所,即引诸武及相王、太平公主,誓明堂、告天地,为铁券使藏史馆"。② 结果却仍旧避免不了武氏家族被残杀的命运。故而李怀光在德宗被赐铁券时的一段话道出了时人对铁券的观感:

> 李晟以为:"怀光反状已明,缓急宜有备。"……上疑未决……甲子,加怀光太尉、增实食、赐铁券,遣神策右兵马使李升等往谕旨。怀光对使者投铁券于地曰:"圣人疑怀光邪?人臣反,赐铁券;怀光不反,今赐铁券,是使之反也!"③

我们回到当时的历史场景中,从一再拒绝立德宗为太子,到被迫答应考虑后却出尔反尔地赐德宗铁券并图形凌烟阁,代宗态度再明确不过——他并不愿意立德宗为太子。

代宗的态度在另一位宰臣刘晏的心中似乎投下了深深的阴影。大约在德宗被图形凌烟阁和赐铁券的同时,刘晏上过一封措辞非常惶遽的奏章,苦辞女婿潘炎元帅判官一职:

> 臣女婿元帅判官、驾部员外郎、知制诰潘炎,入侍帏幄,又司戎政,嫌疑之地,颠沛是忧。顷者累表陈闻,冀炎得归省闼,不谓天听未达,尚阻愚诚,内怀冰炭,若坠泉谷,臣某诚惶诚恐。……伏惟元圣文武皇帝陛下绍休圣绪,惟新宝历……臣与潘炎,俱忝近密,兵权国政,在臣二人,是使恶炎者易为辞,嫉臣者易为毁。傥炎获戾,臣无以见雪;脱臣遇谤,炎无以自明。此臣所以寤寐兢惶,罔知攸止。昔霍光为大司马,长女婿度辽将军范明友,次女婿羽林监任胜,为东西宫卫

---

① 周祖谟校释《洛阳伽蓝记校释》卷一,北京:中华书局,2010年,第 27 页。
② 《新唐书》卷七六《则天皇后传》,第 3484 页。
③ 《资治通鉴》卷二三〇,第 7406 页。有关铁券的意义,参洪海安《唐代铁券相关问题研究》,陕西师范大学博士论文,2010年,第 24—72 页。

尉，威势崇重，冠于一时，不能抑退，卒见倾覆……臣……每忧覆悚，大惧妨贤……今是以沥肝上请，昧死闻天：必元帅藉炎谘谋，则臣甘引退；如或庙堂留臣择用，伏愿终许罢炎，庶遂刘弘之心，无成子孟之祸。无任恳愿迫切之至。①

文中称代宗"元圣文武皇帝"，又称其"惟新宝历"，按群臣上此尊号在宝应二年七月，四日后即改元广德，②则刘晏此奏在此后不久。文中又称"必元帅藉炎谘谋"，则此时德宗尚为元帅，据王谏《为郭令公请授四节度大使及五府大都督表》，德宗在广德二年（764）正月册为皇太子后即被免除元帅一职，暂无人接任（详后），则此时其尚未被立为太子。故此表撰作时间当在广德元年七月后，二年正月前。表章用霍光的典故表达了刘晏对杀身覆族的忧惧，这显然已超过了一般的避嫌，为此他"累表陈闻"，甚至不惜以辞任宰相来换取潘炎的解职。究竟什么是刘晏的恐惧所在？代宗对于立德宗为太子所表现出的明显拒斥或许正是这种恐惧的来源。若代宗最终不选择德宗，那么作为元帅僚属的潘炎，受牵连的可能极大，为此刘晏急切地希望女婿解去元帅判官一职，让家族与德宗切割，避免卷入可能的宫廷斗争之中。而传言刘晏在代宗晚年支持韩王，③也可能由于他与德宗本来就比较疏远。

不过在广德二年的正月，德宗终于还是被立为太子。就在前一年的十月，吐蕃占领长安，在代宗仓皇逃奔陕州之际，元载以宰相身份继执掌禁军的李辅国、程元振之后判天下元帅行军司马，④名义上成为德宗的下属。这一偶发事件是否推动了德宗的上位，史无明文，但无论如何，德宗之立，与其说出于代宗的本心，不如说成于以元载为代表的重臣的拥立。

德宗在入主东宫之后，现存史料似乎再未见到正面的记载。然而史

---

① 《文苑英华》卷六〇二王谏《刘相请女婿潘炎罢元帅判官陈情表》，北京：中华书局，1966年，第3125页上栏。
② 《旧唐书》卷一一《代宗纪》，第272页。
③ 《资治通鉴》卷二二六《考异》引《建中实录》，第7276页。
④ 《旧唐书》卷一一《代宗纪》，第273页。李辅国、程元振判元帅行军司马分别见《旧唐书》卷一八四《李辅国传》、《程元振传》，第4760、4761页。

料的沉默并不意味着风平浪静,当皇太子从历史舞台上隐去的同时,死后被追赠为昭靖太子的郑王邈粉墨登场了。

郑王邈,两《唐书》有传,①他的墓志也于近年出土,兹迻录其中最重要部分如下:

> 册赠"昭靖太子",皇第二子也。……广德初,封郑王。永泰元年,授开府仪同三司、充平卢淄青节度大使。恭受睿略,克宣威令,军戎时叙,海岱用康。寻又加天下兵马元帅。内自禁旅,外周卫服,盖尝密陈妙算,推致成功,让美有终,故其详不可闻也。於戏!梁怀好学而无寿,邓哀丛惠而方夭;梦竖感晋侯之疾,刘兰为郑伯之灾。嗟与善而无征,独恋恩而莫驻。享年廿有八,大历八年五月十八日薨于内第。圣情恻悼,辍朝累日,追谥"昭靖太子",名从实也。……命摄太尉、黄门侍郎、平章事王缙持节即柩前册命。大历十年十二月廿六日,益以澣旗绥章、辂车乘马之数,京兆尹兼御史大夫黎干监护丧事,户部侍郎赵纵宣恩旨于国门,赠莫葬于细柳原,礼也。②

从各种材料中,我们大略知道郑王母亲是杨贵妃姐韩国夫人的女儿崔氏,杨氏贵盛时,玄宗亲为择选,"嫔于广平邸,礼仪甚盛"。虽然《旧唐书》本传称其母族被灭后,代宗对崔妃"恩顾渐薄",③但崔妃应算是代宗事实上的原配,而郑王邈也是代宗最喜爱的儿子,即使代宗晚年专宠独孤妃,爱其子韩王迥,但史书犹称其"恩在郑王之亚"。④ 而郑王的胞妹,即嫁与郭子仪少子郭暧的升平公主,⑤"大历中,恩宠冠于戚里",⑥可见代宗对崔妃的一双儿女都极为喜爱和重视。

---

① 《旧唐书》卷一一六和《新唐书》卷八二有《昭靖太子邈传》,第 3391、3622 页。
② 拓片及录文见王金文《新见唐昭靖太子墓志浅识》,《中原文物》2015 年第 3 期,第 79—83 页。此以王氏录文为蓝本,据拓片校正。
③ 《旧唐书》卷五二《代宗崔妃传》,第 2190 页。
④ 《旧唐书》卷一一六《韩王迥传》,第 3392 页。
⑤ 《新唐书》卷八三,第 3362 页。
⑥ 《旧唐书》卷一二〇《郭暧传》,第 3470 页。

永泰元年（765）七月，李怀玉（即李正己）逐平卢淄青节度侯希逸，遂命郑王邈为平卢淄青节度大使，令怀玉知留后。①虽然郑王只是名义上的大使，但这一任命却显示了代宗对他的重视。这一年，郑王二十岁，②而代宗第七子韩王迥也已有十六岁，③在韩王之上还有睦王、恩王、丹王三王，也就是说郑王只比他们稍长两三岁而已。更值得玩味的是，睦王以下各王，都是在郑王去世后的大历九年（774），由大臣提议，方才被任命为各地节度观察使，获得"分领戎师"的资格，在此之前，他们除了例行封王外没有尺寸官职，史书对诸王任使如此之晚的解释是"皆幼"，④但其实这些年长的皇子并不比郑王小太多。

之后郑王便代太子出任了天下兵马大元帅。正如上文已经提到的，天下兵马大元帅至少在名义上意味着对军队的全盘掌控，自肃宗以皇太子任此职后，其地位变得极其敏感，所谓"太子从曰抚军，守曰监国。今之元帅，抚军也"。⑤无论元帅是否为太子，事实上他已经担当起了太子的一部分责任。肃宗当年欲以次子建宁王为元帅，李泌的劝谏清楚地表明这一职衔的特殊意味：

> 建宁王倓，性英果，有才略……军中皆属目向之。上欲以倓为天下兵马元帅，使统诸将东征。李泌曰："建宁诚元帅才；然广平，兄也，若建宁功成，岂可使广平为吴太伯乎。"上曰："广平，冢嗣也，何必以元帅为重！"泌曰："广平未正位东宫。今天下艰难，众心所属，在于元帅。若建宁大功既成，陛下虽欲不以为储副，同立功者其肯已乎？太宗、上皇即其事也！"上乃以广平王俶为天下兵马元帅，诸将皆以属焉。⑥

---

① 《册府元龟》卷一七六，第2115页下。
② 郑王墓志载其大历八年（773）去世，年二十八，则生于天宝五年（746），永泰元年（765）二十岁。
③ 《旧唐书》卷一一六《韩王迥传》载韩王贞元十二年（796）薨，年四十七（第3393页），则生于天宝九载（750），永泰元年十六岁。
④ 《旧唐书》卷一一六《睦王述传》，第3391页。
⑤ 《旧唐书》卷一一六《承天皇帝倓传》，第3384页。
⑥ 《资治通鉴》卷二一八，第6995—6996页。《旧唐书》卷一一六《承天皇帝倓传》亦载此节，称"左右曰"，不及李泌。第3384页。

的确，军权意味着最重要的政治资源，诸王即使在名义上掌天下兵马，客观上也会对太子造成极大的威胁。最终建宁王为张良娣与李辅国构陷，被肃宗赐死，理由就是"恨不得兵权，颇畜异志"。① 无论张与李说的是不是事实，肃宗至少在当时是相信的，为确保无虞，他竟然不惜将屡立战功的儿子诛杀！然而肃宗似乎并没有吸取这一次的教训，乾元二年(759)，在九节度兵败相州后，李光弼"请以亲贤统师"，于是他又任命越王系为天下兵马大元帅。② 虽然越王并没有真正领兵出征，然而在肃宗弥留之际，张皇后仍试图利用越王系诛杀李辅国和程元振，并进而谋害代宗、夺取皇位：

> 宝应元年四月，肃宗寝疾弥留，皇后张氏与中官李辅国有隙，因皇太子监国，谋诛辅国，使人以肃宗命召太子入官。皇后谓太子曰："贼臣辅国，久典禁军……又闻射生内侍程元振结托黄门，将图不轨，若不诛之，祸在顷刻。"太子泣而对曰："此二人是陛下勋旧内臣，今圣躬不康，重以此事惊挠圣虑，情所难任……"后知太子难与共事，乃召系……以除辅国谋告之，曰："汝能行此事乎？"系曰："能。"后令内谒者监段恒俊与越王谋，召中官有武勇者二百余人，授甲于长生殿。是月乙丑，皇后矫诏召太子……元振握兵于凌霄门候之，太子既至，以难告……遂以兵护太子匿于飞龙厩。丙寅夜，元振、辅国勒兵于三殿前收捕越王及同谋……是日，皇后、越王俱为辅国所害。③

张皇后在与太子商量不成后立刻找到越王系，这一选择背后的考量，可能正是基于越王身为天下兵马大元帅这一政治资源。虽然越王并没有真正领过兵，但至少名义上所有的军队能由其指挥，一旦事成，由于军权在握，受到的阻力可能会小一些。而面对谋反夺位的大事，越王居然能毫不犹豫地答应，除了性格因素和政治上的幼稚以外，天下兵马大元帅这一非同小可的职衔或许也给了他不切实际的心理暗示和自信——事实上在

---

① 《旧唐书》卷一一六《承天皇帝倓传》，第3385页。
② 《旧唐书》卷一一六《越王系传》，第3382页。
③ 《旧唐书》卷一一六《越王系传》，第3383页。

史思明陷洛阳后,他一度想要代肃宗出征。① 或许这一次他也以为自己可以对付得了真正掌控禁军的李辅国和程元振。

肃宗朝的这一切,代宗都是亲历者,他不可能不明白天下兵马大元帅的意义所在。然而在德宗被册为皇太子之后,他便免除了德宗的元帅职衔。为此郭子仪屡次上章请求恢复太子的元帅职务:

> 又大元帅顷者并以亲王为之,自皇太子册在春宫,遂罢斯职,今但置元帅司马,而元帅未有其人。四方将帅之臣无所禀命。亦望陛下复授皇太子,以振兵威,此国家要务也。臣前日已具闻奏陈其事,犹惧陛下未察愚言,不以为念,是以敢再三抵冒,昧死上陈,倘允臣所祈,天下幸甚,无任恳愿之至。②

广德二年二月德宗被册为皇太子,③郭子仪上章当在此后不久。奏章结末称"前月已具闻奏陈其事",而这已是"再三抵冒昧死上陈",显然,从这篇奏章中我们可以看到郭子仪对于皇太子被解除元帅一职极为忧虑,因此一再上言。

然而代宗并没有听从郭子仪的再三劝谏,皇太子的元帅之职终究未被恢复,而郑王却在大历初年成了天下兵马元帅,④以郭子仪的权威与势力,仍旧无法保护太子的元帅职衔不被侵夺,代宗对于郑王的重视与期待由此可见一斑。

然而这似乎并不是郑王势力膨胀的终点,郑王墓志在其加天下兵马

---

① 《旧唐书》卷一一六《越王系传》,第3383页。
② 《文苑英华》卷六〇八谏《为郭令公请授四节度大使及五府大都督表》,第3152页下。
③ 《旧唐书》卷一一《代宗纪》,第274—275页。
④ 《旧唐书》卷一一六《昭靖太子传》,第3391页。按《新唐书·代宗纪》系此事于大历元年末,无具体月日(第173页),可能即是根据《旧唐书》本传而来。又昭靖太子墓志记其为平卢节度使后"寻加天下兵马元帅",《旧唐书》本传所载大抵得实。《全唐文》卷四九有《册郑王邈为天下兵马元帅文》,北京:中华书局,1983年,第537页。载其起首时间为大历六年(771),然其史源系《唐大诏令集》卷三七常衮《大历六年册亲王出将文》,北京:中华书局,第166页。文中未及亲王名讳,细审文意,亦与天下兵马元帅之意无涉,今仍取两《唐书》之说。

元帅之后谓其"内自禁旅,外周卫服,盖尝密陈妙算、推致成功,让美有终,故其详不可闻也"。禁旅当然是指负责保卫皇帝的禁军,而卫服则指代出镇外方。虽然墓志中多有套话,但一般关涉志主行历的内容并不会刻意虚构,永泰二年,郑王就曾遥领过平卢淄青节度大使,"外周卫服"并非虚语,而相对应的"内自禁旅"一句也应是写实,然则郑王生前应该在元帅之外还涉足了禁军事务。

天下兵马大元帅虽有统领天下兵马之名义,但自肃宗以此职指挥平乱开始,无论是代宗、越王系还是德宗,始终都只统帅在外作战的兵马,至少从现存的史料来看,他们对军队的控制并不包括禁军。这一点在张良娣和越王系谋杀李辅国事件中表现得尤为清晰,当时越王虽身为天下兵马元帅,但他能动用的武力只是"中官有武勇者二百余人",当"专掌禁兵"的李辅国"勒兵于三殿前收捕越王及同谋"的时候,他毫无还手之力,只能束手就擒。但是这位看上去从未真正领兵上阵的郑王邈,在天下已然恢复安定的大历年间竟然能够染指此前诸位元帅们从未涉足过的禁旅,此中的意义似乎颇不寻常。

我们知道在安史乱后直到大历五年(770)鱼朝恩被诛之前,禁军皆掌握在宦官之手,李辅国、程元振为其先导,鱼朝恩更一手引入神策军,使之成为禁军主力,而自己则专掌此军。① 安史之乱后,肃宗、代宗以亲信宦官领禁兵,其本意都是希望能加强皇权对这支关乎政局稳定的军队的控制,②但是"鱼朝恩诛后,内官不复典兵",③取而代之的是军官出身的刘希暹和王驾鹤。④ 刘希暹和王驾鹤是实际统领禁军的将领,鱼朝恩在日,代宗可以通过他这个桥梁直接控制禁军领导层。然而很快刘希暹被王驾鹤告发有不逊语而处死,⑤王驾鹤遂独掌禁军,直到德宗即位,为白志贞所

---

① 《册府元龟》卷六二八,第7534页下。又参何永成《唐代神策军研究——兼论神策军与中晚唐政局》,台北:台湾商务印书馆,1990年,第12—14页。
② 参潘镛《中晚唐的神策军》,《曲靖师范学院学报》1985年第1期,第17—19页。
③ 《旧唐书》卷一八四《窦文场传》,第4766页。
④ 《册府元龟》卷六二八,第7534页下;《新唐书》卷五〇《兵志》,第1332页。
⑤ 《旧唐书》卷一八四《刘希暹传》,第4765页。

代。① 于是在大历五年之后的近十年中,北衙禁军似乎又回到了唐代前期武将掌兵的状态,他们与皇权之间的桥梁似乎就此消失。若果真如此,那么在这十余年间,代宗对于禁军的控制是有所削弱的。但是青年时便身历战阵的代宗并非是后世那些长于深宫、毫无政治经验的皇帝,他的继位本身是李辅国、程元振以禁军拥立的结果,禁军对于皇帝本人生死攸关的意义,他不可能没有认识。王驾鹤虽因"谨厚"而深受信任,②但其身处宫禁之外,毕竟不能如宦官一样随侍皇帝左右,皇帝对其控驭指挥显然不如通过宦官来得便利。那么在鱼朝恩被诛后,代宗是否真的放弃了禁军中代表皇权的力量,弱化了自己对禁军的控制?答案也许是否定的,"内自禁旅……密陈妙算"的天下兵马元帅郑王也许正是宦官的替代者。虽然我们对于他涉足禁旅的时间和具体作为一无所知,但他是代宗最宠爱的皇子,又有着天下兵马元帅的职衔,这些身份使我们有理由相信他曾经扮演过沟通皇帝与禁军的角色,这也许便是代宗敢于在鱼朝恩死后不再令宦官掌禁兵的原因。若果然如此,则必然会对德宗的皇太子地位造成更严重的挑战,毕竟唐代的皇太子最终能否继位,禁军的拥护是决定性的因素之一。而德宗在东宫之时,对于禁军似乎并没有什么话语权,最直接的证据便是他甫一即位,便试图解除王驾鹤的兵权:

> 神策军使王驾鹤掌禁兵十余年,权倾中外,德宗初登极,将令白琇珪代之,惧其生变。祐甫召驾鹤与语,留连之,琇珪已赴军视事矣。③

显然,对于久掌禁军的王驾鹤,德宗既不信任,也没有控制力,只能依靠崔祐甫设计来达到换帅的目的。而代替王驾鹤的白琇珪即后来的白志贞,他本是胥吏出身,因"小心勤恪,动多计数"而为李光弼信任,李光弼死后,他在司农寺任职十余年,和禁军没有任何瓜葛。而就是这样一个人

---

① 《旧唐书》卷一一九《崔祐甫传》,第3441页。
② 《新唐书》卷二〇七《鱼朝恩传》,第5865页。
③ 《旧唐书》卷一一九《崔祐甫传》,第3441页。

物,德宗召见之后立刻引为腹心,令其执掌禁军,以至于"言无不从"。然而白志贞完全辜负了德宗的信任,他竟然以"京师沽贩之徒"填补禁军缺额,①直接导致了泾原之变时禁军无兵可用,德宗不得不仓皇出奔的结局。德宗在禁军问题上的一系列处置暴露了他在东宫的十五年中,不但无法插手禁军事务,即使此前领兵征战的政治资本也几乎凋零殆尽,以至于待其继位之时,胥吏出身的白志贞仅仅凭着只言片语便可轻取他的信任。

郑王扮演的角色似乎还不止于此,《唐大诏令集》中所收两篇常衮作于大历五年和六年的《册亲王出将》文暗示我们,②在任天下兵马元帅之后,他似乎还有过出镇或遥领节镇的经历。虽然两篇册文都没有写明皇子的封号和名讳,但是正如前文已经指出的,郑王以下所有皇子,都是在大历九年他去世之后才获得遥领节镇的资格,此前只有郑王活跃在历史的前台,因此文中的"某王"应该仍旧指代宗的爱子郑王邈。可惜的是,由于没有其他文献可以参证,我们无法确定郑王出镇或遥领的地点。

大历八年(773)五月,年仅二十八岁的郑王去世,不过他的安葬却迟至两年半后的大历十年十二月,③而在此期间,他的灵柩一直被权厝于内侍省。④ 一般而言,如无特殊原因,唐人从死亡到安葬的时间大概在一年之内,皇族也不例外,唯一比较特别的是代宗独孤皇后,她去世后一直"殡于内殿",三年以后才被安葬,对此,《旧唐书》的解释是代宗不忍其出宫,⑤郑王的迟葬或许也可以此解释,毕竟他是代宗最宠爱的皇子。不过郑王去世地点和灵柩权厝之所却颇值得注意。墓志称郑王"薨于内第",不过《昭靖太子哀册文》却没有任何记录。从现存哀册文来看,除非死亡时间

---

① 《旧唐书》卷一三五《白志贞传》,第 3718 页。
② 《唐大诏令集》卷三七常衮《大历五年册亲王出将文》《大历六年册亲王出将文》,第 166 页。
③ 此节叙述参前文所引昭靖太子墓志。
④ 《唐大诏令集》卷三二萧昕《昭靖太子哀册文》,第 131 页。
⑤ 《旧唐书》卷五二《代宗贞懿皇后独孤氏传》,第 2191 页。

不可考,或平反改葬,一般而言,文章起首都会交代当事人去世的地点,①这应该是哀册文的基本格套,而《昭靖太子哀册文》却一反常例不着一字,不得不让人怀疑墓志所谓"薨于内第"是否属实。另一方面,一般皇族的权殡之所,帝王、皇后、太子在太极宫或大明宫某殿西阶,如太宗去世后即殡于太极殿西阶,②代宗独孤皇后殡于内殿西阶,③庄恪太子殡于大吉殿西阶。④而亲王去世后一般就直接殡于寝内西阶,惠庄太子、惠文太子等皆是如此。⑤不过郑王的灵柩却非常诡异地出现在内侍省,并且在那里停放了两年半之久。代宗朝的内侍省在大明宫中部,内朝紫宸殿之西,紧贴西部宫墙。⑥以郑王的年纪,早已不应居于禁中,如无意外,应随例居于长安城东北角、大明宫东南的十六宅,若郑王果如墓志所言死于自己的府邸,那么灵柩则需要由东南自西北斜穿大半个大明宫方才能到达内侍省。如果郑王因代宗的偏爱始终居于禁中,去世后像独孤皇后一样殡于内殿显然更为合理,刻意将灵柩向外运至内侍省则颇难理解。而自隋至唐,内侍省往往与收系、幽闭、赐死联系在一起:代宗杀元载,先收其于内侍省;⑦隋文帝子杨秀、中宗赵皇后皆被幽死于此;⑧太宗子齐王祐、僖宗时左拾遗侯昌蒙皆因事赐死内侍省。⑨郑王灵柩何以会停放于此敏感不祥之地,其墓志中何以特意提到"让美有终""其详不可闻",这一切是否另有

---

① 以《唐大诏令集》卷二六所收诸哀册文为例,《孝敬皇帝哀册文》记其薨于合璧宫之绮云殿(第88页);《让皇帝哀册文》记其薨于西京之邸第(第89页);《恭皇后哀册文》记其薨于西京之第(第90页);承天皇帝及皇后哀册文记二人薨于行在(第90—91页),只有事后追册的哀皇后和奉天皇帝,其哀册文未记其薨逝之所(第88—89、90页)。
② 《文苑英华》卷八三五褚遂良《唐太宗文皇帝哀册文》,第4407页下。
③ 《文苑英华》卷八三八常衮《贞懿皇后哀册文》,第4422页上。
④ 《唐大诏令集》卷三二王起《庄恪太子哀册文》,第132页。
⑤ 《文苑英华》卷八三九张九龄《惠庄太子哀册文》、苏颋《惠文太子哀册文》,第4428页上、第4429页上。
⑥ 参王静《唐大明宫内侍省及内侍诸司的位置与宦官专权》,《燕京学报》新16期,北京大学出版社,2004年,第89—116页;《唐太极宫与大明宫布局研究》图2-26《大明宫后寝区布局图》,陕西师范大学硕士论文,2010年,第58页。
⑦ 《旧唐书》卷一八三《吴凑传》,第4747页。
⑧ 《隋书》卷四五《庶人秀传》,北京:中华书局,1973年,第1242页。《旧唐书》卷五一《中宗和思皇后传》,第2171页。
⑨ 《旧唐书》卷三《太宗纪》下,第55页。《新唐书》卷二〇八《田令孜传》,第5885页。

隐情，史料无征，只能揭出俟考。不过郑王甫一去世，代宗便直接"罢元帅之职"，①这意味着此后无人能以此职衔掌握兵权，构成对太子的威胁，至此，德宗的储位似乎暂时稳定了下来。

不过德宗似乎始终都不是代宗中意的皇子，郑王死后，代宗爱妃独孤氏之子韩王迥又走到了历史的前台。代宗对于独孤妃的宠爱，史书记载甚多，对她的儿女亦然，华阳公主去世之后，他哀痛到无法临朝，诸臣百般劝谕，方才勉强恢复听政。②对于独孤妃唯一的儿子韩王迥，代宗自然也是宠爱有加，恩顾仅次于郑王，③这在当时大概并非什么秘密，于是便有宦官刘清潭（后改名刘忠翼）、京兆尹黎干等窥代宗意劝立独孤妃为皇后，更进一步欲以韩王动摇东宫，④德宗的储位似乎又一次处于危险之中。这一事件中的黎干，大历五年因交通鱼朝恩而出为桂州刺史，至大历九年四月方才入为京兆尹，⑤大历十年五月独孤妃去世，所谓"动摇储宫"事件当发生在这段时间内。

不过此事当时颇有怀疑者，杨炎参奏刘晏之际，"崔祐甫奏言：'此事暧昧，陛下以廓然大赦，不当究寻虚语。'朱泚、崔宁又从傍与祐甫救解之，宁言颇切"。⑥《通鉴》对此事的表达也非常犹疑，只是说"时人或言干、忠翼尝劝代宗立独孤贵妃为皇后、妃子韩王迥为太子"。⑦因此此事可能只是黎干、刘清潭（后改名刘忠翼）等单方面的建议。从代宗在郑王死后毫不犹豫地废除天下兵马元帅一职可以看出，代宗虽爱韩王，却并没有打算给他任何实质的政治资源，只是在大臣的建议下，于大历九年和其他皇子一起遥领了汴宋节度观察大使。⑧代宗此时没有像对待郑王一样扶持韩王，以元载为代表的外朝大臣意见当然值得重视，但另一部分原因或许是

---

① 《旧唐书》卷一一六《昭靖太子传》，第3391页。
② 《旧唐书》卷五二《代宗贞懿皇后独孤氏传》，第2191页。
③ 《旧唐书》卷一一六《韩王迥传》，第3392页。
④ 《资治通鉴》卷二二六《考异》引《建中实录》，第7276页；《旧唐书》卷一二三《刘晏传》，第3516页。
⑤ 《旧唐书》卷一一《代宗纪》，第280页。
⑥ 《旧唐书》卷一二三《刘晏传》，第3516页。
⑦ 《资治通鉴》卷二二五，第7260页。
⑧ 《旧唐书》卷一一《代宗纪》，第306页。

他已将郑王之子托付德宗：

> 大历初，陛下语臣："今日得数子。"臣请其故，陛下言："昭靖诸子，主上令吾子之。"①

这是《通鉴》所载李泌与德宗的一段对话，虽然"大历初"的时间有误，但因为其史源是李泌子所作《邺侯家传》，②相对官方的文献可能更少一些讳饰，而《旧唐书·舒王谊传》提及此事，则称"德宗怜之，命之为子"。③ 相信两方面的记载都反映了一定的事实，而这直接导致了贞元初太子地位的不稳：

> 或告主（郜国大长公）淫乱，且为厌祷。上大怒，幽主于禁中，切责太子；太子不知所对，请与萧妃离婚。上召李泌告之，且曰："舒王近已长立，孝友温仁。"泌曰："何至于是！陛下惟有一子，奈何一旦疑之，欲废之而立侄，得无失计乎！"上勃然怒曰："卿何得间人父子！谁语卿舒王为侄者？"对曰："陛下自言之……今陛下所生之子犹疑之，何有于侄！"上曰："卿不爱家族乎？"对曰："臣惟爱家族，故不敢不尽言。……"④

郜国大长公主是顺宗岳母，犯罪本不应牵连太子，但德宗居然因此欲改立舒王，甚至根本不承认舒王并非亲生，而与德宗极为亲密的宰相李泌的劝谏竟然招致德宗"卿不爱家族乎"的威胁。这样坚决地欲以侄为储君，以常人的眼光来看，似乎颇不可解，然而如果回到当时的情境中去，或许我们对此事能有更多一些理解。

舒王虽然是郑王最幼子，却在德宗诸子中排行第二，大历八年被收养

---

① 《资治通鉴》卷二三三，第 7497—7498 页。
② 参陈尚君《〈邺侯家传〉作者李繁到底是个怎样的人——罗宁、武丽霞〈汉唐小说与传记论考〉序》，收入氏著《我见青山》，北京：文津出版社，2017 年，第 15—25 页。
③ 《旧唐书》卷一五〇《舒王谊传》，第 4042 页。
④ 《资治通鉴》卷二三三，第 7497—7498 页。

时,德宗可能除了已经十三岁的顺宗之外,尚未有其他皇子。① 这一状况似乎颇为诡异,但也透露出东宫处境的微妙。代宗命德宗收养舒王,或许有着更多的政治寄托,这当然无从证实,但无论如何,此后德宗的地位便趋于稳固,境况也有所改善——德宗第三至第七子集中于大历后期出生或许说明了某些问题。② 另一方面,幼年的郑王应该也给德宗寂寞的东宫生涯增添了一抹亮色。直到德宗登位,舒王应该一直都居于禁中,③陪伴着他度过了太子生涯的最后阶段,也许正因为如此,德宗与舒王的感情比早已长大的顺宗要深厚得多。这似乎可以解释德宗对于舒王令人费解的偏爱。或许收养并善待郑王之子本是德宗储位得以保全的条件之一,只不过最终德宗将其内化为了自己的意志。

大历十四年(779)五月,代宗崩逝,德宗终于成功继位。不久他即召没入掖庭的元载之女真一"至别殿告其父死。真一自投于地,左右皆叱之。上曰:'焉有闻亲之丧,责其哭踊。'"④兴元元年十月,德宗自奉天还京后不久,元载即复官改葬,并获得了"成纵"的谥号,虽然这仍是一个"美恶齐致"的谥号,但无疑与代宗诛杀元载全家、"发其祖父冢、斫棺弃尸,毁私庙主"的行为形成了巨大的反差。⑤ 和赵涓的超迁一样,元载的平反同样出于德宗的报恩心理,折射出其在最终渡过这暗流涌动的十五年太子生涯后内心的波动。而这一段将近占去其四分之一生命的焦虑时光带给他一生的影响,或许也投影在历史的长河中,无声地改变了它的进程。

---

① 《通鉴》卷二三三《考异》曰:"按德宗十一子……而泌云惟有一子者,盖当是时小王或未生。"(第7497页)。按《旧唐书》卷一五〇《德宗诸子传》,德宗第五子建中三年(782)去世,年四岁(第4044页),则生于大历十四年,其上尚有通王、虔王(第4040—4044页),《考异》此说不确,但此时舒王已长成而其余诸子尚幼小,应去事实不远,则德宗第三第四子较为可能在大历八年舒王被收养后出生。
② 据《旧唐书》卷一五〇《德宗诸子传》,除上注所考诸子外,第七子亦于大历十四年受封(第4045页)。
③ 《旧唐书》卷一五〇《舒王谊传》:"其开府俸料逐月进内",第4042页。
④ 《唐国史补》卷上,上海古籍出版社,第25页。
⑤ 《新唐书》卷一四五《元载传》,第4715页。

制作郡望：中古南阳张氏的形成[*]

仇鹿鸣（复旦大学历史学系）

张姓是中国最常见的姓氏之一，自古以来便代有名宦，如著名的张安世家族"子孙相继，自宣、元以来为侍中、中常侍、诸曹散骑、列校尉者凡十余人。功臣之世，唯有金氏、张氏，亲近宠贵，比于外戚"，[①]是西汉一代显赫无比的盛族，至中古时期更常以"金张之家"典故比拟当世的士族高门。[②]若我们仔细探究张姓在中古时代的沉浮，不难注意到其虽代不乏人，亦有吴郡、清河、范阳、敦煌等活跃的郡望，但总体而言，张氏诸望皆属于第二流的姓望，无法与崔、卢、李、郑、王五姓七家相抗衡。另一方面，作为一个在全国范围内分布广泛、人口众多的大姓，张姓一直未能如王姓（琅琊、太原）、李姓（陇西、赵郡）那样形成主导性的郡望；又不像一些人口基数较小的姓氏，如范阳卢氏、荥阳郑氏，具有鲜明的地域特征，在姓氏与郡望之间形成紧密的对应关系；作为拥有数个互相竞争关系郡望的张姓，

---

[*] 本文初稿曾蒙余欣、张小艳、范兆飞、孙英刚、徐冲、马孟龙、小尾孝夫、黄玫茵、唐雯、吴晓丰等师友阅读并提供建议，童岭、史习隽惠助复印相关论文，感谢两位匿名审稿人提示的修改意见。
[①] 《汉书》卷五九《张汤传》，北京：中华书局，1962年，第2657页。
[②] 如著名的左思《咏史诗》中"金张籍旧业，七叶珥汉貂"两句，便将金张二族比拟为垄断权力的世族典型，因而造成了"世胄蹑高位，英俊沉下僚"的局面，吴郡张茂度、陆仲元二家于晋、宋两朝世有冠冕，"时人方之金、张二族"，《宋书》卷五三《张茂度传》，北京：中华书局，1974年，第1510页。而唐代墓志中自诩为金张之族的夸饰之词，更不鲜见。古人行文用典固然有其惯性，某种程度也透露出中古士人往往将西汉的金、张二族视为名门大族成功的典范。

其姓与望之间的关系显得相对离散。

魏晋南北朝社会动荡不安,人口迁徙频繁,张姓本身又分布广泛,诸望并存,胡人改姓为张者亦较多,①来源复杂,加之其次等士族的地位,并不像一流的姓望那样受到特别的注目,使得冒入张氏某望变得相对容易,甄别其世系源流则愈加困难。正由于上述特质的存在,张氏诸望在中古时代的演变有着自身的特征,可以作为观察中古士族社会运作一个别具意义的窗口。② 郭锋已系统检讨了张氏吴郡、清河、范阳、敦煌四望在唐代的仕宦沉浮,并发现中唐以后张氏吴郡、范阳、敦煌三望逐渐衰弱,清河成为张氏主导性的郡望,反映出唐代郡望向姓望转化的历史轨迹。③ 张氏吴郡、范阳、敦煌三望在碑志材料中出现频率的减少,并不意味着这三望人口数量的减少,只是反映了随着清河一望地位的提升,更多的张姓士人愿意冒为清河张氏,而非张姓其他各望,这种同姓郡望之间隐性的竞争关系,实际上构成了中古士族社会流动与变异的重要面向。除此之外,郭锋已经注意到自称出自南阳张氏的墓志材料在唐前期数量巨大,足可以与清河张氏相颉颃,可惜并未加以解说。④ 陈弱水对此有进一步探讨,指出所谓南阳白水张氏大约最早见于北魏《张玄墓志》与《张猛龙碑》,但其族望与中古时代任何一个大族都没有明显牵连,盖是起自民间的想象族望,大概六世纪时开始在统治阶层间普及。⑤

南阳张氏这一虚拟郡望的形成是本文讨论的起点,笔者试图在前贤研究的基础上,进一步澄清南阳张氏郡望构拟的过程,进而讨论郡望这一身份标识符号在中古社会中的作用与意义。"士族乃具有时间纵度的血

---

① 《太平广记》卷四五〇引《广异记》云:"千年之狐,姓赵姓张;五百年狐,姓白姓康",北京:中华书局,1961年,第3678页。如下文所论胡人不乏改姓为张者,且较难辨识。
② 关于张氏诸望的演变,矢野主税较早便有所讨论,《張氏研究稿——張良家の歷史》,长崎大学学芸学部《社会科学論叢》第5号,1955年,第1—39页,受当时的条件所限,他所据的材料大体以传世文献为主,郭锋《唐代士族个案研究——以吴郡、清河、范阳、敦煌张氏为中心》一书对于张氏的碑志与谱牒材料已较全面地收集利用,厦门大学出版社,1999年。
③ 郭锋《唐代士族个案研究——以吴郡、清河、范阳、敦煌张氏为中心》,第179—201页。
④ 郭锋《唐代士族个案研究——以吴郡、清河、范阳、敦煌张氏为中心》,第94—95、193页。
⑤ 陈弱水《从〈唐晅〉看唐代士族生活与心态的几个方面》,收入氏著《隐蔽的光景:唐代的妇女文化与家庭生活》,桂林:广西师范大学出版社,2009年,第208—210页。

缘单位,其强调郡望以别于他族,犹如一家老商店强调其金字招牌一般,故郡望与士族相始终",①毫无疑问,郡望与谱系是中古时代重要的知识资源,但这种知识如何传播、流布,士人如何来习得这种知识,进而加以利用、改造,将其作为冒入甚至制作郡望的一种手段,通过对祖先记忆的重构,谋取高贵的社会身份乃至背后的政治、经济利益,这是本文通过对张氏诸望的检讨所欲回答的问题。

一、溯源:南阳白水张氏的得名

士族研究是中古史中积累丰厚的领域,大体而言几乎所有重要的官僚家族皆已有相关的专门论著加以论列。② 从目前研究所呈现的典型士族形象来看,一个士族的成长、发展大约与乡里势力有密切的关联,乡里势力是支撑士族政治活动的重要基础,③故有"城乡双家形态"的假说,④亦有学者通过个案研究发现士族主干在迁离故乡数代之后,返回故乡,重建乡里势力的事例。⑤ 进而士族借助不同的途径,或早或迟地自乡里步入中央,成为中古各政权的中坚力量。因而,所谓士族郡望表面上来看虽然

---

① 毛汉光《从士族籍贯迁移看唐代士族之中央化》,《中国中古社会史论》,上海书店出版社,2002年,第238页。
② 当然论著丰富并不能完全与研究深入画上等号,相关反思参读陈爽《近20年中国大陆地区六朝士族研究概观》,《中国史学》第11卷,2001年,第15—26页;新近讨论则可参照甘怀真《再思考士族研究的下一步:从统治阶级观点出发》,收入氏编《身分、文化与权力——士族研究新探》,台北:台大出版中心,2012年,第1—26页。仇鹿鸣《士族研究中的问题与主义——以〈早期中华帝国的贵族家庭——博陵崔氏个案研究〉为中心》,《中华文史论丛》2013年第4期,第287—317页;仇鹿鸣《失焦:历史分期论争与中文世界的士族研究》,《文史哲》2018年第6期,第141—151页。
③ 相关讨论很多,其中较有代表性的可举出,伊沛霞《早期中华帝国的贵族家庭——博陵崔氏个案研究》第3、4章,上海古籍出版社,2011年,第46—111页;刘增贵《汉魏士人同乡关系考论》,《台湾学者中国史研究论丛·社会变迁卷》,北京:中国大百科全书出版社,2005年,第123—159页;中村圭爾《"鄉里"の論理》,收入氏著《六朝貴族制研究》,东京:风间书房,1987年,第139—170页;仇鹿鸣《汉魏时代的河内司马氏》,收入氏著《魏晋之际的政治权力与家族网络》,上海古籍出版社,2012年,第39—61页。
④ Eberhard Wolfram, "Conquerors and Rulers: Social Forces in Medieval China", Leiden, 1952, pp.14-17.
⑤ 郭津嵩《回归故里与重塑旧族——北朝隋唐的河内司马氏家族》,《唐研究》第17卷,北京大学出版社,2011年,第159—177页。

只是一个符号,但背后需要有坚实的政治、社会势力加以支撑。① 尽管每一个士族发育演进的过程有所不同,但一个理想形态的士族大体包含了以下几个要素:一个相对可信的主干家族谱系,当然相应的,也会有一些伪冒者混迹其中,伪冒郡望这一行动本身便是对士族地位的认同,也是郡望成立的重要标志之一;家族同时在乡里与朝廷保持相当的影响力,并拥有一个相对稳定且略带封闭性的婚姻、交往圈;以学术与礼法传家。以往围绕士族展开的大量研究,其探讨与分析的对象基本上都是这种"典型"的士族。这些研究成果的积累也有意无意地塑造了中古士族社会士庶分明、井然有序的形象,然而,这一形象是否可靠,值得进一步思考。笔者过去曾以渤海高氏为例,讨论中古士族谱系中层累构造的现象,指出士族谱系往往存在着虚构、断裂、冒入的痕迹,借此观察士族社会恒定不变的表象背后所持续发生的可观变化。②本文所讨论的南阳张氏则提供了士族社会另一个完全不同的侧面。如果说渤海高氏谱系中的攀附与伪冒,好比是一个名品店中出售的商品真假掺杂,类似的案例大约在中古每一个大族中都或多或少存在,南阳张氏则干脆是一个只有招牌(郡望)而没有商品的皮包公司,上文所讨论的构成士族郡望的诸种要素,其无一具备,诚如陈弱水所揭示的那样,这不过是一个想象出来的族望而已。但借助对这一"虚拟郡望"兴衰的解剖,我们可以观察到中古士族社会的断裂以及隐藏在正史列传、有谱系可循的大族墓志这些已被学者广为关注文献构成的知识系统背后,更为普通的士人、官宦如何来选择郡望,从而强化与提升自己的社会身份。

南阳白水张氏,从其郡望名称而言,便有难解之处,中古士族郡望一般以郡名+县名+族名构拟而成,其郡名、县名多循两汉之旧,显示家族渊源有自。但《汉书·地理志》未载白水县,仅云西汉南阳郡下有舂陵国,

---

① 内藤湖南曾云:"这个时期的贵族制度,并不是由天子赐与人民领土,而是由地方有名望的家族长期自然相续,从这种关系中产生世家,亦就是所谓郡望的本体",言简意赅地阐明了郡望的名与实,氏著《概括的唐宋时代观》,《日本学者研究中国史论著选译》第 1 卷,北京:中华书局,1992 年,第 10 页。
② 仇鹿鸣《"攀附先世"与"伪冒士籍"——以渤海高氏为中心的研究》,《历史研究》2008 年第 2 期,第 60—74 页。

本为故蔡阳白水乡，①这大约是南阳白水张氏中"白水"之所在。从目前所掌握的史料来看，两汉南阳张氏不乏显宦，却皆非出自白水，其中较为著名的有南阳宛县的张堪，为郡族姓，习于儒业，为刘秀少年之友，可以算作南阳功臣集团中的一员。② 更早则有西汉文帝时的名臣张释之，为南阳堵阳人，③而影响最大，并在不少中古张姓墓志中被追溯为南阳张氏远祖者是张衡。笔者所见较早的一方是北魏永熙二年（533）《张宁墓志》，自云"帝喾之元胄，张衡之后焉"，④事实上，张衡是出自南阳西鄂的著姓，直至唐初，尚有张衡墓及碑在其故城，与白水无涉。⑤ 舂陵本是刘氏宗族聚居之地，东汉光武帝刘秀便起于此，南阳豪族群体是东汉政权重要的支撑力量，但从舂陵刘氏的婚姻与交游情况来看，在舂陵当地并无重要的张姓家族，即使上文提及的张堪亦不能算是南阳功臣中的重要人物。⑥ 由此可知，南阳白水张氏郡望，与一般中古常见的士族郡望不同，并不能与史籍中出自南阳的两汉张姓名臣建立起较为紧密而可信的谱系。另一方面，若从郡望常用的"构词法"而言，张姓后人若真想将其先世附会于东汉中兴之业，标明帝乡所在的南阳舂陵似乎是一个更为合理的名称。⑦ 后出中古张姓墓志中则对白水一名提供了另外一种解释，如西魏《张惇墓志》云"其先出自帝轩辕之后裔，白水侯之曾孙"，⑧西州出土《张怀寂墓志》提到：

---

① 《汉书》卷二八上《地理志八》，第 1564 页。
② 《后汉书》卷三一《张堪传》，北京：中华书局，1965 年，第 1100 页。
③ 《汉书》卷五〇《张释之传》，第 2307 页。
④ 赵超《汉魏南北朝墓志汇编》，天津古籍出版社，1992 年，第 305—306 页。
⑤ 《后汉书》卷五九《张衡传》及李贤注，第 1897 页。
⑥ 宇都宫清吉《刘秀与南阳》，收入《日本学者研究中国史论著选译》第 3 卷，北京：中华书局，1993 年，第 618—645 页。
⑦ 陈弱水推测后世之所以将南阳张氏与白水相联系，盖与刘秀兴起时的白水之谶有关，见《后汉书》卷一《光武纪》，第 35、86 页。若此，则是张氏附会刘氏之谶以本姓，但白水之谶盖与帝王受命之事有关，恐非一般家族溯源时所宜用。对此更合理的一个解释是白水本是西汉初的旧县名，按《汉书·地理志》反映的是西汉末元延绥和之际的政区，如马王堆汉墓发现古地图中所载的舂陵、观阳、龁道等县名便不见于《汉书·地理志》，可知这些县在汉末已废置，其中与本文有关的是地图上的舂陵本置长沙国，因地势下湿，求减邑内徙，才移置南阳白水。谭其骧《马王堆汉墓出土地图所说明的几个历史地理问题》，《长水集》下，北京：人民出版社，2009 年，第 269—274 页。
⑧ 冯莉《西魏张惇墓志考》，《文博》2014 年第 6 期，第 54—56 页。

"昔轩后诞孕,手文疏得姓之源;锡壤崇基,白水为封侯之邑",①则白水是张姓始祖早期的封地所在,而《张周抗妻何氏墓志》记载得更为详细:"其先黄帝之子,生而有文见其手曰弓长,帝异之,并字锡为张氏,谥名曰罗,长乃战□□□□于国,封南阳白水侯,其氏兴焉",②则受封白水的是传说时代黄帝的某位子孙。根据《新唐书·宰相世系表》中对张姓源流的记载,张姓起源于"黄帝子少昊青阳氏第五子挥为弓正",③这与唐代墓志、姓氏书中常见的说法相去不远,但封白水侯一事则仅见于墓志,未见传世文献引用,这或许与《元和姓纂》中张姓条目已亡佚有关。但将其祖先家族攀附于传说时代的五帝,大约是在北朝墓志中才逐渐流行,④并在后世的姓氏书、墓志中被不断地强化与完善,似乎暗示了在中古前期,关于南阳张氏源流的叙事曾经历过一个重构的过程。

陈弱水已注意到南阳白水张氏郡望自北魏中期以后在墓志中大量出现,并在隋唐初年盛极一时,⑤但从目前发现的资料来看,南阳张氏在碑志中出现时间要早得多,目前所知最早的一方是西晋泰始元年(265)《张光砖志》,志文云:"泰始元年南阳张光字孝光",⑥另一方则是在洛阳发现晋《张纂碑》,碑文中则明确提及:"君讳纂,字仲安,南阳白水人",⑦云张纂"世本郡功曹史寅之长子,授骠骑大将军",⑧从西晋碑志的一般书法而论,《张纂碑》中提到的南阳白水,当是其家族实际的里籍,恐无后世标榜郡望之意。但无论如何,这两方碑志的发现,足以证明南阳白水张氏并非完全

---

① 侯灿、吴美琳《吐鲁番出土砖志集注》,成都:巴蜀书社,2003年,第595—597页。
② 周绍良主编《唐代墓志汇编》广明003,上海古籍出版社,1992年,第2501页。
③ 《新唐书》卷七二下《宰相世系表二》,北京:中华书局,1975年,第2675页。
④ 何德章《伪托望族与冒袭先祖:以北族人墓志为中心——读北朝碑志札记之二》,《魏晋南北朝隋唐史资料》第17辑,第135—141页。而这一风气的形成或许与胡族进入中原的时代背景有关,王明珂《论攀附:近代炎黄子孙国族建构的古代基础》,《历史语言研究所集刊》第73本3分,第583—618页。
⑤ 陈弱水《从〈唐晅〉看唐代士族生活与心态的几个方面》,《隐蔽的光景:唐代的妇女文化与家庭生活》,第208—209页。
⑥ 赵超《汉魏南北朝墓志汇编》,第4页。
⑦ 洛阳文物工作队《洛阳出土历代墓志辑绳》,北京:中国社会科学出版社,1991年,第11页。
⑧ 永嘉初,凉州张轨遣将张纂救洛阳,不知是否为同一人,《晋书》卷八六《张轨传》,北京:中华书局,1974年,第2223页。

是北魏时人为攀附郡望而向壁虚造之名,确有较早的渊源。①

二、谱系的构造与次级郡望的竞逐

以往学者对张氏家族的研究更多地关注在传世文献中常见的吴郡、清河、范阳、敦煌诸望的兴衰,并将其视为张姓的主流郡望。如果我们转而以墓志资料为中心,观察北朝张姓成员如何来自述郡望与家世,则不难注意到呈现出另外一幅完全不同的画面。② 我们所熟知的中古张氏四望,并不是士人热衷的选择,而渊源于魏晋,隐藏在历史记忆潜流之下南阳张氏在墓志中出现的时间更早,数量更多,无疑是当时张姓主流的郡望。③ 墓志中各位张姓人物对于自己郡望家世的不同叙事,只是家族先世个人记忆的呈现,由于南阳张氏缺少实际存在的士族本体,因而这些关于南阳张氏碎片式的叙事并不能拼接成一个明晰而准确的世系。但这些个体化、断裂的关于张氏先世的文本,则呈现出在一个郡望逐渐成立并成为社会身份重要标识的时代,普通士人与官宦如何来编织与表述对于自己先世的记忆,特别是对于张氏这样一个人口众多却又缺少主流郡望的姓氏而言,这一过程显得尤为复杂而多歧,以下笔者利用北朝张氏墓志中叙述先世的文本,对此问题作进一步的申论。

除了一些行文极为简单的墓志之外,志文中述及自己的家世源流,构

---

① 但西晋南阳张氏主要应该还是指南阳西鄂张氏,而非白水,如张辅自云张衡之后,并曾任南阳郡中正,死于八王之乱,后世无闻,《晋书》卷六〇《张辅传》,第1639—1640页。

② 当然我们在研究过程中要注意到墓志提供知识的局限性,因为目前所发现的魏晋南北朝墓志主要集中于北朝,因而像吴郡张氏这样发源于南方、仕宦于南朝的郡望,由于其具有鲜明的地域特征,北方张姓在自述郡望源流时恐怕不太会将世系与之相联。但如果将墓志记载视为一种随机抽样的结果,那么志主身份的差异与分布地域的广泛性,则在正史整齐划一的叙事之外,提供了一幅中下层士人如何来选择、表述郡望家世的众声喧哗的图景。

③ 当然也有不少早期张氏墓志表述的乡里出自具有标识里籍而非郡望的意义,显示出当时墓志书写尚未普遍带有夸饰郡望的风气。

成了墓志文本重要的组成部分,当然墓志中对于先世叙事的详略,往往具有一定的偶然性,或许与志主家属的要求、墓志撰者的行文风格甚至与志石的规格等各种主客观因素有关。以南阳张氏而论,陈弱水曾对《张猛龙碑》做过较为详细的分析,指出碑文将张猛龙的谱系与出自安定的前凉张轨家族相联系,从而达到跻身士族行列的目的。① 从《张猛龙碑》对其先世的叙事策略而言,其先将南阳张氏的远祖追溯至《诗经》中的张仲与春秋时代的张老,进而又将其先世与秦汉之际的赵王张耳相连,最后才将安定张轨认作直系的祖先,奉之为八世祖,并对其家族十世祖以下的事迹作了相当仔细的叙述。② 尽管其中不乏模糊不清乃至断裂之处,自述家族的世系亦未必可靠,但《张猛龙碑》无疑是北朝张氏碑志中对先世记述翔实而较有条理的一方,显示出碑文撰者或张猛龙家族对于典籍有相当的了解。但其自称先人自凉州归国,并借此自云出自安定张轨一族,却在不经意间露出了一点马脚,前凉张氏乃为苻坚所灭,所入者盖为前秦,淝水败后,中原大乱,张天锡奔归东晋。在北魏时代,所谓自凉州归国,一般指的是自北凉归于北魏。北魏继苻秦而起,虽然不能排除部分前凉张氏家族成员在淝水战后的乱局中加入北魏政权,但不太可能自凉州归于北魏。③ 因此所谓自凉州归国一语,虽是北朝碑志中常见的表述,但用在张轨家族身上却与历史实情不符。

从《张猛龙碑》叙述先世的文本结构而言,其将先世分为先秦、秦汉及魏晋以下三部分,攀附勾连,提供了一个清晰连贯而且漏洞较少的谱系,④某种意义上可以视为中古碑志塑造先世系谱的一个典型案例,从

---

① 陈弱水《从〈唐晅〉看唐代士族生活与心态的几个方面》,《隐蔽的光景:唐代的妇女文化与家庭生活》,第 208—210 页。
② 《金石萃编》卷二九,西安:陕西人民美术出版社,1990 年。
③ 苻坚灭凉前,预为张天锡于长安建宅,则灭凉后当将张氏家族迁往长安,此为十六国北朝之惯例,因而张氏家族不可能仍留居当地,《晋书》卷八六《张天锡传》,第 2252 页。另一方面,虽然张轨家族曾经割据一方,但凉州真正显赫地方豪族是晋昌张氏,张轨割据凉州时,曾与晋昌张镇、张越兄弟发生冲突,第 2223—2224 页。
④ 据《晋书》卷八六《张轨传》,张轨自云为张耳十七代孙,与张猛龙亦自称为张耳后,不知两者是暗合,还是《张猛龙碑》的撰者对于张轨世系亦颇有了解,但《张猛龙碑》并没有提到《晋书》记载的张轨之父张温,而提及不见于正史的张瑛,所云的七世祖张素为张轨第三子,亦不见正史。

中我们不难察觉到在《张猛龙碑》文本形成过程中发挥作用的士人具有较高的政治、文化背景。尽管《张猛龙碑》构拟了一个相当完善的先世叙事文本，但这一文本在北朝张氏的墓志中并不具备普遍性与典型性，显示出一般张氏墓志的作者与《张猛龙碑》的作者知识背景的差异。《张猛龙碑》视安定张轨为其直系祖先，尽管在不少唐代张氏墓志中有类似的表述，安定亦算是唐代张氏诸望之一，① 但在北朝张氏墓志中，这种表述仍属特例，尽管安定张轨是十六国时期最显赫的张姓人物，而在普通北朝张氏墓志的撰者心中，距当时不远的张轨，似乎并不是一个值得攀附的对象。②

在中古各支张姓碑志中，以汉初张良为远祖是最常见的攀附对象，③ 魏晋以降我们读到最早的一方详细追述张氏先世的石刻晋永康元年（300）《张朗碑》中便云："其先张老，为晋大夫，纳规赵武，而反其侈靡。自春秋爰迄周朱，弈世相□，显名战国。逮于子房，黄父授书。高祖龙飞，实赖良谟，载藉嘉焉，君其后也。"④ 张良无疑是中国历史上一个极富传奇色彩的人物，但两汉张姓不乏名宦世家，提供了很多可供攀附的人选，例如上文提及的有"金张之家"之称的张安世家族，而从目前存世汉碑的情况来看，虽有攀附张良的案例，但算不上主流，⑤ 张良除本人之外，后世并不显于两汉，所出的颍川城父后来也没有成为张姓的郡望之一，基本可以确

---

① 参读陈小玲《安定张氏家族墓志研究》，《苏州文博论丛》第 2 辑，北京：文物出版社，2011 年，第 88—93 页。
② 尽管在唐代张姓的墓志中，不乏以张轨为先祖的表述，但《新唐书·宰相世系表》所记数支张氏谱系中，无一支自承为张轨之后，如下文所述以张良为中心的先世谱系，成为张氏墓志中的典范叙事。
③ 邓名世《古今姓氏书辩证》卷一三引《元和姓纂》佚文曰："唐有安定、范阳、太原、南阳、敦煌、修武、上谷、沛国、梁国、荥阳、平原、京兆等四十三望，大抵皆留侯远裔"，南昌：江西人民出版社，2006 年，第 195 页。
④ 赵超《汉魏南北朝墓志汇编》，第 11 页。
⑤ 著名的《张迁碑》便追祖张良，但其先提到了周宣王时张仲，即使在汉代的张姓名人中也依次提及了张释之、张骞，张良并不是这一谱系中唯一的核心。而《张寿碑》及新近发现的《张君残碑》皆追溯其先世为晋大夫张老。《张寿碑》《张迁碑》分见高文《汉碑集释》，开封：河南大学出版社，1997 年，第 300、490 页；《张君残碑》拓片刊赵君平编《邙洛碑志三百种》，北京：中华书局，2004 年，第 7 页。

定张良家族与后世的张氏诸望没有任何相对可靠的联系。① 那么为何在后世关于张氏祖先记忆的竞争中,关于张良的记忆能够战胜实际的谱系,成为渊源不同张氏家族共同的祖先叙事。魏晋南北朝的社会环境在某种程度上强化了关于张良的知识传播或是其中一个重要原因,在古代的社会环境中,以文字典籍为中心精英化的知识,传播的对象及广度都存在一定的局限,即使很多中下层的士人都未必能有机会读到,更遑论普通的庶民,而南北朝学术传承的家族化,也阻碍了经典传播的范围。在胡族入主中原的时代背景下,很多胡族统治精英本身所掌握汉文化知识是相当有限的,较之于两汉,整个统治阶层的知识水平可以说呈下降趋势,因而很多为汉代人所熟谙的儒家经典恐怕并不像过去那样为人所熟悉,但在这样的时代氛围中带有神异色彩的张良事迹反而得到了更为广泛的传播,②其中最有名的故事发生在石勒身上:

> 尝使人读《汉书》,闻郦食其劝立六国后,大惊曰:"此法当失,何得遂成天下!"至留侯谏,乃曰:"赖有此耳。"其天资英达如此。③

对于十六国北朝崛起的群雄而言,秦汉之际群雄逐鹿的局面与当时最为接近,因此成功辅佐汉高祖夺取天下张良的故事并非仅仅是历史典故,而是可资借鉴的统御之术,即使对于石勒这样目不识丁的胡族领袖,当其需要治理汉人的复杂社会时,也需要从中汲取历史经验,并寻找可以辅佐自

---

① 从正史记载来看,被明确提及的张良后人是其六世孙张晧,但当时这一家族已迁至犍为武阳,且中间世系脱落,《后汉书》卷五六《张晧传》,第 1815 页。赵超《新唐书宰相世系表集校》引沈炳震《订讹》,"案《汉书·表》,宣帝元康四年良玄孙之子、阳陵公乘千秋诏复家,则宣帝时良已有五世孙。晧当东汉和帝时,相去又一百五十年,不应仅有六世孙。《后汉书》传疑未的",北京:中华书局,1998 年,第 306 页。另《新唐书·宰相世系表》中云冯翊张氏为其之后,但该支自云复自犍为迁至下邳,世系可靠性不高,第 2707 页,就笔者读到中古张姓墓志来看,尚未见到有将世系与张良—张晧及自身勾连起来的表述。
② 张良传说的流行,或许与张良辅汉及汉受命神话的广泛流传有关,参读保科季子《張良と太公望:漢六朝期受命思想における"佐命"》,《寧楽史苑》第 59 号,2014 年,第 1—13 页。
③ 《晋书》卷一〇五《石勒载记》,第 2741 页。

己争雄天下的"子房",①只是这种知识的传播与获取未必需要通过文字这一媒介。②

另一方面,《汉书》是魏晋南北朝时代非常流行的典籍,特别是其被视为具有实际政治功用的刑政之书,颇受注重事功帝王的重视,如刘备、孙权皆要求其子阅读《汉书》,从中学习治国要术。③ 敦煌、吐鲁番曾先后出土了十二件《汉书》的节钞本,④其所涉及的内容皆与天文、刑法或重要的历史事件有关,其中有一件抄写的便是《汉书·萧何张良传》,这些偶然保存下来的节钞本更多地反映了抄写者及读者本人阅读趣味与目的,从这些被选择钞录的篇目中我们不难发现一般士人所欲从《汉书》习得的是什么。这类与张良有关的故事通过文本或口传的途径传播,无疑强化了张良在当时士人中的形象。

尽管张良本人与南阳地域无涉,但在自云南阳张氏的墓志中,与其他各支张氏一样,大多自称张良之后。当然也有一些特例,如学者关注较多的《张整墓志》便没有追溯其先世,仅叙及其五世之内的世系。⑤ 张整即《魏书》中的白整,其亦见于《吊比干碑》碑阴题名,⑥本属稽胡种,⑦但不知为何在墓志中改名张整,《吊比干碑》刻于太和十八年(494),而孝文帝于太和二十年(496)发布改汉姓之诏,⑧白整改姓为张或与此有关,值得注意的是白氏所出的上党在十六国北朝乃是胡汉混居的区域,出自匈奴羌渠

---

① 对寄望于在乱世中出人头地的普通汉族士人而言,汉初的历史知识也有重要的现实功用,石勒最重要的汉人谋士张宾便是以"子房"自居,《晋书》卷一〇五《石勒载记附张宾传》,第2756页。
② 石勒本人便"常令儒生读史书而听之",《晋书》卷一〇五《石勒载记》,第2741页。尽管如胡鸿所指出,对于十六国胡族君主好文的叙事具有模式化的色彩,《十六国的华夏化:"史相"与"史实"之间》,《中国史研究》2015年第1期,第135—162页。但撇去其中夸大的部分,这种听读无疑是胡族领袖获取控御汉地统治术的重要渠道。
③ 参读吉川忠夫《六朝精神史研究》,南京:江苏人民出版社,2010年,第242—246页。
④ 参读余欣《史学习染:从〈汉书〉写本看典籍传承》,收入氏著《中古异相——写本时代的学术、信仰与社会》,上海古籍出版社,2011年,第29—73页。
⑤ 赵超《汉魏南北朝墓志汇编》,第43页。
⑥ 赵万里《汉魏南北朝墓志集释》卷五,桂林:广西师范大学出版社,2008年。
⑦ 姚薇元《北朝胡姓考》,北京:中华书局,2007年,第319页。
⑧ 《魏书》卷七下《高祖纪》,北京:中华书局,1974年,第179页。

部的上党张氏亦聚居于此,①则白氏选择张这一常见的汉姓,或许与匈奴张氏的接触有关,未必是受到汉化的影响。《张整墓志》亦未攀附其先世于张良或其他张氏名人,或许与家族出身胡族,尚未掌握相关的知识有关。但志文中对于南阳白水郡望却给予了特别强调:"君讳整,字菩提,并州上党郡刈陵县东路乡吉迁里人,源出荆州南阳郡白水县",亦可看出南阳张氏郡望在当时的影响。从目前所见北朝南阳张氏的墓志来看,其中不少是出自胡族,如河间公元於德妻南阳张氏,张氏系龙骧将军阜城侯提之孙女,②这位张提疑是《宋书》中的洛州刺史张是连提,③无疑是一位胡人。④ 当这些胡人在选用汉式郡望时,往往以南阳张氏为首选,亦可见当时南阳张氏郡望在北方的流行程度。

上文提及的张衡也是中古张氏墓志中时常攀附的一位先祖,而且将张衡视为南阳张氏的源起,相对而言比攀附张良距历史的实相稍近,但张衡的籍贯乃是南阳西鄂,而非白水。目前所见北朝张氏碑志中,除了笼统地称呼南阳张氏及明确表达为南阳白水张氏的碑志之外,另有天平四年(537)《张满墓志》自称郡望为南阳西鄂,⑤张满其实便是《北齐书·循吏传》中的张华原,但本传仅云其出自代郡,从高欢起兵。⑥ 根据本传及墓志的描述,其身份可能是浸濡汉文化较深的鲜卑人,冒称汉人郡望,⑦同时这方墓志也将其先世与张良相联系。稍早永熙二年(533)《张宁墓志》虽然笼统的自称南阳张氏,但明确自云:"帝喾之元胄,张衡之后焉",但并未如

---

① 姚薇元《北朝胡姓考》,第385页。
② 《元伴墓志》,《汉魏南北朝墓志汇编》,第60页。
③ 《宋书》卷七七《柳元景传》,第1984页。
④ 类似的例子还有不少,如《魏书》卷六《显祖纪》提及"南阳公张天度",此即文成帝南巡碑碑阴题名中的内行阿干南阳公张天度,无疑是胡人,第125页。又如西魏《张悖墓志》自称南阳张氏,但其曾祖张玫为仇池镇将,恐亦为胡人。冯莉《西魏张悖墓志考》,《文博》2014年第6期,第54—56页。
⑤ 其中赵超《汉魏南北朝墓志汇编》另录有天平元年(534)《张瑾墓志》,亦自称南阳西鄂张氏,据任乃宏考证,此方墓志系据唐龙朔元年张兴墓志所伪造,不但文字雷同,且干支亦多误,见氏著《邯郸地区隋唐五代碑刻校录》,北京:中国文联出版社,2014年,第277—292页。按张兴墓志云其曾祖张瑾,故而贾人据而伪造张瑾墓志以射利。
⑥ 《北齐书》卷四二《循吏张华原传》,北京:中华书局,1972年,第638页。
⑦ 赵万里《汉魏南北朝墓志集释》卷六。

一般墓志一样将世系与张良相联。① 类似的情形在正史中亦有记载,如"张保洛,代人也,自云本出南阳西鄂",②其出身六镇,却冒用汉人郡望。另一位张熠,"自云南阳西鄂人,汉侍中衡是其十世祖",③隋末名将张须陀也自称南阳西鄂人,不过他攀附的祖先是东汉的名臣南阳张温。④ 直到唐中期,肃宗张皇后尚自称南阳西鄂郡望。⑤ 自云出自南阳西鄂的张氏墓志最初出现在北魏、东魏之际,尽管墓志的发现有一定偶然性,但从当时的时代背景而论,恰好是北朝士族体制逐步确立的时期,关于郡望的知识相对张整的时代会受到更多的重视与传播,而南阳西鄂郡望的出现似乎暗示了一些张氏墓志的撰者注意到南阳白水张氏这一流传已久的郡望所存在的问题,以及攀附张良与其本身世系之间的缺环,试图运用自己所掌握的知识,弥缝其间的疏漏。

但南阳西鄂张氏这一相对较有史实依据的郡望,并未能够取代南阳白水张氏,成为主流郡望。在唐代南阳张氏的墓志中,自称白水与西鄂者皆有,但仍以白水为多。唐代的一些张姓墓志中甚至出现两个郡望互相混杂的现象,如万岁通天二年(697)《张信墓志》自云:"本南阳西鄂人也。白水长源,黄河灵粹",将白水、西鄂两望视为同源,同年《张仁师及妻关氏墓志》则云:"南阳西鄂人也。原夫白水阐其鸿规,清河隆其茂绪",⑥干脆将白水、西鄂、清河三望统合在一起,⑦以上所述同一郡望之下互相竞争的次级地望是我们探讨中古士族时值得进一步关注的问题,⑧目前来看并不

---

① 分见《汉魏南北朝墓志汇编》,第305、324页。
② 《北齐书》卷一九《张保洛传》,第257页。
③ 《魏书》卷七九《张熠传》,第1766页,《北史》卷四六本传作"张耀",然所叙郡望同。
④ 毛阳光《河南灵宝新出〈张须陀墓志〉考释》,《中原文物》2011年第1期,第69—72页。
⑤ 《旧唐书》卷五二《肃宗张皇后传》,北京:中华书局,1975年,第2185页。
⑥ 分见《唐代墓志汇编》万岁通天015,万岁通天030,第898、908页。
⑦ 这种对郡望的混淆在墓志中并不鲜见,当与墓志行文中堆砌典故的需要有关,但更重要的原因当是下文所论入唐之后,由于郡望普及于中下阶层,渐渐成为缘饰身份的一种符号,源流虚实不再为人所重。
⑧ 姜士彬曾对次级地望有所讨论,但其关注的是同一郡望因迁徙导致的房支分化及盛支、衰支的现象,如赵郡李氏分析出平棘、赞皇等次级地望,与本文的着眼点不同。《世家大族的没落——唐末宋初的赵郡李氏》,收入陶晋生编《唐史论文选集》,台北:幼狮文化文化事业公司,1990年,第242—247页。

乏与南阳白水、西鄂两望类似的例子。例如汉魏时代所谓的太原王氏指的是太原祁县王氏，由于王凌起兵反抗司马懿，家族中衰，相对后起的太原晋阳王氏则以西晋功臣的身份后来居上，成为后世太原王氏谱系的正宗，①但在中古太原王氏墓志追溯先世时，往往并未在意两支太原王氏之间的渊源不同。如果说，晋阳王氏对祁县王氏的取代背后尚有政治上的原因可供探寻，那么汉唐之间汝南袁氏的郡望从陈国扶乐向汝南汝阳再向陈郡阳夏的转移，则显得更为复杂，一方面固然与各支袁氏在政治上的沉浮兴衰有关，②另一方面，郡望作为一种身份标识，其在社会层面上的意义要远大于政治层面，特别是当普通士人谈论、攀附郡望时，恐怕更多地不是关注这一郡望形成的历史过程与现今的政治地位，而是希望透过对历史记忆的编织来强化自己的社会身份，何者更趋近于历史的实相并不是他们关心的话题，因而方能出现南阳白水张氏这样一个影响广泛，却缺乏实际内涵，被无数我们现今无法确知的历史上的沉默者所共同制作出来的郡望。

三、想象的高门：南阳张氏在
北朝隋唐的流行与消失

由于受到史料限制，在中古前期影响广泛的南阳张氏郡望，对于现在的研究者而言，只是一条若隐若现的潜流，我们无法详尽地描述其形成与消失的过程。但墓志资料所提供的断片，已足以为我们展现南阳张氏郡望在这一时期所具有的巨大影响力。例如隋大业六年（610）《解盛妻张字墓志》："夫人姓张，讳字，河间平舒人也。□□南阳，世多冠冕，望高四海，为天下盛门"，③河间张氏是北朝晚期崛起的张氏新望之一，张羡、张晏父

---

① 《后汉书》卷六六《王允传》，第 2172—2178 页；《三国志》卷二八《王凌传》，北京：中华书局，1959 年，第 757—761 页，卷二七《王昶传》，第 743—750 页；《晋书》卷三九《王沈传》，第 1143—1146 页。
② 陈勇《汉唐之间袁氏的政治沉浮与籍贯更迭——谱牒与中古史研究的一个例证》，《文史哲》2007 年第 4 期，第 63—71 页。
③ 罗新、叶炜《新出魏晋南北朝墓志疏证》，北京：中华书局，2005 年，第 556 页。

子活跃于周隋之际,①《新唐书·宰相世系表》张氏条下便有河间张氏一望,自云为张耳之后。② 但从《解盛妻张字墓志》行文来看,无疑是承认南阳张氏声望更隆。这并非孤例,万岁登封元年(696)《薛君妻张氏墓志》,张氏出身河东豪族,其曾祖张小白与敬珍等率众归于宇文泰,深受重用,但张氏没有如薛氏、柳氏这些当地豪族一样以河东为本望,志文中仍强调:"本望南阳,汉河间相衡之后",八代祖宝因官移居于河东。③

上文已经提及与中古时期活跃的张氏范阳、清河、敦煌、吴郡四望相比,自称南阳张氏墓志出现的时间最早。在以上四望中,吴郡张氏大约是形成最早的,所谓顾、陆、朱、张在三国时代便是东吴政权的支撑力量,直至南朝亦是吴姓士族的代表之一,仕宦代不乏人,世系相对可靠有序,但由于其郡望具有鲜明的地域特征,因而在北朝墓志中几乎没有攀附吴郡张氏者,以下仅利用墓志资料,将位居北方的范阳、清河、敦煌三望与南阳一望作一比较。

范阳张氏是唐代常见的张氏郡望之一,最初自称出自西晋名臣张华之后,后进而将其世系与张良等相联系,但在两晋之际,张华之孙张舆便已避难江南,④其后裔张弘策曾以萧衍姻亲的身份,参与梁开国之业,因而显贵一时。梁武帝曾赞赏张弘策之子张缵:"张壮武云'后八叶有逮吾者',其此子乎",⑤强调其张华之后的身份。东晋南朝时代注重甄别士庶,

---

① 《隋书》卷四六《张煚传》,北京:中华书局,1973年,第1264页。需要指出的是河间鄚县张氏与墓志中平舒张氏并非一家,但从中古时代的情况来看,攀附的首选是与自己所居地较近的郡望,而如上文所论,同郡之内,次级地望相互混淆的现象非常常见。
② 《新唐书》卷七二下《宰相世系表二》,第2714页。事实上,河间张氏可以追溯到更早的源流,《后汉书》卷八〇《张超传》,张超便是河间鄚人,并自云张良之后,第2652页,东汉名臣张超、三国名将张颌皆为河间鄚人,当然不能牵强地将这些人联系在一起,但河间鄚县张氏是当地的大族,这点毫无问题。
③ 赵君平、赵文成编《秦晋豫新出土墓志蒐佚》,北京:国家图书馆出版社,2011年,第320页。
④ 《晋书》卷三六《张华传》,第1077页。
⑤ 《梁书》卷三四《张缅传附张缵传》,北京:中华书局,1973年,第493页。

曾多次编纂《百家谱》之类的著作,尽管张弘策的世系尚有不明确之处,①至少当时人认可了张弘策张华嫡裔的身份。②那么北方自称范阳张氏与张华的关系,则显得更为可疑。张华之父尽管曾任渔阳太守,但其少时家道已中落,一度以牧羊为生,③可见家族在地方上的力量恐相当有限。张华本人及其子同为赵王伦所杀,孙张舆渡江,此后整个北方经历了十六国的板荡,所谓范阳张氏与张华子孙到底有多少实际的关系,实是一件颇可疑的事情。在北朝诸史中,我们也没有找到出自范阳张氏的记传。因而,我们直到隋代才读到范阳张氏的墓志,如大业二年(606)《张贵男墓志》、大业八年(612)《张妙芬墓志》、大业九年(613)《张盈墓志》,但这三方墓志的志主皆系梁张弘策一支的后裔,而非北方的范阳张氏。其中,张盈妻萧饧性墓志亦出土,可知其妻萧饧性为萧梁皇室后裔,而张缵女张妙芬嫁梁始兴王,可知其家族保持了与萧氏的世代通婚关系。④而对于当时的北方社会而言,范阳张氏无疑并不是一个有号召力的郡望,乏人攀附。

即使到了唐代,范阳张氏的地位亦未必能与南阳张氏相抗衡。上文提及唐肃宗皇后张氏便自称望出南阳,但在张皇后伯父张去奢、父张去逸墓志中,对其郡望源流则有不同的表述,皆云出自范阳张氏。其中以《张去奢墓志》所述较详:"公讳去奢,字士则,其先范阳方城人也。自晋司空公华而忠贞孝友,世载淳懿,十一叶至隋行台仆射皖城公威,历仕魏周,爰

---

① 目前从张舆到张弘策之间的世系及张氏南迁的经过,我们主要可依据的是后出《新唐书·宰相世系表》,第2675页,记载的可靠性有一定的疑问。另参矢野主税《張氏研究稿——張良家の歷史》,《社会科学論叢》第5号,第4—7页;郭锋《唐代士族个案研究——以吴郡、清河、范阳、敦煌张氏为中心》,第51—55页。特别是其中记载张华一支南迁后定居于襄阳,从定居的地点来看,张氏很可能是属于时人所谓的晚渡荒伧,而这批人的世系与来源本来就相对复杂。
② 学者曾指出兰陵萧氏与范阳张氏皆非高门,因而萧衍动辄提及张华,乃是为了提高其外家的地位,罗新、叶炜《新出魏晋南北朝墓志疏证》,第596页。《南史》卷五九《王僧孺传》云其改定《百家谱》时:"通范阳张等九族以代雁门解等九姓",亦可推测范阳张氏地位原本地位不高,盖因张弘策崛起方才跻身士流,北京:中华书局,1975年,第1462页。
③ 《晋书》卷三六《张华传》,第1068页。
④ 《张贵男墓志》《张盈墓志》《张盈妻萧饧性墓志》分见《汉魏南北朝墓志集释》图版四二二、四六四、四六五。《张妙芬墓志》见罗新、叶炜《新出魏晋南北朝墓志疏证》,第593—594页。

宅关辅,始为京兆万年人焉",①从墓志自云先世仕宦魏周,后定居关辅的经历来看,盖是北方普通的张姓士人冒望范阳,与张弘策一支无关,而张去奢的祖母为玄宗生母窦氏之妹,窦氏为窦抗曾孙女,与唐高祖窦皇后本出同支。② 从张去奢一支的迁徙、仕宦、婚姻情况而言,其大约是关陇集团中的次等家族,或在六镇乱后迁入关中,后遂自称范阳张氏郡望。张去奢、张去逸先后死于天宝六年(747)、七年(748),时张皇后尚未显贵,故墓志中所书大约表现了天宝年间其家族对于郡望的认同。张皇后因在安史乱中,辅佐肃宗于灵武继位,而深受宠幸,亦泽及张氏宗亲:

> 肃宗即位,册为淑妃。赠父太仆卿去逸左仆射,母窦氏封义章县主,姊李昙妻封清河郡夫人,妹师师封郮国夫人。乾元元年四月,册为皇后。弟驸马都尉清加特进、太常卿同正,封范阳郡公。③

直至张氏被册立为皇后之初,仍封其弟张清为范阳郡公,可见当时张家尚以范阳为郡望,但在《旧唐书·肃宗张皇后传》中,却改称其为南阳西鄂人,此说大约源于实录,形成的时间应在张皇后晚年,张皇后得势后改为南阳郡望的具体动机我们已无法得知,④但从张氏郡望从范阳到南阳的转换来看,则似乎直到唐中叶南阳张氏的声望尚在范阳张氏之上。我们现在能读到的另外一方与张去奢家族有关的墓志,是元和十三年(818)韦复本撰写的《张怙墓志》,此时距张皇后改宗南阳郡望约有半个世纪,而志主张怙正是那位受封为范阳郡公的张皇后弟张清之子,而在这方墓志中,张去奢一族又改回了范阳郡望。⑤ 根据学者统计,自称南阳张氏的墓志数量

---

① 《张去奢墓志》《张去逸墓志》,分见《唐代墓志汇编》天宝110、天宝126,第1608、1621页。
② 《旧唐书》卷五一《昭成皇后窦氏传》,第2176页。
③ 《旧唐书》卷五二《肃宗张皇后传》,第2185页。
④ 这样的例子在李唐皇室中并非孤例,章怀太子李贤良娣张氏亦自称望出南阳,苏颋:《章怀太子良娣张氏神道碑》,从神道碑文所记张良娣先世看,亦非大族出身。《文苑英华》卷九三三,北京:中华书局,1966年,第4909页。
⑤ 《张怙墓志》,见《唐代墓志汇编》元和123,第2034页。

在唐中期之后迅速减少,这反映出南阳张氏郡望在唐中后期逐渐失去了吸引力,张去奢家族郡望从范阳—南阳—范阳的转变,恰好可以为这一历史变化提供注脚。① 尽管张去奢家族的郡望移易是一个颇为特别的例子,但也反映出张氏各望之间互相竞争的关系,即使我们通常认为的范阳这样的张氏主流郡望,在当时人心中并不具有优越的地位。

南阳作为张氏首要郡望的地位一直维持到中唐时代,②其中重要的标志是在安史之乱前后发迹的一批张姓新贵仍纷纷选择以南阳为郡望。除了上文论及的肃宗张皇后外,玄宗的藩邸旧臣、唐隆功臣张暐出身平平,本传云为汝州襄城人,但至其子张履冰墓志中便已自称南阳张氏。③ 张守珪、张献诚父子则是另一个典型案例,张守珪因拔擢安禄山而为世人所熟知,其子张献诚初附安史叛军,后举汴州归唐。其祖孙三代墓志皆已发现,无论是葬于开元末年的张守珪,还是安史乱定后的张献诚、张任,皆自云望出南阳,并编织出一套完整的家族自南阳迁至平陆的叙事:"远祖以避仇南阳,因家陕服,虽枌榆寄于新邑,而姓氏系乎旧邦。"④肃宗时的宰相张镐受封南阳郡公,张镐为博州人,出身单家,其南阳郡公之封,当是取其郡望,亦可见南阳郡望在当时的影响力,⑤而德宗时名噪一时的徐州节度使张建封亦自称南阳张氏,并受封南阳县开国男。⑥ 更晚也能见到类似的例子,如宪宗元和二年(807),润州牙将张子良以擒李锜功,封南阳郡王,元稹为其所撰神道碑记其为南阳西鄂人。⑦

接下来我们讨论在唐中后期逐渐成为张氏主流郡望的清河东武城张

---

① 郭锋《唐代士族个案研究——以吴郡、清河、范阳、敦煌张氏为中心》,第193页。
② 《太平寰宇记》卷一四二邓州下列南阳郡十一姓,以张氏为首。北京:中华书局,2008年,第2750页。按这一记载当本自中晚唐的地志图经。
③ 《旧唐书》卷一〇六《张暐传》,第3247页;《张履冰墓志》,拓本刊赵君平、赵文成编《秦晋豫新出土墓志蒐佚》,第730页。
④ 《张任墓志》,周绍良主编《唐代墓志汇编续集》贞元055,上海古籍出版社,2001年,第773页。
⑤ 《旧唐书》卷一一一《张镐传》,第3326—3328页。按《旧唐书》卷一〇《肃宗纪》云封南阳县公,第250页。
⑥ 《张建封墓志》录文见清冯敏昌纂《(乾隆)孟县志》卷二。
⑦ 《旧唐书》卷一四《宪宗纪》,第423页;元稹撰,周相录校注《元稹集校注》卷五二,上海古籍出版社,2011年,第1302页。

氏,该支张氏并没有较可靠的汉晋先世可供追溯,家族出现的第一位重要政治人物是北魏张彝。清河张氏与许多在十六国时期逐步崛起的北方士族一样,通过参与胡族政权来获得提升家族政治、社会地位的机遇,张彝的曾祖张幸曾出仕南燕,后率宗族归北魏,奠定了其家族在北朝的政治基础。张彝本人则在孝明帝因其子张仲瑀上书请求"铨别选格,排抑武人",为禁军所殴而丧命。[①] 此事是北魏后期胡汉矛盾激化的一个标志性事件,因而为史家所注目,但就清河张氏家族而论,本身只能算是北朝第二等汉人士族,[②]从墓志资料来看,自称清河张氏墓志出现的时间要晚于南阳张氏,数量上亦逊色不少。其中较早的一方是北齐武平三年(572)《张洁墓志》,[③]志主张洁及其父张厚皆为处士,与张彝一支的关系不详,但《张洁墓志》云其卒于东阳,则其家族居住在刘宋时所侨置的东清河郡,张彝曾祖张幸早年曾定居于此,[④]当时定居此地的崔氏、房氏、张氏、傅氏诸族之间有着密切的婚姻联系。[⑤] 张洁一家定居于此,或许是清河张氏留在地方上的支裔。另两方则是隋开皇三年(583)张崇训墓志、开皇十五年(595)比丘尼张修梵墓志,[⑥]张崇训曾为青州主簿,家族不见于史乘,张修梵则是瀛洲刺史张烈的第三女,张烈《魏书》有传,其家先世亦定居于东清河,[⑦]这两方墓志皆出土于青州,可知至隋代其家族成员仍有居于故乡者。

另可注意的是隋马穊及妻张氏、马穊后妻张姜这两方墓志。[⑧] 马穊本人仅仕至信州典签,正史无载,尽管其自云出自扶风马氏,但从父祖的经

---

① 《魏书》卷六四《张彝传》,第1427页。
② 邓名世《古今姓氏书辩证》卷一三引孔至《姓氏杂录》:"唐初定清河张为乙门",第195页。
③ 李森《新见北齐张洁墓志考鉴》,《考古与文物》2008年第1期,第100—101页。
④ 《魏书》卷二九《叔孙建传》,第704页。
⑤ Jennifer Holmgren, "The Making of an Elite: Local Politics and Social Relations in Northeastern China during the 5th century AD", Marriage, Kinship and Power in Northern China, London; New York: Routledge, 1995, pp.1-79.
⑥ 刘华国、姜建成《山东青州新出土隋张崇训墓志》,《文物》2015年第2期,第71—73页;《张修梵墓志》,见《汉魏南北朝墓志集释》图版三九三。
⑦ 《魏书》卷七六《张烈传》,第1685页。
⑧ 分见《汉魏南北朝墓志集释》图版四○○、图版四○一。

历来看，不过是一般的官宦人家，且多历武职。其前后两妻皆姓张，前妻自称出自南阳张氏，而后妻张姜则自云为清河东武城人，但都无可靠的凭据。其中《张姜墓志》对其先世的叙述颇有意思："黄帝之苗，白水侯之胤，晋司空茂仙之后，琼根宝叶，陪驾东京，乃为河南人也"，从"陪驾东京，乃为河南人"一语中可以判断，其家族可能出自胡族，迁洛后改为河南郡望，又将张华字"茂先"误植为"茂仙"，可知汉文化水准有限，其清河张氏之称乃是冒望，这是笔者读到较早一方冒姓清河张氏的墓志，或许可以作为清河张氏郡望形成的一个标志。但志文自称白水侯之胤则表明墓志的撰者又将其与南阳白水张氏相连，这种将各个不同郡望的典故混用于同一篇志文的例子，在唐代墓志中颇为常见，如唐咸亨元年(670)《张晓墓志》，其亦自称出自清河张氏，但叙其先世时则云："抵清河而绍业，飞派极天；掩白水而承家，长澜纪地"，[1]这一方面表明南阳白水逐步成为各支张氏祖先记忆中重要的一环，另一方面显示在郡望虚化之后，墓志的撰者不再注意辨别世系源流，志文中关于家族源流的叙事逐渐变为虚应故事的格套。

较之于清河张氏与范阳张氏，敦煌张氏的地域特征更为明显。张氏一直是敦煌土著大姓，一般认为其自北凉入魏，代表性的人物是为崔浩所赏识的张湛，[2]并在此期间逐步形成了郡望。尽管一些张姓人物明确自凉州迁来，但并未在墓志中自称敦煌郡望，如北魏皇兴二年(468)《张略墓志》，虽然在志文中详细记载了其在北凉的历官，显示出不忘故国之情，[3]但未提及郡望。目前所见较早自称敦煌张氏的是东魏武定六年(548)的《张琼墓志》，[4]但《北齐书·张琼传》则云其为代人，[5]可知亦是冒望。稍晚武平二年(571)的《张宗宪墓志》则较为可靠，[6]志主系张湛曾孙。

---

[1] 《唐代墓志汇编》咸亨028，第529页。
[2] 《魏书》卷四〇《张湛传》，第1153页。
[3] 罗新、叶炜《新出魏晋南北朝墓志疏证》，第48—49页。
[4] 贾振林编《文化安丰》，郑州：大象出版社，2011年，第158页。
[5] 《北齐书》卷二〇《张琼传》，第266页。
[6] 贾振林编《文化安丰》，第328页。

有意思的是，我们发现在敦煌、吐鲁番出土与张氏有关的文书和墓志中，①不少将南阳白水张氏视为敦煌张氏的源头，其中代表性的记载可以举出著名的《张怀寂墓志》：

> 君讳怀寂，字德璋，南阳白水人也。昔轩后诞孕，手文疏得姓之源；锡壤崇基，白水为封侯之邑。贤明继轨，代有人焉。佐汉相韩，备该策史。裏避霍难，西宅敦煌，余裔迁波，奄居蒲渚，遂为高昌人也。②

据墓志对于敦煌张氏先世的叙事，张氏之先乃源于南阳白水，后因远祖张襄避霍光之乱，远迁敦煌，后又徙居高昌。结合前引《薛君妻张氏墓志》《张任墓志》，我们可以发现在南阳张氏占据主流的时代，张姓其他各望往往借助"迁徙神话"建立与南阳白水的联系，这也是白水在一些墓志文本中成为张姓共同祖先叙事一环的重要原因。

如果我们进一步检索吐鲁番地区出土的砖志，则可注意到高昌时期的张姓砖志皆自述其为敦煌张氏，此处的敦煌可能更多是指籍贯而非郡望，直至唐占领西州后，才逐渐发生变化，白水这一郡望符号开始出现，③如显庆三年(658)《张善和墓志》云"张氏分源白水，□□诸邦。揆日瞻星，保居高昌也"，仪凤二年(677)《张氏墓志》称望出南阳白水，后定居高昌，长寿二年(693)《张富琳墓志》虽云西州高昌县人也，但称"其先出自白水，

---

① 此前姜伯勤已经利用邈真赞讨论敦煌张氏的问题，笔者所论与之关注点有所不同，参读《敦煌邈真赞与敦煌名族》，收入饶宗颐主编《敦煌邈真赞校录并研究》，台北：新文丰出版社，1994年，第1—11页。
② 侯灿、吴美琳《吐鲁番出土砖志集注》，第595—597页；另参陈国灿《跋〈武周张怀寂墓志〉》，《文物》1981年第1期，第47—50页。类似的表达还有《张雄及妻麴氏墓志》中所云："君讳雄，字太欢，本南阳白水人也。天分翼轸之星，地列敦煌之郡，英宗得于高远，茂族擅其清华。"（《唐代墓志汇编》永昌008，第785页）
③ 孟宪实《汉唐文化与高昌历史》，济南：齐鲁书社，2004年，第343—349页；關尾史郎《本貫の記憶と記錄——敦煌張氏の場合》，收入氏編《環東アジア地域の歴史と"情報"》，东京：知泉书馆，2014年，第5—26页。根据關尾史郎统计，唐平定高昌之后，所见张氏墓志共十方，除了一方自云清河外，其他九方皆称望出南阳，亦可见南阳张氏郡望在当时所具有的主流地位。

分枝中夏"，①可知南阳白水郡望的流行是高昌归唐后，方才从中原获得的新知识，《张怀寂墓志》不过是将这一叙事进一步整齐化，并建构起如何迁居至西州的一整套叙事，而张善和、张怀寂这些高昌灭亡后先被迁往中原、再返回西州者，或成为郡望知识传播的中介。另外我们可以发现这一关于张姓源流的叙事在敦煌、吐鲁番地区已成为一种典范化的记忆，《张怀寂墓志》与 P.2625《敦煌名族志》中关于张氏源流的文字非常接近，②可见这一文本并非是某个家族的个体化叙事，而是经过有意识的梳理之后，形成了一种在当地被广泛认可的集体记忆，这种对于敦煌张氏先世记忆典范化的过程，或许与身处边邑敦煌、高昌之地的汉人需要通过祖先记忆的环节，维系自身对于中原文化的认同有关。

尽管南阳张氏郡望的影响力自唐中期以后在中原地区已趋衰弱，在墓志中出现的频率明显减少，③清河逐步成为张氏的主流郡望。但在敦煌地区，南阳张氏郡望依旧十分流行，特别是归义军节度使张议潮一族自称源出南阳张氏，④后著籍敦煌。如 P.2913《张淮深墓志铭》、P.2568《南阳张延绶别传》，张延绶为张淮深第三子，P.3556《张氏墓志铭并序》，循北朝隋唐之旧，显示出以南阳郡望为高的倾向，这无疑提升了南阳郡望在敦煌当地的地位。另有 P.3718《张明集写真赞并序》、P.2482《张怀庆邈真赞并序》、P.3390《张安信邈真赞并序》、P.3792《张和尚生前写真赞并序》及河西都僧统洪辩母张氏亦自称南阳郡望。敦煌流行的《前汉刘家太子传》则虚构了南阳张老搭救逃亡的刘氏太子的故事，⑤这一故事的情节大约有模仿张良辅汉的成分，但变文中提及"南阳白水张，见王不下床"之语，反映出

---

① 分见侯灿、吴美琳《吐鲁番出土砖志集注》，第492、565、593 页。
② 郑炳林《敦煌地理文书汇辑校注》，兰州：甘肃人民出版社，1989 年，第 110 页；参陈国灿《跋〈武周张怀寂墓志〉》，《文物》1981 年第 1 期，第 47 页。
③ 笔者所见较晚的几方南阳张氏墓志有广明元年（880）《张周抗妻何氏墓志》，《唐代墓志汇编》广明 003，第 2501 页；后梁乾化四年（914）《张荷墓志》，周阿根《五代墓志汇考》，合肥：黄山书社，2012 年，第 45 页。
④ 姜伯勤《敦煌邈真赞与敦煌名族》一文认为张议潮自称南阳郡望，与其受封为南阳郡公有关，《敦煌邈真赞校录并研究》，第 2 页。但张议潮一支也有自称清河望者，并不一律，如 P.3556《张戒珠邈真赞并序》，张戒珠为张议潮侄女。
⑤ 黄征、张涌泉《敦煌变文校注》，北京：中华书局，1997 年，第 243—244 页。

敦煌地区对于南阳张氏郡望特别推重，事实上，这一故事在当地流行本身或许也是张议潮为强化其统治合法性而有意制作、散播的。① 根据目前所见的史料，直至五代中后期，南阳张氏郡望在敦煌依旧极具号召力。与兴起时一样，敦煌南阳郡望的衰弱与中原也不同步，这一现象或许与安史乱后敦煌长期为吐蕃所占领，在隔绝的环境中无法获知中原地区流行的新的郡望知识有关。

　　从目前所保存敦煌张姓的碑铭、邈真赞来看，敦煌张姓对于先世的叙事大致可以分为三种，除了上文讨论的南阳张氏之外，尚有清河张氏、敦煌张氏。清河张氏是唐中期以降张姓的主流郡望，代表性的文书可以举出 P.3633《张安左生前邈真赞并序》、P.2991《张灵俊和尚写真赞并序》、P.3718《张良真生前写真赞并序》、S.5405《张福庆和尚邈真赞并序》，其中较为特别的是其叙述先世时往往喜欢自称为前凉张氏的后裔，如 P.3718《张良真生前写真赞并序》云："公字良真，则前凉天锡二十八代云孙矣"，② 但事实上，张天锡所出的安定张氏与清河张氏之间毫无关联，但前凉张氏作为历史上曾统治过敦煌的割据政权，其进入敦煌张氏的祖先记忆，恐怕不是偶然的，长期称臣于晋的前凉政权作为十六国时期北方重要的汉族政权，其与孤悬于河西的归义军无论是地位还是心态上都不无相似之处，张轨作为凉州地方史上的重要人物，自承是其子孙，有助于增强张氏在敦煌当地的声望。

　　直接自称敦煌张氏，不再攀附中原郡望的张氏碑铭赞亦有所见，如 P.4660《张兴信邈真赞》、P.4660《张僧政邈真赞》、P.3718《张清通写真赞并序》，③ 这些张氏在叙述先世源流时，则更强调敦煌张氏本身的源远流长，并将其与墨池张氏联系起来。所谓的墨池张氏指的是东汉名臣张奂一

---

① 金文京《中国民間文学と神話伝説研究：敦煌本〈前漢劉家太子伝（変）〉を例として》，《史学》66 卷 4 号，1997 年，第 126—127 页。按变文《前汉刘家太子传》似仅流行在敦煌地区，我们目前没有直接证据判断 P.3645 抄写的年代，但该卷背面抄录了四首歌颂张议潮的诗歌，校录见徐俊《敦煌诗歌残卷辑考》，北京：中华书局，2000 年，第 340 页，或可推测其流行与敦煌张氏政权的成立有关。
② P.2991《张灵俊和尚写真赞并序》亦云："清河郡天锡之贵系矣。"
③ 以上所引的敦煌文书录文皆据郑炳林《敦煌碑铭赞辑释》，兰州：甘肃教育出版社，1992 年。

族,张奂也是为正史所载第一位敦煌张氏名人,张奂子张芝以擅书知名,①张芝书法为王羲之所重,因有"临池学书,池水尽黑"的传说。② 特别可以留意的是 P.2005《沙州都督府图经》记载"张芝墨池,在县东北一里,效谷府东南五十步",该处是当时敦煌重要的名胜之一,《图经》中还提及开元年间沙州刺史杜楚臣、敦煌县令赵智本先后寻访张芝墨池故迹,并得石砚一枚,因会聚张仁会等当地张氏子孙修葺立庙,供奉张芝画像。③ 尽管我们无法确认敦煌张氏与张奂、张芝间的真正关系,但墨池及张芝庙这一地方名胜的制作无疑会成为建构地方集体记忆的重要场所,有助于提高张氏对于敦煌本土的认同感。④ 尽管我们无法轻易地断言一部分张氏对于敦煌郡望的认同及对地方记忆的塑造,转而不再盲目地攀附南阳、清河这样的中原郡望,是否体现了敦煌地域意识的成长。但如果对比武周年间《张怀寂墓志》是如何强行建构起南阳西迁敦煌这一与历史事实恰好相反的家族记忆,与敦煌文书中所展现出的当地张氏郡望选择过程中的复杂竞争关系,我们确实可以发现在这二百年间,敦煌张氏的先世记忆与郡望认同已发生了不小的变化。

四、郡望普及与隋唐之际的社会变迁

"称袁则饰之陈郡,言杜则系之京邑,姓卯金者咸曰彭城,氏禾女者皆云巨鹿",⑤这是唐代史学家刘知幾的一个著名论断,大致生活在高宗至玄宗之间的刘知幾是一位观察敏锐、知识广博的学者,如果他的这个判断可

---

① 《后汉书》卷六五《张奂传》,第 2138—2144 页。
② 《晋书》卷八〇《王羲之传》,第 2100 页。
③ 郑炳林《敦煌地理文书汇辑校注》,第 15—16 页。特别需要强调的是提及墨池及立张芝庙的敦煌文书有多件,可见这一名胜及其建立在敦煌颇有影响,如 P.3721《瓜沙两郡史事编年并序》亦详载立庙经过,可见此为敦煌地方史中一大事件,另见 P.2691V《沙州城土境》、P.3644《俗务要名林》《敦煌经部文献合集》定名为《词句摘抄》)等。
④ 关于名胜与地方认同形成的关系,可读廖宜方《唐代的历史记忆》一书中的讨论,台北:台大出版中心,2011 年,第 316—330 页。
⑤ 刘知幾撰,浦起龙释《史通通释》卷五《邑里篇》,上海古籍出版社,1978 年,第 145 页。

以信任,那么在入唐约半个多世纪后,郡望便已失去了甄别士庶的意义,变成人人皆可自称的虚号。对此现象,武后更有一略带讽刺的设问:"诸儒言氏族皆本炎黄之裔,则上古乃无百姓乎?"①这牵涉两个方面的问题,第一,关于郡望的知识是怎样传播的,以至于为普通士人所获晓。第二,郡望的普遍化对于士族意味着什么,进而如何来理解隋唐之际的社会变化。

我们先略作回溯,观察一下距唐初不远南朝后期社会的情况,便会发现郡望谱牒的知识虽为人所重视,但知识传播的方式是精英化的:

> 《五经》之外,宜以正史为先。谱牒所以别贵贱,明是非,尤宜留意。或复中表亲疏,或复通塞升降,百世衣冠,不可不悉。
> 吾年十三,诵《百家谱》,虽略上口,遂感心气疾,当时奔走。②

以上两段分别出自《金楼子》的《戒子篇》及《自序篇》,是萧绎劝诫子孙及回顾生平经历的文字,具有重要的史料价值。可以注意到南朝社会中谱牒之学的地位仅次《五经》与正史,萧绎本人《自序》云其六岁能诗,后稍学为文,十三岁读《百家谱》,可以说此三项是萧绎青少年时代习得的最重要的知识。他特别强调谱牒之学对于维系士庶分别、了解衣冠亲疏所具有的现实功用,十三岁读《百家谱》,从时间上来说,大约也可以理解为进入士人交往圈做好知识准备,需要通过披览《百家谱》,详细了解各族的世系、源流、家讳等。无疑在萧绎的笔下,谱牒郡望是一种贵族化的知识,南朝许多士人以谱学见称,或者因能与人接谈而不犯其家讳而获得赞誉,亦不断有人编纂《百家谱》之类的书籍,这些都是研究者非常熟悉的典型士族社会的图景。

如果用本文所讨论张氏墓志所呈现的画面与之比较,则可以发现两者之间有相当大的反差。郡望滥用与伪冒的现象非常普遍,例如南阳张氏的郡望尽管极其常见,但其源流和虚实似乎当时人从来没有给予过特

---

① 《新唐书》卷一二五《张说传》,第4404页。
② 萧绎撰,许逸民校笺《金楼子校笺》,北京:中华书局,2011年,第499、1351页。

别的留意,在墓志叙述中将两个不同郡望先世杂糅在一起的例子十分常见,当时人也没有甄别辨伪的兴趣,似乎仅仅将其作为一种程式化的书写。这样的情形大约是萧绎写下那些文字时所不能想象的,但其实从萧绎到刘知幾,只不过间隔了约一个半世纪而已,这恰好是从南北朝末期到隋唐初期这样一个转变的时代,尽管我们一般也将唐代视为士族社会,但此时的士族社会较之于之前的南北朝时代已经有了不小的变化。

其中之一便是郡望知识的普遍化与世俗化,关于唐代的郡望谱牒,在敦煌文书中陆续有九件文书刊布,其中首尾俱全者有 S.2052《新集天下姓望氏族谱一卷并序》,① 这几件文书的性质与年代曾引起学界长期的争论,② 但笔者以为唐长孺的敏锐观察,特别值得注意,唐先生指出尽管《贞观氏族志》等官修姓氏书依然会详列诸姓的等第与谱系相承,"但是煌煌上百卷巨著,虽颁行全国,决不能家有其书。除了高门显贵或谱学专家以外,实际上也不需要。民间流传的即是一种简单列举郡望的姓氏表。民间不需明辨谱系,更不需要区分等第,他们需要的只是在习惯上、礼仪上为某一姓安上一个适当的郡望",③ 即谱牒与郡望表出现了分离,一般民众仅需攫取简要的郡望为其攀附所用,至于具体世系及先世叙事的准确性,并不是其关心的话题。④ 而敦煌出土的这几件文书,其在性质上恐怕更接近于郡望表,而非传统意义上的谱牒,具有为中下层士人选择郡望提供便利的实际功用,《新集天下姓望氏族谱一卷并序》的序文中其实已经明确

---

① 郑炳林《敦煌地理文书汇辑校注》,第 323—343 页。
② 新近的综合性讨论参读陈丽萍《敦煌本〈大唐天下郡姓氏族谱〉的缀合与研究——以 S.5861 为中心》。(《敦煌研究》2014 年第 1 期,第 78—86 页)该文将 S.5861 与羽 59R、P.3191、S.9951、BD10613、BD10076 进行了缀合,并在李锦绣研究的基础上判断 BD08679 系唐人据 S.5861 伪作。
③ 唐长孺《魏晋南北朝隋唐史三论》,武汉大学出版社,1998 年,第 397 页。
④ 因此我们或许能对旧望及围绕其产生的困惑做出一个较完满的解释,郭锋已注意到张姓有四十三望,而传世文献与墓志中使用的不过十个左右,郭氏将那些无人使用的郡望称为旧望。(《唐代士族个案研究——以吴郡、清河、范阳、敦煌张氏为中心》,第 44—48 页)事实上所谓的旧望,很可能只是郡望表中所罗列出供人选择的郡望,而非真正使用的郡望,为选择方便将各朝张姓名人的里籍皆收入其中。我们也可以注意到 S.2052《新集天下姓望氏族谱一卷并序》、S.5861《天下郡姓氏族谱》等中所列举的不少郡望,在传世文献或墓志并未出现过,过去一般认为或反映了地方大族的构成,但更可能只是列在郡望表中的虚名而已。

指出了此卷的功用所在:"夫人立身在世,姓望为先,若不知之,岂为人子?虽即博学,姓望乖殊,晚长后生,切须披览,但看注脚,姓望分明。"循此脉络出发,目前所见的一些看上去明显郡望有误的墓志似乎隐约透露出这种郡望选择过程,以及郡望知识在向普通士人传播的过程中可能产生的讹误。笔者曾注意到这样两个例子,一方是大业十二年(616)《明质墓志》,[1]另一方是咸亨五年(674)《麹建泰墓志》,[2]明氏和麹氏这两个稀见的姓氏,其郡望与姓氏都有着明确而稳固的对应关系,明氏源自平原,而麹氏望出金城或西平,绝大多数的明氏、麹氏墓志皆循此惯例书写墓志,但《明质墓志》却自云为南阳白水人,《麹建泰墓志》为乐安人,南阳为张氏郡望,乐安为孙氏郡望,与明氏、麹氏全无关联,也是目前所见两姓墓志中的孤例。这两方墓志志主的社会地位都不高,笔者推测,墓志中这两个奇怪郡望的出现,很可能是志主家属或者墓志的撰者使用一份错讹的郡望表所造成的,目前所见 S.2052《新集天下姓望氏族谱一卷并序》、S.5861《天下郡姓氏族谱》本身便有不少抄写讹误之处,可以想见这种在民间流传的郡望表,窜乱讹倒在所避免,各种文本之间可能也存在着一定的差别,若使用者对于郡望的知识有限,不能发觉其中的错讹,据之选择郡望时不免受到误导,发生张冠李戴的误会。

　　此时传统意义上代表士族文化、卷帙浩繁的谱牒已变成一种死去的学问,仅供少数人玩赏之用。事实上,即使谱学家在现实生活亦无法坚守辨析士籍的要求,如唐开元二十三年(735)《窦君妻高态墓志》,墓志的撰者是著名的谱学家柳芳,[3]志主本人其实是高欢之后,并非渤海高氏的正宗,但精于谱学的柳芳在行文中亦需书写其渤海高氏的郡望,以迎合一般的社会风尚。唐长孺进一步指出:"这类简表的流行是郡望实际上的废除",[4]而本文以张氏为例,所展现出来关于郡望选择过程中的错杂与多歧,便是这一时代变迁的生动写照。当普通人都可以任意选择郡望时,那

---

[1] 《汉魏南北朝墓志集释》图版五一六。
[2] 《秦晋豫新出土墓志蒐佚》,第216—217页。
[3] 吴钢主编《全唐文补遗》千唐志斋新藏专辑,西安:三秦出版社,2006年,第171页。
[4] 唐长孺《魏晋南北朝隋唐史三论》,第399页。

么郡望便逐步失去了标识社会身份的意义,尽管可能在崔、卢、李、郑、王五姓七家这样身处士族社会顶端的家族,能够继续通过家族的谱牒维系旧有的婚姻、交往网络,但郡望无疑不再是士族的专享品,滥用郡望所造成的郡望虚化正在慢慢侵蚀着士族社会的根基。

那么从南朝的辨析士庶,到初唐之后的滥用郡望,推动这一社会变迁的动力究竟在何处?尽管一般将东晋南朝视为士族社会的标准形态,认为孝文帝分定姓族不过是对南方士族体制的模仿而已,但自北而南的统一进程,使得隋唐的社会阶层结构主要承袭北朝,无论侨姓的王、谢,还是吴地的顾、陆、朱、张都只能算是隋唐社会中第二等的家族。孝文帝推行的分定姓族或许有取法南朝的一面,但北朝的门阀体制本质上是皇权主导的,崇重的是当朝冠冕,而非魏晋之旧,这点《贞观氏族志》编纂原则与之一脉相承。特别是将鲜卑姓改为汉姓,并分定等第,比于四姓之举,某种意义上可以理解为通过国家意志,整体性地将鲜卑贵族冒为汉人士族,①在此之后,胡族冒为汉人郡望的事例可谓比比皆是,不胜枚举。与南朝不同,北朝社会从来没有形成过严格甄别士流的风气,北齐、隋、唐皇室本身都有伪冒士族的嫌疑,皇帝经常纵容、甚至鼓励当朝冠冕攀附士籍,跻身士族行列的行为,山东旧族或许可以通过维持封闭的通婚圈以示抗衡,但却不能公开地如南朝士族那样宣称"士大夫故非天子所命"。整个北朝时代几次大规模的改姓,更加剧了谱系与郡望的紊乱,加之长期存在着伪冒郡望的风气,使得从北朝到隋唐之间出现了一个郡望伪滥并加速贬值的趋向。在此时代背景下,如张姓这样人口众多,郡望林立,却又缺乏全国性号召力的姓氏,其各郡望之间高下的演变与竞逐便显得尤为复杂,南阳张氏这一虚构的郡望得以趁势而起,并在很长一段时间内占据主流。

"声名流传下来并为后人记住的祖先,只是那些对他们的记忆已被人

---

① 宋人沈括有一观察:"士人以氏族相高,虽从古有之,然未尝著盛。自魏氏铨总人物以氏族相高,亦未专任门地。唯四夷则全以氏族为贵贱……苟非贵种,国人莫肯归之;庶姓虽有劳能,亦自甘居大姓之下。至今如此,自后魏据中原,此俗遂盛行于中国,故有八氏、十姓、三十六族、九十二姓。"(胡道静《梦溪笔谈校证》卷二四,上海人民出版社,2011年,第568页)

们变成了崇拜对象的先辈，他们与这些先辈至少保持着虚构的联系。而其他的祖先，则变成了默默无闻的大众的一部分"，[1]国人素喜欢讲光宗耀祖，其实更希望祖宗能给自己带来荫泽，因而在"冢中枯骨"能照耀到"当世官冕"的中古时代，如何选择性地编织自己的祖先记忆，通过文本的书写与重构将两个或几个不同的谱系联结在一起，[2]重塑家族的源流与历史，甚至发明出一个虚拟的郡望，往往成为士人群体不自觉的共谋，最终在唐人墓志中呈现出了一幅姓姓有高门、人人得郡望的画面。但在这幅士族社会图景的背后隐藏着两股暗流，对于如"五姓七家"这样的天下盛门而言，时人多行攀附伪冒之举；而一些缺乏世系与人物支撑的小姓郡望，由来不明，则不无"虚构"的可能。[3] 郡望的"攀附"与"制作"一方面固然反映了普通士人对门第的企羡与追逐，另一方面也折射出南北朝后期至隋唐，士族社会正在发生着可观的变化，这种"变"与"不变"一并构成了士族社会长期维系又浮沉不定的重要因素。

本文原刊《历史研究》2016年第3期，收入本书时有少量增订。

---

[1] 哈布瓦赫《论集体记忆》，上海人民出版社，2002年，第126页。
[2] 当然这样对于祖先记忆的重构不但出现在中古家族的先世构筑中，其实在当时及后世少数民族的先世起源传说中亦极为常见，这是否有互相渗透的一面，值得进一步思考。参读姚大力《论拓跋鲜卑部的早期历史——读〈魏书·序纪〉》，《北方民族史十论》，桂林：广西师范大学出版社，2007年，第1—17页；王明珂《论攀附：近代炎黄子孙国族建构的古代基础》，《历史语言研究所集刊》第73本3分，第583—618页。从传统社会宗族建构的视角来看，钱杭曾指出"在奉行最典型的父系世系原则的中国古代，对虚拟祖先的追叙、对父系世系的拟制以及对本姓的改变或封赐，无论在理论上还是在实践上都是被允许及习以为常的"，《宗族的世系学研究》，上海：复旦大学出版社，2011年，第84页。
[3] 唐雯在《新出葛福顺墓志疏证——兼论景云、先天年间的禁军争夺》一文中亦注意到葛氏饶阳郡望有民间构拟的可能，《中华文史论丛》2014年第4期，第105—107页。既往的研究中，由于学者关心的重点集中于名门望族，故对士族世系的辨伪用力较深，但对小姓郡望的形成、演变及虚实关注不多，而大量墓志的出土则为我们探寻此类"中层士人"选择甚至制作郡望的过程提供了可能。

文天祥之死与元对故宋问题处置之相关史事释证

温海清(复旦大学历史学系)

本文老话重提,拟对文天祥从被执到被赐死前后相关的一系列史事重新检讨,意图从当日具体历史情境来进一步解析这段历史。本文试图主要回答以下三方面问题:一、文天祥从被俘到被杀,其间他究竟经历过怎样的心路历程,在"速死"与"只求一死"以全节的决绝态度之外,他究竟有无可能存有一种"不死"的想法?二、当日元廷对外发布赐死文天祥的具体原因是什么,时人对此所知若何,忽必烈缘何又终赐文天祥以死?三、在促使元廷赐死文天祥的诸多缘由中,其中所涉谏言者"闽僧"究竟系何人?我们可否从"闽僧"身上观察到元廷对故宋遗留政治问题处置相关的更多历史信息?

一、天祥被执:"速死"抑或"不死"?

元至元十五年(宋祥兴元年,公元 1278 年)十二月二十日,文天祥被张弘范统领的军队执于广东五坡岭。[①] 张弘范等元军前方将领劝降文天祥不果,随后,"弘范遣使具奏天祥不屈与所以不杀状,世祖皇帝命护送天

[①] 据《元史》载,至元十五年闰十一月:"谍报文天祥见屯潮阳港,亟遣先锋张弘正、总管囊加带率轻骑五百人,追及于五坡岭麓中,大败之,斩首七千余,执文天祥及其将校四人赴都。"参阅《元史》卷一〇《世祖七》,北京:中华书局,1976 年,第 206 页。

祥[至]京师。弘范遣都镇抚石嵩护行,且以崖山所得宋礼部郎官邓光荐与俱"。①

至元十六年(1279)二月二十二日,②文天祥等人遭北解。他们从广州出发,于当年十月一日抵达大都。从《指南后录》《集杜诗》诸诗篇所涉之地名,我们或可大致勾勒出文天祥北行的具体线路,其沿途所经地点如次:广州、英德、南安军、万安县、泰和、吉州、临江军、隆兴府、湖口、安庆府、池州、建康、真州、扬州、高邮、宝应、淮安军、桃源、崔镇驿、宿迁、邳州、徐州、彭城、藤山、沛县、固陵、鱼台、潭口、新济州、汶阳、郓州、东平、东阿、高唐州、博州、陵州、献州、滹沱河、河间、保州、涿州、涿鹿、白沟河等地。③这条路线与元代江西行省、江浙行省以及腹里地区诸驿道颇为相合。④当日元廷征召南方士人赴大都,大多藉由此道北行,所谓"乘传上京"。⑤文天祥自况"楚囚",且被"系颈縶足"。不过因其身份特殊,所获待遇尚可。文天祥沿途所作《越王台》《燕子楼》《戏马台》《赵太祖墓》诸诗篇,一定程度上反映出北解途中,所遇并不苛严。据《指南后录·河间》载,文天祥自陈:"夜宿河间恰家,则翁寓焉,因成三绝。"⑥所谓"则翁",乃南宋末年名臣家铉翁。可以说,当时情势并不见窘迫。⑦

从至元十六年十月抵京,至至元十九年(1282)十二月被敕死,文天祥

---

① 刘岳申《申斋刘先生文集》卷一三《文丞相传》,收于"国立中央"图书馆编印《元代珍本文集汇刊》,台北:"国立中央"图书馆,1970年,第570页。
② 《申斋刘先生文集》卷一三《文丞相传》内称"二十二日发广州",第570页。
③ 文天祥《文天祥全集》卷一四《指南后录》、卷一六《集杜诗》,北京:中国书店,1985年,第349—382、397—440页。
④ 党宝海《蒙元驿站交通研究》,北京:昆仑出版社,2006年,第279—313页。
⑤ 谢枋得著,熊飞等校注《谢叠山全集校注》卷一《上程雪楼御史书》,上海:华东师范大学出版社,1994年,第1页。
⑥ 《文天祥全集》卷一四《指南后录》之卷二,第367页。
⑦ 另据周密撰《文山书为北人所重》载:"平江赵昇卿之侄总管号中山者云:近有亲朋过河间府,因憩道傍,烧饼主人延入其家,内有小低阁,壁贴四诗,乃文宋瑞笔也。漫云:'此字写得也好,以两贯钞换两幅与我如何?'主人笑曰:'此吾家传宝也,虽一锭钞一幅亦不可博。咱们祖上亦是宋民,流落在此。赵家三百年天下,只有这一个官人,岂可轻易把与人邪?文丞相前年过此与我写的,真是宝物也。'斯人朴直可敬如此,所谓公论在野人也。癸巳九月。"文天祥此诗乃北解途中经河间府时所作,由以观之,知其所遇并不严苛。参阅周密撰,吴企明点校《癸辛杂识·癸辛杂识续集下》,北京:中华书局,1988年,第186页。

拘于燕狱凡三年又两月。文天祥燕狱生活,于《指南后录》《吟啸集》诸诗篇中或可窥见,其狱中苦状,略有描绘。① 不过,因元廷一直试图劝降文天祥,并极力安抚,总体而言,狱中处境尚可。他在狱中不仅可以见客会友,与琴师汪元量、道士灵阳子等弹琴论道;②还供有棋奕笔墨书册等,以为消遣。③ 文天祥狱中所成诗句,当时就已外传。据至元二十一年(1284)邓光荐撰《文天祥墓志铭》载:"北人传好句,大半狱中成。"④同时代人郑思肖所撰《文丞相叙》则称:"北人有敬公忠烈,求诗求字者俱至,迅笔书与,悉不吝。"⑤另据元末明初人陶宗仪《隆友道》载:"张毅父先生千载,庐陵人,而宋丞相文公友也。公贵显时,屡以官辟不就。江南既内属,公自广还,过吉州城下,先生来见曰:'今日丞相赴北,某当偕行。'既至燕,寓于公囚所侧近,日以美馔馈。凡三载,始终如一。"⑥以此亦可窥知当日文天祥燕狱生活的一个侧面。

那么,文天祥于被执到被赐死的三年多时间里,他面对死亡的心路历

---

① 如《指南后录》卷之三《五月十七夜大雨歌》《还狱》诸篇,《文天祥全集》,第 374、378 页。
② 《文天祥全集》卷一四《指南后录·胡笳曲》、卷一五《吟啸集·遇灵阳子谈道赠以诗》,第 369—370、389 页。《胡笳曲》记:"庚辰中秋日,水云慰予囚所。援琴作胡笳十八拍,取予疾徐,指法良可观也。琴罢索予赋胡笳诗,而仓卒中未能成就。水云别去,是岁十月复来,予因集老杜句成拍,与水云共商略之。盖囹圄中不能得死,聊自遣耳。亦不必一一学琢语也。水云索予书之,欲藏于家,故书以遗之。"
③ 据邓光荐撰《文丞相传》载,至元十九年,因情势突变,"下千户所,收其棋奕笔墨书册"。参阅《文天祥全集》卷一七《宋少保右丞相兼枢密使信国公文山先生纪年录》所录邓光荐《文丞相传》,第 466 页。下文所引邓光荐《文丞相传》之相关内容,均引自该书,不再一一注明。
④ 此《文天祥墓志铭》,见于明嘉靖本《文山先生全集》卷二八、崇祯本《宋文文山先生全集》卷二一,分别题作《宋礼部侍郎庐陵中斋邓光荐中甫叙公传》《邓光荐叙传论》。详可参阅陈柏泉《至元二十一年文天祥墓志铭》,《文史》1983 年总第 17 辑,第 240 页;邓碧清《也谈至元二十一年〈文天祥墓志铭〉》,《文史》1994 年总第 38 辑,第 220 页。
⑤ 郑思肖著,陈福康点校《郑思肖集》,上海古籍出版社,1991 年,第 126 页。本文所引《郑思肖集》的相关内容,均出自是书所收录的《心史》。有关《心史》真伪问题的争论,自清人徐乾学以来,已持续数百年之久。目前就元史学界而言,对于《心史》为宋遗民所作的真实性问题以及该作品所具有的重要史料价值,基本持肯定态度。笔者曾仔细研读过《心史》,亦认同元史学界前辈学者所作出的肯定判定。本文多处征引《心史》内容来讨论相关问题,其实亦从一侧面揭示出郑思肖所记与当日历史状况相符合之种种。对于《心史》真伪问题争论的学术史梳理,详可参阅钟焓《〈心史·大义略叙〉成书时代新考》,《中国史研究》2007 年第 1 期。兹不赘述。
⑥ 陶宗仪《南村辍耕录》卷五,北京:中华书局,1959 年,第 63 页。

程究竟有何变化呢？在起初求"速死"与最终"只求一死"之间，究竟有无"不死"的想法？这是一个难以遽然作答而需仔细解析的问题。

据刘岳申撰《文丞相传》载：

> ［至元十五年十二月］二十日午，天祥方饭客五坡岭，步骑奄至，天祥度不得脱。即取怀中脑子服之，众拥天祥上马。天祥急索水饮，冀速得死。已乃暴下，竟不死。诸军皆溃，天祥见弘范于和平，大骂求死。越七日，至潮阳，踊跃请剑就死……明年［二月］十四日，弘范置酒大会诸将……副元帅庞钞儿赤起行酒，天祥不为礼。庞怒骂之，天祥亦大骂，请速死。……二十二日，发广州至南安，始系颈繋足以防江西之夺者。明日天祥即绝粒不食，计日可首丘庐陵。①

另据文天祥《吟啸集·告先太师墓文》云：

> 余始至南安军，即绝粒为告墓文。遣人驰归白之祖祢，瞑目长往，含笑入地矣。乃水盛风驶，五日过庐陵，又二日至丰城，知所遣人竟不得行。余至是不食，垂八日若无事。然私念死庐陵，不失为首丘。余心事不达，委命荒江，谁知之者，盍少从容以就义乎，复饮食如初。因记《左传》：申包胥哭秦庭七日，勺饮不入口，不闻有他，乃知饿踣西山，非一朝夕之积也。余尝服脑子二两不死，绝食八日又不死，未知死何日，死何所。哀哉！②

又，《集杜诗·南海第七十五》称：

> 余被执后，即服脑子约二两，昏眩久之，竟不能死。及至张元帅所，众胁之跪拜，誓死不屈。张遂以客礼见。寻置海船中，守护甚谨。至厓山，令作书招张世杰，手写诗一首复命，末句云：人生自古谁无

---

① 《申斋刘先生文集》卷一三《文丞相传》，第568—570页。
② 《文天祥全集》卷一五，第386页。

死,留取声名照汗青。张不强而止,厓山之败,亲所目击。痛苦酷罚,无以胜堪。时,日夕谋陷海,而防闭不可出矣。失此一死,困苦至于今日,可胜恨哉!①

由上所述几段文字可知,文天祥预感自己将被俘,随即选择自杀,以求速死殉节,遗憾的是未能遂愿;被俘之后,文天祥情绪激昂慷慨,屡屡求请速死,然而也总是未能达成其成仁之志。

1279年底抵达大都后,面对络绎前来劝降的原南宋皇帝、大臣以及元朝的高官显贵,文天祥同样言辞激烈,惟求速死:

十月一日,公至燕,供帐饮馔如上宾。公义不寝食,乃坐达旦,虽示以骨肉而不顾,许以穹职而不从。南冠而囚,坐未尝面北。留梦炎说之,被其唾骂。瀛国公往说之,一见,北面拜号:"乞回圣驾。"平章阿合马入馆驿坐召公,公至,则长揖就坐。马云:"以我为谁?"公云:"适闻人云,'宰相来'。"马云:"知为宰相,何以不跪?"公云:"南朝宰相见北朝宰相,何跪?"马云:"你何以至此?"公曰:"南朝早用我为相,北可不至南,南可不至北。"马顾左右曰:"此人生死尚由我。"公曰:"亡国之人,要杀便杀,道甚由你不由你。"马默然去。②

"天祥今日至此,惟有死,不在多言,汝所言都不是。"博罗怒曰:"汝欲死,可得快死耶? 死汝,必不可得快。"天祥云:"得死即快,何不快为?"博罗呼引去。③

文天祥于1278年底的最末几天被俘,某种程度上可以说,己卯年(1279)才是他被俘的最初一年。这一年,文天祥祈求速死的愿望已然落空,不过求死的决绝态度,却丝毫没有改变。《吟啸集·高沙道中》云:"自

---

① 《文天祥全集》卷一六,第415页。
② 《文天祥全集》卷一七《宋少保右丞相兼枢密使信国公文山先生纪年录》,第464页。
③ 《申斋刘先生文集》卷一三《文丞相传》,第573—574页。

古皆有死,死不污腥膻。"①文天祥在《吟啸集·告先太师墓文》内诗云:"无书求出狱,有舌到临刑。宋故忠臣墓,真吾五字铭。"他写到:"右自己卯十月一日至岁除所赋,当时望旦夕死,不自意蹉跎至今,诗凡二十余首。明日为商横除岁,不知又当赋若干首。而后绝笔云:己卯除日,姓某题。"②己卯岁除之前,文天祥求死心态甚重。

己卯年之后,元廷似乎对文天祥采取了冷处理,不再过多地派遣大员前去狱中劝降。文天祥的心态似乎已有微妙改变,这从他的诗作中或可读获。每年特定时日,文天祥都会留下些诗文,抒发当时心境。为比较文天祥前后心态的变化,兹以作于不同年份的《端午》诗为例,稍加申说。

己卯年(1279),《指南后录·端午》诗云:

  不知生者荣,但知死者贵。勿谓死可憎,勿谓生可喜。万物皆有尽,不灭唯天理。③

庚辰年(1280),《吟啸集·端午感兴三首》诗则云:

  千金铸镜百神愁,功与当年禹服侔。荆棘故宫魑魅走,空余扬子水东流。
  当年忠血堕谗波,千古荆人祭汨罗。风雨天涯芳草梦,江山如此故都何。
  流梿西来恨未销,鱼龙寂寞暗风潮。楚人犹自贪儿戏,江上年年夺锦标。④

己卯年诗作,"死"不离口;庚辰年诗句,已全然不见"求死"之高亢语句,仅感怀伤逝而已。也是在庚辰年十月,文天祥又作《去年十月九日,余

---

① 《文天祥全集》卷一五,第384页。
② 《文天祥全集》卷一五,第390页。
③ 《文天祥全集》卷一四,第382页。
④ 《文天祥全集》卷一五,第392页。

至燕城,今周星不报,为赋长句》,最后两句为:"只今便作渭水囚,食粟已是西山羞。悔不当年跳东海,空有鲁连心独在。"①文天祥对于己身未能赴死殉节,已颇有几分"悔意"。所谓"食粟"已"羞",实则正体现出某种求生意念的本能。

速死不得,求死不成。日久年深,最易改变人。文天祥心境有所变化,自是合乎情理之事。然而,有关文天祥心态变化的争论,也随之而起。据《宋史·文天祥传》载:

> 时世祖皇帝多求才南官,王积翁言:"南人无如天祥者。"遂遣积翁谕旨,天祥曰:"国亡,吾分一死矣。傥缘宽假,得以黄冠归故乡,他日以方外备顾问,可也。若遽官之,非直亡国之大夫不可与图存,举其平生而尽弃之,将焉用我?"积翁欲合宋官谢昌元等十人请释天祥为道士,留梦炎不可,曰:"天祥出,复号召江南,置吾十人于何地!"事遂已。②

此处文天祥所谓"黄冠归故乡""方外备顾问"之言,备受质疑。有论者以为,这是王积翁等人从狱中所带出的话,经其转述,已大不可信。邓光荐所撰《文丞相传》即有另一番说辞:

> 是时南人士于朝者,谢昌元、王积翁、程飞卿、青阳梦炎等十人,谋合奏,请以公为黄冠师,冀得自便。青阳梦炎私语积翁曰:"文公赣州移檄之志,镇江脱身之心,固在也。忽有妄作,我辈何以自解?"遂不果。八月,王积翁奏,其略曰:"南方宰相,无如文天祥。"上遣谕旨,谋授以大任。昌元、积翁等,以书喻上意。公复书:"数年于兹,一死自分,举其平生而尽弃之,将焉用我?"事遂寝。③

---

① 《文天祥全集》卷一五,第394页。
② 《宋史》卷四一八,北京:中华书局,1977年,第12539页。
③ 《文天祥全集》卷一七《宋少保右丞相兼枢密使信国公文山先生纪年录》,第465页。

依据邓光荐所述，文天祥根本没有"黄冠归故乡""方外备顾问"的想法，此乃全然出于王积翁诸人。然而，由上述两则记载可知，对于"黄冠归故乡""方外备顾问"这个说辞，即便非由文天祥本人所提出，想必他对此项动议也是知情的。明人王世贞对于此事曾评论到："凡闽僧之告'星变'，'中山狂人'之欲'起兵'，与诏使之'不及止'，皆所以成信公也。'方外备顾问'之言，毋亦馁乎？然此非公之志也。留梦炎之不请释公，虽以害公，其为知公者矣。即不杀公而公竟以黄冠终，不可也。即公不以黄冠终而有所为，必败，败而死于盗贼之手，以歼其宗，而夷赵氏之裸将，亦未可也。"①

那么，文天祥究竟有无可能存有一种"黄冠归故乡""方外备顾问"以求不死的想法呢？倘若结合文天祥与道教之深密关系，笔者以为文天祥有此想法，也并非绝无可能。

文天祥许多诗作都与道教有关，钱锺书在《宋诗选注》中说到："这位抵抗元兵侵略的烈士留下来的诗歌决然分成前后两期。元兵打破杭州、俘虏宋帝以前是一个时期。他在这个时期里的作品可以说全部都草率平庸，为相面、算命、卜卦等人做的诗比例上大得使我们吃惊。"②即便身处牢狱，文天祥仍"静传方外学，晴写狱中诗。"至元十七年（1280）十二月十一日，道士灵阳子至狱中探访文天祥，与之论道，文天祥作《遇灵阳子谈道赠以诗》。③ 栖身方外不问俗务，应是古代士人面对尴尬境况不愿出仕时的一种理想选择，文天祥若间或持有此种想法，实乃人之常情。

当然，对于文天祥这种英雄人物而言，此种寻常解释显然未能搔及痒处。或许我们可以抱持"了解之同情"的态度，从以下两方面来深入体察文天祥面临死生之事的选择，由此更全面地理解文天祥存有"不死"想法的可能。

其一，我们应该留意当时文天祥所面对的江南社会舆论，尤其是江南士人的反应。他们对文天祥被俘一事究竟抱持何种态度呢？这其中最为

---

① 王世贞《弇州四部稿》卷一百一〇《史论二十首·文天祥》，明万历刻本。
② 钱钟书《宋诗选注》，北京：人民文学出版社，1989年，第279页。
③ 《文天祥全集》卷一五，第388、389页。

著名者莫若王炎午。王炎午曾作《生祭文丞相文》《望祭文丞相文》，他撰写《生祭文丞相文》目的是"以速丞相之死"：

> 仆于国恩为已负，于丞相之德则未报，遂作《生祭丞相文》，以速丞相之死。尧举读之流涕，遂相与誊录数十本，自赣至洪，于驿途、水步、山墙、店壁贴之，冀丞相经从一见。虽不自揣量，亦求不负此心耳。①

王炎午在此篇中明确表达出他对文天祥可能选择"不死"的忧虑："或疑公留燕，可以久不死者。"该篇主要列举文天祥可死事之诸端缘由，并对当时文天祥再度被执后未能选择以死而保持其忠节的种种可能缘由逐一列出，并一一予以辩驳：

> 呜呼，大丞相可死矣！文章邹鲁，科第郊祁，斯文不朽，可死。丧父受公卿，祖奠之荣；奉母极东西，迎养之乐，为子孝，可死。二十而巍科，四十而将相，功名事业，可死。仗义勤王，使用权命，不辱不负所学，可死。华元踉蹡，子胥脱走，可死。丞相自叙死者数矣，诚有不幸，则国事未定，臣节未明。今鞠躬尽瘁，则诸葛矣；保捍闽广，则田单即墨矣；倡义勇出，则颜平原、申包胥矣；虽举事率无所成，而大节亦已无愧，所欠一死耳。奈何再执，涉月逾时，就义寂廖，闻者惊惜。岂丞相尚欲脱去耶？尚欲有所为耶？或以不屈为心，而以不死为事耶？抑旧主尚在，不忍弃捐耶？②

对于王炎午冀望文天祥"速死"之事，后世评价不一。欧阳玄在《梅边先生吾汶稿序》中对王炎午颇为称许：

> 他日，从其门人刘君省吾得《吾汶稿》读之，至《生祭文丞相文》，

---

① 王炎午《吾汶稿》卷四《生祭文丞相·序》，《四部丛刊三编》景印明钞本。
② 《吾汶稿》卷四《生祭文丞相》。

作而叹曰：呜呼！王鼎翁，宇宙奇士也。士之趣人以自裁者，惟朱云于其师萧望之，然望之特一身计耳。鼎翁之为言，为天下万世之为人臣者计也。呜呼雄哉！①

然而揭傒斯对此却评述道：

余旧闻宋太学生庐陵王鼎翁作《生祭文丞相文》，每叹曰：士生于世，不幸当国家破亡之时，欲为一死而无可死之地，又作为文章以望其友为万世立纲常，其志亦可悲矣。然当是时，文丞相兴师勤王，非不知大命已去，天下已不可为，废数十万生灵为无益，诚不忍生视君父之灭亡而不救，其死国之志固已素定，必不待王鼎翁之文而后死。使文丞相不死，虽百王鼎翁末如之何，况一王鼎翁耶！且其文见不见未可知，而大丈夫从容就义之意，亦有众人所不能识者。近从其邑人刘省吾得《王鼎翁集》，始见所谓《生祭文丞相文》。既历陈其可死之义，又反复古今所以死节之道，激昂奋发，累千五百余言，大意在速文丞相死国。使文丞相志不素定，一读其文，稍无苟活之心，不即伏剑，必自经于沟渎，岂能间关颠沛至于见执？又坐燕狱数年，百计屈之而不可，然后就刑都市，使天下之人共睹于青天白日之下，曰杀宋忠臣，文丞相何其从容若此哉！故文丞相必死国必不系王鼎翁之文，其文见不见又不可知，而鼎翁之志则甚可悲矣。即鼎翁居文丞相之地，亦岂肯低首下心，含垢忍耻，立他人之朝廷乎！②

王炎午冀望文天祥以死殉节，应代表了当时不少南方士人的想法。

---

① 欧阳玄撰，汤锐点校《欧阳玄全集》卷七《梅边先生吾汶稿序》，成都：四川大学出版社，2010年，第153页。
② 揭傒斯著，李梦生标校《揭傒斯全集·文集》卷三《书王鼎翁文集后序》，上海古籍出版社，2012年，第314—315页。另，清人曾燠在《寄题海丰县五坡岭文信国祠追次公过零丁洋诗韵》中谓："冲人殿里尚横经，丞相军前已落星。风雪残年悲败叶，海山孤国本浮萍。祭公何必王炎午，知己无如麦述丁。今日五坡犹庙享，更谁浆饭哭冬青。"诗中暗讽王炎午冀望文天祥速死，认为麦述丁力劝杀死文天祥实乃保全文天祥之忠节。参阅曾燠《赏雨茅屋诗集》卷一三，清嘉庆刻增修本。

文天祥因于燕狱期间,汪元量曾到狱中探视,不仅与之谈论琴道,"且勉丞相必以忠孝白天下"。① 文天祥、汪元量间的诗歌唱和,今天均可读到。汪元量所作《妾薄命呈文山道人》《文山丞相,丙子自京口脱去,变姓名作清江刘洙,今日相对,得非梦耶》诸诗,均意在劝勉文天祥为宋尽节;文天祥殉国后,汪氏又作《孚丘道人招魂歌》九首等,为文天祥招魂。②

王炎午、汪元量等均为南宋旧臣,他们对文天祥被俘之后的态度,应该说体现出的就是江南士人的一种普遍看法,他们大多冀望文天祥以死殉节。由是观之,当时文天祥所处境地,"死"或"不死",已非个人之事。文天祥被执后,他对于外界信息当有所了解。他的诗作屡屡在为自己辩白:"速死"不得,天祥已悔;"求死"不能,奈何奈何。文天祥倘有"不死"想法,或已难见容于江南士人。许有壬撰《文丞相传序》曾称:"可死矣而又不死,非有他也,等一死尔。昔则在己,今则在天。一旦就义,视如归焉。"③此言其实并未能完全道破文天祥心境。遭逢此种历史巨变,我们并不能简单地将文天祥未能立即选择以死殉节,而理解为是他在等待元廷对他的处置,由此而成就其"杀身以成仁"的志愿。事实上,这里面含有一种内心选择的矛盾,而这种矛盾是由现实环境所造成的。假若我们细加揣摩的话,或许除文天祥家人而外,其他人都出于各种立场和目的,大多冀望文天祥以死殉宋。这当然无关乎人性,而是时代之事。文天祥最后从容赴死,全然是出于忠宋之志,这不止是他个人的选择,实在是为时代所驱使。④

其二,在"死"与"不死"问题的选择上,似有两人可与文天祥作些许比较,从中我们或可窥知忠宋之士们在面临死生之事上的某种抉择。此即

---

① 谢翱《晞发集》卷一《续琴操哀江南》,明万历刻本。
② 汪元量著,胡才甫点校《汪元量集校注》,杭州:浙江古籍出版社,1999年,第102、108、109页。
③ 许有壬《至正集》卷三〇,收入《景印文渊阁四库全书》第1211册,台北:台湾商务印书馆,1983—1986年,第212页下—第213页上。
④ 关于宋末元初士大夫忠诚问题的讨论,可参阅牟复礼《元代儒家隐逸思想》(Frederick W. Mote, "Confucian Eremitism in the Yüan Period", in Arthur F. Wright ed., *The Confucian Persuasion*, Stanford: Stanford University Press, 1960, pp.202-240.)一文的相关讨论。

谢枋得与郑思肖。

谢枋得曾五次拒绝元廷征召，不愿仕元。在面对降元"不死"与忠宋"死节"的选择问题上，谢枋得表现得毫不含糊。① 他在《上丞相留忠斋书》中称："世之人有呼我为宋逋播臣者亦可；呼我为大元游惰民者亦可；呼我为宋顽民者亦可，呼我为皇帝逸民者亦可。"在《与参政魏容斋书》内云："且问诸公，容一谢某，听其为大元闲民，于大元治道何损？杀一谢某，成其为大宋死节，于大元治道何益？"②谢枋得立场鲜明：只要不出仕元朝，他可以选择作为元朝闲民而活下去；倘逼迫其出仕元朝，失忠宋之节，便"惟愿速死"。③ 最终，在福建参政魏天祐的强逼下，谢枋得被北押至大都，很快他便选择绝食而死。其刚烈之气若此。

郑思肖反元之志甚为强烈。他不愿臣服于元王朝统治，始终忠宋，自称宋之"孤臣"。郑思肖入元之后，并没有选择以死而保全忠宋之节。郑思肖选择"不死"的理由，他自己多有表达。在《警终》一文中称："独未终之以死，非惧死也，惧不得其正而死，全归之于天，贻辱于先也"；而在《南风堂记》（辛巳作，即1281）文内则谓："养其未死之身，必一见中兴盛事"；在《大义略叙》中亦云："尝铭誓于心曰：'我逆我邪，愿汝戕我；汝逆汝邪，我誓灭汝！期救此心，同归于正，确于不变，一其无极。我终当与之绝，同归于一是之天！'旦旦颙望中兴，谓即刻可见，不料八年，今尚未复，如抱久饿思食，不能自活。但恐或者望南既久，意必堕于倦懒，陷北渐深，心亦随之契化，卒陷于伪逆之地，此当世人心之大病也。愿火德速开中兴之天，

---

① 谢枋得对文天祥似有成见，尤其是对其军事才能，他认为："咸淳甲戌而后，不复有礼法矣。贾似道起复为平章，文天祥起复为帅阃，徐方直起复为尚书，陈宜中起复为宰相，刘黻起复为执政。饶信斗筲穿逾之徒，钻刺起复，不可胜数，三纲四维，一旦断绝，此生灵所以为肉为血，宋之所以暴亡，不可救也。"值得留意的是，郑思肖在《大义略叙》中提及谢枋得，称德祐元年初，"江东提刑谢枋得降贼，后挟邓、傅诸洞民兵反正，杀贼甚多，示榜主张大宋气数甚力。"郑氏所云，似有所指。据谢枋得《上丞相留忠斋书》自称："某自丙子以后（德祐二年），一解兵权，弃官远遁，即不曾降附。先生出入中书省，问之故府，宋朝文臣降附表，即无某姓名；宋朝帅臣监司寄居官员降附状，即无某姓名；诸道路、县所申归附人户，即无某姓名。如有一字降附，天地神祇必殛之，十五庙祖宗神灵必殛之。"以此观之，颇有几分自辩之状。参阅《谢叠山全集校注》卷一《上程雪楼御使书》，第2—3、7—8页；《郑思肖集·大义略叙》，第163页。
② 《谢叠山全集校注》卷一，第8、12页。
③ 《谢叠山全集校注》卷一，第12页。

立亿千万世人伦之统,正今日之大事,我决为之矣!"①由上述所言可知,郑思肖想亲眼见到赵宋能如光武兴汉那般再度中兴,所以选择"不死"。

值得特别指出的是,郑思肖撰写《大义略叙》的具体年代在德祐八年(1282)、九年(1283)间,所谓"德祐八年岁在壬午之春述,德祐九年癸未春正月重修"。之所以要撰写《大义略叙》,他是这样描述其缘由的:

> 德祐八年岁壬午,追思历年闻见大痛之事,略无次序,多所遗忘,深悔旧不识以日记……闻叛臣在彼,教忽必烈僭俾南儒修纂《大宋全史》,且令州县采访近年事迹,又僭作《鞑史》,逆心私意,颠倒是非,痛屈痛屈,冤何由伸!次我《大义略叙》实又不容不作。《略叙》之作,主乎大义大体,有所不知,不求备载。我纪庶事,虽不该博于众人,惟主正理,实可标准于后世。将身行讨贼之拳,先笔定诛逆之法。……惟意此《略叙》必有差忒,尚有望于后之正直君子。作史最是至难之事,且处于堂内之人,门外之事闻或不真。……赏罚当其事,庶无愧于为史,则可以垂训于天下后世矣。②

从郑思肖所述来看,他撰写《大义略叙》主要是针对元廷准备修纂《大宋全史》一事而作出的回应。新朝为前朝修史,通常被视作是前者为取代后者而获取合法性地位的一种手段。郑思肖撰写《大义略叙》,某种程度上也可解读为是他以"作史"的方式无奈接受了大宋已亡、复兴无望的现实。③ 自此之后,一直坚持行用"德祐"年号以示"忠宋"的郑思肖,终于再也无法抑制住内心的灰死了。1282 年冬所作《大义略叙·自跋》所署日期

---

① 《郑思肖集》,第 131、145、190 页。
② 《郑思肖集》,第 190—191 页。
③ 文天祥本人对于宋亡之事实或许早已接受,并对复宋之事不寄希望。据孔齐撰《文山审音》载:"国初宋丞相文文山被执至燕京,闻军中之歌《阿剌来》者,惊而问曰:'此何声也?'众曰:'起于朔方,乃我朝之歌也。'文山曰:'此正黄钟之音也,南人不复兴矣。'盖音雄伟壮丽,浑然若出于瓮。至正以后,此音凄然出于唇舌之末,宛如悲泣之音。又尚南曲《斋郎》《大元强》之类,皆宋衰之音也。"参阅孔齐著,李梦生等校点《至正直记》卷一,上海古籍出版社,2012 年,第 51 页。

为"维大宋德祐甲甲甲甲甲甲甲甲甲甲之壬午岁冬至日",1283年所作《盟言》则署为"大宋德祐甲甲甲甲甲甲甲甲甲甲之癸未岁三月二十六日庚辰",这似乎就是他对南宋复兴无望的一种极度失望的表达。① 另据明代佚名《藏心史》记载,当年《心史》铁函出,外缄封"大宋世界无穷无极／大宋铁函经／德祐九年佛生日封／此书出日一切皆吉"。② 郑思肖之所以在"德祐九年"封函,无疑应是有所考虑的。此前一年,也就是德祐八年,故宋丞相文天祥终被处死。

上述两位具有强烈"忠宋"之志的南宋旧民,在面对宋亡元兴的现实之下,都具有强烈的求生意念,不约而同地选择"不死"。所不同者,谢枋得是在被强迫要求仕元的情形下,无奈选择以死殉节忠宋;郑思肖最终选择"不死",自称"大宋不以有疆土而存,不以无疆土而亡",③实则是其选择"不死"的一种遁词。简而言之,没有选择以死殉节的南宋遗民们,只要不被要求出仕元朝,他们就可以选择继续生存下去。前文所述王炎午,他在力劝文天祥死节的同时,自己却并未选择以死殉节,而终老于元泰定甲子岁(1324)。倘若藉上述诸人的选择而反观文天祥,笔者以为,文天祥或有"不死"的想法,那实在是再正常不过。倘若文天祥一味只"求死"而无他,在被羁押的数年岁月中,他有的是机会与可能。谢枋得即是明证。

要而言之,前文所揭示出的文天祥身陷牢狱后诗歌中所体现出的心态变化,他与道教之间的深密关系,当日社会舆论所形成的某种压力,以及忠宋之士们面对死生之事时的不同选择立场,凡此种种,均提示我们无法排除文天祥或曾有过"黄冠归故乡""方外备顾问"想法的可能。④ 在此

---

① 《郑思肖集》,第198、199页。郑思肖此处所书十"甲"字的含义,明人陆坦《心史跋》说:"至'德祐'下十'甲'字,颇似隐语,抑效渊明书甲子之意乎？将必有详辨之者。"可以说,其具体含义仍不十分明朗,兹阙疑待考。参阅《郑思肖集·附录一·序跋》,《郑思肖集》,第304页。
② 《郑思肖集》,第338页。
③ 《郑思肖集》,第198页。
④ 关于此点,姚大力先生在其未形诸正式论文的数次演讲中已有所表达,惜未展开分析。《历史视域中的文天祥:兼谈民族主义的过去与现在》(2011年5月26日,复旦大学"复兴论坛"第34期讲座)、《面朝故国的忠诚:蒙元灭亡后的"遗民"们》(http://history.news.163.com/special/00013PNN/vol13.html),等等。

还需要特别指出的是,上述两方面的讨论似乎有所矛盾,一方面指出文天祥面对的是"非死不可"的现实环境,而另一方面所揭示的又是他有"不死"想法的可能。这看似矛盾的述说背后,其实也正体现出文天祥的抉择矛盾。

邓光荐《文丞相传》的记载,或为英雄讳。不应忘记的是,宋末元初当时即有诗流传:"回首中原已陆沉,捐躯朔漠气萧森。恐吹余烬成炎汉,未许黄冠返故林。社稷忽生千古色,纲常无忝百年心。总弃清骨萦荒草,不复风沙掩素襟。"[1]郑思肖在《文丞相叙》中曾云:"忽必烈欲释之,俾公为僧,尊之曰'国师';或为道士,尊之曰'天师';又欲纵之归乡。"[2]可见,"黄冠归故乡"之说,绝非空穴之风。文天祥是个顶天立地的英雄,其引刀为快,终以死全节,足可为万世人杰。不过,我们不应该过多地只强调此点,尤其是在飚扬历史上英雄人物的时候。历史往往并非只是非黑即白的简单呈现,它有其自身的多面性与丰富性。

二、敕死文山:文天祥见杀缘由再析

文天祥系于燕狱三年余,如何处置文天祥成为元廷一个十分重大而又棘手的政治问题。元廷方面曾与文天祥打交道者甚多,如伯颜、唆都、[3]张弘范等人,他们均曾见识过文天祥的激烈不屈之状。甫至大都,元廷又遣留梦炎、宋末帝瀛国公、阿合马、孛罗等劝降。不过,在此之后的两年间,元廷似乎对文天祥已作冷处理。据称,张弘范最初于至元十六年底,即"具公不屈,与所以不杀状,奏于朝"。[4] 至元十九年,元世祖忽必烈最后

---

[1] 陈思编,元陈世隆补编《两宋名贤小集》卷三八〇《待清轩遗稿·悼文丞相》,《景印文渊阁四库全书》,第1364册,第869页下。
[2] 《郑思肖集》,第127页。
[3] 《指南录·唆都》记云:"唆都为予言,大元将兴学校、立科举,丞相在大宋为状元宰相,今为大元宰相无疑。丞相常说国存与存,国亡与亡,这是男子心。天子一统,做大元宰相,是甚次第。'国亡与亡'四个字休道。予哭而拒之。唆都常恐予之伏死节也。"参阅《文天祥全集》卷一三,第317页。
[4] 《文天祥全集》卷一七《宋少保右丞相兼枢密使信国公文山先生纪年录》之"己卯年"条,第463页。

决定亲自出面劝谕。然而,文天祥的底线是不能出仕元朝,他最终被敕死。①

忽必烈当日究竟面对何种局势,而最终决定敕文天祥以死呢? 关于这个问题,前人或多或少都曾有所论及。② 本文拟在前人研究基础上再进一步予以阐发,详人所略,略人所详。此处主要目的有两点:一是意图揭示时人对于文天祥被敕死一事所知晓的基本情况;二是对元廷当日所面对的诸种政治情势再予深究。

脱胎于元朝实录的《元史·世祖本纪》,对于处死文天祥之事,所记甚简:

> [至元十九年十二月]乙未,中书省臣言:"平原郡公赵与芮、瀛国公赵㬎、翰林直学士赵与票,宜并居上都。"帝曰:"与芮老矣,当留大都,余如所言。"继有旨,给瀛国公衣粮发遣之,唯与票勿行。以中山薛保住上匿名书告变,杀宋丞相文天祥。
>
> [二十年春正月]和礼霍孙言:"去冬中山府奸民薛宝住为匿名书来上,妄效东方朔书,欺罔朝廷,希觊官赏。"敕诛之。又言:"自今应诉事者,必须实书其事,赴省、台陈告。其敢以匿名书告事,重者处死,轻者流远方;能发其事者,给犯人妻子,仍以钞赏之。……"皆从之。③

这是笔者目前所见及的元廷针对处死文天祥之事的唯一官方记载。和礼霍孙此处所言,应当就是元廷当日颁告天下处死文天祥的官方主要说辞,即将文天祥见杀归咎于匿名书之告变事。当时代的人们对此事所

---

① 郑玉撰《为丞相乞立文天祥庙表》云:"世祖皇帝天纵圣神,既不屈之于未死之前,又复惜之于已死之后,周王赵祖之心,何以过于此哉。"实过誉其词。参阅郑玉《师山遗文》卷三,《景印文渊阁四库全书》,第 1217 册,第 80 页下。
② 其中有代表性的是修晓波《文天祥评传》(南京大学出版社,2002 年,第 301—307 页)第六章以及俞兆鹏、俞晖著《文天祥研究》(北京:人民出版社,2008 年,第 311—322 页)第九章的相关内容。
③ 《元史》卷一二《世祖九》,第 248—250 页。

获得的相关信息,实亦源于此。如时人郑思肖在《文丞相叙》中,对文天祥被处死的缘由有所描述,其中虽语多夸张,不过其主旨却与官方说辞一般无异:

> 德祐八年冬,忽有南人谋刺忽必烈,颤栗不果,被贼杀。或谓久留公,终必生变,非利于鞑。……会有中山府薛姓者,告于忽必烈曰:"汉人等欲挟文丞相拥德祐嗣君为主,倡议讨汝。"忽必烈取文公至,问之,公慨然受其事,曰:"是我之谋也。"请全太后、德祐嗣君至,则实无其事。公见德祐嗣君,即大恸而拜,且曰:"臣望陛下甚深,陛下亦如是耶?"谓嗣君亦从事于胡服也。忽必烈始甚怒公,然忽必烈意尚愍公忠烈,犹望公降彼,再三说谕,公数忽必烈五罪,骂詈甚峻。忽必烈问公欲如何,公曰:"惟要死耳!"又问:"欲如何死?"公曰:"刀下死。"忽必烈欲释之,俾公为僧,尊之曰"国师";或为道士,尊之曰"天师";又欲纵之归乡。公曰:"三宫蒙尘,未还京师,我忍归忍生耶?但求死而已。"且痛骂不止,诸酋咸劝杀之,毋致日后生事,忽必烈始令杀之。①

同样处于那个时代的南宋遗臣谢枋得,他在《与参政魏容斋书》中称:

> 皇帝慈仁如天,不妄杀一忠臣义士,虽曰文天祥被奸民诬告而枉死,后来冤状明白,奸民亦正典刑,其待亡国之逋臣,可谓厚矣。②

此外,元代不少载籍对于文天祥被处死事之缘由,所记亦同。生于宋元之际的刘麟瑞,著有《昭忠逸咏》一书,以为故宋仗节死义之士书事存史,其所撰述文天祥死事亦云:

> 冬,因狂人薛宝住妄书告变,指天祥为内应。十二月初八日,世

---

① 《郑思肖集》,第127页。
② 《谢叠山全集校注》卷一,第11页。

祖皇帝召天祥于殿中。①

可见，上述诸书均将文天祥见杀缘由，系于薛宝住匿名告变事。这当然都流于官方一般说辞。那么，他们会不会因为处于当时代，而有所隐晦而不敢言？其实不然。如所周知，郑思肖对蒙元史事和人物之描述，毫无忌惮，肆逞口快，倘知更详细内情，当无理由讳言其事。

逮至元中叶，刘岳申为文天祥作传，其所撰《文丞相传》，对于文天祥被杀缘由，又有另一番描绘：

> 会受述丁参知政事。受述丁者，尝开省江西，亲见天祥出师震动，每昌言不如杀之便。自是，上与宰相每欲释之，辄不果。至元壬辰（当为"壬午"之讹，1282——笔者）十二月八日，召天祥至殿中。天祥长揖不拜，极言宋无不道之君，无可吊之民，不幸母老子弱，权臣误国，用舍失宜。北朝用其叛将、叛臣，入其国都，毁其宗社。天祥相宋于再造之时，宋亡，天祥当速死，不当久生。上使谕之曰："汝以事宋者事我，即以汝为中书宰相。"天祥对曰："天祥为宋状元宰相，宋亡，惟可死不可生。"又使谕之曰："汝不为宰相，则为枢密。"天祥对曰："一死之外无可为者。"遂命之退。明日，有奏天祥不愿归附，当如其请，赐之死。受述丁力赞其决，遂可其奏。②

刘岳申为文天祥作传应是得到元廷官方授意或认可的。③ 他对文天

---

① 参阅赵景良编《忠义集》卷四《丞相信国公文公文天祥》，《景印文渊阁四库全书》第1366册，第930页下。刘麟瑞生于宋元之际，其父刘埙曾作《补史十忠诗》，以表彰宋死节诸公；麟瑞踵父之志，撰《昭忠逸咏》，以"彰节义俾死封疆死社稷者"。显然，刘麟瑞所书文天祥死事缘由，同样也来自当日元廷官方说辞。另据佚名《昭忠录》（清守山阁丛书本）之"文天祥"条称："[壬午]冬，因狂人薛宝住妄书告变，指天祥为内应。十二月初八日，元世祖召天祥于殿中。《昭忠录》一般被认为是宋遗民入元后所作，不过新近有研究者指出，《昭忠录》实源于《昭忠逸咏》，或为元末人士所作。详可参阅闫群《〈忠义集〉研究》，上海：华东师范大学硕士论文，2011年，第64—83页。
② 《申斋刘先生文集》卷一三，第575—576页。
③ 许有壬曾为刘岳申所作此传写序，此即《〈文丞相传〉序》，后收入苏天爵编《国朝文类》（又名《元文类》）卷三六，上海：商务印书馆，1937年，第480页。

祥死事之描绘,一望便知与此前之官方说辞有异,他将文天祥被杀缘由推到一位名叫"受述丁"的参知政事身上。所谓"受述丁",应是"麦朮丁(Maisad-Din)"之讹,除《元史·宰相年表》将其写作"麦朮督丁"外,《元史》其余诸处均作"麦朮丁"。此人为回回人。据《元史·阿合马传》载:"世祖尝谓淮西宣慰使昂吉儿曰:'夫宰相者,明天道,察地理,尽人事,兼此三者,乃为称职。阿里海牙、麦朮丁等,亦未可为相,回回人中,阿合马才任宰相。'"① 另据《元史·宰相年表》载,麦朮丁于至元七年至至元十二年为参知政事,至元十九年已为右丞。② 《元史·世祖九》载,至元十九年五月,"以甘肃行省左丞麦朮丁为中书右丞,行御史台御史中丞张雄飞参知政事"。③ 因此,刘岳申谓其时为"参知政事",显然有误。文内提及麦朮丁"尝开省江西",据《元史·世祖六》载,至元十四年七月,"参知政事、行江西宣慰使麦朮丁为左丞",④ 所指即此。麦朮丁长期担任中书宰执,不过忽必烈对其似无好感,据《元史·桑哥传》载,至元二十四年,中书省遭检覆,"世祖令丞相安童与桑哥共议,且谕:'毋令麦朮丁等他日得以胁问诬伏为辞,此辈固狡狯人也。'"⑤ 刘岳申所纪敕死文天祥之事,仅言及麦朮丁在其间所起的作用,这显然是极不充分的,有故意隐晦之嫌。当日朝廷若仅仅因为匿名信事件而遽然处死文天祥,显然于元廷形象有损。这或许正是刘岳申选择另一种说辞的原因所在。

事实上,最值得注意的应是邓光荐所撰《文丞相传》,该传要早于刘岳申的《文丞相传》,只是邓氏所作文天祥传未得元官方认可。邓氏曾与文天祥同遭北解,后因病滞留于南京。文天祥与之较为近密,他在狱中作诗提及邓氏。对于文天祥见杀始末,邓氏所述甚为详瞻:

> 麦述丁参政,尝开省江西,见公出师震动,每倡言杀之便。又以公罪人,下千户所,收其棋奕笔墨书册。初,闽僧妙曦,号琴堂,以谈

---

① 《元史》卷二〇五《阿合马传》,第 4561 页。
② 《元史》卷一一二《宰相年表》,第 2797—2799 页。
③ 《元史》卷一二《世祖九》,第 243 页。
④ 《元史》卷九《世祖六》,第 191 页。
⑤ 《元史》卷二〇五《桑哥传》,第 4571 页。

星见,是春进言。十一月,土星犯帝座,疑有变。群臣有言:瀛国公族在京不便者。而中山府薛宝住,聚数千人,声言是真宋幼主,要来取文丞相。又有书于椟者曰:"两卫军尽足办事,丞相可以无虑。"又曰:"先焚城上苇子,城外举火为应。"大臣议所谓丞相,疑为天祥。太子得椟以奏,京师戒严,迁赵氏宗族往开平北。十二月初七日,司天台奏三台拆。初八日,上召天祥入殿中,长揖不拜。左右强之拜跪,或以金挝摘其膝伤。公坚立不为动。上使谕之,其略曰:"汝在此久,如能改心易虑,以事亡宋者事我,当令汝中书省一处坐者。"天祥对曰:"天祥受宋朝三帝厚恩,号称状元宰相。今事二姓,非所愿也。"上曰:"汝何所愿?"天祥曰:"愿与一死,足矣。"遂麾之退。是夜,回宿千户所。初九日,宰执奏:"天祥既不愿附,不若如其请,赐之死。"麦朮丁力劝之。上遂可其奏。①

从邓光荐所述可知,当日文天祥被敕死之缘由,应与以下四点有所关联:一是麦朮丁之力劝;二是闽僧之谏言(当年春进言,十一月,果有星变应验);三是所谓"三台拆";四是薛宝住与匿名书事。邓氏所列举的诸端缘由,应都是当日实情,不过似乎都有隐约而未及要害之感。文天祥被敕死半个世纪之后,元朝官方于至正三年至五年(1343—1345)修纂《宋史》,《宋史·文天祥传》对于文天祥敕死之始末及诸端缘由,所载亦颇详备:

天祥在燕凡三年,上知天祥终不屈也,与宰相议释之,有以天祥起兵江西事为言者,不果释。至元十九年,有闽僧言土星犯帝坐,疑有变。未几,中山有狂人自称"宋主",有兵千人,欲取文丞相。京城亦有匿名书,言某日烧蓑城苇,率两翼兵为乱,丞相可无忧者。时盗新杀左丞相阿合马,命撤城苇,迁瀛国公及宋宗室开平,疑丞相者天祥也。召入谕之曰:"汝何愿?"天祥对曰:"天祥受宋恩,为宰相,安事

---

① 《文天祥全集》卷一七,第466页。

二姓？愿赐之一死足矣。"然犹不忍,遽麾之退。言者力赞从天祥之请,从之。俄有诏使止之,天祥死矣。①

《宋史·文天祥传》所述文天祥敕死缘由,归纳起来主要亦与以下四点相关:一是当日宰执议论不释文天祥,此显然是指麦术丁之进言;二是闽僧谏,言天象于元不利;三是薛宝住叛乱及京城匿名书事;四是左丞相阿合马新近被击杀。② 需指出的是,《宋史·文天祥传》的史源,很可能来自邓光荐所作《文丞相传》。据《题危太朴与邓子明书后》云:"后文丞相囚金陵,礼部(即邓光荐——笔者)实与俱,日夜相与唱和诗歌以娱悲纾痛。张弘范元帅以客礼,谒请为其子师。及归庐陵,以所闻见,集录为野史若干卷,藏不示人。今七十余年,遇圣朝修辽、金、宋三史,诏求天下故史遗文,太朴(即危素——笔者)实衔朝命,来江西,至庐陵,求礼部所为书。子明(邓光荐之孙——笔者)虽谊,不敢秘。"③ 另据危素《西台恸哭记注跋》称:"文丞相忠义明白,世多为之记载。礼部侍郎邓公光荐作《续宋书》最为详备,文公之将校名姓,往往在焉。"④ 是知,危素应曾读过邓氏所作《文丞相传》,而《宋史·文天祥传》或许就出自危素手笔。

与邓氏所述不同,《宋史·文天祥传》还特别提及阿合马被杀事,这关乎当日元王朝政局的稳定,可以说这正是编纂《宋史》史家的目光敏锐处。⑤ 于元廷而言,至元十九年所发生的诸多政治事件中,影响最巨者莫如左丞相阿合马被杀。阿合马为忽必烈皇后察必的陪嫁侍臣,极为得宠。可惜的是,至元十八年正月,"昭睿顺圣皇后崩"。⑥ 此外,真金太子与阿合马不和已久,阿合马在朝中地位颇为尴尬。他被击杀似乎是汉人合计良久之事。据《元史·世祖九》载,至元十九年三月,"益都千户王著,以阿合

---

① 《宋史》卷四一八《文天祥传》,第12539—12540页。
② 前引郑思肖《文丞相叙》称:"德祐八年冬,忽有南人谋刺忽必烈,颤栗不果,被贼杀。或谓久留公,终必生变,非利于觑。"此则材料因无其他史料互证,姑存而不释。
③ 刘诜《桂隐文集》卷四《题危太朴与邓子明书后》,清抄本。
④ 危素《危太朴文续集》卷九《西台恸哭记注跋》,吴兴刘氏嘉业堂刻本,1913年。
⑤ 修晓波亦注意到此点,并予特别指出。参阅氏著《文天祥评传》,第305—307页。
⑥ 《元史》卷一一五《裕宗传》,第2890页。

马蠢国害民,与高和尚合谋杀之。"阿合马于此年三月被击杀,次年十一月此案方定案,所谓"诏以阿合马罪恶颁告中外,凡民间利病即与兴除之。"①关于阿合马被杀事,波斯史家拉施特在《史集》中有所叙及,其中专有一处题为"记费纳克特人阿合马异密及其死于高平章之手"。他认为"阿合马异密作了合汗的宰相。[全部]政事都掌握在他手中。""察必哈敦生活于自己父亲的家中时,异密阿合马就同他们亲近。""汉人异密们由于嫉妒而仇视。真金对他没有好感。""汉人异密们由于嫉妒和很早以来的仇恨,便动手谋害了他。"②

朝廷重要宰执官员惨被锤杀,这个事件对于忽必烈的震动是不言而喻的。阿合马被杀事件,若与当日汉人起事之情势相联系起来看的话,不能说是件完全孤立的事件。也许正是因为回回人阿合马被汉人所击杀,麦尤丁才极力谏言处死文天祥。若从其身份属性来考虑此事件的话,或许更契合麦尤丁的真实本意。

由上所述可知,至元十九年所出现的系列事件并非孤立,它折射出元廷当日政局的不稳定。这其中不仅涉及汉人与回回人之间的争斗问题,还涉及元廷对故宋遗留问题的关注与处置。忽必烈不仅采取更强硬的措施来进一步处理赵宋宗室所遗留的问题,还决定亲自出面招降文天祥,并在最终无果的情形下将其处死。然而,元廷对于处死文天祥之事显然又有所顾忌,于是又将其缘由系于匿名书告变事,并以此昭告中外。事实上,敕死文天祥之事远非那么简单,邓光荐以及《宋史》修撰者们所提供的信息即已揭示出这点。

三、"闽僧"谁何:兼及元王朝对故宋遗留政治问题的处置

前文在分析文天祥被杀的诸多缘由时,对其中所提的"闽僧"谏言

---

① 《元史》卷一一二《世祖九》,第 241 页。
② 〔波斯〕拉施特主编,余大钧、周建奇译《史集》,北京:商务印书馆,1985 年,第 340—346 页。

之事,尚未及多论。"闽僧"究竟为许何人?数百年来,人们似已忘记去进一步追问。由于此事关涉元王朝对故宋遗留政治问题的处置,它对于我们理解元王朝统治江南的历史颇有补益,因而有必要深以追究。

由邓光荐《文丞相传》以及《宋史·文天祥传》的记载可知,闽僧谏言之事,是促成元廷进一步着手处理故宋政治遗留问题的由头之一。宋末帝瀛国公与全太后等被进一步递解至上都,文天祥则被处死,以及更多的赵宋宗室遭致处理,这些事情都与此有所关联。

那么"闽僧"究竟是谁呢?邓光荐在《文丞相传》中曾明确指出:"初,闽僧妙曦,号琴堂,以谈星见,是春进言。十一月,土星犯帝座,疑有变。"遍检宋元时代载籍,除此处之记载外,关于"闽僧"的讯息,已无它处可觅。逮至明代,吕邦耀撰《续宋宰辅编年录》,吕氏称:"有闽僧慧堂,以谈星见。奏言上,星犯帝坐,宜(疑)有变";茅元仪则谓:"今禄命家有琴堂五星,即元僧妙曦也。尝进言世祖曰:十一月,土星犯帝座,疑有变。遂以迁德祐帝于开平,杀文信国。其年十一月,实无他,其言不验于当时。"①是知明人的记载就已出现些许的混乱或差异("琴堂"与"慧堂"之别)。"闽僧"为谁依然是一个问题。

宋元或者明清时期,有无其他文献可提供探查此人相关讯息的一鳞半爪呢?我们知道,"闽僧"绝非泛泛辈,他究竟为何方圣僧,何由得以密近天光,于禁中献纳处置故宋之谏言?

搜寻载籍,我们可找到唯一一处"闽僧"的相关词条。据明人田汝成撰《诛髡贼碑》载:"西湖之飞来峰有石人三,元之总浮屠杨琏真珈、闽僧闻、刹僧泽像也。盖其生时所自刻画者,莫为掊击。至是,陈侯见而叱曰:'髡贼髡贼胡为,遗恶迹以蔑我名山哉!'命斩之身首异处,闻者莫不雪然。"②对于此记载,陈高华先生在《略论杨琏真加和杨暗普父子》一文中曾指出:"明人以为三像是杨氏和'闽僧闻、刹僧泽',后二者是江南僧人,出

---

① 参阅吕邦耀《续宋宰辅编年录》卷二六"元至元十九年宋丞相文天祥死节"条,清抄本;茅元仪《暇老斋杂记》卷一五,清光绪李文田家钞本。
② 田汝成《田叔禾小集》卷三,明嘉靖四十二年田艺蘅刻本。

谋嗾使杨氏掘陵。从当时的地位来看,'闽僧闻、剡僧泽'是杨氏的下属,三人绝不可能并列的。"①倘暂且抛开石像具体所指不论,明中叶人田汝成所提出的杨琏真加与两位汉僧"闽僧闻"与"剡僧泽"之间的关系问题,与我们所要追踪的"闽僧"问题或许至为密切。这需要结合宋末元初人周密以及元末明初人陶宗仪的有关记载来加以辨析,方能明其所以。

周密与陶宗仪的相关记载,是指涉及宋末元初江南地区所发生的另一起重大政治事件,那就是西番僧杨琏真加盗掘位于绍兴的故宋攒宫(又称"梓宫",指帝、后暂殡的陵寝)之事。关于杨琏真加盗掘南宋皇陵事,宋末元初周密曾撰有两则《杨髡发陵》文,叙及此事甚详。其中《癸辛杂识续集上·杨髡发陵》录有其所见状纸一张,涉及杨琏真加盗掘南宋皇陵之事,其文云:

> 杨髡发陵之事,人皆知之,而莫能知其详。余偶录得当时其徒互告状一纸,庶可知其首尾,云:"至元二十二年八月内,有绍兴路会稽县泰宁寺僧宗允、宗恺盗斫陵木,与守陵人争诉。遂称亡宋陵墓,有金玉异宝,说诱杨总统,诈称杨侍郎、汪安抚侵占寺地为名,出给文书,将带河西僧人,部领人匠丁夫,前来将宁宗、杨后、理宗、度宗四陵,盗行发掘。割破棺椁,尽取宝货,不计其数。又断理宗头,沥取水银、含珠,用船载取宝货,回至迎恩门。有省台所委官拦挡不住,亦有台察陈言,不见施行。其宗允、宗恺并杨总统等发掘得志,又于当年十一月十一日前来,将孟后、徽宗、郑后、高宗、吴后、孝宗、谢后、光宗等陵尽发掘,劫取宝货,毁弃骸骨。其下本路文书,只言争寺地界,并不曾说开发坟墓,因此江南掘坟大起,而天下无不发之墓矣。其宗恺与总统分赃不平,已受杖而死。有宗允者,见为寺主,多蓄宝货,豪霸一方。"②

---

① 陈高华《元史研究论稿》,北京:中华书局,1991年,第398页。
② 周密《癸辛杂识·癸辛杂识续集上》,第152页。

《癸辛杂识别集上·杨髡发陵》针对杨琏真加盗掘宋陵事，则记载得更为详尽：

乙酉杨髡发陵之事，起于天衣寺僧福闻号西山者，成于剡僧演福寺允泽号云梦者。初，天衣乃魏宪靖王坟寺，闻欲媚杨髡，遂献其寺。继又发魏王之冢，多得金玉，以此遽起发陵之想，泽一力赞成之。遂俾泰宁寺僧宗恺、宗允等诈称杨侍郎、汪安抚侵占寺地为名，出给文书，将带河西僧及凶党如沈照磨之徒，部领人夫发掘。时有宋陵使中官罗铣者，犹守陵不去，与之极力争执，为泽率凶徒痛箠，胁之以刃，令人拥而逐去。铣力敌不能，犹拒地大哭。遂先发宁宗、理宗、度宗、杨后四陵，劫取宝玉极多。独理宗之陵所藏尤厚，启棺之初，有白气竟天，盖宝气也。理宗之尸如生，其下皆藉以锦，锦之下则承以竹丝细簟，一小厮攫取，掷地有声，乃金丝所成也。或谓含珠有夜明者，遂倒悬其尸树间，沥取水银，如此三日夜，竟失其首。或谓西番僧、回回，其俗以得帝王髑髅，可以厌胜，致巨富，故盗去耳。事竟，罗铣买棺制衣收敛，大恸垂绝，乡里皆为之感泣。是夕闻四山皆有哭声，凡旬日不绝。至十一月复发徽、钦、高、孝、光五帝陵，孟、韦、吴、谢四后陵。徽、钦二陵皆空无一物，徽陵有朽木一段，钦陵有木灯檠一枚而已。高宗之陵，骨发尽化，略无寸骸，止有锡器数件，端砚一只。为泽所取。孝陵亦蜕化无余，止有顶骨小片，内有玉炉瓶一副，及古铜鬲一只。亦为泽取。尝闻有道之士能蜕骨而仙，未闻并骨而蜕化者，盖天人也。若光、宁诸后，俨然如生，罗陵使亦如前棺敛，后悉从火化，可谓忠且义矣。惜未知其名，当与唐张承业同传否？金钱以万计，为尸气所蚀，如铜铁，以故诸凶弃而不取，往往为村民所得，间有得猫眼金刚石异宝者。独一村翁于孟后陵，得一髻，其发长六尺余，其色绀碧，髻根有短金钗，遂取以归，以其为帝后之遗物，庋置圣堂中奉事之，自此家道渐丰。其后凡得金钱之家，非病即死。翁恐甚，遂送龙洞中。闻此翁今成富家矣。方移理宗尸时，允泽在旁以足蹴其首，以示无惧。随觉奇痛，一点起于足心，自此苦足疾，凡数年，以致溃烂双股,堕落十指而死。天衣闻既得志,且富不义之财,复倚杨髡之势,豪夺乡人之产,后为乡夫二十余辈俱俟道间,屠而脔之。当时刑法不明,以罪不加众而决之,各受杖而已。①

周密生于宋理宗绍定五年(1232),卒于元成宗大德二年(1298),应该说正是事件发生当时代的人。周氏所叙当日告状纸书事,以及对于南宋诸陵遭掘之后的详尽描述,具有很高的可信度,应非虚构。不过,此处需要特别加以辨析的是关于杨琏真加盗掘宋陵时间的问题。

元明之际陶宗仪撰有《发宋陵寝》一文,陶氏在此文中除全文过录周密《癸辛杂识别集上·杨髡发陵》外,还收录有另外两则与杨琏真加盗掘南宋皇陵相关的记载。

第一则记载称:"吴兴王筠庵先生国器,示余所藏《唐义士传》。读之,不觉令人泣下,谨录之",云云。《唐义士传》由"云溪罗先生有开所撰",该传主要是描述一位名叫唐珏的义士竭力收集宋诸陵遗骸以共瘗之事,该传称:

> 岁戊寅,有总江南浮屠者杨琏真珈,怙恩横肆,势焰烁人,穷骄极淫,不可具状。十二月十二日,帅徒役顿萧山,发赵氏诸陵寝,至断残支体,攫珠襦玉柙,焚其骴,弃葬草莽间……唐葬骨后,又于宋常朝殿掘冬青树,植于所函土堆上,作《冬青行》二首,曰:"……上有凤巢下龙穴,君不见,犬之年,羊之月,劈雳一声天地裂……"

第二则记载为"遂昌郑明德先生元祐所书《林义士事迹》",陶氏过录其文云:

> 宋太学生林德阳,字景曦,号霁山。当杨总统发掘诸陵寝时,林故为杭丐者,背竹篓,手持竹夹,遇物即以夹投篓中。林铸银作两许

---
① 周密《癸辛杂识·癸辛杂识别集上》,第 263—265 页。

小牌百十,系腰间,取赇西番僧曰:"余不敢,望收其骨,得高家孝家斯足矣。"番僧左右之,果得高孝两朝骨,为两函贮之。归,葬于东嘉。其诗有《梦中作》十首……葬后,林于宋常朝殿掘冬青一株,植于所函土堆上,又有《冬青花》一首曰:"冬青花,冬青花,花时一日肠九折。隔江风雨清影空,五月深山落微雪。石根云气龙所藏,寻常蝼蚁不敢穴。移来此种非人间,曾识万年觞底月。蜀魂飞绕百鸟臣,夜半一声山竹裂。"又一首有曰:"君不记,羊之年,马之月,霹雳一声山石裂。"闻其事甚异,不欲书。若林霁山者,其亦可谓义士也。此五诗,与前所录语句微不同,诗中有双匣字,则事收两陵骨之意。得非林义士诗,而罗云溪以传者之误而写入传中乎?但曰移宋常朝殿冬青,植所函土上而作冬青诗,吾意会稽去杭,止隔一水,或者可以致之。若夫东嘉,相望千余里,岂能容易持去?纵持去,又岂能不枯瘁?作如此想,则又疑是唐义士诗。且葬骨一事,岂唐方起谋时,林已先得高孝两陵骨耶?抑得唐所易之骨耶?盖各行其所志,不相知会,理固有之。

陶宗仪针对周密《杨髡发陵》、罗有开《唐义士传》、郑元祐《林义士事迹》三则记载所涉发宋陵时间不一的问题,他认为:"据此说(指周密之说,即至元二十二年,1285),则云溪所传,岁月绝不同,盖尝论之:至元丙子(1276),天兵下江南,至乙酉(1285),将十载,版图必已定,法制必已明,安得有此事!然戊寅(至元十五年,1278)距丙子不三年,窃恐此时庶事草创,而妖髡得以肆其恶与。妖髡就戮,群凶接踵陨于非命,天之所以祸淫者亦严矣。但云高宗陵骨髪尽化,孝宗陵顶骨小片,不知唐义士所易者何骨也。林义士所收者又何骨也。惜余生晚,不及识宋季以来老儒先生,以就正其是非,姑以待熟两朝典故之人问焉。"[①]

陶宗仪《发宋陵寝》文针对杨琏真加等人盗掘宋陵时间所作的判断,

---

① 以上所引陶氏诸文,见陶宗仪《南村辍耕录》卷四,第43—48页。

引发后世学者的争论,明清时期诸多大儒如全祖望、孙诒让等,均参与其中。① 明清以来的学者们,大多接受陶宗仪的戊寅年发坟说,而不同意周密的乙酉年掘坟说。② 针对此一聚讼纷纭的问题,20世纪40年代,阎简弼先生发表《南宋六陵遗事正名及诸攒宫发毁年代考》一文,就万斯同裒集自宋末周密以降有关宋陵之遗事而题为《南宋六陵遗事》之书,考论"诸陵"之说法,认为不宜称"六陵",而应称"诸攒宫"为是。而对于诸攒宫毁瘗年代问题,简氏就陶宗仪所引三则记载进行分析,指出罗有开、郑元祐均为掘陵事件发生后出生的人,而周密于掘陵事件发生时(戊寅年至乙酉年),年龄正值四十八岁至五十五岁间,其所记应当更接近事实。③

特别值得指出的是,阎简弼先生的论述,征引史料极为丰富,惟其未能留意到郑思肖的相关记载,殊为可惜。事实上,郑思肖之记载可为我们

---

① 明人戴冠《濯缨亭笔记》卷四,明嘉靖二十六年华察刻本)、刘伯缙《(万历)杭州府志》卷四)等,清人全祖望《鲒埼亭集外编》卷四三《答史雪汀问六陵遗事书》,清嘉庆十六年刻本)、毕沅《续资治通鉴》卷一八四《元纪二》)、孙诒让《温州经籍志》卷二三,民国十年刻本)、袁翼《邃怀堂全集》卷三,清光绪十四年袁镇嵩刻本)、王棻《燕在阁知新录》卷一九《宋陵寝毁瘗始未》,清康熙五十六年刻本)等人,他们均附和陶宗仪之成说,认为掘陵时间应发生于戊寅年。上述诸家所论,以毕沅、孙诒让考论最详。毕沅论云:"罗有开《唐义士传》、郑元祐《林义士事迹》各纪所闻,张孟兼撰《唐珏传》作戊寅,黄宗羲为谢翱《冬青引》作注,据'知君种年星在尾'句,以为寅年之证是也。《癸辛杂识》以为乙酉年十一月,徐氏《后编》信为至确,遂分唐、林所举为二事,从而辨之曰:唐、林之义,其时异,其陵异,其所取之骨异,所葬之地亦异。唐事在戊寅,林事在乙酉,是其时异也;戊寅发光宗等四陵,乙酉发高、孝等九陵,是其陵异也;唐得数函,林止两函,是所收之骨有多少也;唐葬兰亭,林瘗东嘉,是所葬之地有远近也。今按徐氏所辨非也。周密《杂识》载此事,颇为疏舛。如云发徽、钦、高、孝、光五帝陵,钦陵止有铁灯檠一枚,岂知钦宗之柩终于不返,《金史》明言葬于巩洛,则绍兴安得有钦陵!盖误以邢后之陵为钦陵。其传闻失实如此,则所系年月,又岂可信乎!"毕沅《续资治通鉴》卷一八四《元纪二》之"考异"条,北京:中华书局,1964年,第5023页。
② 明人郭良翰《续问奇类林》(明万历三十七年黄吉士等刻增修本)卷一五《忠义》称:"唐珏,字玉潜,山阴人。元世祖甲申年(1284),浮屠杨琏真珈怙宠,奉诏发宋帝诸陵寝。"此说应源于宋濂所撰《书穆陵遗骼》之说(详后)。宋濂《宋学士文集》卷一〇,《四部丛刊》景明正德本。
③ 阎简弼《南宋六陵遗事正名及诸攒宫发毁年代考》,《燕京学报》第30辑,1946年,第27—50页。阎氏将宋陵寝被盗掘时间系于至元二十二年的观点,为《剑桥辽西夏金元史》所采纳。参阅傅海波、崔瑞德编著,史卫民等译《剑桥中国辽西夏金元史》,北京:中国社会科学出版社,1998年,第551页。另,戴密微撰有《南宋陵墓》(Paul Demiéville, "Les Tombeaux des Song méridionaux", *Bulletin de L'École Française d'Extreme-Orient*, vol.25, 1925, pp.458-467.)一文,戴氏倾向于认为南宋陵寝遭难时间应在至元十五年,不过他并未予以论证。

进一步否定戊寅年发宋坟说,提供有力的支持。

郑思肖撰有《德祐谢太皇北狩攒宫议》文,该文称:"德祐六年太岁庚辰三月十三日,太皇太后崩于北狩行宫,虏贼奉梓宫于幽州长生观,议将攒于艺祖昌陵侧。我书'崩于北狩行宫'者何? 盖痛太皇死不得其正也。书'攒'者何? 昔本朝都汴时,陵寝在北,绍兴后,列圣谋复归都汴,期迁梓宫附葬先朝诸陵间,故曰'攒'。今太皇大崩难中,或葬艺祖昌陵侧,出虏酋意,实为逆事。微臣啮苦,志在中兴复仇,期迁太皇归合葬穆陵侧,穆陵,理宗。理始正,故亦书'攒'。"①此文云及谢太后崩于德祐六年,实误。② 据《宋史·理宗谢皇后传》载:"是年(德祐二年)八月,至京师,降封寿春郡夫人。越七年终,年七十四,无子。"③可见,谢太后应去世于德祐九年,即至元二十年(1283)。虽然郑思肖此文主旨在探讨谢太后葬于何处更合礼制的问题,不过从中可以看到,其时穆陵尚未遭掘,倘若穆陵已被盗掘,何来"合葬穆陵侧"之说? 郑思肖久居苏州,去绍兴不远,倘若宋皇陵此时已遭盗掘,他是完全可以知悉该消息的。由此观之,陶宗仪等持戊寅年之说,实在让人怀疑。

此外,郑思肖还撰有《因山为坟说》一文,此文作年不详,置于《德祐谢太皇北狩攒宫议》之后,该文有言称:"今江南诸陵受祸不浅,何可说耶? 艺祖在天之灵,赫赫如日,圣迹如斯,前朝未见有如此者,吾知天下未遽属他人手。思肖,德祐遗臣也,诸陵之泪不干,然谋报亦未晚,他日中兴圣

---

① 《郑思肖集·心史·杂文》,第146—147页。需指出的是,宋末有以陵寝名称呼诸帝者,如周密以"穆陵"来称呼宋理宗,《齐东野语》(北京:中华书局,1983年,第208页)卷一一《御宴烟火》记有"穆陵初年";《癸辛杂识后集·理宗初潜》记有"穆陵之诞圣前一夕",等等。刘岳申《文丞相传》亦称:"文丞相以庐陵年少,穆陵亲擢进士第一。"不过此处郑思肖所谓"穆陵",显然不是单纯指涉为"理宗"其人,而实应指其陵寝,以与所谓"艺祖昌陵"相对应。
② 郑思肖《心史》的年代错置问题尚有多处,如他在《祭大宋忠臣文》内称:"德祐七载,岁在辛巳,十二月己巳朔,越十有八日己酉,德祐孤臣郑思肖谨以清酌庶羞之奠,敬致祷于大宋忠义死节之臣丞相文公、丞相陆公"云云。事实上,文天祥被杀于德祐八年。参阅《郑思肖集》,第156页。
③ 《宋史》卷二四三,第8660页。

人,愿鉴于是。"①此记载显示郑思肖写作此文时,宋陵已遭掘。前文已述,郑思肖《心史》封缄埋于井下,时间在德祐九年,即至元二十年(1283),此文置于《德祐谢太皇北狩攒宫议》之后,因此郑思肖的记载又在提示我们,宋陵遭盗掘应是至元二十年或其后一年以内所发生之事。②

最后,我们还可根据其他史料记载,来对掘陵事件并不发生于戊寅年之说进行论证。据《元史·世祖纪》载,至元二十一年(1284)九月,"丙申,以江南总摄杨琏真加发宋陵冢所收金银宝器修天衣寺";二十二年春正月,"毁宋郊天台。桑哥言:'杨辇真加云,会稽有泰宁寺,宋毁之以建宁宗等攒宫;钱唐有龙华寺,宋毁之以为南郊。皆胜地也,宜复为寺,以为皇上、东宫祈寿。'时宁宗等攒宫已毁建寺,敕毁郊天台,亦建寺焉"。③ 两则记载显示,至元二十二年正月之前,宋陵已遭掘。是知,周密所记乙酉年(1285)说,似亦存有问题。

综合以上诸说,笔者以为宋陵遭掘,理应发生在元廷敕死文天祥之后,即至元十九年至至元二十一年之间。④ 这似乎也更合符当时历史实情。亡宋之初,元廷当对原南宋臣民多加安抚,以减少抵抗,稳定人心。若于此时挖掘宋坟,无异于给自己增添不必要的政治风险。再者,至元十

---

① 参阅《郑思肖集·心史·杂文》,第148—149页。郑思肖另有《答吴山人问远游观地理书》一文,作于1305年(郑思肖自谓时年六十四岁,是知)。该文继续《因山为坟说》之主旨,谈及宋陵等南方坟墓易遭盗掘事,或可留意。参阅《郑思肖集》,第246—272页。
② 本文所引郑思肖诸篇,均出自《心史》。关于《心史》所记之事最晚年代的问题,杨讷先生从《大义略叙》中所提及之相关史事加以分析,认为该篇提及最晚的事件应该是至元二十一年三月那木罕、安童事。所谓郑思肖自称为"德祐九年正月重修",事实上,《大义略序》曾再修三修,反映出作者对此书的珍视。他在写毕《盟誓》篇之后,实则并未将《心史》立即沉入古井,《心史》至少在他手上还保存了一年以上时间。参阅杨讷《〈心史〉真伪辨》,《元史论丛》第5辑,北京:中国社会科学出版社,1993年。该文现收入氏著《元史论集》,北京:国家图书馆出版社,2012年,第438—440页。
③ 《元史》卷一三《世祖一〇》,第269、271—272页。
④ 据《续资治通鉴》载:"与栗数进谠言,朝廷立法,多所咨访。寻转侍讲,疏陈江南科敛急督,宋世丘垄暴露,皆大臣擅易明诏所为,帝不以为忤。[考异]阎复撰《翰林学士赵公墓志》,推原其心,词旨甚隐,然于年月不甚详,《元史本传》以墓志为稿本耳。其言江南丘垄事,在迁侍讲之后,今从《本纪》连书之。"毕沅将赵与栗为侍讲学士进言年代,系于至元十九年,可能是据《元史·阎复传》所载阎复于至元十九年为侍讲学士,意在表明至元十九年之前宋陵已遭盗掘。此处年代是否有问题呢?据《元史》卷一二《世祖九》载,至元十九年十二月,"乙未,中书省臣言:'平原郡公赵与芮、瀛国公赵显、翰林直学士赵 (转下页)

五年,杨琏真加到任杭州不久,对南方情形尚不熟悉,贸然挖宋坟亦不符常情。至元二十年或随后一年,则顺理成章,因为当时情势已生变化:宋宗室被递解至更北面的上都,而文天祥则被处死。① 杨琏真加选择在元廷处理南宋遗留政治问题的当口来挖掘宋陵,这也就更易于理解了。最后但绝非不重要的是,倘若将挖掘宋坟时间置于戊寅年,那么缘何诸多经历过那个时期的士人们的文集中不见提及?若因局势所逼而有所讳言,那么郑思肖这位丝毫无所隐晦的反元斗士,缘何又不提及戊寅年(按照郑思肖惯用的纪年,也就是"德祐四年")所发生的此等惨烈之事呢?郑思肖对蒙古人或者忽必烈本人的描绘,几近以辱骂口吻,倘若他知悉此事,必不讳言。

(接上页)与䫆,宜并居上都。'"是知,至元十九年,赵与䫆为直学士,他升为翰林侍讲时间,则必定在至元十九年后。此处不妨将阎复《翰林学士赵公墓志》(《全元文》卷二九七,南京:江苏古籍出版社,1999年,第290—292页)具引如次:"复往岁直翰林,公为待制,其叙迁也亦相先后,知公尤详,义不得辞。方至元十四年间,公以驿来朝,深衣幅巾,见世祖于上京。冰澄玉莹,词气整朗,言宋亡根本所在,亲切感动,世祖倾属。自是,入翰林为待制,为直学士。公之为侍讲也,言:'江南箕敛急督,移括大姓,宋世邱陇暴露,皆大臣擅易书诏明旨。'又言:'庚寅(至元二十七年,1290)岁,大雾蔽塞……'"另据《元史·赵与䫆传》载:"[至元]十三年秋九月,遣使召至上京,幅巾深衣以见,言宋败亡之故,悉由误用权奸,词旨激切,令人感动。世祖念之,即授翰林待制,朝廷立法多所咨访,与䫆忠言谠论,无所顾惜。进直学士,转侍讲。疏陈江南科敛急督,移括大姓,宋世丘垄暴露,皆大臣擅易明诏所为。二十七年,京师雾四塞;明年正月甲寅,虎入南城。与䫆又疏言权臣专政之咎,退而家居待聘。"再据《元史·百官三》载,翰林侍讲学士置两员,至元十九年阎复为侍讲学士,至元二十三年升为翰林学士;《元史·王构传》则载,王构于至元十四年后至世祖崩时,为翰林侍讲学士。因此,至元十九年,赵与䫆不可能为侍讲学士,赵与䫆很可能是在至元二十三年阎复升学士后,得以递补为侍讲学士。依据以上所述,笔者以为赵与䫆为侍讲学士进言年代应在至元二十三年至至元二十七年间。于此亦或可理解,宋坟被掘不可能发生于至元十五年,因为赵与䫆不太可能就近十年前所发生之事进言;若盗掘时间置于至元二十年后,则赵与䫆于至元二十三年至二十七年间就近事疏陈,于情于理俱合。毕沅"考异"似乎已注意到此点,不过为呼应其所坚持的至元十五年掘宋坟说,毕氏有意加以回避。参阅《续资治通鉴》卷一八六《元纪四》,第5074页。

① 据《元史·阿鲁浑萨理传》载:"至元二十年,有西域僧自言能知天象,译者皆莫能通其说。帝问左右,谁可使者。侍臣脱烈对曰:'阿鲁浑萨理可。'即召与论难,僧大屈服,帝悦,令宿卫内朝。会有江南人言宋宗室反者,命遣使捕至阙下。使已发,阿鲁浑萨理趣入谏曰:'言者必妄,使不可遣。'帝曰:'卿何以言之?'对曰:'若果反,郡县何以不知。言者不由郡县,而言之阙庭,必其仇也。且江南初定,民疑未附,一旦以小民浮言辄捕之,恐人人自危,徒中言者之计。'帝悟,立召使者还,俾械系言者下郡治,言者立伏,果以尝贷钱不从诬之。帝曰:'非卿言,几误,但恨用卿晚耳。'自是命日侍左右。"是知,在杀天祥、掘宋陵之际,江南政情极不稳定。参阅《元史》卷一三〇,第3175页。

由以观之，杨琏真加盗掘宋陵的年代问题，现在说来应该比较清楚了。陶宗仪人等将其年代系于至元戊寅年是大有问题的，而周密所叙述至元二十二年之说亦并不十分可靠。不过较于陶氏之说，周氏说则更合乎情理。

前文之所以花费大量笔墨来重新探讨南宋攒宫遭掘的具体年代问题，主要是因为它与文天祥被杀年代密切相关，这一系列历史事件之间的关联性不应忽视。那么，挖掘宋攒宫之事与文天祥被处死事件以及与"闽僧"的问题，其间又有怎样的关联呢？

周密提到两位在挖掘宋陵事件中扮演急先锋角色的汉僧福闻与允泽和尚，所谓"起于天衣寺僧福闻号西山者，成于剡僧演福寺允泽号云梦者。……天衣闻既得志"云云。陶宗仪后来在过录周密之文时，将其中一位汉僧名字稍微弄出了点异状："起于天长寺福僧闻号西山者，成于演福寺剡僧泽号云梦者。"①所谓"剡僧泽"，指允泽和尚。据《续佛祖统纪》载，允泽为剡源人，十四岁出家于报恩寺，师从剡源妙悟，允泽和尚被认为是"剡僧"。② 因此，从文意而断，陶宗仪此处所谓"福"与"剡"，显然是对应指地名者言。或许正是受陶宗仪过录文之影响，后人在理解这一问题时亦出现些许误会，此即前文所述明人田汝成撰写的《诛髡贼碑》文，田氏径自将陶氏所记"福僧闻"改为"闽僧闻"。不过，田氏是否真正受到陶宗仪写法误导本身所致，抑或陶、田两氏均认为"福闻"和尚应是指该僧乃福建人氏而名为"闻"者，则已不可得其详矣。然而需指出的是，对于这位名为"福闻"或谓"闻"的僧人，周密自身尚存有些许混乱，今日学界多将该僧名认定为"福闻"，而非单字名"闻"。③

那么，这位"福闻"和尚在文献中有无其他消息可资查探呢？周密另撰有《二僧入冥》文，对参与掘宋陵事件中的诸位汉僧不得善终的下场有所描绘：

---

① 陶宗仪《南村辍耕录》卷四，第47页。所谓"天长寺"，乃"天衣寺"之误。
② 参阅佚名《续佛祖统纪》卷一《剡源先师法嗣》，收入《新编卍续藏经》，第131册，藏经书院编辑，台北：新文丰出版股份有限公司，1995年，第718页上。
③ 如周清澍先生即将其写作"福闻"。参阅周清澍《论少林福裕和佛道之争》，《清华元史》第1辑，北京：商务印书馆，2011年。

乙未岁，余还霅省墓，杼山闻宝积僧云："去岁菁山普明寺僧茂都事者，病伤寒，死二日复苏。言初至大官府，冠裳数人据坐大殿，有一僧立庑下，窃窥之，则径山高云峰也。欲扣其所以，摇手云我为人所累至此。忽枷一僧，则其徒也。即具铁床，炽火炙之，叫号秽臭不可闻。主者呼云峰，问其事如何。答曰：'彼受此痛，若某有预，必言矣。'主者曰：'当是时是谁押字？'则无以对。继又枷至一僧，骨肉皆零落，则资福寺主守观象先也。方欲问之，忽有黄巾武士直造殿上，问某事何为久不行遣？主者皆悚然而起，立命吏索案，案卷盈庭，点检名字，一吏就旁书之，凡四十二人，主者遂署于后。甫毕，此纸即化为火飞去，即有大青石枷四十二具，陈于庭下，各标姓名于上。顷刻追至二僧，乃灵隐、龄悦二都事，即就枷之。继而又有一人自外巡庑而入，各标姓名，见茂云：'汝安得至此？'遂令拥出，至门一跌而寤。"然其所见四十二人，是时皆无恙。至次年，死者凡十数人，固已异矣。至丁酉七月，演福主僧允泽号云梦者，以双足堕指溃烂，病亟，日夕号呼，瞑目即有所睹。其亲族兄长在左右视其疾，一日，忽令其兄设四十九解礼忏，自疏平生十大罪以谢过，发陵亦一事。泣谓其兄曰："适至阴司，见平日作过诸僧皆在，各带青石大枷，独有二枷尚空，已各书名于上矣。其一则下天竺瑞都事也。"其时瑞故无恙。扣其一枷为何人，则潸然堕泪曰："吾恐不可免也。"是夕泽殂。越一日，瑞都事亦殂。其冥中所见，大率与甲午岁茂僧入冥所睹皆脗合，盖可谓怪。天理果报之事，未有昭昭如此事者，故书之以警世云。[①]

周密此处所述事颇为怪诞离奇。所谓"二僧入冥"，其一是指允泽和尚入冥事，其所描绘允泽事，与《癸辛杂识别集上·杨髡发陵》中所描绘之允泽事相近似，且允泽于丁酉岁圆寂，亦与《续佛祖统纪》记载允泽卒年相同；另一则是指普明寺僧茂入冥事，僧茂所述地府所见之"叫号秽臭不可闻"的僧人，疑指福闻和尚，不过此处未明言福闻和尚的最终下场。前引

[①] 周密《癸辛杂识·癸辛杂识别集下》，第266—267页。

周密《癸辛杂识别集上·杨髡发陵》曾提及福闻和尚的最终下场:"天衣闻既得志,且富不义之财,复倚杨髡之势,豪夺乡人之产,后为乡夫二十余辈俱俟道间,屠而脔之。"僧茂所提供的讯息最为令人瞩目之处,是提及"径山高云峰"其人。据文意,福闻和尚应该就是径山高云峰和尚的徒弟。①

僧茂所提及的"径山高云峰"和尚究竟系何方高人呢?十分幸运的是,释念常所撰《佛祖历代通载》内留存有云峰和尚的详细传记,为俾便讨论,兹俱引于下:

  至元三十年,杭州径山云峰和上示寂。师名妙高,句之长溪人。(1)父讳肅家,世业儒。母阮,梦池上婴儿合爪坐莲华心手捧得之,觉而生师,因名梦池。神采秀彻,嗜书力学,尤耽释典,固请学出世法。父母以梦故,不定夺。俾从吴中云梦泽公受具戒。师锐意求道,首参痴绝冲。冲曰:"此儿语纚纚有绪,吾宗瑚琏也。"寻又见无准于径山。准尤器爱,拟以侍职处。师叹曰:"怀安败名,吾不遍参诸方,不止也。"遂之育王见偃溪,即请入侍室,掌职藏钥。一日溪举:"譬如牛过窗棂,头角四蹄俱过了,因甚尾巴过不得。"师划然有省,答曰:"鲸吞海水尽,露出珊瑚枝。"偃溪可之。会师迁南屏,携师与俱。寻住南兴大芦,遂为嫡嗣。迁保安、江阴、教忠、雪川、何山,云衲四来,三堂皆溢。蒋山虚次直指佥议无以易师,朝旨从之。历十有三载,众逾五百。德祐乙亥年(至元十二年,1275),被兵革,军士有迫师求金者,师曰:"此但有寺有僧,无金与汝。"俄以刃拟师,师延颈曰:"欲杀即杀,吾头非汝砺刀石。"辞气雍容,了无怖畏。军士感动,掷刃去。丞相伯颜公见师加敬,舍牛百、斋粮五百,寺赖以济。颜公又戒诸将:"此老非常人比,宜异目待之。"以故寺得无恙。(2)至元庚辰(至元十七年,1280),双径延请,师恳辞再三,乃前寺罹回禄,草创才什一,师悉力兴建,且捐衣盂自为僧堂众寮。不十年,悉复旧观。戊子春(至元二十

---

① 参阅李辉《至元二十五年江南禅教廷诤》,《浙江社会科学》2011年第31期。另,福闻和尚是不是一出家即师从高云峰和尚?倘若如此,则福闻与高云峰或是同乡。此阙疑待考。

五年,1288),魔事忽作,教徒谮毁禅宗。师闻之叹曰:"此宗门大事,吾当忍死以争之。"遂拉一二同列趋京。有旨,大集教、禅廷辨。上问:"禅以何为宗。"师奏:"净智妙圆体本空寂,非见闻觉知思虑分别所能到。"宣问再三,师历举西天四七,东土二三;达磨诸祖,南能北秀;德山临济,棒喝因缘。大抵教是佛语,禅是佛心。正法眼藏,涅盘妙心。趣最上乘,孰过于禅。词指明辩,余二千言。又宣进榻前,与仙林诸教徒返复论难。(3)林问:"禅宗得法几人?"师云:"从上佛祖天下老和上,尽恒河沙莫穷其数。"林云:"只这是谁?"师云:"含元殿上更觅长安。"又问:"如何是禅?"师打一圆相,林不省。师曰:"只这一圈透不过,说甚千经万论。"林辞屈。上大说,众喙乃熄,禅宗按堵如初。陛辞南归,示众云:"我本深藏岩窦,隐遁过时,不谓日照天临,难逃至化。"又云:"衲帔蒙头万事休,此时山僧都不会。"径山轮奂甫备,延燎复尽。师谓众曰:"吾负此山债耳。"遂竭力再建。汇殿坡为池,他屋皆易置佳处,五年而成。癸巳六月初,小参训饬学者。十七日,书偈而逝。师生于嘉定己卯(1219)二月十七日,寿七十五,腊五十九。葬于寺西之居顶庵。①

这份有关径山云峰妙高禅师的传记资料,提供的信息极为丰富,研究元代江南佛教史者对此尤为关注。不过,笔者此处并不欲就佛教史层面的问题来解析此材料,而是从政治史的角度来加以梳理。其中尤可留意者,为引文中笔者特别加粗所标示出的三点,在此稍作分析引申:(1)文中所谓"句之长溪人",即指妙高和尚为福建长溪人(今福建霞浦)。(2)至元十二年,所谓"丞相伯颜公见师加敬,舍牛百、斋粮五百,寺赖以济。颜公又戒诸将:'此老非常人比,宜异目待之。'"其实此已十分清楚地揭示出,妙高和尚其时已与蒙古人交好,而且其所接触者,正是元下江南时的元军大统帅伯颜。另外,文中称赞妙高和尚"辞气雍容,了无怖畏",实乃虚饰之词耳。(3)至元二十五年,因江南禅教之争而出现廷辩,妙高和尚

---

① 释念常《佛祖历代通载》卷二二,收入《大正新修大藏经》第49册,台北:佛陀教育基金会印,1990年,第721页中、下—722页上。

"遂拉一二同列趋京",所谓"又宣进榻前,与仙林诸教徒返复论难""上大说"云云,实则清楚地表明,妙高和尚获近天颜,与忽必烈的亲近关系实非同寻常。以上解析中所透露出的信息提示我们,妙高和尚很有可能就是曾于至元十九年向元廷进言的那位"闽僧"。①

妙高和尚之行实告诉我们,早在至元二十五年佛教内部廷净之前,他很有可能就曾经在蒙古宫廷中出现过。径山禅寺于宋元时代颇有声名,郑思肖在胪列江南诸禅寺时,即将该寺列于首位。②《佛祖历代通载》所记妙高和尚得寿七十五,其圆寂之年当在癸巳岁(1293),与周密《二僧入冥》记载僧茂入冥所提及的云峰和尚甲午岁(1294)之事,实有所冲突,此阙疑待考。然而最为重要的是,《二僧入冥》实际上已十分明确地揭示出高云峰和尚与盗掘南宋攒宫之事所涉匪浅。倘若《二僧入冥》所记僧茂口中的那位"叫号秽臭不可闻"的和尚确为福闻,那么妙高和尚师徒二人所充当的角色,其实是一脉相继的。他们作为南方佛教界的代表人物,为元廷处

---

① 一般而言,大汗(忽必烈)身边常会有诸种宗教人士,以备顾问。有些宗教人士或许会久居禁中,常备顾问;有些则可能是临时征召赴都,提供谏言;再或者,大汗或遣使前往各大教派驻地,问询方略。当然,也有许多宗教人士只是提供星占巫术。据《马可波罗行纪》(冯承钧译,上海书店出版社,2001年,第174—175页)第七十四章《上都城》载:"大汗每年居留此地之三月中,有时天时不正,则有随从之巫师星者,谙练巫术,足以驱除宫上之一切风云暴雨。此类巫师名称脱字惕(Tebet)及客失木儿(Quesimour),是为两种不同之人,并是偶像教徒。盖其所为者尽属魔法,乃此辈诳人谓是神功。"所谓"闽僧",应该就是位能占星象的高僧。妙高和尚作为江南佛教界的代表人物,在此次廷净发生之前,肯定是见过忽必烈的,并且关系特殊,文中所谓"遂拉一二同列趋京",就十分形象地描绘出妙高和尚地位之特殊。因其所具有的特殊身份,他在忽必烈宫廷中就涉故宋之事发表意见,是完全可以想见的。据黄溍《金华黄先生文集》(元钞本)卷一二《南天竺崇恩演福寺记》载:"至元戊子,云梦泽被旨入觐,对御说法,深称上意,特赐玺书,作大护持。"是知至元二十五年庭辩,云梦泽和尚亦曾赴京师参与辩论。另据前引《剡源先师法嗣》文称:"师凡再诣阙庭,世祖神功文武皇帝召见,问佛法大旨,赐704香殿,授以红金襕大衣,锡'佛慧玄辩'之号。玺书屡降,光被诸方。"此处所记即指允泽和尚参与至元二十五年庭辩事。惟此处所揭"再诣阙庭"一语,或可解读为在此之前,允泽和尚就已曾赴阙庭。因此,笔者推断妙高和尚于至元二十五年前已曾赴阙庭觐见,应该可以说是并非无据的。有关妙高和尚的研究,以往学界多从佛教史的角度来进行讨论,详可参阅任宜敏《中国佛教史·元代》第四章《禅宗的演化》,北京:人民出版社,2005年,第237—241页;杨增文《宋元禅宗史》第八章第三节《径山妙高及其进京与教僧辩论》,北京:中国社会科学出版社,2006年;陈高华《元代江南禅教之争》,《隋唐辽宋金元史论丛》,上海古籍出版社,2012年第2辑;以及周清澍、李辉前揭文。
② 参阅《郑所南先生文集·十方禅刹僧堂记》,《郑思肖集》,第284页。

置故宋遗留问题谏言献策,充当前卒。

当然这绝非定案,此处所考释出的"闽僧"妙高和尚,与邓光荐《文丞相传》中所指的"闽僧"妙曦和尚,尚有难以弥缝之处。至于"闽僧"是否曾改名,则不得而知。亦或有论者以为,禅僧通星象者寡鲜,似存疑窦。不过,《佛祖历代通载》提及妙高和尚"谈牛过窗棂"之事,或是要在揭示其禅之悟性,聪颖可见。此外,研究元代江南佛教史的学者大致同意,当时南方存有禅、教之争,那为何禅僧妙高与属于教派的密教僧人杨琏真加会走到一起呢?事实上,当日禅、教之争确实存在,但也并不是说就处于绝然对立的状态。虽然忽必烈即位后有所谓"崇教抑禅"的倾向,不过此举最为根本的目的还在于平衡各派势力以强化控制,所谓"'汉地'各教派中禅宗势力独大,忽必烈抬高其他教派地位,抑制禅宗,有利于对'汉地'佛教的控制"。① 此可谓见的之论。因此,忽必烈与禅宗人物有所亲近,亦完全不必惊讶。杨琏真加作为元朝管理江南佛教的实权人物,佛教诸派自然都要接受其领导,作为禅宗代表人物的妙高和尚,与杨琏真加有某种联系或合作,亦属必然。由此我们也可以很自然地理解,属禅宗的妙高之徒福闻和尚,与属教派天台宗的允泽和尚,②能够与江南释教都总统西番僧杨琏真加合作。他们虽分属佛教各派,却共同策划导演出这起骇人的历史事件。

四、余　　论

至此,我们对"闽僧"谏言与杨琏真加盗掘南宋皇陵之事的关联性问题,已有比较清晰的认识。盗掘宋陵,实乃大忌。灭宋前不数年,当时文天祥曾赴北与伯颜谈判,蒙古人的态度是"决不动三宫九庙"。③ 逮至南宋被灭,"三宫"被北押至大都,仅获免"系颈牵羊"的羞辱,④已算是优礼。到至元十九年时,瀛国公及宋宗室等又再北撵至上都,宋故相文天祥则被处

---

① 陈高华《元代江南禅教之争》,《隋唐辽宋金元史论丛》,第360页。
② 黄溍《金华黄先生文集》卷一二《南天竺崇恩演福寺记》,元钞本。
③ 《文山先生全集》卷一三《指南录·自序》,第311页。
④ 刘敏中《平宋录》卷中,清守山阁丛书本。

死。不惟如此,继之而起又出现更为骇人听闻的盗掘宋陵事件。此一系列历史事件发展的逻辑链条,于此清晰可辨。

至元二十三年(1286)二月,忽必烈派程钜夫南下"求好秀才":

> 集贤直学士程文海言:"省院诸司皆以南人参用,惟御史台按察司无之。江南风俗,南人所谙,宜参用之便。"帝以语玉速铁木儿,对曰:"当择贤者以闻。"帝曰:"汝汉人用事者,岂皆贤邪?"……三月己巳,御史台臣言:"近奉旨按察司参用南人,非臣等所知,宜令侍御史、行御史台(等)[事]程文海与行台官,博采公洁知名之士,具以名闻。"帝命赍诏以往。①

或许,这正是忽必烈对江南统治态度的一种变化。在历经处死文天祥以及盗掘宋陵事件之后,元廷意图重新修复与南方的关系,以安抚江南士人与民众。

杨琏真加盗掘南宋皇陵之事,其余响一直延续至元亡明兴之际。据宋濂《书穆陵遗骼》称:

> 初,至元二十一年甲申,僧嗣古妙高上言,欲毁宋会稽诸陵。江南总摄杨辇真加与丞相桑哥,相表里为奸。明年乙酉王(正)月,奏请如二僧言。发诸陵宝器,以诸帝遗骨建浮屠塔于杭州之故宫,截理宗顶以为饮器。大明洪武二年戊申正月戊午,皇帝御札丞相宣国公李善长,遣工部主事谷秉毅,移北平大都督府及守臣吴勉,索饮器于西僧汝纳监藏深惠,诏付应天府守臣夏思忠,以四月癸酉瘗诸南门高座寺之西北。明年己酉六月庚辰,上览浙江行省进宋诸陵图,遂命藏诸旧穴云。呜呼,上之德可谓至矣哉。②

明人将掘宋陵之事全系于西番僧身上,出主意者为嗣古妙高,力赞其

---

① 《元史》卷一四《世祖一一》,第 287 页。
② 宋濂《宋学士文集》卷一〇《书穆陵遗骼》,《四部丛刊》景明正德本。

事者则为杨琏真加与桑哥。这完全不同于宋元时期周密、陶宗仪等人的记述,他们的记载清楚地表明,起意者与力赞其事者,实为福闻与允泽这两位汉僧。明人的描述是十分让人怀疑的。至于"嗣古妙高"其人,就宋元时代载籍而论,史传无闻。① 所谓"嗣古妙高"其人的出现,最早即源自宋濂《书穆陵遗骼》一文。② 另据《明史·危素传》记云:

> 先是,至元间,西僧嗣古妙高欲毁宋会稽诸陵。夏人杨辇真珈为江南总摄,悉掘徽宗以下诸陵,攫取金宝,裒帝后遗骨,瘗于杭之故宫,筑浮屠其上,名曰镇南,以示厌胜,又截理宗颅骨为饮器。真珈败,其资皆籍于官,颅骨亦入宣政院,以赐所谓帝师者。素在翰林时,宴见,备言始末。帝叹息良久,命北平守将购得颅骨于西僧汝纳所,谕有司厝于高坐寺西北。其明年,绍兴以永穆陵图来献,遂敕葬故陵,实自素发之云。③

危素为元末明初重要人物,曾在元朝为官,并参与修纂《宋史》。此处描写危素所亲见者,乃指其所见为宋理宗之颅骨为饮器事,而并不是说危素知晓"嗣古妙高"其人其事。那么,所谓"嗣古妙高",会否是宋濂有意曲笔不揭,意指"妙高和尚之法嗣"? 此留诸博雅君子求之。

---

① 据《元史·张思明传》载:"仁宗即位,浮屠妙总统有宠,敕中书官其弟五品,思明执不可。"此"妙总统"不知何人,当非"嗣古妙高"。仁宗时去掘宋陵时间已二三十年,杨琏真加等参与掘陵之人,都因"江南民怨"而遭处理。倘若真有"嗣古妙高"其人,亦应早已被处置。《元史》卷一七七,第4122页。
② 洪武三年,明廷将理宗头骨重新安葬于绍兴旧穴,其地立有"大明敕葬宋理宗顶骨之碑",现碑文已漫漶,但比对《康熙会稽县志》等载籍,其文甚明:"元至元二十一年,僧嗣古妙高请毁宋绍兴诸陵。江南总摄夏人杨琏真伽,与丞相桑哥表里为奸恶。明年正月,奏如二僧言,发诸陵金宝"云云。此碑文所述盗掘宋陵之事,与宋濂《书穆陵遗骼》文的记载一般无异。详可参阅林梅村《宋六陵访古》一文,载氏著《大朝春秋:蒙元考古与艺术》,北京:故宫出版社,2013年,第203—222页。需进一步指出的是,明代不少载籍论及元掘南宋皇陵事,其所提及谋划盗掘宋陵诸人,主要有两条线索:一条线索即以"嗣古妙高"为主,此显系蹈袭宋濂之说;另一条则白循周密、陶宗仪之说,以"闽僧闻、剡僧泽"为主。因涉及盗掘宋陵事件的明清载籍太多,兹不一一具引。唯清人万斯同所集之《南宋六陵遗事》(杨复吉编《昭代丛书·己集广编》五十卷,道光七年吴江沈楙德世楷堂藏板,光绪二年沈楙德世楷堂重印本),或可阅览。
③ 《明史》卷二八五,北京:中华书局,1974年,第7315页。

事实上,明太祖反元,其旗号即为"驱逐胡虏,恢复中华"。[①] 宋濂为明太祖随侍文臣,诸多诏命典诰均出其手,他撰写的《书穆陵遗骼》文,显然代表明官方口吻。明初故意将盗掘南宋皇陵之事全部推到西番僧身上,而与汉僧全然无涉,实不可排除其政治上的考虑。明人戴冠在《濯缨亭笔记》开篇即言及此事,实已将明廷处理元人盗掘宋陵之后续问题的真实用意透露无遗:

> 元主忽必烈用西僧嗣古妙高及杨琏真加之言,尽发宋诸陵之在绍兴者及大臣冢墓,凡一百一所,窃其宝玉无算,截理宗顶骨为饮器。胡主吞灭中国之初,即行此盗贼不仁之事。我太祖即位之元年戊申(1368)正月戊午,即御札丞相宣国公李善长,遣工部主事谷秉毅,移北平大都督府及守臣吴勉,索饮器于西僧汝纳监藏深惠,诏付应天府守臣夏思忠,以四月癸酉瘗诸南门高座寺之西北。明年己酉(1369)六月庚辰,上览浙江行省进宋诸陵图,遂命藏诸旧穴。时开国之初,庶务方殷,而首求先代帝王之遗骸,若救焚拯溺之不暇,往返数千里,首尾不逾三月,即得旧物归瘗中土。又仅逾年,而即返诸故穴,其敏于举义如此。英明刚果之志,慈祥恻隐之心,虽尧舜汤武,不是过矣。于乎休哉![②]

由是观之,明初急于就有关南宋攒宫遭盗掘之前朝遗事加以处理,实际上是朱明政权在为其取代元王朝统治的正当性而张本。

附记:本文原载《文史》2015年第1辑,曾提交"复旦大学中古中国共同研究班"讨论,承蒙各位同仁指正疏失,谨致谢忱。

[①] 朱元璋《谕中原檄》,该文由宋濂起草。参阅程敏政《皇明文衡》卷一,《四部丛刊》景明本。
[②] 戴冠《濯缨亭笔记》卷一,明嘉靖二十六年华察刻本。

有功于斯道？
——李氏朝鲜有关崔致远、薛聪、安珦从祀孔庙的争议

朱溢（复旦大学文史研究院）

一

在孔庙释奠礼仪中，从祀的历代儒生只是配角，但却动态反映着帝制时代学术与政治交织的复杂面相。在不同时期的国子监孔庙中，有哪些儒生配享其中，就代表相应的思想取向、学术潮流得到了国家的认可，从祀儒生在孔庙中的进退堪称解读官方价值取向的风向标。

作为孔庙释奠礼仪的重要一环，从祀制度不仅存在于贞观二十一年（647）以后的中国王朝，在引进了孔庙制度的朝鲜、日本、越南同样实行过。特别是在朝鲜和越南，还出现了孔庙从祀制度的在地化，除了入祀中国孔庙的历代儒生配享其中，本国士人从祀孔庙的现象也时有发生，以表彰他们对儒家学术思想的传播、赓续之功。与中国相似，从祀人选的变动在这些国家的朝廷和士林也是引起高度关注的敏感问题。同中有异的是，中国不乏从祀对象被逐出孔庙的事例，而在朝鲜和越南，一旦已故儒生入祀孔庙，都没有被罢黜过。尽管如此，这些人配享孔庙的合理性并非没有产生争议。在越南，针对朱安、张汉超、杜子平从祀孔庙，潘孚先就有"历代名儒，有能排异端、传道统，方得从祀文庙，明道学之有原也。艺宗以朱安、张汉超、杜子平预之。汉超为人骨鲠，讥斥佛法；安清修苦节，不务贤达，亦庶几矣；若子平之曲学悦人，聚敛多欲，乃是误国之奸臣，安得

厕于其间哉"的不同评价，吴士连对杜子平从祀孔庙可谓义愤填膺："子平盗隐蓬莪贡金，欺君妄奏，致使睿宗南巡不返，国家自是屡有占城入寇之患，罪不容诛矣。"① 在李氏朝鲜，士人们对高丽时期入祀孔庙的崔致远、薛聪、安珦也有不同看法。对此，本文将尝试进行探讨。

二

在《高丽史》中，崔致远和薛聪从祀孔庙的记载极为简略：高丽显宗十一年（1020）八月，"追赠新罗执事省侍郎崔致远内史令，从祀先圣庙庭"，② 显宗十三年（1022），"赠新罗翰林薛聪弘儒侯，从祀先圣庙庭"。③ 这两则史料只是提供了他们入祀孔庙的时间，相比之下，安珦的记载尚能提供些许有用信息：忠肃王六年（1319），"议以从祀文庙，有谓珦虽建议置赡学钱，岂可以此从祀，其门生辛蕆力请，竟从祀"。④ 安珦设置赡学钱的事情，在《高丽史》中多次被提到。《高丽史·忠烈王世家》："〔忠烈王三十年〕赞成事安珦建议置国学赡学钱。"⑤《高丽史·选举志》："〔三十年五月〕安珦建议，令各品出银布有差，以充国学赡学钱。王亦出内库钱谷以助之。珦以余赀送江南，购六经诸子史以来。于是，愿学之士，七管十二徒诸生，横经受业者，动以数百计。"⑥《高丽史·安珦传》的记载最为翔实：

珦忧学校日衰，议两府曰："宰相之职，莫先教育人材。今养贤库殚竭，无以养士，请令六品以上各出银一斤，七品以下出布有差，归之库，存本取息为赡学钱。"两府从之以闻。王出内库钱谷助之。密直

---

① 吴士连撰，陈荆和编校《大越史记全书》本纪卷七，东京大学东洋文化研究所，1986年，第455页。
② 郑麟趾等《高丽史》卷四《显宗世家一》，第159册，第113页。《四库全书存目丛书》史部第159—162册，济南：齐鲁书社，1996年，影印景泰二年朝鲜活字本。显宗十四年（1023）二月，"追封崔致远为文昌侯"，见《高丽史》卷五《显宗世家二》，第159册，第116页。
③ 《高丽史》卷四《显宗世家一》，第159册，第114页。
④ 《高丽史》卷一〇五《安珦传》，第161册，第630页。
⑤ 《高丽史》卷三二《忠烈王世家五》，第159册，第667页。
⑥ 《高丽史》卷七四《选举志二》，第161册，第30页。

高世自以武人不肯出钱。珦谓诸相曰:"夫子之道,垂宪万世。臣忠于君,子孝于父,弟恭于兄,是谁教耶? 若曰我武人何苦出钱,以养尔生徒,则是无孔子也,而可乎?"世闻之,慙甚,即出钱。珦又以余赀付博士金文鼎等送中原,画先圣及七十子像,并求祭器、乐器、六经、诸子史。①

根据前引《高丽史·安珦传》,安珦的兴学举动成为其后来入祀孔庙的主要原因,后世士人也是持此论调。朝鲜世宗十八年(1436),成均馆生员金日孜等人在吁请李齐贤、李穑、权近入祀孔庙时说:"惟我大东,自箕子设教之后,世远经残,君子而不得闻大道之要,小人而不得蒙至治之泽者久矣。幸于其间,崔致远、薛聪,明睿好学,发为文章,鸣于罗代。至于高丽,安珦志在兴学,增修泮宫,以振一代之文风,三子之维持世道,启迪东民,功亦大矣。是以前朝盛时,特举褒崇之典,俾参从祀之列,诚不刊之懿范也。"②

崔致远、薛聪从祀孔庙的原因,虽然不像安珦那样记载明确,其实也不难推知。李氏朝鲜宣祖三年(1570),馆学儒生上疏,奏请金宏弼、郑汝昌、赵光祖、李彦迪从祀孔庙,他们的理由是:"从祀文庙而血食千祀者,其学问之功,岂尽过于四贤乎? 如崔致远、薛聪、安裕,或以文章倡一时,或以方言解九经,或以有功于学校,而犹且荣享如彼。况我四贤,以卫道开后之功,反不与于从祀之列,则岂非圣代之亏典乎?"③在这些人看来,崔致远"以文章倡一时"、薛聪"以方言解九经"、安珦(原名安裕)"以有功于学校"的事迹,使他们得到了入祀孔庙的殊荣。许穆在为权近《阳村集》的重刊所写的序文中,追述了朝鲜半岛礼教的历史,在提到新罗时说:"新罗最淳厚,建国学,修祀典。薛弘儒作九经训义,崔学士以文学闻天下,新罗称

---

① 《高丽史》卷一〇五《安珦传》,第161册,第629页。
② 《世宗实录》卷七二十八年五月丁丑条,第3册,第675页。收入国史编纂委员会编《朝鲜王朝实录》第2—6册,首尔:探求堂,1986年。
③ 《宣祖实录》卷四三年四月壬戌条,第21册,第223页。收入国史编纂委员会编《朝鲜王朝实录》第21—25册,首尔:探求堂,1986年。

君子之邦,有以也。"①这些虽然是后人的评价,但大致应该可信。崔致远的文学才华出众,在朝鲜半岛负有盛名,自不待言。薛聪用方言来解读九经,也是众所周知的事情,《三国史记·薛聪传》:"聪性敏锐,生知道待,以方言读九经,训导后生,至今学者宗之。"②崔致远、薛聪二人在高丽显宗统治时期分别被追授弘儒侯、文昌侯的爵位,应该也是考虑到了前者昌明文学、后者弘扬儒学的功绩。

三

在高丽时期,崔致远、薛聪被朝廷视为儒宗。忠宣王继位之初,发布了具有施政纲领意味的教文,其中有一条是:"儒宗弘儒侯薛聪、文昌侯崔致远,并宜加号。"③后世也有人将崔致远、薛聪(特别是崔致远)称作儒宗。端宗元年(1453),承政院上启:"近日,校书馆阅兴天寺所藏册板,移置本馆。其中崔致远《桂苑笔耕》脱五十余板,请出经筵所藏本补刻。"端宗让议政府进行讨论。对此,议政府建议:"致远名播中原,为东方儒宗,其文章可见者,只有此耳。须命补刻。"这一提议得到了批准。④ 乾隆十二年(1747),全罗道幼学臣李廷爢等人奏请宋时烈、宋浚吉入祀孔庙,奏文中对此前获得从祀资格的儒生有相应的评价:"伏念我东,逊在藩服,罗丽之间,文教尚阒。前而有分排儒释之崔致远,后而有倡明性理之郑梦周。高才卓识,既作表准于当时;遗风余烈,尚传仪范于后世。则惟兹二贤,实为儒宗。"⑤

在朝鲜时代,给予崔致远、薛聪、安珦积极评价的大有人在。太宗九年(1409),司宪府上奏:"我东方礼乐、刑政、典章、文物,拟诸华夏而无愧

---

① 许穆《记言》别集卷八《阳村集重刊序》,第99册,第66页。收入《影印标点韩国文集丛刊》第98—99册,首尔:民族文化推进会,1996年。
② 金富轼撰,末松保和校订《三国史记》卷四六《薛聪传》,第466页。东京:国书刊行会,1971年。
③ 《高丽史》卷三三《忠宣王世家一》,第159册,第685页。
④ 《端宗实录》卷七元年九月戊寅条,第6册,第617页。收入国史编纂委员会编《朝鲜王朝实录》第6—7册,首尔:探求堂,1986年。
⑤ 《承政院日记》乾隆十二年五月二十七日条,奎章阁本,第1016册,第159页上栏。

者,虽本于箕子之化,亦由道德文章之臣,笙镛治道,黼黻王化而然也。故我东方文臣之有功于圣教、有补于治道者,使之配享文庙,以示褒崇之典,文昌侯崔致远与薛聪、安珦是已。自是以后,以至我朝,其文臣之有道德功业者,岂无过于安、薛诸公者乎?然无一配享者,一欠也。愿命都堂,将前朝以至我朝,其文臣之可配文庙者,表而出之,以举配享之典,垂法后世。"①此时距离朝鲜建国不远,配享孔庙的本国士人只有"有功于圣教、有补于治道"的崔致远、薛聪、安珦,司宪府有意增加从祀人选,以表彰他们对朝鲜半岛文教事业的贡献。世祖二年(1456),集贤殿直提学梁诚之上疏,条陈二十四事,其中一事是吁请李齐贤、郑梦周、权近入祀孔庙,理由之一也是孔庙中只有三位本国士人:"盖东方自箕子受封以后,《洪范》遗教,久而不坠。唐为君子之国,宋称礼义之邦,文献之美,侔拟中华。而配食文庙者,独新罗之薛聪、崔致远,高丽之安珦三人而已。"②在这里,梁诚之对崔致远、薛聪、安珦评价不低,认为他们对"君子之国""礼义之邦"的美称贡献卓著。成宗二十年(1489),朝廷内讨论了高丽士人崔冲、崔惟善、赵简是否应该配享孔庙的问题,李谓对此持否定态度:"高丽薛聪、崔致远、安裕等数人从祀文庙,吾东方自三韩以来,学问词章显名于当世者,岂止数子哉?然只取数子,必皆有补于圣门,而文章德业,高出前辈者也。"③

在仁祖、孝宗、显宗、肃宗统治时期,朝廷内多次有人奏请本朝士人李珥、成浑入祀孔庙。在这些奏文中,但凡涉及对崔致远、薛聪、安珦的评价,皆予以高度肯定。在仁祖十三年(1635)奏请李珥、成浑从祀孔庙的馆学儒生生员宋时莹等人看来,与有"东方理学之祖"的郑梦周和被称为"本朝五贤"的金宏弼、郑汝昌、赵光祖、李彦迪、李滉一样,崔致远、薛聪、安珦也对朝鲜半岛的儒学功勋卓著:"自先圣先师享庙宫之专祀,后儒之有功

---

① 《太宗实录》卷一七九年三月壬戌条,第 1 册,第 477 页。收入国史编纂委员会编《朝鲜王朝实录》第 1—2 册,首尔:探求堂,1986 年。
② 《世祖实录》卷三二年三月丁酉条,第 7 册,第 123 页。收入国史编纂委员会编《朝鲜王朝实录》第 7—8 册,首尔:探求堂,1986 年。
③ 《成宗实录》卷二三三二十年十月己酉条,第 11 册,第 529 页。收入国史编纂委员会编《朝鲜王朝实录》第 8—12 册,首尔:探求堂,1986 年。

斯文者，例得从食于两庑。其在我东，于罗则有若崔致远、薛聪，于丽则有若安裕、郑梦周，于本朝则有若金宏弼、郑汝昌、赵光祖、李彦迪、李滉五臣者，皆其人也。"①孝宗继位当年(1649)，太学生洪葳等人对崔致远、薛聪、安珦的贡献同样充分肯定："东方初号为陋，崔致远、薛聪始知文字，及吾道之东，安裕、郑梦周大阐斯文。其祀于本国之学固宜。而至于本朝五贤，则其学问之深、蹈履之正，又非前朝诸儒之比，而皆得入于庙享，斯岂非一代之盛典也？"②在显宗四年(1662)四学儒生洪远普的疏文中，也有类似表述："罗有崔致远、薛聪，丽有安珦、郑梦周，至于我朝，有若五贤臣者，俱得从祀文庙，以彰右文兴学之义，此实斯文之大幸，国家盛典也。"③

在此之后，仍然不乏赞扬崔致远、薛聪、安珦的人。肃宗二十八年(1701)，忠清道进士李喜鼎等人针对有人提议金长生入祀孔庙而上疏反对，疏文中提到："以我东先儒考之，东方文献，始尝卤莽，罗代崔致远首起而倡之。至于丽朝，有若薛、安二子，或译解经义，始晓国人，或倡明道学，劝诲后进。此其有补于斯文大矣。"④李喜鼎等人误将薛聪当作王氏高丽时期的人，不过他们对包括崔致远、薛聪、安珦在内的从祀于孔庙的朝鲜士人都有很高评价，也正是基于这一标准，他们坚决反对金长生入祀孔庙。高宗十年(1873)，在与高宗谈话时，闵泳穆说："弘儒侯薛聪、文昌侯崔致远，即新罗人；文成公安裕、文忠公郑梦周，即高丽人。盖东方文明之化，至我朝而盛，故贤人辈出矣。"⑤在他看来，新罗、高丽的杰出士人开启了朝鲜半岛的文明进程，为朝鲜时期人才辈出打下了基础。

四

在李氏朝鲜，并非一边倒地赞颂崔致远、薛聪、安珦。在程朱理学成

---

① 《仁祖实录》卷三十三年五月庚申条，第34册，第594页。收入国史编纂委员会编《朝鲜王朝实录》第33—35册，首尔：探求堂，1986年。
② 《孝宗实录》卷二即位年十一月戊寅条，第35册，第406页。收入国史编纂委员会编《朝鲜王朝实录》第35—36册，首尔：探求堂，1986年。
③ 《承政院日记》康熙元年十一月十四日，176册，第172页上栏。
④ 《承政院日记》康熙四十年二月十九日，第396册，第13页下栏。
⑤ 《承政院日记》同治十二年八月二十八日，第2792册，第56页上栏。

为朝鲜儒学的绝对主流的情况下,这三位在前理学时代建功立业、入祀孔庙的士人不免遭到非议。肃宗七年(1681),确定李珥、成浑入祀孔庙后,领中枢府事宋时烈奏请金长生一并配享,在其奏疏中对崔致远等人有所批评:"以我东言之,自新罗讫本朝,从祀者多至八人,而未能保其粹然皆出于道。"①实际上,此前从祀于孔庙的儒生不止八人,有崔致远、薛聪、安珦、郑梦周、金宏弼、郑汝昌、赵光祖、李彦迪、李滉九人,"未能保其粹然皆出于道"自然是指崔致远、薛聪、安珦。

前文已经提到,崔致远文学成就非凡,薛聪用方言解读九经、安珦倡议振兴官学,是他们从祀孔庙的主要理由。成宗十六年(1485),在讨论县学孔庙如何进行祭祀时,卢思慎指出:"薛聪始作吏读,崔致远始以文章著,安裕入奴婢于国学,虽于我国有功,其于道统之传,不可与程、朱比伦。与享两庑,于礼亦优,配祀大成殿,恐为过制。"②在礼曹看来,这三人的功绩不可否认,但是他们对道统的贡献不容高估。

在那些服膺于程朱理学的朝鲜士人的口中和笔下,崔致远、薛聪、安珦常常被视为文士,而不是以道德学问见长的儒生。成宗二十年(1489),在讨论是否应将前朝士人崔冲、崔惟善、赵简升配孔庙时,孙舜孝说:"薛聪、崔致远、安裕俱以东方文宪之士,配享文庙。"③中宗十二年(1517),在与中宗夜对时,特进官姜澂表示:"吾东方,盖自前代以来,只以词章相尚。郑梦周始为理学,著《四书辑注》,其后《朱子辑注》出来,果与相合。梦周为有功于理学也。"④崔致远、薛聪、安珦虽然没有被指名道姓,但是他们无疑被看作理学时代之前擅长辞章的文人。宣祖三十七年(1604),成均馆生员曹明勗在为五贤入祀孔庙而上奏时,对郑梦周之前朝鲜半岛文化的看法与姜澂基本一致:"我东方,箕化一远,文献无征,历三国以讫丽代,其

---

① 《肃宗实录》卷一二七年十二月癸巳条,第38册,第570页。收入国史编纂委员会编《朝鲜王朝实录》第38—41册,首尔:探求堂,1986年。亦可见宋时烈《宋子大全》卷一七《论文庙从祀疏》,第108册,第409页。收入《影印标点韩国文集丛刊》第108—116册,首尔:民族文化推进会,1993年。
② 《成宗实录》卷一八十六年七月戊午条,第11册,第41页。
③ 《成宗实录》卷二三三二十年十月己酉条,第11册,第529页。
④ 《中宗实录》卷三〇十二年十一月庚辰条,第15册,第354页。收入国史编纂委员会编《朝鲜王朝实录》第14—19册,首尔:探求堂,1986年。

间名人杰士,不过以文章相尚,而能自拔于流俗,研究性理,为世儒宗者,惟郑梦周一人而已。"①生活在差不多时代的申钦对崔致远、薛聪也有类似评价:"我东素称文明之国,而至于问学者绝无。如薛聪、崔致远,虽配孔庑,不过一文翰之士。至丽朝多宏儒,禹倬、崔冲、安裕是其杰然者,然比之中国名儒则远矣。乃若圃隐郑公,一时宿学。莫不推为儒宗。"②申钦对安珦评价稍高,崔致远、薛聪则依然被视为"文翰之士"。

三人之中文学成就最高的崔致远,有时不免被人单独拿出来评议。中宗时期担任过典经的金𬭤对崔致远从祀孔庙的评价:"崔致远以东方文献之首,而从祀于庙庭,然非能精究道学者也。"③既然崔致远被定位为文士,而非儒生,也就不难理解有人质疑其从祀孔庙的资格了。英祖六年(1729),在与英祖的对话中,检讨官李宗白说:"于崔致远从文庙之板,窃有所陈矣。崔致远曾于黄巢之乱,檄牒皆出于其手,名振中华,而特一词翰之士耳。从享文庙,终为贻讥之端矣。"对此,英祖表示赞同。④

在不少朝鲜士人心目中,崔致远除了以文采见长外,信奉佛教也是其从祀孔庙资格可遭质疑之处。身后入祀孔庙的著名儒生李滉就表达过这样的意见:"我朝从祀之典,多有未喻者。如崔孤云徒尚文章,而谄佛又甚。每见集中佛疏等作,未尝不深恶而痛绝之也。与享文庙,岂非辱先圣之甚乎?可叹可叹。"⑤十八世纪的朝鲜学者安鼎福对崔致远信佛同样持批评态度:"薛、崔从祀文庙之僭,已有先儒之论。而薛虽元晓之子,能以方言读九经,训导后生,则即是犁牛子之骍角者,何论其所生乎?崔则生乎罗代崇尚异教之时,专是佞佛。……盖是文章奇高之士,语以儒者之事则否矣,若立祠可也,配圣庙则不其僭乎?"⑥这里的"薛、崔从祀文庙之僭,

---

① 《宣祖实录》卷一七二三十七年(1604)三月庚午条,第 24 册,第 588 页。
② 申钦《象村稿》卷五五《春城录》,第 72 册,第 368 页。收入《影印标点韩国文集丛刊》第 71—72 册,首尔:民族文化推进会,1991 年。
③ 《中宗实录》卷二一九年十一月,第 15 册,第 41 页。
④ 《承政院日记》雍正七年十一月十日,第 696 册,第 72 页下栏。
⑤ 金诚一《鹤峰集》续集卷五《退溪先生言行录》,第 258 页。收入《影印标点韩国文集丛刊》第 48 册,首尔:民族文化推进会,1996 年。
⑥ 安鼎福《顺庵集》卷一三《橡轩随笔下》,第 230 册,第 54—55 页。收入《影印标点韩国文集丛刊》第 229—230 册,首尔:民族文化推进会,1999 年。

已有先儒之论"大概是指前人因为崔致远、薛聪与佛教的关联而质疑其从祀孔庙的正当性。薛聪与佛教的关联应该是指其父曾为僧人之事："父元晓,初为桑门,掩盖佛书。继而返本,自号小性居士。"①安鼎福在用"犁牛骍角"的典故为薛聪辩护的同时,对崔致远则是肯定了前人的攻击性言论。应该说,崔致远信佛是事实,特别是无论在唐朝还是新罗都面临王朝末年的变乱,佛教成为其心灵归宿:"致远自西事大唐,东归故国,皆遭乱世,屯邅塞连,动辄得咎,自伤不偶,无复仕进意,逍遥自放山林之下,江海之滨,营台榭,植竹松,枕籍书史,啸咏风月。若庆州南山,刚州冰山,陕州清凉寺,智异山双溪寺,合浦县别墅皆游焉之所。最后带家隐伽耶山海印寺,与母兄浮图贤俊及定玄师结为道友,栖迟偃仰,以终老焉。"②只是在王氏高丽崇佛的环境下,信佛丝毫不成为崔致远入祀孔庙的障碍,等到程朱理学在朝鲜思想界彻底占据正统地位后,这被放大为朱子学人质疑其从祀孔庙正当性的一个理由。

对崔致远、薛聪、安珦从祀孔庙的质疑,在朝鲜时代的大部分时间内都有,要说措辞最激烈的时期,那还得算金宏弼、郑汝昌、赵光祖、李彦迪、李滉从祀前的几十年内。我们可以看到,当时的士人时常拿崔致远、薛聪、安珦与五贤进行对比,凸显后者的功绩,进而为其入祀孔庙造势。宣祖四年(1571),大司宪白仁杰上奏,请求将赵光祖列入从祀之列:"我国从祀之贤,唯郑梦周协于士望,其余薛聪、崔致远、安裕辈,皆出赵光祖下远甚,尚享盛礼。而以光祖之学之功,独无报祀,臣实痛心。伏望商议大臣,俾列从祀之典,则士类观瞻,斯文丕变矣。"③宣祖七年,质正官赵宪跟随使团从中国回来后,提出了八项建议,第一条就是调整孔庙从祀人选,除了要求跟进明朝孔庙从祀儒生的变化外,便是建议金宏弼、赵光祖、李彦迪入祀孔庙:"兹三人者,求之中朝,则许衡、薛瑄之外,鲜有伦比,而求之东

---

① 《三国史记》卷四六《薛聪传》,第 466 页。
② 《三国史记》卷四六《崔致远传》,第 466 页。
③ 成浑《牛溪集》卷六《议政府右参赞白公行状》,第 141 页。收入《影印标点韩国文集丛刊》第 43 册,首尔:民族文化推进会,1996 年。

方,则薛聪、崔致远、安裕之徒,未有及其见到处者。"①宣祖三十七年,礼曹在上奏时声称:"崔致远、薛聪以词章训诂之学,尚得与庙廷之享。以此五臣之正学,未有表章之典,士子之缺望,岂不宜乎?"②同年,成均馆生员曹明勖等人为了五贤能够进入孔庙从祀,对崔致远、薛聪、安珦极尽贬低:"如崔致远、薛聪、安裕之徒,论其德则不逾于中人,语其功则不过小效,而尚得享明禋之荐,血食百世。以五贤光前启后之功,而独不与于从祀之列,臣等恐殿下尚贤好德之诚,或有所未至也。"③在这段时间里,对崔致远、薛聪、安珦最严苛的批评来自李珥:"馆学儒生累请以五贤从祀,而自上不敢轻举,固是难慎之道。但我国受命以来,诸儒非无可从祀者,而今尚阙焉,岂非盛典有亏乎?前朝从祀者,郑文忠一人外,其余薛聪、崔致远、安珦则无与于斯道。如欲裁之以义,则斯三人者可以祀于他所,而不可配于文庙也。"④他直接给出了这三人对"斯道"毫无贡献的结论,认为他们不配在孔庙从祀。之所以在这一时期有如此多的激烈言论,恐怕是因为程朱理学在朝鲜完全确立主流地位后,朝鲜的朱子学者急于将自己的代表人物配享孔庙,从而达到接续甚至垄断东国道统的目的。

尽管崔致远、薛聪、安珦从祀孔庙的合理性在李氏朝鲜时期不时受到质疑,然而这只是停留在士人的口头和笔下,朝鲜政权从未将他们从孔庙逐出,朝鲜时代的孔庙中一直有他们的一席之地。

---

① 《宣祖修正实录》卷八七年十一月辛未条,第451页。收入国史编纂委员会编《朝鲜王朝实录》第25册,首尔:探求堂,1986年。
② 《宣祖实录》卷一七八三十七年九月壬戌条,第24册,第664页。
③ 《宣祖实录》卷一七二三十七年三月庚午条,第24册,第589页。
④ 李珥《石潭日记》卷上,第392—393页。收入《稗林》第5辑,首尔:探求堂,1991年。

符应图书的知识谱系：敦煌文献与日本写本的综合考察*

余欣（复旦大学历史学系）

阴阳灾异之学，为数千年来中国学术与政治之基底。以往学者涉及这一问题时，多以"书志学"为研究进路，考其版本、著录、流通状况；近年或循政治文化史研究理路，寻章摘句，敷陈附会，意欲在谶纬遗文与政治事件之间建立起映射关系，详其究竟，仍属外联性研究，故叙事虽颇为引人入胜，却令人难免有"其言论愈有条理统系，则去古人学说之真相愈远"之隐忧。[1] 故笔者以史志著录和尊经阁藏《天地瑞祥志》写本为管钥，[2] 兼及敦煌本《瑞应图》和《白泽精怪图》，原始要终，紬绎其绪，讨论汉唐灵瑞

---

* 本文初稿曾以《唐代的瑞应图》为题，2014年1月25日在东京国立博物馆做过专题讲演，日文修订本《中古時期における瑞応図書の源流—敦煌文獻と日本写本の綜合考察》，刊于土肥義和、氣賀澤保規編《敦煌吐魯番文書の世界とその時代》（东京：东洋文库，2017年3月，第413—444页）。中文本《符应图书的知识谱系：敦煌文献与日本写本的综合考察》，荣新江、朱玉麒主编《丝绸之路新探索：考古、文献与学术史》，南京：凤凰出版社，2019年，第151—171页。

[1] 关于中国古代祥瑞的"书志学"和政治文化史研究的学术史，笔者在拙文《符瑞与地方政权的合法性构建：归义军时期敦煌瑞应考》（《中华文史论丛》2010年第4期，第325—378页）中有详细的回顾，敬请读者参看，此处不赘。新见研究成果，则有金霞《两汉魏晋南北朝祥瑞灾异研究》，北京师范大学博士学位论文，2005年；胡晓明《符瑞研究：从先秦到魏晋南北朝》，南京大学博士学位论文，2011年；李瑞春《中古〈瑞应图〉的文献学研究》，首都师范大学硕士学位论文，2014年。

[2] 2009年10月，笔者在复旦大学发起成立并主持"中古中国共同研究班"，其中一项主要的学术工作即是对《天地瑞祥志》进行校注和研究，预期成果将分为影印编、资料编和研究编出版。研究班成员孙英刚博士在参与整理过程中，受到启发并利用集体会读的成果，展开个人研究，相关论考已结集为《神文时代：谶纬、术数与中古政治研究》（余欣主编《中古中国知识·信仰·制度研究书系》第二辑之一，上海古籍出版社，2014年）。

符应图书的知识社会史,①尝试从知识内核和文本语境出发,重绘中古符应图书的成立过程与知识-信仰-制度结构,希冀通过"知识的内圣外王史"研究,②解决此类文献中的若干核心议题,并尽可能地揭示其于中国学术思想史之价值。

一、符应图书的成立：唐前 诸符瑞图籍之源流

1. 符应说之学术渊源

符应图书是以祥瑞图像及相应文本为内容,它的产生与中国传统阴阳、方伎之学渊源颇深。③

所谓符应,简而言之,即预示或应验天命的神异物象。符应之说,应本自阴阳五行,其中邹衍是一个关键人物。④ 邹衍是战国晚期整合阴阳之学、方士之术而使之成型的核心思想家,⑤事迹主要见于《史记·孟子荀卿列传》：

> 邹衍睹有国者益淫侈,不能尚德,若大雅整之于身,施及黎庶矣。

---

① 陈槃先生较早注意到谶纬、祥瑞研究的价值,撰有相关解题和考证文字,颇有发明,现在学界的论题、架构及史料运用,基本上不出陈槃的讨论范围。关于诸本《瑞应图》,参陈槃《古谶纬研讨及其书录解题》,上海古籍出版社,2010 年,第 597—628 页。其他有关《瑞应图》的个案研究,将在下文具体涉及时征引。
② 所谓"知识的内圣外王史",是笔者杜撰之概念,要旨在于探求知识如何经由经典化确立其关于天命解释的神圣性与权威性,而又如何作用于观念体系、信仰实践与政治结构,造成一时代之政治文化和制度元素。这一往复交结历程,转喻为"内圣外王"。
③ 此处"符应"的提法,仅是为了行文方便而使用的笼统的概念,并未严格区分祥瑞、精怪和符文,也不涉及时代发展先后的因素。
④ 金霞主张,祥瑞灾异思想从根本上说起源于占卜。胡晓明则将符瑞思想之渊源归为占卜、物占和图腾崇拜。此二说容有未谛。金霞说,见前揭《两汉魏晋南北朝祥瑞灾异研究》,第 11 页;胡晓明说,见《符瑞研究：从先秦到魏晋南北朝》,第 18—34 页。
⑤ 邹衍著述虽然甚丰,却无一流传至今,其生平事迹及学术旨归的原貌,我们并没有清晰的图景。关于邹衍学说及其影响,较为系统的考述,参看王梦鸥《邹衍遗说考》,台北：商务印书馆,1966 年。

乃深观阴阳消息而作怪迂之变,终始、大圣之篇十余万言。其语闳大不经,必先验小物,推而大之,至于无垠。先序今以上至黄帝,学者所共术,大并世盛衰,因载其禨祥度制,推而远之,至天地未生,窈冥不可考而原也。先列中国名山大川,通谷禽兽,水土所殖,物类所珍,因而推之,及海外人之所不能睹。称引天地剖判以来,五德转移,治各有宜,而符应若兹。①

传云邹衍"深观阴阳消息而作怪迂之变""禨祥度制",这值得留意,表明祥瑞灾异说源于天文、律历、占候之术的阴阳家理论化。

与上述表述相近的还有《史记·历书》:

其后战国并争,在于强国禽敌,救急解纷而已,岂遑念斯哉! 是时独有邹衍,明于五德之传,而散消息之分,以显诸侯。②

又《汉书·艺文志》:

五行者,五常之形气也。《书》云"初一曰五行,次二曰羞用五事",言进用五事以顺五行也。貌、言、视、听、思心失,而五行之序乱,五星之变作,皆出于律历之数而分为一者也。其法亦起五德终始,推其极则无不至。而小数家因此以为吉凶,而行于世,浸以相乱。③

以上皆表明符应观出自阴阳五行说,而阴阳五行概念导源于上古时序认知,是对时空与人事关系的理解。阴阳五行观念的起源时间,虽不可考,然由河南濮阳西水坡遗址 M45 号墓中所发掘的蚌塑龙虎、星象图案观之,至晚在仰韶文化时期已经颇具雏形。④

---

① 《史记》卷七四《孟子荀卿列传》,北京:中华书局,点校本"二十四史"修订本,2013 年,第 2834 页。
② 《史记》卷二六《历书》,第 1498 页。
③ 《汉书》卷三〇《艺文志》,北京:中华书局,1964 年,第 1769 页。
④ 冯时《中国天文考古学》,北京:社会科学文献出版社,2001 年,第 278—301 页。

陈槃《秦汉之间所谓"符应"论略》,对于理解符应起源很有帮助。该文末尾附有"符应说源于古代史官"表,讲到符应最重要的来源就是"邹衍书"。史官实际上是承袭古代巫觋而来的。① 顾颉刚曾提出战国秦汉之际儒生方士化和方士儒生化的命题。② 李零也有类似的提法,赌卜同源,药毒一家。③ 概而言之,中国传统士人大多具有复杂的知识结构,既有士大夫一面,显示其儒生性格,也有追求知识、技术与兴味的一面,甚或希求其神异功能,二者并非不能"和衷共济",因为在他们看来,"小术"中往往蕴含着"大道"。

阴阳五行、祯祥变怪的知识-观念-信仰体系,与早期方术-博物传统颇有渊源,可视为博物之学固有基盘之一部分。④ 有些研究者认为应当区分为祥瑞、灾异和精怪,但是从博物学传统来看,《山海经》所谓"祯祥变怪"是一个集合概念,主要是指征应之物象,并未以吉凶祸福加以分类,⑤ 犹如巫术与占卜,包含黑白两面。故《汉书·艺文志》著录一此类图书,书名即题为《祯祥变怪》。博物学实际上是一个关于外部世界图式的整体架构,其中祯祥变怪与博物学知识系统的关系有必要特别指出,博物学本包含祯祥,是博物学知识实用性的一个主要层面,而祥瑞的发现和类目的增加,其实也与博物学著作所塑造的自然观有很大的关系。⑥

符应、阴阳、占卜、谶纬,应该置于方术知识谱系中考察,方能窥探其

---

① 陈槃《秦汉之间所谓"符应"论略》,氏著《古谶纬研讨及其书录解题》,第 1—96 页;"符应说源于古代史官"表,第 96 页。
② 顾颉刚先生云:"我觉得两汉经学的骨干是'统治集团的宗教'——统治者装饰自己身份的宗教——的创造,无论最高的主宰是上帝还是五行,每个皇帝都有方法证明他是一个'真命天子';每个儒生和官吏也就是帮助皇帝代天行道的孔子的徒孙。皇帝利用儒生们来创造有利于他自己的宗教,儒生们也利用皇帝来推行有利于他们自己的宗教。皇帝有什么需要时,儒生们就有什么来供应。这些供应,表面上看都是由圣经和圣传出发的,实际上却都是从方士式的思想里借取的。试问汉武帝以后为什么不多见方士了?原来儒生已尽量方士化,方士们为要取得政治权力已相率归到儒生的队里来了。"氏著《秦汉的方士与儒生》,上海:群联出版社,1955 年,第 9 页。
③ 李零《中国方术续考》,北京:东方出版社,2000 年,第 20—38 页。
④ 参看拙著《中古异相:写本时代的学术、信仰与社会》,上海古籍出版社,2011 年,第 7—22 页;《敦煌的博物学世界》,兰州:甘肃教育出版社,2013 年,第 5—8 页。
⑤ 袁珂校注《山海经校注》,成都:巴蜀书社,1993 年,第 540—541 页。
⑥ 前揭拙著《中古异相》,第 10—11 页。

源流同分之腠理。① 诸学之渊源，以《后汉书·方术列传》叙之最为精要：

> 仲尼称《易》有君子之道四焉，曰"卜筮者尚其占"。占也者，先王所以定祸福，决嫌疑，幽赞于神明，遂知来物者也。若夫阴阳推步之学，往往见于坟记矣。然神经怪牒，玉策金绳，关扃于明灵之府，封縢于瑶坛之上者，靡得而窥也。至乃《河》《洛》之文，龟龙之图，箕子之术，师旷之书，纬候之部，钤决之符，皆所以探抽冥赜、参验人区，时有可闻者焉。其流又有风角、遁甲、七政、元气、六日七分、逢占、日者、挺专、须臾、孤虚之术，乃望云省气，推处祥妖，时亦有以效于事也。而斯道隐远，玄奥难原，故圣人不语怪神，罕言性命。或开末而抑其端，或曲辞以章其义，所谓"民可使由之，不可使知之"。②

李瑞春认为，瑞应图发展到魏晋时期，两类事物由于名目繁多，才渐渐开始单独记录，瑞应图成为专门记载祥瑞事物名目与解释的图书。③ 此说可商，专门记载祥瑞的瑞应图的分化，很可能从未发生过。不仅《宋书·五行志》所征引的《瑞应图》包含五色大鸟这样的羽孽，④敦煌本《瑞应图》也充斥"发鸣"等灾异。事实上，各种《祥瑞志》《瑞应图》都包含了灾异和精怪，单纯记载祥瑞的《瑞应图》很可能并不存在。因此本文的讨论也涵盖"祯祥变怪"的所有层面。

2. 战国以降现实政治需求对符应说之推动

推动符应之说取得重大发展的是战国以降现实政治的需求，这在《史记·天官书》中有很明确的表述：

---

① 金霞主张，祥瑞灾异思想从根本上说起源于占卜。胡晓明则将符瑞思想之渊源归为占卜、物占和图腾崇拜。此二说容有未谛。金霞说，见前揭《两汉魏晋南北朝祥瑞灾异研究》，第11页；胡晓明说，见《符瑞研究：从先秦到魏晋南北朝》，第18—34页。
② 《后汉书》卷八二上，北京：中华书局，1965年，第2703页。
③ 李瑞春《中古〈瑞应图〉的文献学研究》，第6页。
④ 《宋书》卷三二《五行志三》："案《瑞应图》，大鸟似凤而为孽者非一，疑皆是也。"北京：中华书局，1974年，第943页。关于五色大鸟，参看孙英刚《祥瑞抑或羽孽：汉唐间的"五色大鸟"与政治宣传》，《史林》2012年第4期，第39—50页。

> 太史公推古天变，未有可考于今者。盖略以春秋二百四十二年之闲，日蚀三十六，彗星三见，宋襄公时星陨如雨。天子微，诸侯力政，五伯代兴，更为主命，自是之后，众暴寡，大并小。秦、楚、吴、越，夷狄也，为强伯。田氏篡齐，三家分晋，并为战国。争于攻取，兵革更起，城邑数屠，因以饥馑疾疫焦苦，臣主共忧患，其察禨祥候星气尤急。近世十二诸侯七国相王，言从衡者继踵，而皋、唐、甘、石因时务论其书传，故其占验凌杂米盐。①

《史记·天官书》在天文学史上当然很重要，但研究并不充分。② 我们注意到，这里讲到的"攻取""兵革""饥馑""疾疫"就是推动符应之说的重要动因。其实农业、战争、疾病这些内容，自上古以来便是占卜中最为主要的关切，它们共同促成了符应说的勃兴。

3. 六朝隋唐《瑞应图》之分合流变

符应图书逐渐发展，遂有名为《瑞应图》的专门撰述的出现，盖汉代以降即有此类著作存在，魏晋孙柔之合为一编，规制乃定。《隋书·经籍志》著录：

> 《瑞应图》三卷《瑞图赞》二卷 梁有孙柔之《瑞应图记》、孙氏《瑞应图赞》各三卷，亡。③

《中兴馆阁书目》著录云：

> 《符瑞图》二卷，陈顾野王撰。初世传《瑞应图》一篇，云周公所制，魏晋间孙氏、熊氏合之为三篇，所载丛舛。野王去其重复，益采图

---

① 《史记》卷二七《天官书》，第 1595 页。
② 主要研究成果有朱文鑫《史记天官书恒星图考》，北京：商务印书馆，1927 年；刘朝阳《〈史记·天官书〉之研究》、《〈史记·天官书〉大部分为司马迁原作之考证》，分别收入李鉴澄、陈久金编《刘朝阳中国天文学史论文选》，郑州：大象出版社，2000 年，第 39—104、105—119 页；高平子《史记天官书今注》，台北：中华丛书编审委员会，1965 年。
③ 《隋书》卷三四《经籍志》，北京：中华书局，1973 年，第 1038 页。

纬,起三代,止梁武帝大同中,凡四百八十二目,时有援据,以为注释(《玉海》卷二百引)。①

此处"周公所制"云云,应是托名,托名周公或孔子的现象在敦煌文书中也十分常见。虽是托名之作,但也可以说明这类著作可能有一个共同的"祖本"。这些书的错误重复之处不少,因为它们编纂的目的并非为了条分缕析,而是编成一个便于速查的类纂手册。

上述诸家《瑞应图》,当以孙氏最为显重。历代著述称引《瑞应图》,多据此家。如《初学记》《开元占经》《稽瑞》《太平御览》《说郛》《广博物志》引用是书最为频繁。由此推之,受《孙氏瑞应图》影响最深的应是两类文献:一类是专述天文星占、祯祥变怪的专书,侧重对瑞应原理的利用;一类是类书,侧重对瑞应知识的吸收。故《孙氏瑞应图》虽于隋唐亡佚,后人亦可凭借上述著述窥其一斑。清儒马国翰、叶德辉皆有辑本,前者辑佚一百二十一条,后者辑佚一百四十余条,二者皆据崔豹《古今注》"孙亮作流离屏风,镂作瑞应图,凡一百二十种"之语,云多出者乃同物异名分和变异之故。然孙亮所见《瑞应图》与《孙氏瑞应图》有何关联,尚难断定,且一百二十并非实指(说详下),故清儒大可不必拘泥于此。② 今人李瑞春辑佚一百三十余条,成绩似未超越清儒,且未对同种瑞应合并,已乱清儒体例。③

《孙氏瑞应图》最为诸家称道,其虽非诸家《瑞应图》之源头,但作用好比《易经》所云"贞下起元",瑞应之学藉之得以周流不息。据《隋志》,是书为孙柔之所作,问世于南梁。前引《中兴馆阁书目》称其出自周公所撰《瑞应图》,虽为依托之说,但也道出是书必有所本。此"本"可上溯汉代,乃"两汉间瑞应之书",特别是官方修订用以检验各类瑞应之官修《瑞应图》。④ 魏晋之时,与彼时知识演进逻辑及社会政治状况相应,瑞应之学一

---

① 王应麟《玉海》卷二〇〇《祥瑞》,京都:中文出版社,影印宋元刊本,1986年,第3772页。
② 关于瑞应事数的讨论,可进一步参看陈槃《古谶纬研讨及其书录解题》,第601—607页。
③ 李瑞春《中古〈瑞应图〉的文献学研究》,第24—39页。
④ 陈槃《古谶纬研讨及其书录解题》,第599—600页;李瑞春《中古〈瑞应图〉的文献学研究》,第9—10页。

时蔚为大观，各类官修、私修《瑞应图》定不在少数。《孙氏瑞应图》当问世于此背景之下。同期类似著述还有《熊氏瑞应图》、庾问《瑞应图》、顾氏《符瑞图》等。[①]《孙氏瑞应图》在这些著作中撰述年代较早，但真正促使其脱颖而出的应该还是其所收瑞应丰富详细，成为整理综合诸家《瑞应图》的范本。正是《孙氏瑞应图》使得汉世或濒于亡佚、或纷乱无章的瑞应之学得以保存，并以更加系统的面貌呈现。所以后世文献，无论是同属《瑞应图》系统的唐代《天地瑞祥志》、敦煌本《瑞应图》，还是《开元占经》《太平御览》等各类杂著，在引用瑞应知识时，便多根据此书了。由此，《孙氏瑞应图》之枢纽可见一斑。

《孙氏瑞应图》是唐代以前最为重要的一部《瑞应图》，佚文也保存得最多，我们可以通过它来理解唐前《瑞应图》的文本性格。遗憾的是，诸家辑本皆是有文无图，一定程度上影响了我们的认知。从辑本来看，《孙氏瑞应图》所记瑞应众多，结构十分严整，皆依天人感应之理将瑞应与人事相对。然其文本并无殊异之处：往前看，它和汉代谶纬之言互有重叠；往后看，它和唐代诸种存世《瑞应图》也并无显著不同。由此可见，《瑞应图》类著述前后相继，损益不会太大。一方面，部分文字历代沿用，几无差异。另一方面，瑞应人事对应原理也不会轻易改变。所不同者在于瑞应种类，历代均有所增益，不断有新的瑞应事物加入。因此可以推断，《孙氏瑞应图》优于诸家，所赖并非文辞优美，亦非原理新奇。大概此类事物多属凭空臆造，便只能靠文辞与原理的固定延续来维持"真实"了，否则，在本属臆造的事物基础上又不断变更叙述方式，其真实性就更令人怀疑。所以，《孙氏瑞应图》的优势应该还是在于搜罗条目众多、内容详备和体例严谨。

宋人陈振孙《直斋书录解题》卷一〇著录云：

[①] 李瑞春把沈约《宋书·符瑞志》、萧子显《南齐书·祥瑞志》和魏收《魏书·灵征志》等文献算成魏晋《瑞应图》类文献，笔者不赞同这个提法，并非因为它们不含"瑞应图"之名，而是因为《瑞应图》类文献必须满足两个条件：言瑞应和有图画。正史中的符瑞志有文却无图，故难归入《瑞应图》类文献。而后文提到的《天地瑞祥志》虽不以"瑞应图"为名，却有文有图，故可视作《瑞应图》类文献。

《瑞应图》十卷　不著名氏。案《唐志》有孙柔之《瑞应图记》、熊理《瑞应图谱》各三卷，顾野王《符瑞图》十卷，又《祥瑞图》十卷。今此书名与孙、熊同，而卷数与顾合，意其野王书也。其间亦多援孙氏以为注。《中兴书目》有《符瑞图》二卷，定著为野王。又有《瑞应图》十卷，称不知作者，载天地瑞应诸物，以类分门。今书正尔，未知果野王否？又云或题王昌龄。至李淑《书目》，又直以为孙柔之，其为昌龄或不可知，而此书多引孙氏，则决非柔之矣。又恐李氏书别一家也。①

可见宋人著录《瑞应图》时，对于其渊源流绪已经很不清楚了。

陈槃在《古谶纬书录解题》的《附录》中，总结过历代名曰《瑞应图》的著录。② 此处需指出的是，瑞应图之撰作乃时代之风尚，应有诸家纂集并存，虽难免大同小异，不当以某一确指之书视之。

至此，可以总结上述论述：

第一，邹书符应之说，为阴阳五行学说理论具象化之产物，其造作渊薮或出于古之史官。自古在昔，史官实为一切"知识"之藏府，神怪之说，亦从此说，故载籍中一切人神变怪之说，大都托之史官氏。古史官符应之说，当考之于：一巫祝，二占候，三史典（陈槃说）。

第二，"中国古代知识-信仰-制度统一场论"：史官为神秘文化、技术之传承者和执掌者，故礼典、博物、方术、瑞应之学可统合于史。符应当为史学研究应有之义。

第三，符应之学，本于邹衍，承其学之徒及后世方士为博名利于世，显达于时，不断增益踵华，遂成词旨稠迭之书（《汉书·艺文志》著录《祯祥变怪》一种，凡二十一卷，可知不仅有专书，而且极尽繁复）。③《瑞应图》为此"学与术"发展脉络中之一典例。

---

① 陈振孙《直斋书录解题》卷一〇"杂家类"，上海古籍出版社，1987年，第304—305页。
② 陈槃《古谶纬研讨及其书录解题》，第597—628页。
③ 《汉书》卷三〇《艺文志》，第1772页。

二、瑞应图书在唐代的传习：《天地瑞祥志》的知识体系与观念结构

据前述史志之著录，隋唐之际应有各种瑞应图书之传承，然而并未见存于世。日本所发现的《天地瑞祥志》，严格而言，并非唐代的《瑞应图》，而只是一部汇集祥瑞、灾异、星占、杂占文献的专门类书。然而透过此书，我们可以得知瑞应图籍在唐代的传习情况，并由此得以管窥此类知识体系的构建方式。

1.《天地瑞祥志》概观

《天地瑞祥志》二十卷，唐麟德三年（666）太史萨守真撰。是书中国国内不存，《旧唐书·经籍志》、《新唐书·艺文志》及历代私家藏书目录均未见著录。[①]但《日本国见在书目录》卅四"天文家"中著录有"《天地瑞祥志》廿"，[②]《通宪入道藏书目录》第一百七十柜"月令部"也载有此书，[③]并且在《日本三代实录》《扶桑略记》《诸道勘文》中频见引用。[④]现有九卷钞本残存，藏于东京前田育德会尊经阁文库，堪称珍贵的唐代佚籍。

[①] 关于《天地瑞祥志》，先行研究多集中于"书志学"探讨，主要成果有：中村璋八《天地瑞祥志について—附，引书索引》，原载《漢魏文化》第 7 号，1968 年，第 90—74 页；收入氏著《日本陰陽道書の研究》（增補版），东京：汲古书院，2000 年，第 503—509 页；太田晶二郎《〈天地瑞祥志〉略說——附けたり、所引の唐令佚文》，原载《東京大學史料編纂所報》第 7 號，1972 年，第 1—15 页，收入《太田晶二郎著作集》第 1 册，东京：吉川弘文館，1991 年，第 152—182 页；薄树人主编《中国科学技术典籍通汇·天文卷四》，郑州：河南教育出版社，1993 年，篇首孙小淳撰写之解题；水口幹記《日本古代漢籍受容の史的研究》第Ⅱ部《〈天地瑞祥志〉の基礎的考察》，东京：汲古书院，2005 年，第 177—406 页；水口幹記、陈小法《日本所藏唐代佚书〈天地瑞祥志〉略述》，《文献》2007 年第 1 期，第 165—172 页。占卜观念、技术的探讨，目前并不多，仅见水口幹記《关于敦煌文书（P 2610）中风角关联条的一个考察——参考〈天地瑞祥志〉等与风角有关的类目》，《风起云扬——首届南京大学域外汉籍研究国际学术研讨会论文集》，北京：中华书局，2009 年，第 578—589 页。

[②] 藤原佐世《日本國見在書目錄》，《續群書類從》第三十辑下《雜部》，订正三版，东京：续群书类从完成会，1985 年，第 16 页。

[③] 長澤規矩也、阿部隆一编《日本書目大成》第 1 卷，东京：汲古书院，1979 年，第 85 页。

[④] 前揭太田晶二郎《〈天地瑞祥志〉略說——附けたり、所引の唐令佚文》，第 1—2、8—9 页。

关于《天地瑞祥志》,现在仍有一些争议,比如作者萨守真。萨这个姓在唐人中很少见到,有学者认为萨是薛的讹误,[①]也有认为萨守真是新罗人。[②] 另一个可疑之处是唐麟德三年年号的问题,麟德没有三年,可能是信息阻塞,改年号信息未及时送达之故。但是从行文的用例、保留的大量唐代俗字以及其所反映的观念来看,这部书应成立于唐前期无疑。

2.《天地瑞祥志》的版本

尊经阁本虽钞写年代较晚,为江户时代贞享三年(1686),但应属皇家阴阳道世家土御门家据唐钞本过录。此外,还有两个本子:

其一为京都大学人文科学研究所藏昭和七年(1932)钞本。此本实为尊经阁文库本之临本,察其书风,似出自著名天文学史研究者新城新藏之手笔。京大本的字体和行款悉同于尊经阁本,即使是后者有误之处仍照录,但对部分讹误则以朱色笺纸加以校正,有一定参考价值。但毕竟是"影钞本",距原卷远矣。[③]

其二为金泽市立玉川图书馆藏加越能文库文化七年(1810)钞本,但将其与《天文要录》《六关记》并为一册,仅存15行。

国内还有两种影印本:《中国科学技术典籍通汇·天文卷四》、[④]《稀见唐代天文史料三种》,[⑤]均据国家图书馆所藏京大钞本之复印本再影印,离尊经阁本原貌较远。

所以真正的版本系统其实只有一个,即尊经阁本。

3.《天地瑞祥志》的学术价值

关于《天地瑞祥志》的学术价值,可以从四点来谈:

---

① 中村璋八首倡此说,太田晶二郎承袭之,前揭二氏文。
② 權悳永《〈天地瑞祥志〉編纂者に對する新しい視角——日本に傳来した新羅天文地理書の一例》,《白山學報》52,1999年。转引自水口幹記《日本古代漢籍受容の史的研究》,第191—194页。赵益、金程宇对此全盘接受,见赵益、金程宇《〈天地瑞祥志〉若干重要问题的再探讨》,《南京大学学报》(哲学·人文科学·社会科学)2012年第3期,第123—132页。
③ 文本译注方面成果有:金容天、李京燮、崔贤花《〈天地瑞祥志〉第一》,《中国史研究》第25辑,2003年,第253—286页;金容天、崔贤花《〈天地瑞祥志〉译注(二)》,《中国史研究》第45辑,2006年,第387—416页。然而此译注所用底本不佳,即京都大学人文科学研究所藏本(文中误为东京大学),录文错误甚多,注释亦无甚发明。
④ 薄树人主编《中国科学技术典籍通汇·天文卷四》,郑州:河南教育出版社,1993年。
⑤ 高柯立主编《稀见唐代天文史料三种》,北京:国家图书馆出版社,2011年。

（1）本书汇集了祥瑞、灾异方面的许多资料。符命祥瑞，由于被视为荒诞不经的迷信，长期以来为国内治史者所忽视。中国古代祥瑞的整体研究工作，并未真正深入而系统地展开。尤其是符瑞之说极为流行的中古之世，无论是政治文化史还是学术思想史的相关讨论，仍然未有充分展开。除了问题意识之外，另一个重要原因是关于祥瑞的系统的古籍，存世稀少。本书将为祥瑞以及中古政治史研究的深入拓展，提供新材料和新问题。

（2）从学术史角度来看，盛唐兴起对知识、信仰与礼制进行汇总的潮流，高宗以降巨制迭出，尤其是在玄宗时期达到高峰。诸如《大唐开元礼》、《大唐郊祀录》、《唐六典》、《文馆词林》、《三教珠英》、《新修本草》、《开元占经》、玄宗御注《孝经》、《金刚经》、《道德经》，都可以看作问世于这样的学术背景之下。① 这是中古社会与学术发展到临界阶段的产物，《天地瑞祥志》也是生发于此洪流之一环。②

（3）书中征引了大量古佚天文、杂占著作，涉及星占分野、术语、天占、地占、月占、日占、五星占、恒星占、流星占、客彗星占、云气风雨雷电霜雪等气象杂占、梦占、物怪占，等等，其中有不少可以与《史记·天官书》《晋书·天文志》《开元占经》等传世古籍，《天文要录》（同为尊经阁所藏）等日本残存唐代佚存书，以及马王堆帛书《五星占》、银雀山汉简星占书、敦煌本《占云气书》、《瑞应图》及星占文书等出土文献互相印证，对于研究中国古代术数史、天文学史具有重要意义。

（4）书中还征引了与封禅、郊祀有关的唐代祠令。唐令在研究唐代法制史上的价值不言自明，但却散佚殆尽。日本学者虽然做了一些辑佚工作，仍然不够充分。近年来，天一阁藏明钞本《天圣令》的刊布，使得唐令

---

① 所谓盛世修典，制礼作乐，是历朝历代都存在的现象，但唐代前期所表现出的在各个领域进行总结以继往开来的雄略，不仅体现了一种政治需求，更表现为学术上的自觉，这是不见于其他时代的气象。当然上述概括，只是粗略的趋向性判断，我们无意于建构宏大理论，并从细节上加以论证。

② 笔者在学生阶段的习作《〈唐六典〉修纂考》中曾提出，唐代前期，中古中国在所有层面都已达到临界状态，安史之乱不过是突围不成的反动。此文十余年后修改刊于朱凤玉、汪娟编《张广达先生八十华诞祝寿论文集》，台北：新文丰出版公司，2010年，第1161—1200页。

研究进入新的阶段。① 本书所存唐令佚文与《天圣令》、俄藏唐代令式残卷的综合研究，必将为唐代法制史研究注入新的活力。

4.《天地瑞祥志》的知识体系与观念结构

（1）编辑缘起

萨守真自述编纂缘起：

> 臣百姓守真启：禀性愚瞽，无所开悟。伏奉令旨，使祇承谴诫，预避灾孽。一人有庆，百姓又（乂）安。是以臣广集诸家天文，披揽图谶灾异，虽有类聚，而□□相分。事目虽多，而不为条贯也。……今钞撰其要，庶可从口（之）也。②

这里讲到的"广集诸家天文，披揽图谶灾异""今钞撰其要"，便反映了其撰述缘起，这类表述在中古同类知识论著中十分常见，尤其是在类书和"要抄"中③。

（2）萨守真所述天文符应之观念结构与学术脉络

主要体现在《天地瑞祥志》萨守真所上之启：

> 昔在庖羲之王天下也。观象察法，始画八卦，以通神明之德，以类天地之情。故《易》曰："天垂象，圣人则之。"此则观乎天文以示变者也。《书》曰："天聪明，自我民聪明。"此明观乎人文以成化者也。然则政教兆于人理，瑞祥应乎天文。是故三皇迈德，七曜顺轨，日月无薄蚀之变，星辰靡错乱之妖。高阳乃命南正重司天，北正黎司地，帝□（喾）序三辰。唐虞命羲和，钦若昊天。夏禹应《洛书》，而陈之

---

① 天一阁博物馆、中国社会科学院历史研究所编《天一阁藏明钞本天圣令校证》，北京：中华书局，2006年。
② 《天地瑞祥志》卷一《条例目录》，尊经阁文库本。
③ 写本时代有不少杂取群书，摘录要点，重新汇编的"杂抄""要抄"存在，其实是中古时期撰述的主要形式之一。这种撰述中的文本通常不是照搬原文，而是有所删略或改写，无论在编写体例和行文风格上，都体现了编撰者的意图和潜在受众的需求。对于这些书籍的创作过程和传播途径的研究，应该成为重要课题。

《洪范》是也。至于殷之巫咸，周之史佚，格言遗记，于今不朽。其诸侯之史，则鲁有梓慎，晋有卜偃，郑有裨灶，宋有子韦，齐有甘德，楚有唐眛，赵有尹皋，魏有石中（申），皆掌著天文。暴秦燔书，六经残灭，天官星占，存□（而）不毁。及汉景武之际，好事鬼神，尤崇巫觋之说，既为当时所尚，妖妄因此浸多。哀平已来，加之图谶，檀（擅）说吉凶。是以司马谈父子继著《天官书》，光禄大夫刘向，广《鸿（洪）范》，作《皇极论》。蓬莱士得海浮之文，著《海中占》。大史令郗萌、荆州收（牧）刘表、董仲舒、班固、司马彪、魏郡太守京房、大史令陈卓、晋给事中韩杨等，并修天地灾异之占。各羡雄才，互为干戈。臣案，《晋志》云，巫咸、甘石之说，后代所宗，皇世三坟，帝代五典，谓之经也。三坟既陈，五典斯炳，谓之纬也。历于三圣为淳，夫子已后为浇，浇浪荐臻，淳风永息。故坟典之经，见弃于往年；九流之纬，盛行乎兹日。纬不如经，既在典籍，庶令泯没，经文遂昭晰于圣世。①

我们注意到，这里的叙述，先引《易》《书》等经典，体例格局和《汉书·五行志》《五行大义》等阴阳五行、祥瑞灾异相关论著十分相近，文字上也有明显袭自《晋书·天文志》的痕迹，但表述上颇费苦心，目的是为了通过向具有强大神圣性的经典靠拢，从而提升自身的神圣性。从启中我们大致可以窥探萨守真所理解的传统天文符应观念的学术脉络。其中讲到《海中占》，其书名极具误导性。中国海上交通史和科技史研究者，都把它理解为一部用作航海天文导航术的占书，② 甚至李零在讲解《汉书·艺文志》时亦作此解，③ 实际上完全不确。《海中占》因方士故神其术而称为海中仙人所授而得名，即启文所云"蓬莱士得海浮之文"，观其遗文，实与海上占验无关。④

---

① 《天地瑞祥志》卷一《条例目录》，尊经阁文库本。
② 例如孙光圻《中国古代航海史》，北京：海洋出版社，1989 年，第 170—172 页；章巽《中国航海科技史》，北京：海洋出版社，1991 年，第 78—81 页。
③ 李零《兰台万卷：读〈汉书·艺文志〉》，北京：三联书店，2011 年，第 177 页。
④ 近见日本学者已完成辑佚及相关文献研究工作，前原あやの《〈海中占〉の輯佚》，《関西大学東西学術研究所紀要》第 46 辑，2013 年，第 73—124 页；前原あやの《〈海中占〉関連文献に関する基礎的考察》，《関西大学中国文学会紀要》第 34 号，2013 年，第 73—93 页。

启还提到了京房,其实京房传世著作,大多可疑,京房的形象也有很多后世建构的成分。① 启还说"纬不如经",事实上,汉以后,经学、纬学纷杂,有的时候,纬的地位反而超越了经。

(3)《天地瑞祥志》之编纂体例

关于《天地瑞祥志》的编纂体例,萨守真也讲得很清楚:

> 守真凭日月之光耀,观图牒于前载,言涉于阴阳,义开于瑞祥,纤分之恶无隐,秋毫之善必陈。今拾明珠于龙渊,抽翠羽于凤穴,以类相从,成为廿卷。物阻山海,耳目未详者,皆据《尔雅》《瑞应图》等,画其形包(色),兼注四声,名为《天地瑞祥志》也。所谓瑞祥者,吉凶之先见,祸福之后应,犹响之起空谷,镜之写质形也。②

据此我们不难得知,《天地瑞祥志》编纂体例的模板得自两个传统的合成:名物声训出自《尔雅》,祥瑞图文则源于《瑞应图》。

(4)《天地瑞祥志》的文本结构

我们以《天地瑞祥志》对"鸾"的刻画为例,看看其文本结构是怎样的:

> ○鸾力官反,平
>
> 《孙氏瑞应图》曰:"鸾鸟,赤神之精,凤皇之佐。鸣中五音,喜则鸣舞。人君行出有客(容),进退有度,祭祠宰人(民)咸有敬让礼节,亲疎有序,则至。"一曰:"心识钟律,调则至,至则鸣舞以知之。"郭璞曰:"形如鸡。"见则天下安宁。《春秋孔演图》曰:"天子官守以贤举,则鸾在野。"《孝经援神契》曰:"德至鸟兽,则鸾舞。"《尚书中候》曰:"周公归政于成王,太平,则鸾鸟见也。"诗。魏嵇叔夜《赠秀才诗》曰:"双鸾匿景耀,戢翼太山崖。抗首嗽朝露,晞阳振羽仪。长鸣戏云中,时下息兰池。"魏王粲诗曰:"翩翩飞鸾鸟,独游无所因。毛羽照野草,

---

① 参看翟旻昊《中古时期的纳甲占:以西陲出土写本为中心》,复旦大学硕士学位论文(指导教师:余欣),2015 年 6 月。
② 《天地瑞祥志》卷一《条例目录》,尊经阁文库本。

哀鸣入清云。我尚假羽翼，飞睹尔形身。愿及春阳会，交颈遘殷勤。"①

基本上是先引《瑞应图》，进而引各种纬书（尤以《孝经援神契》《春秋运斗枢》《尚书中候》为多）②，然后是诗文。这一结构，应当亦承袭类书而来。

三、图像与文本：瑞应图的视觉文献系谱

写本中的文本与图像制作，以往关注比较少。在拙著《博望鸣沙》中，曾讨论过写本时代图与文的关系。③ 瑞应图可看作一类典型且传承有序的视觉文献传统。这一问题的探讨有助于我们理解写本的制作流布与知识传习的关系，从而加深对知识成立过程的理解。

1. 早期的瑞应图书

在汉代正史、文赋中，我们能找到一些早期瑞应图书的痕迹，兹举几例：

《汉书·武帝纪》：

> 六月，诏曰："甘泉宫内中产芝，九茎连叶。上帝博临，不异下房，赐朕弘休。其赦天下，赐云阳都百户牛酒。"作《芝房之歌》。④

此处所描述的《芝房之歌》撰作缘起，即是颂扬祥瑞之歌。

《汉书·礼乐志》：

---

① 《天地瑞祥志》卷一八《禽总载》，尊经阁文库本。
② 残存九卷合计，《孝经援神契》征引凡14条；《春秋运斗枢》凡8条；《尚书中候》凡7条。
③ 余欣《博望鸣沙：中古写本研究与现代中国学术之会通》，上海古籍出版社，2012年，第15—28页。
④ 《汉书》卷六《武帝纪》，第193页。

齐房产草,九茎连叶,宫童效异,披图案谍。玄气之精,回复此都,蔓蔓日茂,芝成灵华。①

"披图案谍",即是查证案验某类瑞应图书。
《后汉书·肃宗孝章帝纪》:

> 论曰:……在位十三年,郡国所上符瑞,合于图书者数百千所。乌呼懋哉!②

"合于图书",显然也是指郡国上报之符瑞与瑞应图书相合。
司马相如《子虚赋》:

> 臣闻楚有七泽,尝见其一,未睹其余也。臣之所见,盖特其小小者耳,名曰云梦。云梦者,方九百里,其中有山焉。其山则盘纡茀郁,隆崇嵂崒,岑崟参差,日月蔽亏。交错纠纷,上干青云。罢池陂陀,下属江河。其土则丹青赭垩,雌黄白坿,锡碧金银。众色炫耀,照烂龙鳞。其石则赤玉玫瑰,琳珉昆吾,瑊玏玄厉,礝石武夫。其东则有蕙圃:衡兰芷若,芎䓖菖蒲,江离麋芜,诸柘巴且。其南则有平原广泽,登降陁靡,案衍坛曼,缘以大江,限以巫山;其高燥则生葳析苞荔,薛莎青薠;其埤湿则生藏莨蒹葭,东蘠雕胡。莲藕觚卢,奄闾轩于。众物居之,不可胜图。其西则有涌泉清池:激水推移,外发芙蓉菱华,内隐钜石白沙;其中则有神龟蛟鼍,毒冒鳖鼋。其北则有阴林巨树,楩柟豫章,桂椒木兰,檗离朱杨,樝梨梬栗,橘柚芬芳;其上则有宛雏孔鸾,腾远射干;其下则有白虎玄豹,蟃蜒貙犴。③

"众物居之,不可胜图",说的是云梦泽祯祥之物极多,不可尽述。《子

---

① 《汉书》卷二二《礼乐志》,第 1065 页。
② 《后汉书》卷三《肃宗孝章帝纪》,北京:中华书局,1965 年,第 159 页。
③ 《汉书》卷五七上《司马相如传上》,第 2535—2536 页。

虚赋》虽竭尽铺陈夸张之能事,但此处所描绘祯祥物象品类之繁复,或与瑞应图书制作之盛有某种关联。

《后汉书》卷四〇《班固传》引班固《典引篇》:

> 是以凤皇来仪,集羽族于观魏,肉角驯毛宗于外囿,扰缁文皓质于郊,升黄晖采鳞于沼,甘露宵零于丰草,三足轩翥于茂树。若乃嘉谷灵草,奇兽神禽,应图合谍,穷祥极瑞者,朝夕坰牧,日月邦畿,卓荦乎方州,羡溢乎要荒。①

李贤等注曰:

> 《尚书》曰:"凤皇来仪。"元和二年诏曰:"乃者凤皇鸾鸟比集七郡。"羽族谓群鸟随之也。观魏,门阙也。肉角谓麟也。伏侯《古今注》曰:"建初二年,北海得一角兽,大如麝,有角在耳间,端有肉。又元和二年,麒麟见陈,一角,端如葱叶,色赤黄。"扰,驯也。缁文皓质谓驺虞也。《说文》曰:"驺虞,白虎,黑文,尾长于身。"《古今注》曰:"元和三年,白虎见彭城。"黄晖采鳞谓黄龙也。建初五年,有八黄龙见于零陵。《古今注》曰:"元和二年,甘露降河南,三足乌集沛国。"轩翥谓飞翔上下。
>
> 嘉谷,嘉禾。灵草,芝属。《古今注》曰:"元和二年,芝生沛,如人冠大,坐状。"章和九年诏曰:"嘉谷滋生,芝草之类,岁月不绝。"奇兽神禽,谓白虎白雉之属也。建初七年,获白鹿。元和元年,日南献生犀、白雉。言应于瑞图,又合于史谍也。坰牧,郊野也。卓荦,殊绝也。羡音以战反。②

这里的"应图合谍""应于瑞图""合于史谍"讲得很清楚,就是一些判断符瑞的图谍。

同传又引班固《白雉诗》云:

---

① 《后汉书》卷四〇下《班固传下》,第1382页。
② 《后汉书》卷四〇下《班固传下》,第1383页。

启灵篇兮披瑞图,获白雉兮效素乌。灵篇谓河洛之书也。固集此题篇云"白雉素乌歌",故兼言"效素乌"。发皓羽兮奋翘英,容絜朗兮于淳精。皓,白也。翘,尾也。《春秋元命包》曰:"乌者阳之精。"章皇德兮侔周成,永延长兮膺天庆。章,明也。侔,等也。《孝经援神契》曰:"周成王时,越裳献白雉。"庆读曰卿。①

这里的"启灵篇兮披瑞图"道理和前面一样,都是供人披检勘验的瑞应图书。

我们要注意,符瑞往往出现于统治的合法性不那么确定的时候。所以汉唐间王莽、孙吴、武周时是符瑞最多的几个时期。

2. 祯祥图像的表现形式

祯祥图像的表现形式主要有以下几类:

(1) 石刻画像

祯祥图之渊源当追溯至《河图》《洛书》,为石刻灵异动物图像,惜乎其详已不可考。最早之祯祥图,推想或镂于金石,或书于竹帛,希冀将来考古发掘于万一。现存早期祯祥图像,则以汉代武梁祠为代表。② 武梁祠的祥瑞刻石,大都只有榜题,偶有简略说明文字,但从无引经据典者,远较《天地瑞祥志》为简。以神鼎、麒麟等画像为例,可领略二者之异同。叶德辉所撰《瑞应图记叙》论及《瑞应图》与武梁祠所刻祥瑞图的关系,据此指出《瑞应图》之类撰述源于汉儒之学,并推测"孙氏当生梁代,其图确有师承"。③ 虽所论有失偏颇,然为最早注意到汉代画像石中祥瑞图像者。此后,松本荣一亦曾注意到孝堂山、武梁祠、李翕碑等石刻瑞应图资料,认为这是瑞应图的发足。④ 此论或可商。

祯祥图像之生发,如前所述,当祖于河图洛书,远较汉代为古,惟今之

---

① 《后汉书》卷四〇下《班固传下》,第1373页。
② 巫鸿《武梁祠:中国古代画像艺术的思想性》,柳扬、岑河译,北京:生活·读书·新知三联书店,2006年,第91—124页。
③ 叶德辉《辑孙柔之瑞应图记一卷》,《观古堂所著书》,光绪乙亥(1875)春二月长沙叶氏郋园刊本。
④ 松本榮一《燉煌本瑞應圖卷》,《美術研究》第184号,1956年,第113—115页。

所存最早者仅有汉代画像石而已。汉画像石与瑞应图书之关系,因史料所阙,难以确论。推测当有以下可能:

一、画像石之图像、榜题据瑞应图书而来,由于重在图像,文字当有省略;

二、恰好相反,瑞应图书之编撰,受画像石之启发。

前者可能性稍大,然二者亦有往复交相作用之可能。总之,孙柔之编定《瑞应图》,标志此种图书大致定型。

与写本瑞应图书一样,石刻祯祥图像,不仅包括祥瑞,也包括凶兆。武梁祠"征兆石三":"有鸟如鹤,□□□喙,名□□,其鸣自(叫)。□有动矣",又"有□□□身长尾□□□□名曰法□□(行)则衔其尾,(见)之则民凶矣"。① 皆为凶兆图像。

(2) 琉璃屏风

《古今注》卷下《杂注第七》:"孙亮作流离屏风,镂作瑞应图,凡一百二十种。"②

马国翰《玉函山房辑佚书》引此考瑞应图之条目。③ 孙亮命刻一百二十种,应是虚指,此数含有"万物"之意,或只是选刻而已,不可刻板地理解为三国时期祥瑞的全部确切类目。

崔豹《古今注》虽非信史,但所发散出的历史信息,可以重绘当时之历史情境,当无可置疑。譬如,《汉武洞冥记》所载汉武帝元封三年大秦国贡花蹄牛事,④ 张星烺《中西交通史料汇编》收录于"两汉时期中国与欧洲之交通",且加按语云:"宪此节记事,仅为旧史所弃,至其真确,可无疑也。……元封三年,大秦国贡使,安知其非与汉使俱来之人耶?……语似

---

① 巫鸿《武梁祠:中国古代画像艺术的思想性》,第262—263页。
② 崔豹撰,王根林校点《古今注》卷下《杂注》,《汉魏六朝笔记小说大观》,上海古籍出版社,第247页。
③ 马国瀚《玉函山房辑佚书》,扬州:广陵书社,2004年,影印版,第2866页。
④ 《汉武洞冥记》:"元封三年,大秦国贡花蹄牛。其色驳,高六尺,尾环绕,角端有肉,蹄如莲花,善走,多力。〔饴以木兰之叶,使方国贡此叶。此牛不甚食,食一叶,则累月不饥〕。帝使华铜石,以起望仙宫,迹在石上,皆如花形,故阳关之外〔有〕花牛津。时得异石,长十丈,高三丈,立于望仙宫,因名龙钟石。武帝末,此石自陷入地,唯尾出土上,今人谓龙尾墩〔是〕也。"王国良《汉武洞冥记研究》,台北:文史哲出版社,1989年,第67—68页。

不经,然未必皆为无稽虚构也。"①孙亮镂作瑞应流离屏风事,亦可循此理求之:

一、制作琉璃屏风之原料及雕刻技术,或由海外传入。孙吴时期航海技术和对外交通甚为发达,②其显例如遣康泰、朱应出使海南诸国,归国后撰有《吴时外国传》《扶南异物志》等,书虽皆已亡佚,残存片段仍可见当年盛景。③考古发掘所见中国早期玻璃,虽多为琉璃珠或琉璃器皿,④然未可断言不存在可用于制作较为大型的屏风的琉璃。

二、正是由于琉璃是珍贵的舶来品,孙亮才以之制作屏风,刻画瑞应图,以彰显政权之合法性与自身的威德,因此这件屏风实际上是宣示工具性质的政治艺术品。

三、镂刻为琉璃屏风之瑞应图,必须考虑观瞻效果,因为有些瑞应可能不适合图像表现,只能图其可图者,如鸟兽草木虫鱼之类。至于天象瑞异之类,其事琐碎,而且单调,难以表现,当不在镂刻之列。

(3) 壁画

后汉王延寿《鲁灵光殿赋》云:

> 尔乃悬栋结阿,天窗绮疎。……神仙岳岳于栋间,玉女窥窗而下视。忽瞟眇以响像,若鬼神之仿佛。图画天地,品类群生。杂物奇怪,山神海灵。写载其状,托之丹青。千变万化,事各缪形。随色象类,曲得其情。⑤

---

① 张星烺《中西交通史料汇编》,朱杰勤校订,北京:中华书局,1977年,第16—17页。
② 章巽主编《中国航海科技史》,北京:海洋出版社,1991年,第112页。
③ 上述中国海外交通史重要史料已有两种辑佚本:渡部武《朱應・康泰の扶南見聞録輯本稿:三国呉の遣カンボジア使節の記録の復原》,《東海大学紀要 文学部》第43辑,1985年,第7—28页;康泰、朱应撰,陈佳荣辑《外国传》,香港海外交通史学会,2006年。
④ 参看安家瑶《中国的早期玻璃器皿》,《考古学报》1984年第4期,第413—447页;安家瑶《镶嵌玻璃珠的传入及发展》,《十世纪前的丝绸之路和东西文化交流》,北京:新世界出版社,1996年,第351—367页;干福熹等《中国古代玻璃技术的发展》,上海科学技术出版社,2005年;干福熹《中国古代玻璃的起源和发展》,《自然杂志》第28卷第4期,2006年,第187—193页。
⑤ 《文选》卷一一《宫殿》,北京:中华书局,1977年,第170—171页。

赋文描写灵光殿壁上绘有各种神仙灵异之图,其性质可归入祯祥变怪壁画。由于汉唐长安、洛阳等都市中的宫殿、寺观中的壁画今皆不存,保留壁画较为著名者,往往是石窟寺,给人以壁画皆在石窟之错觉,其实最辉煌的壁画应在宫殿中,而宫殿中壁画题材为祯祥图者,盖不在少数。

贺世哲曾对莫高窟佛教壁画中的瑞应图像进行考察,指出第290窟佛传图中的祥瑞表现,体现了顾野王《符瑞图》的流传,是目前仅见从图像学角度考察北周瑞应思想的论著。[①] 这一研究表明,佛教题材壁画也是瑞应图的载体之一,显示了中国传统瑞应图和佛教瑞像结合的迹象。

(4) 绢纸绘画

张彦远《历代名画记》卷三:

《符瑞图》十卷,行日月杨廷光,并集孙氏、熊氏图。[②]

"行日月杨廷光"当为"起日月扬光",《天地瑞祥志》卷一"目录"中载卷二中有"天",卷三中有"光",虽然此二卷今已不存,可绘以为图之瑞应及其排列顺序当与张彦远所见《符瑞图》一致。此讹文可为写本时代辗转钞写致误之典例。又,此画卷帙达十卷之多,或作为绘画之符瑞图,与作为图书之符瑞图有所不同。推测画作当绘画更为精细,而画赞则较为简略,或仅榜题而已。

3. 敦煌本《瑞应图》

法国国家图书馆藏敦煌文献P.2683《瑞应图》,上半幅为彩绘图像,下半幅为画像解说,即所谓"图经"或"图赞"之类。存图二十三帧,或有目无图,或有文无图,不一一对应。主要内容为龟、龙、凤凰之部。文中征引经史诸子典籍及古佚谶纬、符瑞之书甚伙,如《礼记》、《大戴礼》、《文子》、《淮南子》、蔡伯喈《月令章句》、《魏文帝杂事》、《括地图》、《春秋

---

① 贺世哲《莫高窟第290窟佛传画中的瑞应思想研究》,《敦煌研究》1997年第1期,第1—5页。
② 张彦远著,俞剑华校释《历代名画记》,上海人民美术出版社,1964年,第82页。

演孔图》、《龙鱼河图》、《尚书中候》、《春秋运斗枢》、《春秋元命苞》、《孝经援神契》、《礼斗威仪》、《礼稽命征》、《孙氏瑞应图》等,极富辑佚和校勘价值。

关于敦煌本《瑞应图》,小岛祐馬、王重民、陈槃、张铁弦、松本榮一、饶宗颐、戴思博(Catherine Despeux)、窦怀永、郑炳林等中外学者都做过研究,[1]但尚未有学者将之与《天地瑞祥志》进行比较研究。显而易见,敦煌本《瑞应图》绘画水平较高,引书种类也更多,除此之外,简而言之,还具有如下特点:

(1)残卷所存每一类皆像赞数目颇多,其原书当卷帙繁巨。

(2)图多有前后复出,当系杂采众说,欲为汇总,然多依旧书,稍加增饰,加之辗转传钞,久而失实,且未加整饬,以致失之于芜杂。例如龙之部列有"交龙""天龙""青龙""赤龙""黄龙""玄龙""蛟龙""神龙""黑龙""白龙"等。以黄龙条目最多,且颇为难得的是,保存了二幅构图不同的画像,绘画精妙,神姿俨然,但图下赞文大同小异,之所以重出,估计钞自不同底本之故。

(3)有赞无图或图文位置参差现象所在多有,这表明或者是文字写好以后,由于时间或经济因素,未能再找合适的画手来配图,或者是写赞文

---

[1] 小岛祐馬《巴黎國立圖書館藏敦煌遺書所見錄》(六),《支那學報》第7卷第1号,1933年,第107—120页;王重民《巴黎敦煌残卷叙录》,北平图书馆,1936年,叶四背—叶五背,收入氏著《敦煌古籍叙录》,北京:商务印书馆,1958年,第167—169页;陈槃《敦煌钞本〈瑞应图〉残卷》,原载《史语所集刊》第17本,1948年,第59—64页,收入氏著《古谶纬研讨及其书录解题》,第609—628页;张铁弦《敦煌写本丛谈》,《文物》1963年第3期,第9—11页;松本榮一《燉煌本瑞應圖卷》,《美術研究》第184号,1955年,第113—130页;饶宗颐《敦煌本〈瑞应图〉跋》,《敦煌研究》1999年第4期,第152—153页;Catherine Despeux, "Auguromancie", Marc Kalinowski (ed.), *Divination et société dans la Chine Médiévale. Une etude des manuscrits de Dunhuang de la Bibliothèque nationale de France et de la British Library*, Paris: Bibliothéque nationale de France, 2003, pp.432-436, 458-461;窦怀永《敦煌本〈瑞应图〉谶纬佚文辑校》,张涌泉、陈浩主编《浙江与敦煌学——常书鸿先生诞辰一百周年纪念文集》,杭州:浙江古籍出版社,2004年,第396—406页;郑炳林、郑怡楠《敦煌写本 P.2683〈瑞应图〉研究》,樊锦诗、荣新江、林世田主编《敦煌文献·考古·艺术综合研究:纪念向达先生诞辰110周年国际学术研讨会论文集》,北京:中华书局,2011年,第493—514页。郑炳林认为敦煌本即庾氏《瑞应图》,恐难以确证。不过,此论虽不中亦不远,此图书当出自六朝人之手,想来没有问题。

者和画图者沟通不畅。中古作一图书,往往先写文本,再配图画,往往会出现预留绘图空间不足、位置不准的情况,以致有此失。

4. 敦煌本《白泽精怪图》

敦煌本《白泽精怪图》为彩绘物怪图赞,由 S.6162 和 P.2682 组成,P.2682 由七纸装裱成卷,前四纸分两栏排列,每栏左图右文,后三纸有文无图。S.6162 与 P.2682 前七纸类似。诸家考释均集中于文本,而对于图文关系鲜有论及。《白泽精怪图》的先行研究者为松本荣一,[①]近年则有游自勇、佐佐木聪、夏德安(Donald Harper)多篇论文集中讨论。[②] 现在看来,此卷之定名、缀合、内容尚有可商之疑点,此类祯祥变怪图书的图与文的制作实态,有待今后展开进一步探索。

目前可以判定的是:这一类带图的祯祥变怪图书,自六朝至唐宋,一直非常流行。其制作流程应该是先写文字,留出位置,由画师完成彩绘,因此会出现有文无图的现象。无论是敦煌本《瑞应图》还是《白泽精怪图》,绘图者与钞写者皆非一人,甚至可能是不同时代的产物。钞本的年代为唐代,《瑞应图》的图像成型年代有可能较早,或为六朝时期的作品,文本则可能六朝至唐迭经改编。《白泽精怪图》钞本在流传过程中散叶,晚唐五代的收藏者曾根据己意重新装裱,因此目前的顺序并非原貌。撰作精怪图书的目的不是为了"志怪",也不完全是先秦"诘咎"巫术的中古衍变,而应理解为"五行志"的具象化,在性质上与《瑞应图》其实并无二致。

[①] 松本榮一《敦煌本白澤精怪圖卷》,《國華》第 65 编第 5 册,1956 年,第 135—147 页。

[②] 游自勇《敦煌本〈白泽精怪图〉校录——〈白泽精怪图〉研究之一》,《敦煌吐鲁番研究》第 12 卷,上海古籍出版社,2011 年,第 429—440 页;游自勇《〈白泽图〉与〈白泽精怪图〉关系析论——〈白泽精怪图〉研究之二》,《出土文献研究》第 10 辑,北京:中华书局,2011 年,第 336—363 页,修订稿《〈白泽图〉与〈白泽精怪图〉关系析论》,收入余欣主编《存思集:中古中国共同研究班论文萃编》,上海古籍出版社,2013 年,第 248—282 页;游自勇《〈白泽精怪图〉所见的物怪——〈白泽精怪图〉研究之三》,黄正建主编《中国社会科学院敦煌学研究回顾与前瞻学术研讨会论文集》,上海古籍出版社,2012 年,第 200—220 页;佐佐木聪《法藏〈白泽精怪图〉(P.2682)考》,《敦煌研究》2012 年第 3 期,第 73—81 页,修订稿收入余欣主编《存思集:中古中国共同研究班论文萃编》,第 283—299 页;Donald Harper, "The Other *Baize tu* 白泽图 from Dunhuang and Tang Popular Culture",未刊稿。

四、瑞应图的功能：神经瑞牒的实际
运用与政治合法性的构建

符应是一种政治性方术，关于符应与政治的关系，可从以下三点论之：

(1)《洛书》曰："王者之瑞则图之。"[1]瑞应图书之经典性和权威性之获得，当从此语求之。

(2)符应经由国家祭祀、历史书写、天命宣扬等方式，融入制度化构架，其实质可谓一系政治方术。故符应成为系统化学说之过程，实与国家政治合法性构建互为表里。在民间则以祯祥变怪之杂学形式流传。

(3)符应不仅为政治文化之重要组成，亦为时代风气之表征，一时代之气息和脉动，可缘此求之。在认识并揭示制度与社会变迁之进程与趋向之外，应当更为活性化地探求中国历史深层波澜之源和天数世道潜运默移之故，庶几可循此途径而切问而近思。

当下的政治文化史研究，往往将某一类祥瑞灾异与特定历史事件进行关联论证，力图揭示政治背后的各种"力量"，但这样做往往是解说越圆满越令人心生疑窦。我们应该探求一种观念是如何影响了政治生活，未必要强为解人，织成一说。本节尝试以制度化-非制度性设置-新制度的形成这样往复的过程，讨论符应与政治的互动关系。[2]

1.《瑞应图》作为官方判定是否为瑞应依据的传统

瑞应图书最主要的功能是作为勘验瑞应的依据。这一功能在《吴禅国山碑》中就有非常直接的体现：

> 其余飞行之类，植生之伦，希古所觌，命世殊奇，不在瑞命之篇

---

[1] 此语原始出处不可考，唐代广为征引，例如《全唐文》卷八六三《白氏碑记》。
[2] 孟宪实《略论唐朝祥瑞制度》，《出土文献与中古史研究》，北京：中华书局，2017年，第22—43页。孟氏此文主要讨论了祥瑞分等，上报、确认和表贺程序，祥瑞数据的保存等问题，偏重于制度程序论考，与本文侧重于制度与非制度的往复关系及实际政治运作有所不同，敬请读者一并参看。

者,不可称而数也。①

碑文讲道"不在瑞命之篇者,不可称而数也",表明《瑞应图》之类的图书是官方判断瑞应的凭借。

2. 唐代律令体制下的制度化

唐代前期最主要的特点有两个:一是世界帝国性;二是形成了完备的律令体制,文牍主义十分盛行。事实上,安史之乱前,中国历史趋向达到一个临界状态,唐帝国在制度、经济和文化领域均面临着"自我突围"的困境,"开元"这一年号颇有深意,只可惜"开元"并未能开辟新的纪元。然而天宝十四载之前的律令制社会架构仍是唐朝留下的最可珍贵的遗产。

依《瑞应图》进行符瑞判断,在唐帝国律令体制背景下逐渐制度化。贞观之初,祥瑞的分等以及对于具体祥瑞的上报内容即已作出清晰的规定。此后,《仪制令》又对程序作了进一步的完善,令文云:

> 诸祥瑞若麟凤龟龙之类,依图书大瑞者,即随表奏。其表惟言瑞物色目及出处,不得苟陈虚饰。告庙颁下后,百官表贺。其诸瑞并申所司,元日以闻。其鸟兽之类,有生获者,放之山野,余送太常。若不可获,及木连理之类,有生,即具图书上进。诈为瑞应者,徒二年。若灾祥之类,史官不实对者,黜官三等。②

通过这段材料,我们大致可以总结出依据瑞应图书对重要祥瑞(大瑞)进行认证的流程及制度规定:发现→依瑞应图书认定→地方官表奏→皇帝确认→告庙颁下→百官表贺→修入国史。令文还特地提到,若"诈为瑞应",还会依情节轻重受到不同程度的刑罚,这也是制度化的体现。此

---

① 赵彦卫撰,傅根清点校《云麓漫钞》,北京:中华书局,1996年,第118页;赵明诚撰,金文明校证《金石录校证》,桂林:广西师范大学出版社,2005年,第342页。
② 王溥《唐会要》卷二八上《祥瑞上》,北京:中华书局,1955年,第531页。此节亦见于《唐六典》(李林甫等撰,陈仲夫点校《唐六典》,北京:中华书局,1992年,第114—115页),文字略有差异,当系《唐六典》引录时所改易。

外,在《全唐文》中,我们会看到很多士大夫关于祥瑞的上表,这并非谄媚之举,因为百官上表是祥瑞认证流程中的重要一环,也是制度化的规定。

我们可以看一些关于献瑞上表的材料。如崔融《为泾州李刺史贺庆云见表》云:

> 臣某言:伏奉诏书,上御武殿,有庆云映日,见于辰巳之间,肃奉休征,不胜抃跃。中贺。臣闻诸《瑞应图》曰:"天下太平,则庆云见。大子大孝,则庆云见。"伏惟皇帝陛下早朝宴坐,忧劳庶政,远无不肃,迩无不怀,神感潜通,至诚上格。凉秋中月,滞雨移旬,天心合而喜气腾,阳德动而愁阴歇。文章郁郁,惠日照而成彩;花蘤蓬蓬,晴风摇而不散。虽复紫云来汉皇殿,白云入殷帝房,校其优劣,畴以为喻。臣运奉休明,荣沾刺举,千年多幸,已逢河水之清;百辟相欢,重偶丛云之曲。不任悚跃之至,谨遣某官奉表称庆以闻。①

上表征引《瑞应图》,体例严格整齐,说明当时瑞应制度的完备。

又如《沙洲都督府图经》(P.2005)卷三有李无亏关于五色鸟瑞应的上表:

> 右,大周天授二年一月,百姓阴嗣鉴于平康乡武孝通园内见五色鸟,头上有冠,翅尾五色,丹觜赤足。合州官人百姓并前往看见,群鸟随之,青、黄、赤、白、黑五白色具备,头上有冠,性甚驯善。刺史李无亏表奏称:"谨检《瑞应图》曰:'代乐鸟者,天下有〔道〕则见也。'止于武孝通园内,又阴嗣鉴得之。臣以为,阴者母道,鉴者明也,天显"②

这一瑞应和武周代唐的政治合法性构建紧密相关。发现地点为"平康乡武孝通园"内的"安排",对发现者"阴嗣鉴"姓名的诠释,均大有深意

---

① 《全唐文》卷二一八,北京:中华书局,1983年,第2203页下—2204页上。
② 李正宇《古本敦煌乡土志八种笺证》,兰州:甘肃人民出版社,2008年,第56—57页。"显"下有夺字。

存焉。地方行政当局与地方大族势力互相配合,迎合朝廷的政治需求,并从中得到政治回报,社会能量得以交换,各方利益得以保全。① 这一点在归义军时期并没有实质性的变化,只是政治合法性的构建对象从朝廷转成了地方最高统治者"令公大王"。②

通过解读上述两篇进表,我们可以做出小结:在祥瑞的实际认定过程中,必须依据《孙氏瑞应图》等权威性的"瑞牒","案验非虚",方能奏上。这也就是不论是中央还是地方,尽管在制造祥瑞的过程中心照不宣,奏进祥瑞的表文必引经据典的原因。通常引用的典籍,包括《白虎通》《瑞应图》《晋中兴书》以及《孝经援神契》等各种纬书。在归义军时代之前,沙州亦不例外。武周时期,刺史李无亏所上每一道祥瑞奏表,必称"谨按《孙氏瑞应图》"。

3. 制度规定以外的运作

在瑞应认定程序中,常有一些非制度固化为制度的做法,或可称为"制度的凝聚态过程"。

若是"瑞牒"不载者,有变通的办法,一般需要通过追加认定的方式,著于典册。例如权德舆《中书门下贺兴庆池白鸀鹈表》:

> 臣某等言:伏承陛下以去月九日幸兴庆池龙堂,为人祈雨。忽有一白鸀鹈见于池上,众鸀鹈罗列前后,如引御舟。明日之夕,甘雨遂降者。伏惟陛下子惠元元,躬勤庶政。念兹时泽,虔于祷祈。以陛下如伤之诚,上感元贶;在列祖发祥之地,下降灵禽。洁白异姿,翻飞成列。若应天意,以承宸衷。簇阴云于一夕,洒沛泽于千里。捷均影

---

① 详细的阐论,参看孟宪实《沙州祥瑞与沙州地方政治》,《武则天时期的"祥瑞"及其政治书写》,氏著《出土文献与中古史研究》,第43—85页。此外,相关成果还有介永强《武则天与祥瑞》,赵文润、李玉明主编《武则天研究论文集》,太原:山西古籍出版社,1981年,第160—167页;林世田《武则天称帝与图谶祥瑞——以S.6502〈大云经疏〉为中心》,《敦煌学辑刊》2002年第2期,第64—72页;金滢坤、刘永海《敦煌本〈大云经疏〉新论》,《文史》2009年第4辑,第31—46页。
② 关于归义军时期的祥瑞与政治文化,拙文《符瑞与地方政权的合法性构建:归义军时期敦煌瑞应考》(《中华文史论丛》2010年第4期,第325—378页)有详细讨论,其中也涉及《沙洲都督府图经》中的祥瑞问题。曹丽萍在此基础上做了进一步的研究,参看曹丽萍《敦煌文献中的唐五代祥瑞研究》,兰州大学硕士学位论文,2011年。

响,庆浃公私。昔周致白翟,徒称逖迩;汉歌赤雁,亦荐郊庙。岂比今日,感于至诚!瑞牒所无,蒸人何幸?伏望宣付史册,昭示将来。臣等备位鼎司,倍百欢贺。无任欣庆抃跃之至!谨奉表陈贺以闻。①

礼部每季将祥瑞录送史馆,修入国史,本是制度规定的内容。② 但哪些"堪入史者",需要依据瑞应图书来判定。不过,即便是"瑞牒所无",仍可以通过大臣表奏,皇帝"从之"的方式加以认定,并"宣付史册,昭示将来"。从这个意义上来说,"宣付史册"即是将制度外的祥瑞著为定制的手段之一。

又,张说《为留守奏庆山醴泉表》:

> 臣某言:臣闻至德洞微,天鉴不远,休征秘景,时和则见。是知绵代旷历,庆牒祥经,帝王有必感之符,神灵无虚应之瑞。伏惟天册金轮圣神皇帝陛下金镜御天,璇衡考政,钦若元象,宏济苍氓。茂功将大造混成,纯化与阳和俱扇,朝百神之乐职,宅万国之欢心。嘉气内充,淫雨外息,岂止摇风纪月之草,列荍于阶除;仪箫衔篆之禽,相鸣于户阁而已!固有发祯厚载,抽觋泉源,表元德之潜通,显黄祇之昭报。臣于六月二十五日得所部万年县令郑国忠状,称去六月十四日,县界霸陵乡有庆山见,醴泉出。臣谨差户曹参军孙履直对山中百姓检问得状:其山平地涌拔,周回数里,列置三峰,齐高百仞。山见之日,天青无云:异雷雨之迁徙,非崖岸之骞震。欻尔隆崇,巍然荟郁,阡陌如旧,草树不移。验益地之祥图,知太乙之灵化。山南又有醴泉三道,引注三池,分流接润,连山对浦,各深丈余,广数百步。味色甘洁,特异常泉,比仙浆于轩后,均愈疾于汉代。

> 臣按《孙氏瑞应图》曰:"庆山者,德茂则生。"臣又按《白武(虎)通》曰:"醴泉者,义泉也。可以养老,常出京师。"《礼斗威仪》曰:"人君乘土而王,其政太平,则醴泉涌。"《潜潭巴》曰:"君臣和德,道度协中,则醴泉出。"臣窃以五行推之,六月土王,神在未母之象也。土为

---

① 《全唐文》卷四八四,第 4948 页下—4949 页上。
② 《唐会要》卷六三上《史馆上》,北京:中华书局,1955 年,第 1089—1090 页。

官,君之义也;水为智,土为信,水伏于土,臣之道也;水相于金,子之佐也。今土以月王而高,水从土制而静,天意若曰:母王君尊,良臣善相,仁化致理,德茂时平之应也。臣又以山为镇国,水实利人,县有万年之名,山得三仙之类:此盖金舆景福,宝祚昌图,邦固不移之基,君永无疆之寿。自永昌之后,迄于兹辰,地宝屡升,神山再耸,未若连岩结庆,并泌疏甘,群瑞同区,二美齐举,高视古今,曾无拟议。信可以纪元立号,荐庙登郊,彰贲亿龄,愉衍万宇。臣辱司京尹,忝寄留台,牧西夏之疲人,荷东蕃之余宠,游泳鸿露,震悚明神。禧祉有归,光启兹部,喜睹殊观,实百恒流,踊跃一隅,驰诚双阙。伏请宣付史馆,颁示朝廷。无任凫藻之至,谨遣某官绘图奉进。①

这里讲到"醴泉出"瑞应,和古代神泉治病信仰有关。表文讲到"臣谨差户曹参军孙履直对山中百姓检问得状",确认无误后,继而"伏请宣付史馆,颁示朝廷",还要"谨遣某官绘图奉进",这也是一种从制度外固着化为制度的设计。

此类设计有自下而上和自上而下两种模式:除了臣下"绘图奉进",将原本不在神经瑞牒之内的祥瑞正式列入之外,还有帝后命画工图之,以示百僚者:

> (景龙二年二月)皇后自言衣箱中裙上有五色云起,令画工图之,以示百僚,乃大赦天下。……乙酉,帝以后服有庆云之瑞,大赦天下。内外五品已上母妻各加邑号一等,无妻者听授女;天下妇人八十已上,版授乡、县、郡等君。②

这两种模式的共同点在于:都是以模仿瑞应图书的制作方式,将新的祥瑞图之,并颁示天下,从而使之获得等同于《瑞应图》的效力。

---

① 《全唐文》卷二二二,第 2241 页下—2242 页上。
② 《旧唐书》卷七《中宗本纪》,第 145—146 页。

有三法轮和双鹿的
佛说法图溯源

祁姿妤（复旦大学文物与博物馆学系）

鹿野苑说法图是佛教美术中的典型题材。在中国北朝时期凉州地区中心柱窟中，鹿野苑佛说法图台座前频繁出现三个法轮和一对鹿、成对的礼拜者的图像。本文将以这一图像为例，梳理三法轮和双鹿这两种图像元素在中印度、西北印度再到凉州的变化过程，来说明佛教美术图像是如何承载着历史信息和图像传统进行跨区域传播的。通过这一实例可以说明，虽然中印度和西北印度毗邻，但佛教图像的发展差别很大；西北印度与云冈石窟两地相去甚远，但在佛教图像传承佛教方面关系更近。

一、研究缘起

鹿野苑说法图是佛教美术中的典型题材。在克孜尔石窟、敦煌莫高窟、大同云冈石窟都有出现。主要有两种方式来识别这类题材：一种是根据佛陀台座前法轮与双鹿图案，这类图像主要分布在北朝中心柱窟前室；另一种是根据榜题，这类图像多分布在莫高窟中唐—五代时期的龛顶、前后两室间甬道的顶部。本文将讨论第一种，即有双鹿与三法轮样式的北朝鹿野苑初转法轮图像的跨文化发展情况。

研究鹿野苑初转法轮的特殊性在于，双鹿是最明确提示鹿野苑地点的。其实还有佛陀与其他典型符号的组合的说法，但这些符号一般是一种场景描述，并不代表固定的地点。例如佛在伞盖下、在台座上、在树下、在塔中、在山中、在火光中,等等。而有双鹿的说法图有着更为具体的时空环境,最容易让人产生联想,将佛像还原到佛陀生前说法地鹿野苑的古老场景中。因此,鹿野苑初转法轮图在诸多说法图中也具有典型性。

对三法轮、双鹿图案的讨论,还要还原到它们最初出现的时空中,即中印度地区和西北印度地区对应的时间段中。图1涵盖了文中要谈到的以恒河流域为主的中印度地区和以印度河上游为中心的西北印度。①

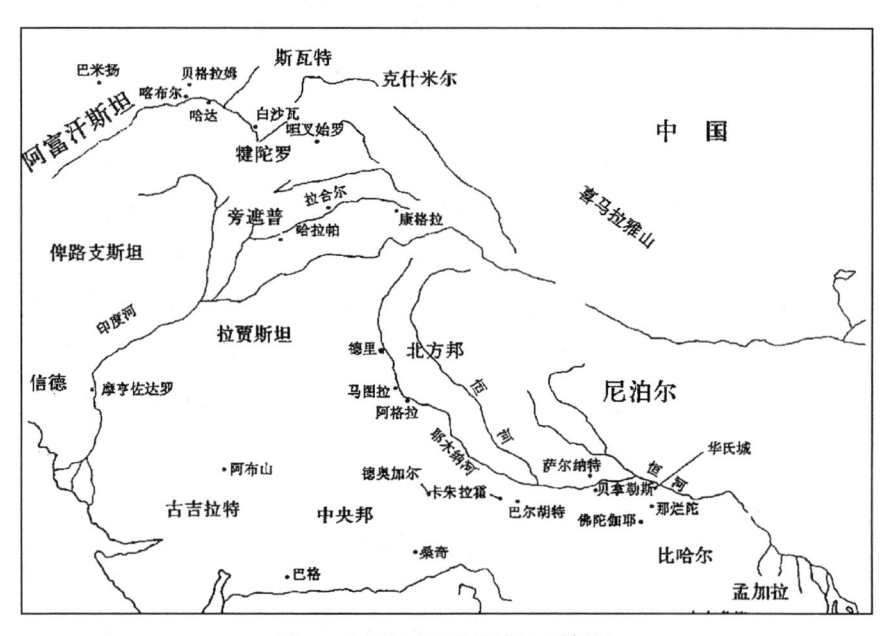

图1 古代印度地图局部(王镛绘)

在佛教发展的历史中,佛教分别在中印度于阿育王时期和西北印度的迦腻色迦王时期有过兴盛的阶段。在这两个时间点之间,即公元前2世纪—前1世纪,佛教的中心也从中印度迁徙到西北印度,佛教美术也随之发生了新旧传统的融合与替换。21世纪以来,印度美术研究者王镛首先提出西北印度和中印度有着完全不同的地理环境、历史背景和艺术形式。② 西

---

① 王镛《印度美术》,北京:人民美术出版社,2010年,目录页。
② 王镛《印度美术》,第83页。

北印度的民族多由历代从中亚入侵而来的希腊人、塞人、月氏人等构成，当地普遍流行造像、神话等传统，佛像也具有希腊化风格；而中印度地区流行龙王、药叉等自然神以及窣堵波等土著信仰，早期佛教美术也是基于本土的信仰习俗而生发出来的。

鹿野苑说法图也基于中印度和西北印度不同的文化背景，出现了从一个法轮向三个法轮变化的情况。这些现象往往没有被记载在具体的经文中，还需要从图像方面进行梳理。

本文将按照中印度、西北印度两地来追溯双鹿、法轮等图像要素的流变过程，说明鹿野苑初转法轮像在跨区域、跨文化传播时，是怎样产生多种图像组合与变形的。阐明艺术本体的发展规律一直是艺术史学科内部主要着力解决的问题。

二、中印度内部图像的流变

从公元前1世纪到5世纪左右，在中印度内部，有关鹿野苑初转法轮主题的图像都表现出"以一个法轮为中轴线，鹿、礼拜者成对出现"的图像结构。鹿群暗示着鹿野苑这个佛陀说法的圣迹地点，而这一个法轮在最初的形态可能源于阿育王石柱。

1. 早期雏形："双鹿、阿育王石柱"图像组合与相关观念

佛陀生前活动于中印度恒河流域，最初的四大圣迹都集中在恒河流域。[①] 鹿野苑在佛陀生前的时代被称作波罗奈城，是迦尸国首都。3世纪初的中文译经《中本起经》记录了佛陀曾在鹿野苑（今萨尔纳特）为五比丘说法。[②] 法显在《佛国记》曾记述，佛祖的前世迦叶佛（辟支佛）居住于此，并有野鹿经常出没，故而得名"鹿野苑"。

但值得注意的是，鹿野苑并不是一开始就有佛造像的地区。从佛陀生前到出现佛造像的时间段里，大致在公元前5世纪至1世纪的时间段

---

① 佛陀诞生于蓝毗尼，在菩提伽耶降魔成道，在鹿野苑初次说法，在拘尸那加尔涅槃。
② （东汉）昙果、康孟详译《中本起经》卷一《转法轮品》："于时如来，便诣波罗奈国古仙人处鹿园树下，趣彼五人。"

里,鹿野苑所处中印度地区曾经处于漫长的无造像时期。

孔雀王朝(约前324—约前187年)时期,阿育王第一次统一了印度大陆。① 他主张用佛法统治国家,在广袤的领土上,各地岩石或阿育王石柱上铭刻诏谕。阿育王石柱主要结构为顶部有象征佛法的法轮、牛、马狮子等动物形象以及倒垂的莲花座、圆柱。阿育王石柱以华氏城附近楚那尔砂石制成,进行过"孔雀磨光"技术打磨,还刻有婆罗米文敕书。当时以华氏城为中心,通过恒河、亚穆纳河等水路(包括东南印度沿海路线),把阿育王石柱运到国土的各个重要关隘。向东南方向到达了阿育王曾经用武力血腥镇压的奥里萨邦,西北方向的影响达到了呾叉始罗(今塔克西拉)。在鹿野苑(今萨尔纳特)出土了一根这一时期的四面狮子柱头,狮子头顶的法轮残损(图2)。在中印度桑奇大塔的南门也有一根残破的阿育王时期的石柱(图3)。目前已发现大约三十根阿育王石柱。

图2 萨尔纳特出土阿育王石柱(局部)

随后,巽伽王朝(前185—前75年)控制了孔雀帝国领土的中部摩揭陀地带。② 第一代国王弗沙密多罗信奉婆罗门教,转而开始驱逐佛教徒,

---

① 孔雀王朝(Maurya Dynasty,约前321—前185年)是印度历史上第一个统一的大帝国。孔雀王朝的建筑与雕刻在继承了印度本土文化的基础上,吸收了外来文化主要是波斯艺术的影响。阿育王是孔雀王朝第三代皇帝,因弘扬佛教而名垂青史。详参王镛《印度美术》,第23页。

② 巽加王朝(Shunga Dynasty,前185—前75年)。巽伽王朝拥有孔雀帝国领土的中部摩揭陀地带,但此时的佛教艺术失去了王室的直接赞助,却在民间世俗生活和文化传统中获得了更自由的表现形式。与孔雀王朝宫廷艺术深受波斯或希腊化外来艺术影响相比,巽伽时代的艺术基本上更接近印度本土的民间艺术。详参王镛《印度美术》,第44页。

图 3　桑奇大塔南侧残损阿育王石柱（祁姿妤摄）

随后佛教中心开始发生转移。与此同时，中印度当地依然有比丘、比丘尼和王族捐资修建大塔的情况。巽伽时期巴尔胡特大塔就是其中的典型例子，围栏上反映出中印度当地的民间世俗生活和本土自然神的文化传统。这一时期并未出现佛像，而是用佛足迹、圣树、台座、佛塔等图像暗示佛陀。

日本学者高田修指出在早期佛教经典《长阿含经》《梵网经》中，有反映早期佛教关于佛陀形象观点的经文："与大比丘……佛身皆断诸着。常在厥住。诸天及人民悉见。佛般泥洹后不能见也。"[1]由于佛陀已经涅槃，是不能被人间的人所看见的，因此不用人形表现佛陀。[2] 王镛指出，根据原始佛教朴素的无神论思想，佛陀已涅槃，永远脱离轮回，寂灭无形，隐没不现，因此禁止偶像崇拜。[3]

在早期佛塔诸多象征物中，"台座与树""阿育王石柱与鹿群、人群"分

---

[1] 〔日〕高田修著，高桥宣治、杨美莉译《佛像的起源》，台北：华宇出版社，1986 年，第 68—69 页。
[2] 高田修《佛像的起源》，第 68—69 页。
[3] 王镛《印度美术》，第 47 页。

别以固定组合出现的趋势越发明显。我们在巴尔胡特大塔的围栏上和桑奇大塔的大门上,见到"台座与树"的组合。"台座与树"的图像组合,暗示佛陀在树下说法,是源于中印度本土古老的药叉信仰。药叉信仰是印度本土自然神信仰,人们供养礼拜圣树,树间的药叉就会赐予财富、生育等方面的福祉。①(图4)

桑奇大塔原建于阿育王时期,早期萨塔瓦哈纳王朝(前1世纪)由商人赞助,又增建了四个华丽的大门。② 桑奇大塔的南塔门上出现了阿育王石柱与礼拜者、鹿群的画面(图5)。图中阿育王石柱具备法轮、柱头、柱身元素。构图以阿育王石柱为中心,形成鹿群和人群左右对称分布的布局。这一构图是自阿育王时期以来新生成的佛教图像的产物,在雕塑实物中,法轮容易损坏遗失,但在平面浮雕中,可以看出阿育王石柱中的法轮一直是雕刻的重点,即使空间不够,省略掉动物形象,也不会省略象征佛法的法轮。

图4 桑奇大塔北门西柱西侧礼拜树下台座
(前1世纪,祁姿妤摄)

图5 桑奇大塔南门外侧石柱上雕刻的"阿育王石柱与礼拜者、鹿群的画面"
(前1世纪,祁姿妤摄)

---

① 王镛《印度美术》,第52—53页。
② 124年,早期的萨塔瓦哈纳王朝夺得德干地区的霸权,这一时期中印度著名佛教遗迹有桑奇地区的大塔及围栏雕刻。

2. 贵霜马图拉新旧传统融合

巽伽王朝时期,大批僧人从中印度迁徙到西北印度的迦湿弥罗,并在这里发展出说一切有部。随后在迦腻色伽王执政时期,史称贵霜第二王朝(78—241年)。说一切有部得到了迦腻色迦王的赞助,进行了佛教的第四次结集,还编纂出《阿毗达磨大毗婆沙论》。① 迦腻色伽王向东征服到恒河流域中游,定都西北印度的喀布尔河畔的犍陀罗地区(今白沙瓦),并将迦毕试设为夏都,将地处西北印度和中印度边界的马图拉作为贵霜东都。在这个背景下,以犍陀罗、马图拉为中心制造了大量贵霜时期的佛造像,其中也包括鹿野苑说法像。

马图拉古称秣菟罗(Mathurā,又译作"马土腊""摩突罗"),地处西北印度和中印度文化板块的交界处。在这里,来自中印度"不用人形表现佛陀"的观念与来自西北印度的"用人形表现佛陀"的观念开始融合。观念的融合体现在早期象征物符号和佛像之间的组合,具体分别表现在佛传故事浮雕版和单体造像上。

马图拉出土了贵霜时期的五相图浮雕版(图6)。浮雕版中五个画面

图6 马图拉五相图(2世纪或3世纪,祁姿妤摄)

---

① 1世纪中叶,丘就却统一月氏各部,在喀布尔河流域建立贵霜王朝(Kushan Period,1世纪—3世纪),史称第一贵霜王朝。中国史籍称之为大月氏。他们相继赶走了犍陀罗的帕提亚人、北印度马图拉的塞卡人,巩固了帝国的霸业。241年波斯萨珊王朝入侵犍陀罗,贵霜帝国随之瓦解。

表现了佛陀的一生,分别是树下诞生、降魔成道、佛陀降凡、树下说法、双树涅槃。浮雕中左侧第二个画面表现了"佛在鹿野苑说法"。

坐佛身后有树,身下有台座,台座前有"礼拜阿育王石柱的一对信众与一对双鹿"图像(图7)。这正是集合了早期中印度大塔中"圣树与台座""阿育王石柱与鹿群"两种组合画面中的基本图像符号。对比公元前1世纪桑奇大塔南门外侧石柱上雕刻的"阿育王石柱与礼拜者、鹿群的画面"。由于空间有限,马图拉"佛在鹿野苑说法图"分别把人像和鹿的数目简化成"一对",表现动物部分的雕塑也从此忽略。阿育王石柱上的法轮角度也转换了九十度,呈现为近似菱形的车轮立面。

在贵霜马图拉佛造像碑台座的前立面中,同样体现了五相图中的"以带法轮的石柱为中心的对鹿、对人"图像结构。

图7 马图拉五相图之佛在鹿野苑说法图(祁姿妤摄)

赵玲曾经转引过杉本卓洲对于马图拉造像碑的研究。[①]

在以下图8至图11中,均具有这一结构。其中图8、图9为正面法轮,图10、图11为侧面法轮。我认为贵霜时期马图拉地区,将中印度的旧传统缩减到台座立面的空间中,从而兼顾了不用人形表现佛陀和用造像表现佛陀的两种地区图像传统,也就是中印度早期鹿野苑有阿育王石柱的场景,来提示佛在鹿野苑说法场景。

其中图9至图11都具有迦腻色伽时期的纪念铭文,其中有的造像还

---

① 赵玲《印度秣菟罗早期佛教造像研究》,上海三联书店,2012年,第39—90页。杉本卓洲《マトゥラーにおける仏像崇拝の展開》,《金沢大学文学部論集 行動科学・哲学篇》,第17号,金沢大学文学部,1997年,第83—110页。

有菩萨铭文。这说明在迦腻色伽执政几年内,马图拉地区在造像观念还未定型的时候,就已经出现了较为成熟的台座图像构图。无论有无造像的传统,马图拉一直遵从着中印度早期的图像传统。

图 8　台座上有供养人和石柱、法轮(迦腻色伽 5 年,公元 83 年,马图拉博物馆藏)

图 9　礼拜法轮石柱的两组人群(贵霜 2—3 世纪,马图拉出土,加尔各答博物馆藏 N.S4985)

图 10　迦腻色伽 4 年"菩萨"坐像台座(金贝尔美术馆藏)

图 11　迦腻色伽 8 年坐像(王名缺,马图拉博物馆藏 33.2347)

基于"贵霜时期单体造像下方台座里描绘中心对称图案"的原则,台座上狭小的里面空间中,还衍生了其他诸多图像的变体,例如三宝标、一对侍者、一对有翼狮子;阿育王石柱、两对礼拜者;一棵树、两对礼拜者、一对狮子等。① 此处不再详细论述。

3. 从贵霜到笈多时期台座的程式化发展

贵霜时期马图拉的台座结构一直延续到了笈多王朝时期。马图拉在贵霜时期成为知名的造像中心后,一直向东面的恒河腹地运输造像。据现今藏在安拉阿巴德的造像铭文显示:一位游方的高僧巴拉比丘曾经把马图拉制作的红砂石佛像、菩萨像捐赠给萨尔纳特鹿野苑精舍和舍卫城祇园精舍等寺院。② 这种情况从贵霜时期一直持续到笈多王朝初期。笈多时期的马图拉造像被称作"湿衣佛像"。直到笈多王朝初期,鹿野苑当地才出现了本地风格,造像被称为"裸体佛像"。③（图 12）

---

① 图例参见赵玲《印度秣菟罗早期佛教造像研究》,第 39—90 页。书中有将阿育王石柱识别成法轮的情况。
② 王镛《印度美术》,第 130 页。
③ 王镛《印度美术》,第 174 页。

图 12 笈多王朝萨尔纳特鹿野苑说法像（约 470 年，选自王镛《印度美术》）

　　湿衣佛像、裸体佛像几乎都是根据佛像身体、袈裟的特征而命名的；但从台座结构来看，贵霜时期马图拉的台座结构一直也延续到笈多王朝的鹿野苑、笈多附属国的石窟中。例如在阿旃陀洞窟中也发现了这种结构，具体体现为立面法轮为中心，双鹿分布两侧，有一位礼拜者在台座左侧，体量超出了台座的高度（图 13）。

　　纵观巽伽时期到早期安达罗时期，从贵霜王朝到笈多王朝的中印度地区，鹿野苑说法图的构图基本稳定地体现出了"以阿育王石柱、法轮为中线，

图 13　笈多时期阿旃陀石窟毗诃罗窟佛像（祁姿妤摄）

鹿、人成对出现"的图像结构。体现这一图像结构的图像、雕塑地点分布在亚穆纳河沿岸，从马图拉到憍赏弥、再鹿野苑的路线。公元 1—5 世纪，部派佛教陆续从说一切有部发展到正量部、犊子部，与这条路线上的地点有对应之处。具体图像的传承与部派的理念是否有直接关系，还有待日后论证。

三、西北印度内部图像重组

以往学者较为关注马图拉与犍陀罗之间在造像层面的关系，以此来讨论佛像起源的问题。其实佛陀象征物在佛像出现后，依然大量存在，而且产生了区域性交流。中印度地区有一个法轮一对双鹿等符号,从马图拉影响到犍陀罗地区,体现在象征物与鹿野苑说法像中。在犍陀罗也生成了多种新的变型图像,还出现了"三个法轮"的新面貌。

近年来,有更多犍陀罗雕塑材料陆续被介绍到中国。2003年日本栗田功在《犍陀罗美术》一书中,刊布了大量散佚在各大公私博物馆的犍陀罗佛造像及礼拜三宝标、佛足迹等佛陀象征物场景的浮雕,其中也包含鹿野苑说法图相关的主题。[①]

李雯雯按照无佛像时代、有佛像时代,分别对暗示佛陀的象征物如石柱、法轮、三宝标、双鹿等图像进行了分类信息介绍。佛像相关遗址和地层的信息较多,而大量暗示佛陀的象征物是没有明确纪年信息的。她按照象征物早于佛像出现的观点,将有阿育王石柱、双鹿,法轮与阿育王石柱等的象征物划定为犍陀罗早期。[②]

三宝标是一种上方为W形、下方为O形的组合符号。关于它的含义有多种说法。它出现在公元前2—前1世纪巴尔胡特大塔中希腊人雕刻的佩剑上,出现在前1世纪桑奇大塔塔门中旗帜的顶端,还出现在2世纪马图拉耆那教浮雕板上。至于耆那教的三宝标与犍陀罗地区的三宝标有何意义上的联系,目前还不清楚,但在风格上来讲,犍陀罗的三宝标线条更精细,马图拉的三宝标W型接近于有弧度的帷幔。总之,这一符号早在佛像出现之前就已经出现了,并且从西北印度影响到中印度地区。

因此,犍陀罗形成了四种组合:单法轮与三宝标组合、三法轮与三宝标组合、法轮与石柱组合、三法轮与石柱组合。而且法轮、三宝标、石柱也会以组合形态同时出现,这样的三宝标也成为承托法轮的一种结构。以下将从三宝标具有承托功能的这个意义上,列举"三宝标与法轮"组合(图14、图15)、"石柱与法轮"组合的变化情况(图16至图18)。

1. 三宝标上法轮由一变三

图14中可以看到诸多比丘在礼拜佛足迹与三宝标组合图像。图15、

---

① 〔日〕栗田功《ガンダーラ美術》(改定增补版),东京:二玄社,2003年。页码参见图版说明。
② 李雯雯《犍陀罗艺术初说法图像研究》,《中国美术研究》2018年第4期,第16—24页。

图 16、图 17 可以看出，除了石柱，双鹿也可以与三宝标组合，象征佛在鹿野苑说法。图 16、图 17 中童子托举着三个连环的法轮，三宝标有无已经不重要，重要的是有三个法轮。

A. 一个法轮加三宝标

图 14　礼拜三宝标与佛足迹图

B. 象征物三轮三宝标

图 15　礼拜三法轮、三宝标

图16　礼拜三法轮、三宝标　　图17　有童子托举的三法轮

C. 说法像中三法轮加三宝标

从图 18、图 19 来看，在鹿野苑说法坐像中，佛陀台座前也有一个法轮与三个法轮两种类型。

图18　仅有一个法轮的佛在鹿野苑说法像（2世纪，达摩拉吉卡出土，白沙瓦博物馆藏）

图19　三个法轮的佛在鹿野苑说法像（孟买贾特帕蒂希瓦吉博物馆藏）

2. 石柱法轮由一变三

犍陀罗出现了较为完整的"阿育王石柱与双鹿"组合的雕塑，这与中印度以来的图像传统是一致的。（图20）犍陀罗也出现了礼拜"三法轮的阿育王石柱"图像。

292　瞻奥集：中古中国共同研究班十周年纪念论丛

A. 独立石柱配一个法轮、双鹿

图 20　礼拜阿育王石柱与双鹿

B. 三法轮阿育王石柱

犍陀罗地区，除了"三宝标与法轮"组合出现了法轮"由一到三"的变化，阿育王石柱上的法轮也出现了这种变化。图 21 体现出三法轮的阿育王石柱与佛足迹石组合。图 22 表现出较为完整的三法轮阿育王石柱与双鹿组合，可见这种双鹿与阿育王石柱图像影响力的持续性。其中不乏佛陀与象征物同时出现的实例，如图 23。这样的实例说明，多种多样的佛陀象征物很可能持续流行了相当长的时间，而非仅仅停留于犍陀罗早期。

图 21　三法轮石柱与佛足迹石组合

有三法轮和双鹿的佛说法图溯源　293

图 22　礼拜三法轮石柱

图 23　三法轮石柱与佛陀

为什么在犍陀罗地区，会出现法轮从一增加到三的这一现象？

迦腻色迦王时期崇尚说一切有部。20 世纪初发掘的西北印度迦腻色伽王刻名的舍利函，函盖上有铭文"纳受说一切有说众"字样。有部最重视对佛经的论述，也就是阿毗昙达磨，简称毗昙学。有部的观点是在毗昙学的基础上推演出来的，在佛说的经、律中并没有明确的文字可寻。有部中有一类僧人被称为"阿毗达摩师"，他们提倡一切法都有其自性，而且都是"实在有"。主张"法体恒有、三世实有"。有部"三世"的学说引起其派别的争论，经过百年的分裂、讨论、整合，理论逐渐完善，形成了深刻、系统的理论体系。那么，新出现的三法轮与是否与"三世"有关，还是仅仅由于三宝标有三个顶端？具体关系尚不清晰，但可以看出正是在毗昙学三世学说发展的时空背景下，法轮出现了"由一到三"的数量改变。

四、西北印度对凉州影响

毗昙学后传入龟兹地区，鸠摩罗什的佛学启蒙就受教于毗昙学。鸠摩罗什东去之后，有部小乘曾在龟兹再度复兴，持续发展了一段时间，相关的理念故事也体现在龟兹石窟中。① 鸠摩罗什居凉州十七年（385—401年），凉州也受到毗昙学的影响。② 北魏攻陷了凉州地区，凉州的僧人工匠被迁徙到平城。③ 在这种背景下，从北魏国都的大同到敦煌，都显示出受到凉州佛教的影响，这也间接地显示出中原北方地区与西北印度美术样式之间的联系。从鹿野苑初转法轮图上来看，包含云冈石窟、莫高窟在内的北朝图像与犍陀罗地区的图像更为相似，都具有三法轮与双鹿的图像结构，而早已远离了中印度的"一个法轮与双鹿"的图像原型。

三法轮的鹿野苑初转法轮图一度集中出现在莫高窟、云冈石窟等北魏时期的中心柱窟中，一般在进入窟门的右手边，与降魔变位置对应。佛陀一般伸出右手，作说法印。敦煌的图例大多还能看出三法轮的基本内

---

① 《龟兹石窟与佛教历史》，第 55 页。
② 宿白《凉州石窟遗迹和"凉州模式"》，《考古学报》1986 年第 4 期，第 435—446 页。
③ 宿白《平城实力的集聚和"云冈模式"的形成与发展》，云冈石窟文物保管所编《中国石窟·云冈石窟一》，北京：文物出版社，1991 年，第 176—197 页。

外圈结构(图 24—26);大同云冈石窟第二期第六窟中心柱窟北壁前部也有佛在鹿野苑说法图,但三法轮已看不出来是法轮的样貌,更接近于三个圆球(图 27)。

图 24　莫高窟第 260 窟北壁鹿野苑说法图(北魏)

图 25　莫高窟第 263 窟北壁鹿野苑说法图局部(北魏)

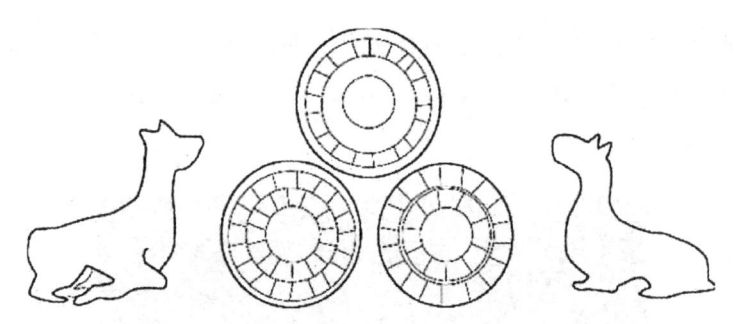

图 26　莫高窟第 263 窟北壁鹿野苑说法图局部线图(北魏)

图 27　云冈石窟第六窟东壁鹿野苑说法图中双鹿与三法轮

张小刚对敦煌的鹿野苑初转法轮图已经作出了统计。北魏时期，莫高窟第 260 窟北壁前部、第 263 窟北壁前部，有三法轮和双鹿的说法像。后来位置动到西壁龛上或龛下，与佛塑像贴近形成塑绘结合的效果。北周时期，双鹿与佛像的组合位于莫高窟第 290 窟中心柱东面上方平棋顶（图 28）。隋代第 417 窟中，佛龛下壁绘有三法轮和双鹿（图 29）。中唐至宋代法华经变中，也有多处以双鹿与法轮的小画面表现佛在鹿野苑说法的图像。①

图 28　敦煌莫高窟第 290 窟中心柱窟东向龛前平顶鹿野苑说法图
（北周，敦煌研究院提供）

---

① 张小刚《浅析敦煌艺术的鹿野苑中瑞像图》，《敦煌研究》2003 年第 3 期，第 10—15 页。莫高窟法华经变有鹿野苑初转法轮小画面的洞窟有：中唐第 231、237、449 窟；晚唐第 85、156 窟；五代第 4、6、12、61、98、108、146、261 窟；宋代第 55、454 窟。其中除第 98 窟画面为一鹿与五比丘相对外，余均有对鹿。另外晚唐第 232 窟、宋代第 431 窟法华经变中相应位置现残存一只小鹿。参见施萍婷、贺世哲《敦煌壁画中的法华经变初探》，敦煌文物研究所编《中国石窟·敦煌莫高窟 3》，北京：文物出版社，1987 年，第 177—191 页。

图 29　敦煌莫高窟第 417 窟龛前台座上有三法轮
（隋代，敦煌研究院提供）

五、结　语

中国北朝时期带有三法轮、双鹿图像的鹿野苑初转法轮图，是一种非常经典的图像。这种图像可溯源到中印度、西北印度两种不同文化背景所形成的不同的地方风格，法轮数量也从一个变为三个。

自公元前 3 世纪阿育王颁布以佛法治国的敕令，中印度开始流行用阿育王石柱与对鹿、对组人群的结构表现佛说在鹿野苑说法场景。从公元前1世纪到5世纪笈多王朝时期，这种图像结构一直出现在中印度没有佛像的雕刻中或有佛像台座的图像中。

随着佛教中心向西北方向迁徙发展，中印度地区双鹿、有一个法轮的石柱等符号影响了犍陀罗地区的象征物与佛说法图，在犍陀罗也新生成了三法轮与石柱、三法轮与三宝标相关的多种变形，甚至是有力士童子支撑三法轮的变形图像。伴随着犍陀罗地区毗昙学向东影响至龟兹、凉州，犍陀罗的鹿野苑说法图也被逐步带到凉州地区。西北印度石柱、力士童子等变形图像被省略，只保留了三个法轮与双鹿的说法像。

三法轮和双鹿的图像早已远离了早期中印度的鹿野苑、阿育王石柱图像传统。伴随着毗昙学的东传，三法轮双鹿的说法图从西北印度发展到凉州等中国北方地区。同样，由一变三的图像规律也发生在云冈石窟中的塔刹上，譬如第六窟南壁浮雕。建筑构件上端图像由一变三，应当是西北印度佛教美术图像在南北朝时期中国化的重要特征。虽然中印度和西北印度毗邻，但佛教图像的发展差别更大，西北印度与云冈石窟两地相去甚远，但在佛教图像传承佛教方面关系更近。

图像的多重寓意

——再论宋金墓葬中的孝子故事图

邓菲(复旦大学文史研究院)

1994年,山西长治长子县小关村砖瓦窑在挖土时发现了一座砖室墓,墓内已扰动,随葬器物不存,但壁画保存较好,并写有金代大定十四年(1174)纪年题记。据发掘简报可知,该墓为仿木结构砖室墓,坐北朝南,由墓道、甬道、主室及耳室组成。主室平面近方形,砌有柱、枋、斗拱等建筑构件,其上施有木纹、花纹。券顶彩画十分精美,下部绘仙鹤飞舞于祥云与花卉之间,上部绘日、月与二十八星宿图像,墓顶饰莲花藻井。墓室四壁也均施彩绘。南壁正中为墓门,两侧各有一窗,窗下画家畜、木辕车;上部表现女子持幡引路与墓主夫妇过桥的场景。北壁砖砌假门与窗,两侧绘墓主夫妇相对而坐,周围侍从环绕(图1)。东西二壁正中为耳室,两侧各一砖砌直棂窗,窗下绘墓主夫妇对坐、家居庖厨及生产劳作。另外,在东、西两壁斗拱以下、门窗以上的位置还画有一系列人物场景。这些图像水平排列在墓壁上方,以墨线为框,画框内表现人物故事(图2)。每壁各8幅,共16幅,每幅画像右上角均附有文字榜题,可知所绘故事表现了历史上的孝子人物,分别标识为:"丁兰刻木""鲍山背母""郭巨埋子""董永自卖""曾参问母""闵子谏父""菜(蔡)顺椹亲""刘殷泣笋""睒子取□(乳)""武妻割股""舜子耕田""韩伯瑜泣杖""曹娥泣江""杨香跨虎""田真分居""王祥卧冰"。①

---

① 长治市博物馆《山西长子县小关村金代纪年壁画墓》,《文物》2008年第10期,第61—69页。

图像的多重寓意 301

图 1 山西长子小关村金墓墓室北壁

图 2 山西长子小关村金墓墓室东壁

小关村金墓中的孝子故事图为近些年出土的一批宋金时期的孝子画像。丧葬中的孝行图一直以来受到学界的广泛关注。早在20世纪30年代,日本学者奥村伊九良最先注意到出土的北魏孝子画像。[1] 在此之后,富田幸次郎、长广敏雄、加藤直子、黑田彰等也相继考察、分析了汉魏北朝时期的孝子图像。[2] 近年来,国内外有关孝子图的研究不断增多并且日益深入,许多学者从不同角度对丧葬环境中的孝子图进行了探讨,涉及图像的考释、功能和意义。[3] 随着宋金元墓葬的不断发现,有关这一时期孝子图的研究也相当可观。目前的讨论主要集中于孝子人物的考辨、"二十四孝"图像与文本的比较等方面。[4] 关于孝子故事图本身的形式、内涵、功

---

[1] 奥村伊九良对北魏石葬具上孝子画像的技法与艺术成就进行了讨论。见〔日〕奥村伊九良《孝子傳石棺の刻畫》,《瓜茄》1卷4册,1937年,第259—299页;另见《鍍金孝子傳石棺の刻畫に就て》,《瓜茄》1卷5册,1939年,第359—382页。

[2] 参见:Kojiro Tomita, "A Chinese Sacrificial Stone House of the Sixth Century A.D.", *Bulletin of the Museum of Fine Arts*, 1942, vol.XL, No.242, pp.98-120;长广敏雄《六朝时代美術の研究》,东京:美术出版社,1969年;加藤直子《魏晋南北朝墓における孝子伝図について》,载吉村怜博士古稀記念会编《東洋美術史論叢》,东京:雄山阁,1999年,第113—133页;黑田彰《孝子伝図の研究》,东京:汲古书院,2007年。值得注意的是,宇野瑞木近期出版的专书系统梳理了中国各个时期的孝子图像遗存,并考察了孝子图在日本的影响、流变,见氏著《孝の風景——説話表象文化論序説》,东京:勉诚出版,2016年。

[3] 关于汉代墓葬艺术中孝子图的代表性研究,可参见巫鸿《武梁祠——中国古代画像艺术的思想性》,柳杨等译,北京:生活·读书·新知三联书店,2006年,第181—201页;黄婉峰《汉代孝子图与孝道观念图》,北京:中华书局,2012年。有关北朝石葬具孝子图的研究成果,见宫大中《邙洛北魏孝子画像石棺考释》,《中原文物》1984年第2期,第48—53页;孙机《固原北魏漆棺画研究》,《文物》1989年第9期,第28—44页;Eugene Wang, "Coffins and Confucianism:The Northern Wei Sarcophagus in the Minneapolis Institute of Arts", *Orientations*, vol.30, no.6, 1999, pp.56-64;林圣智《北朝时代における葬具の図像と機能—石棺床囲屏の墓主肖像と孝子伝図を例として—》,《美术史》第154期,2003年,第207—226页;邹清泉《北魏孝子画像研究:〈孝经〉与北魏孝子画像图像身份的转换》,北京:文化艺术出版社,2007年;郑岩《北朝葬具孝子图的形式与意义》,《美术学报》2012年第6期,第42—54页。

[4] 不少学者已对墓葬中的孝子人物进行了仔细的考辨、补释、修订。例如,魏文斌、师彦灵、唐晓军《甘肃宋金墓"二十四孝"图与敦煌遗书〈孝子传〉》,《敦煌研究》1998年第3期,第75—90页;赵超《山西壶关南村宋代砖雕题材试析》,《文物》1998年第5期,第41—50页;江玉祥《宋代墓葬出土的二十四孝图像补释》,《四川文物》2001年第4期,第22—33页;许海峰《涿州元代壁画墓孝义故事图浅析》,《文物春秋》2004年第4期,第7—11页。另外,二十四孝在何时形成也是学界讨论的热点问题,代表性的研究可参见赵超《"二十四孝"在何时形成(上、下)》,《中国典籍与文化》1998年第1、2期,第50—55、40—45页;董新林《北宋金元墓葬壁饰所见"二十四孝"故事与高丽〈孝行录〉》,《华夏考古》2009年第2期,第141—152页。

能,以及不同时期孝子图的联系比较仍有待深入。①

　　对特定图像题材的关注一直以来都是墓葬美术研究的重要方法。图像是多元的历史、文化的具象呈现,很多时候无法以单一的诠释方式获得全面的理解。如何使视觉资料有效地勾连历史与社会,而不是简单地比附,需要我们对相关史料深入挖掘,对图像本身进行更加细致的分析。形式是意义的主要载体,在许多案例中,画像的构图、位置、工艺等细节可以流露出创作者的意图以及图像的含义。这些具体的视觉形式应作为重要内容进行考察,研究的细化将有助于我们理解孝子图在墓葬空间中的丰富内涵。

　　如果我们仔细观察山西长子小关村金墓中孝子故事图的位置与构图,会发现一个有趣的现象。一方面,该墓中的壁画分布有序。建筑构件与券顶彩画繁复精美;每幅孝子图都表现在墨笔的方形画框之内,画框按照水平方向排列于阑额下方。这说明画工在绘制图像之前,预先已有大体的设计方案,所以使得墓葬壁画呈现出统一的布局形式。但另一方面,东、西两壁上方斗拱与门窗之间可供彩绘的空间并不充足,这使得部分画框排列的整齐性受到了影响。例如,"董永自卖"与"曾参问母"两幅图恰好位于砖门之上,画工只得将画框稍稍向上移动,使其位置适应门窗上的有限空间(图3)。另外,空间对构图的影响不仅仅体现在孝子图上,甚至家居生活场景也碍于壁面位置,无法全部展开或者产生连贯的画面。比如由于东、北、西三壁中部砖砌有门窗,壁上所绘的墓主画像被表现为夫妇二人分列于假门或直棂窗两侧,所处空间位置十分狭窄,同时也割裂了男女墓主对坐宴饮的场景。

---

① 新近的研究越来越多地关注到宋金时期孝子图像的功能和意义。韩小囡首先提出孝子图是孝行、孝道的符号,与引渡升仙之间存在一定的联系。笔者曾沿用这一思路,将孝行图的意义与墓葬空间结合起来。胡志明、孙珂则对宋金时期的图像遗存进行了更为细致的研究,也认为孝子图对墓主升仙起到了重要的辅助作用。参见韩小囡《宋代装饰墓葬研究》,山东大学博士论文,2006年,第109—111页;邓菲《关于宋金墓葬中孝行图的思考》,《中原文物》2009年第4期,第75—81页;胡志明《宋金墓葬孝子图像初探》,中央美术学院硕士论文,2010年;孙珂《宋金元时期墓葬中的孝子图像研究——以山西和河南地区为中心》,北京大学硕士论文,2010年。

图 3　山西长子小关村金墓墓室东壁局部

小关村金墓壁画的设计初看较为有序，但若细究就会发现墓室四壁上的图像布局过于紧密，部分题材与砖砌仿木建筑元素之间的配合并不十分协调，略有仓促就位之嫌。这种现象促使我们思考：墓内壁画被如此紧密布局的原因是什么？画工为何要将孝子图安排在墓壁上部有限的区域之内？哪些因素在孝子图的构图和安排上发挥了作用？这仅仅是一个特例，还是一种较为普遍的墓葬装饰手法？

一、墓葬中的"二十四孝"图像

有关孝子故事的文字记叙和视觉表现在中国有着悠久的传统。仅以《孝子传》文献为例，自西汉刘向开始，历代均有撰述或增补，比如萧广济、徐广、郑缉之、宋躬、王韶之等人都著有《孝子传》。描绘孝子人物的图像遗存也十分丰富。[1]

---

[1] 有关各个时期孝子图像的综述，参见段鹏琦《我国古墓葬中发现的孝悌图像》，载《中国考古学论丛——中国社会科学院考古所建所 40 周年纪念文集》，北京：科学出版社，1993 年，第 463—471 页。

孝子图自东汉以来便出现在墓室壁画、画像石等丧葬艺术中。[1] 例如，内蒙古和林格尔汉墓中发现了舜、曾子、董永、丁兰等孝子以及孔门弟子的画像。这些孝子像位于墓中室的西、北两壁上，每人身旁附榜题表明身份。[2] 北魏时期，许多石葬具上刻有孝子故事的图像场景。比如，洛阳地区出土的宁懋石室的山墙外壁上刻画丁兰、舜、董永故事，分别标有"丁兰事木母""舜从东家井中出去时"和"董永看父助时"等文字。[3] 值得注意的是，孝子人物的图像资料鲜见于隋唐时期的墓葬。除了陕西咸阳契苾明墓（696年）中出土的三彩塔式缶上饰有董永卖身葬父、郭巨埋儿、曾子汲水济母等浮雕外，唐代墓葬中尚未发现明确的孝行图像。[4]

从北宋中后期开始，孝子图又作为丧葬艺术的题材重新兴盛起来。总体来说，墓葬中成组孝行图的出现大致始于北宋神宗元丰年间（1078—1085年），至金代中期最为流行，元代继续发展。[5] 宋金墓葬中的孝子图资料主要发现于河南、山西、陕西、甘肃、宁夏等地。[6] 另外，四川、贵州、湖北的墓葬或石棺装饰中也出土了孝子故事图的零星案例。[7] 就数量来看，豫西北、豫北、晋东南、晋南是孝子图最集中的地区，说明这类题材在该地

---

[1] 从目前的考古发现来看，河南、山东、四川以及内蒙古地区东汉时期的墓葬中均出土了孝子图像。对汉唐时期孝子图文物资料的完整梳理，可见黑田彰著，靳淑敏等译《孝子传图概论》，《中国典籍与文化》2013年第2期，第124—134页；邹清泉《汉魏南北朝孝子画像的发现与研究》，《美术学报》2014年第1期，第54—65页。

[2] 内蒙古自治区博物馆文物工作队《和林格尔汉墓壁画》，北京：文物出版社，1978年；陈永志、黑田彰主编《和林格尔汉墓孝子传图辑录》，北京：文物出版社，2009年。

[3] 有关宁懋石室的资料，参见郭建邦《北魏宁懋石室和墓志》，《河南文博通讯》1980年第2期，第22—40页；郭建邦《北魏宁懋石室线刻画》，北京：人民美术出版社，1987年。

[4] 虽然唐代几乎不见孝子图，但赵超提出太原唐墓中的"树下老人"屏风画很可能是孝义故事的变体，参见赵超《"树下老人"与唐代的屏风式墓中壁画》，《文物》2003年第2期，第69—81页；赵超《关于伯奇的古代孝子图画》，《考古与文物》2004年第3期，第70页。

[5] 秦大树《宋元明考古》，北京：文物出版社，2004年，第149页。

[6] 有关宋金时期孝子图研究的重心在中原地区，事实上陕甘宁一带也发现了许多孝子图像材料，据不完全统计，该地区饰有孝子题材的宋金砖雕壁画墓近20座。相关研究，参见陈履生、陆志宏《甘肃的宋元画像砖艺术》，《美术》1994年第1期，第57—61页；魏文斌、师彦灵、唐晓军《甘肃宋金墓"二十四孝"图与敦煌遗书〈孝子传〉》，第75—90页。

[7] 例如，重庆井口宋墓、湖北宋画像石棺都发现有孝子故事的装饰题材。具体信息可见：重庆市博物馆历史组《重庆井口宋墓清理简报》，《文物》1961年第11期，第53—60页；杨大年《宋画像石棺》，《文物参考资料》1958年第7期，第56页。

区较为流行,具有一定的普遍性。根据笔者目前搜集到的资料,仅河南、山西两地发现并正式发表的宋金墓葬中的孝子故事图已有七十余例。饰有孝子图像的葬具或砖雕壁画墓多为该地区的富庶平民所用,这一社会群体决定了墓葬装饰的题材及风格,图像背后也反映出特定区域内社会风俗和民间信仰的影响。例如,河南孟津张盘村发现的北宋崇宁五年(1106)的张君石棺,石棺前挡刻有妇人启门及墓主人升仙等场景,两侧棺帮后部及后挡阴刻有24幅孝子图像,皆附榜题。根据榜题,左侧故事为"赵孝宗""郭巨""丁栏(兰)""刘明达""舜子""曹娥""孟宗""蔡顺""王祥""董永";右侧为"鲁义姑""刘殷""孙悟元觉""睒子""鲍山""曾参""姜诗""王武子妻""杨昌(香)""田真";后挡刻"韩伯俞""闵损""陆绩"和"老莱子"。①

首先,如果将张君石棺中孝子人物的组合与汉魏时期墓葬中的孝子人物对比可以发现:一方面,不少汉魏时期流行的孝行故事主角并未继续出现在宋金孝子人物之列,比如李善、金日䃅、王琳等已不见于后期的墓葬资料;另一方面,该时期的孝子组合还加入了许多新的人物,比如赵孝宗、刘殷、刘明达、曹娥、陆绩、姜诗、睒子、王武子妻等。值得注意的是,其中睒子、王武子妻、王祥在孝子组合中的出现可能为佛教影响的结果。②"孝"的观念在唐代开始被佛教所吸收和推崇,孝行观与佛教的互动促使一些新的题材出现并逐渐固定。③

其次,从张君石棺上的孝子线刻可知,这一时期已经出现了二十四组

---

① 黄明兰、宫大中《洛阳北宋张君墓画像石棺》,《文物》1984年第7期,第79—81页。
② 睒子为佛教本生故事中的人物;王武子妻行孝的关键在于其割股事亲的行为,割股事亲在唐宋以来的出现与流行,既与人肉疗疾的观念有关,又受到佛教对"舍身利他"观念的影响;另有学者提出王祥卧冰求鲤故事的固定是晚唐五代僧人对孝行故事改造的结果。相关的讨论,参阅程毅中《敦煌本〈孝子传〉与睒子故事》,《中国文化》1991年第5期,第150—152页;邱仲麟《不孝之孝——唐以来割股疗亲现象的社会史初探》,《新史学》6卷1期,1995年,第49—94页;王铭《从剖冰求鲤到卧冰鱼跃——佛教在二十四孝形成过程中的作用个案》,收于严耀中主编《唐代国家与地域社会研究:中国唐史学会第十届年会论文集》,上海古籍出版社,2008年,第425—448页。
③ 有学者提出孝行观念与佛教的结合可能导致宋代孝行题材的流行,参见赵超《"二十四孝"在何时形成(上)》,第50—55页。

的孝子故事,表明后来家喻户晓的"二十四孝"的提法在此时已经形成。①这种将孝义人物故事集合为二十四组的形式在宋末金初十分常见。学者对墓葬中发现的孝悌人物进行了排列,发现宋金时期的二十四孝没有绝对固定的组合,出现的孝子并不完全一致。当时墓葬资料中流行的孝子人物约有 30 人,大部分人物事迹可考,只有少数不见于文献记载。② 例如,林县城关宋墓为北宋中后期所建,时间相对较早,墓中二十四孝砖雕的内容与其他材料区别较大,其中的王裒、姜肱、王庭坚、邓攸、乌鸦反哺等内容未见于其他墓葬,部分人物故事也不见于文献。③ 这种现象说明,虽然此时的"二十四孝"提法已经形成,但孝子的具体组合似乎还未完全固定,可以从不同的人物故事题材中进行选择。段鹏琦据此指出,鉴于墓葬中不同组合的孝悌故事以及每种组合内人物的相对稳定,在宋金时期很可能流传着内容大同小异的若干个"二十四孝"故事版本,各种版本流行的地域有所不同。④

这可以用来解释为何学者将墓葬中的"二十四孝"组合与元末郭居敬所辑的《全相二十四孝诗选》中的人物进行比较时,会存在一定的差异。宋金考古资料中常见的孝悌人物没有收录《二十四孝诗选》中的汉文帝、仲由、朱寿昌、唐夫人、吴猛、黄香等人,却出现了韩伯瑜、田真、刘殷、赵孝宗、王武子妻、鲍山等故事。⑤ 当时可能流传着"二十四孝"故事图文的不同版本。郭居敬所辑的《二十四孝诗选》流行于赣南、福建等南方地区,而河南、山西地区宋金墓葬资料中所见的孝悌故事似乎是北方地区的传统。

附表可以帮助我们了解中原北方地区"二十四孝"组合的大致情况。

---

① 据目前的材料来看,孝子故事首次以"二十四孝"的形式在文献中出现是在晚唐时期,敦煌发现的《故圆鉴大师二十四孝押座文》以"二十四孝"命名,参见王重民等《敦煌变文集》卷七,北京:人民文学出版社,1984 年,第 835—839 页。这说明在唐代末年已有"二十四孝"的提法,并呈现出一个与北宋墓葬孝悌图像不同的系统。
② 赵超《山西壶关南村宋代砖雕墓》,第 46—50 页。
③ 张增午《河南林县城关宋墓清理简报》,《考古与文物》1982 年第 5 期,第 39—42 页。
④ 段鹏琦《我国古墓葬中发现的孝悌图像》,第 468 页;卫文革《墓葬资料中所见二十四孝之发展演变》,《文物世界》2010 年第 5 期,第 44—49 页。
⑤ 关于"二十四孝"的不同系统与故事体系的形成,可参见〔日〕大泽显浩《明代出版文化中的"二十四孝"——论孝子形象的成立与发展》,《明代研究通讯》2002 年第 5 期,第 11—33 页。

从宋代晚期的洛阳张君石棺(1106年)到金代前中期的山西长子石哲村金墓(1158年)所附的榜题来看,这些案例中的二十四孝人物组合完全相同,包括:王祥、舜子、董永、丁兰、郭巨、陆绩、姜诗、曾参、孟宗、老莱子、蔡顺、睒子、闵子骞、田真、王武子妻、杨香、鲁义姑、韩伯俞、刘殷、元觉、鲍山、曹娥、刘明达、赵孝宗。从整体来看,不同案例中的孝子人物组合虽不能完全重合,但是出现频率较高的孝行故事却极为一致。① 这种一致性说明完整的"二十四孝"故事体系在当时已经开始在北方地区广泛流传。该体系又与元代末期高丽地区流传的《孝行录》文献中收录的孝子人物基本吻合。② 虽然目前还未发现宋金时期北方地区刊行的二十四孝故事文本,但是由于高丽与宋金元北方地区的文化传统有着密切的联系,我们或许可以推测《孝行录》中的情况恰恰反映了中国北方地区流行的孝子故事版本。③

图4 山西长子小关村金墓西壁所绘"舜子耕田"场景

宋金墓葬中孝子图像的画面和榜题还流露出更多的信息。首先,相同故事的图像在表现形式上十分相似,很多的孝子故事场景都具有相当的辨识度,对同一个人物故事的描绘在不同墓葬中呈现出相似的场景。例如,长子小关村金墓西壁所绘的"舜子耕田"场景,画面中央绘一男子,左手持竿,赶二头大象行走在田间,左上方飞有二鸟(图4)。④ 整幅画面描绘了舜子孝行感动上天、象耕鸟

---

① 孙珂对宋金考古资料中的孝子图像进行了细致的考察,提出宋金墓葬中频繁出现的孝悌故事人物正是上述24人。孙珂《宋金元时期墓葬中的孝子图像研究》,第35—37页。
② 《孝行录》由元代末期的高丽人权溥、权准父子编撰,此处所提的版本为明代永乐三年(1405)权溥的曾孙权近加注后刊行本,分"前赞二十四章"和"后赞三十八章"两部分。董新林也注意到高丽《孝行录》中收录的孝子人物与宋金时期北方地区墓葬中常见孝子图的对应关系,见董新林《北宋金元墓葬壁装所见"二十四孝"故事与高丽〈孝行录〉》,第148—150页。
③ 有关孝行录的研究,参见金文京《高丽本〈孝行录〉与二十四孝》,《韩国研究论丛》第3辑,1997年,第273—287页。金文京提出《孝行录》并非在高丽编纂而成,在宋金时期盛行于中国北方,此后又输入高丽。
④ 长治市博物馆《山西长子县小关村金代纪年壁画墓》,第67页。

耘的故事。画面通过刻画大象、飞鸟及田间的场景,展现了故事的情节。相似的图像元素与构图也出现在长治地区的其他金墓中。由于画面之间的相似度,因此在许多情况下,即使孝子图没有榜题的说明,人们也可大致辨认出画中所绘的孝子故事。这暗示着孝悌故事在特定区域范围内的流行,或许基于某些具体的粉本或画稿。

其次,除了对关键情节的强调外,一些在汉魏时期具有多元情节的孝子故事,在河南、山西地区的宋金墓葬中也表现出相对固定的故事场景。比如,蔡顺的故事出现北魏石棺上,表现为"火起伏棺""闻雷泣墓"等情节,但在宋金时期中,蔡顺"闻雷泣墓"的故事被王哀所取代,"火起伏棺"也已不传,与之相关的图像基本表现为"拾椹供亲"的主题。这说明该时期孝子故事的文本与图像都已逐渐固定,选取的故事情节相当一致,画面表现基本相同。

另外,一些墓葬中的二十四孝图像不仅人物组合相同,甚至墨书榜题的内容也十分相近。例如,山西长治魏村金天德三年(1151)纪年墓中出土了二十四幅孝子人物彩绘砖雕,墓室南壁上写有"画相(像)二十四孝铭"的墨书题记(图5)。该墓中的孝子故事砖雕皆砌于墓壁上部阑额以下的位置,每幅图像旁不仅标有孝子人物榜题,还附上对故事情节的大致描述。例如,大舜耕田图的画面正中刻一人二象,男子身穿白色圆领袍服,腰间束带,手持黑色木棍,正在赶象耕田(图6)。画面右侧墨书"舜子少亡母,父瞽叟□□,妻□□舜令淘井将□□压之,孝感神明引东□□井出,天赐二象耕地,百鸟运耕,尧王知孝,乃阐位子舜"。[1] 若将长治魏村金墓与长子石哲村金墓中的孝子故事图相比较,两墓墨书榜题中对孝子故事情节的叙述基本吻合,在描述王祥、郭巨、孟宗、田真等人物故事时的文本非常接近。[2] 由此可见,孝子画像依据的粉本很可能是图文并茂的,不仅有对人物故事的视觉呈现,另外还附有以精炼语言概述故事的榜题。[3]

---

[1] 长治市博物馆《山西长治市魏村金代纪年彩绘砖雕墓》,《考古》2009年第1期,第59—64页。
[2] 山西省考古研究所晋东南工作站《山西长子县石哲金代壁画墓》,《文物》1985年第6期,第45—54页。
[3] 段鹏琦《我国古墓葬中发现的孝悌图像》,第468页。

图5　山西长治魏村金墓中"画相二十四孝铭"及孝子砖雕

图6　山西长治魏村金墓西壁"大舜耕田"砖雕

洛阳古代艺术博物馆所藏的山西襄汾金墓砖雕提供了更为有趣的信息。征集而来的 23 块孝子砖雕不仅表现了孝子故事场景,在每块墓砖的空白处皆模印阳文榜题,榜题包括了孝子姓名、籍贯等内容。① 更重要的是,砖上还标有孝行人物的排行,例如,"弟一孝□舜子""第二行孝陆者□人也少年孝""第四孝;曹娥""第五孝郭巨"(图 7),等等,说明图文并茂、情节精炼的孝子故事画稿与粉本也许还标有特定的顺序,工匠在建造墓葬时可能会根据这种序号进行排布。② 这类粉本的流传与当时出版文化的发展、印刷品的传播可能有着密切的联系,墓葬图像的底稿或许受到了当时"二十四孝"图文刊本的影响。同时,图文粉本的形成也与宋代劝孝文献的典故化有关,许多劝孝文书都是通过推广孝行故事,来引导民众,树立道德楷模。

图 7 洛阳古代艺术博物馆藏
山西金墓郭巨砖雕

粉本的使用不当或误用也会导致图文不符的现象,长治魏村金墓为此提供了若干案例。首先,该墓南壁第 2 块砖雕无墨书题记,画面上刻三人,中间男子与一女子拱手对话,身后坐一老妪。该砖雕的构图以及人物造型均与北壁的丁兰故事砖雕一致,只是左方二人衣着颜色交换,似乎为工匠失误而进行了重复雕刻。其次,东壁老莱子画像左侧墨书"杨香者,鲁国人……"的题记,与砖雕内容不符(图 8)。同样,西壁的鲍山故事砖雕也出现了图文不符的情况。魏村金墓的工匠似乎对图文并不熟悉,在使用画稿的过程中操作不当,混淆了孝行人物故事,放错了题记的位置。另

---

① 徐婵菲、王爱文《洛阳古代艺术博物馆藏山西金墓画像雕砖》,《中国国家博物馆馆刊》2011 年第 5 期,第 57—67 页。
② 工匠在营建仿木结构砖雕墓时,一方面可能使用了砖雕模印等工艺,另一方面可能还运用底稿、粉本,甚至画诀等多种方式进行技术的传播。关于墓葬彩绘、砖雕模式化的讨论,参见邓菲《试析宋金时期砖雕壁画木墓的营建工艺——从洛阳关林庙宋墓谈起》,《考古与文物》2015 年第 1 期,第 71—80 转 123 页。

图 8　山西长治魏村金墓东壁老莱子砖雕

外,有关孝子图题记的失误,还有其他的表现形式,其中较为常见的是孝子名字的误写。在许多墓例中,二十四孝的榜题经常出现假借字、误写,每个孝悌人物的名字或多或少都有衍生变体。比如张君石棺中的"丁兰"作"丁拦","杨香"作"杨昌";①在其他的墓例中,"曾参"写作"曹三","王祥"作"王相","姜诗"作"姜师","鲍山"作"包中","蔡顺"作"菜顺","睒子"写为"琰子"、"啖子"等。这些榜题说明了民间工匠的文化水平较低,在制作过程中因其水平有限而误写人名。同时,部分例子也反映出二十四孝故事可能存在多种传播途径,孝悌故事在民间的传播,除了使用二十四孝的图文粉本,有时也可能通过口头方式进行。

二、宋金孝子图的形式特征

学界已对"二十四孝"的形成、发展进行了相当全面的考察,但是对于宋金时期孝子图像的分析还有待细致深入。从该时期的考古资料可知,孝子图通常根据墓葬形制或石棺结构分布,数量从 2 组到 24 组不等,表

---

①　黄明兰、宫大中《洛阳北宋张君墓画像石棺》,第 79 页。

现形式也较为多样，包括壁画、砖雕、线刻等不同形式。总体而言，孝子图像的表现形式和所处位置具有一定规律。下文将通过具体的案例来了解该时期孝子故事图的视觉特征。河南洛阳关林庙宋墓为仿木结构单室墓，由墓道、甬道和墓室三部分组成。墓室平面呈八边形，墓壁砌有斗拱、普柏枋、倚柱等仿木构元素，皆涂朱黄彩。墓室下部东南、西南两壁各设棂窗一个，东、西两壁均砌板门，西壁下部板门作妇人启门。东北、西北两壁阑额之下设卷帘，嵌有散乐、备宴以及杂剧场景的砖雕（图9）。北壁用砖雕砌出四扇格子门，格眼饰方格纹，腰间饰狮子和牡丹。除南壁外，其他墓壁阑额中间嵌有小型砖雕，砖长39厘米，宽约16厘米（图10）。这

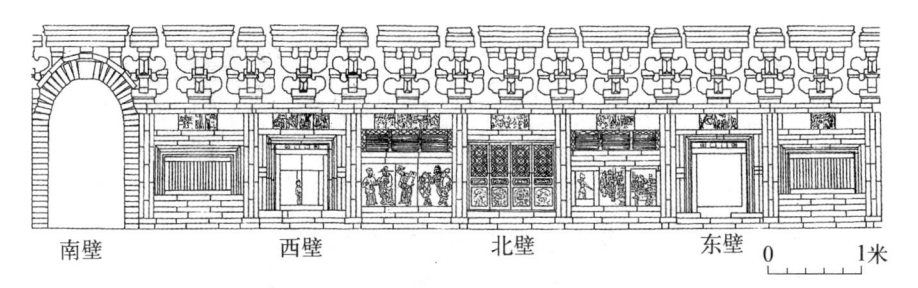

图9　河南洛阳关林庙宋墓墓壁展开图

图10　河南洛阳关林庙宋墓西北壁上部

些砖雕均刻孝子故事,共23幅,除一幅外,皆附有榜题。①

关林庙宋墓中的孝子砖雕保存完好,其图像形式在当时较具代表性,我们可以根据此墓来分析宋金墓葬中孝子图的基本情况。首先,多组、成套、小幅是这时期孝子图像的主要特征。孝子图画幅较小,且每组砖雕之间有分隔,"幅"的形式较为明确(图11)。其次,每幅画面中的构图方式及人物形态也值得关注。孝子图像的构图十分简洁,方形的画框内描绘一到三个主要人物,根据人物姿态、场景及榜题反映出故事内容与人物身份(图12)。再次,孝子图在墓室中多出现在阑额以下、墓壁以上的位置,墓壁的主要位置被散乐、备宴等世俗生活场景所占据。

图11　河南洛阳关林庙宋墓东南壁孝行图砖雕

河南荥阳地区发现的槐西宋墓为长方形竖穴土洞墓,墓室四壁施彩绘。与关林庙宋墓相比,槐西宋墓的图像题材相对有限,工艺也更为简单,仅在墓壁上涂白灰直接作画,画风简朴。这种看似简略版的墓例事实上十分关键,因为它包括了该时期墓葬装饰题材中最为必要的图像元素。该墓墓壁上的壁画由红线分为上下两部分。下部绘墓主家居、备宴等题

---

① 洛阳市文物工作队《洛阳洛龙区关林庙宋代砖雕墓发掘简报》,《文物》2011年第8期,第31—46页。

图 12　河南洛阳关林庙宋墓西北壁孝行图砖雕拓片

材。上部绘孝子图,包括舜子、赵孝宗、丁兰、韩伯俞等 15 组孝子人物(图13)。例如,北壁上中部的画面绘三人,右一男子左手拿锹,面左而立,左一妇人,膝旁立一小孩,三人之间的地上冒出道道瑞气,描绘了郭巨埋儿的故事。① 大体来看,墓室内图像的布局与关林庙宋墓相似,都是在墓壁下部表现家居生活场景,墓壁上部装饰多组、小幅的孝子图。

图 13　河南荥阳槐西宋墓墓室东壁

① 郑州市文物考古研究院等《荥阳槐西壁画墓发掘简报》,《中原文物》2008 年第 5 期,第 21—25 页。

图像的形式是内容的载体,会影响到观者对于内容的理解,而图像所处的位置又暗示着其内涵和意义。就宋金墓例来看,孝子故事场景出现的位置相对固定:在石棺上多表现在棺帮的左右两侧及后挡部分;在墓中通常出现在斗拱间的拱眼壁上或阑额下方,有时还会被绘制在天顶下部。孝子图不作为墓室壁画或砖雕的主体部分,多位于一些相对次要的位置。① 孝子砖雕的尺寸较小,暗示着孝子图在墓中并非作为主要图像内容出现。若不是仔细察看,这些多组的小幅图像就只能作为墓壁上方的装饰性图案。

北宋中晚期以来,登封、洛阳等地已经出现了在拱眼壁间或斗拱之上装饰孝行图的仿木构砖雕壁画墓。绘有这些图像的墓葬设计繁复,墓内通过中部彩绘的斗拱、天顶等建筑构件将壁上空间划分为上、中、下三个层次:下部图像出现在墓壁上,以墓主夫妇及侍者的形象为主,描绘家居生活场景;中部在斗拱之间或铺作以上的位置绘有多组孝子故事图;而上部则在天顶位置画有仙人或升仙场景。② 登封黑山沟宋代壁画墓(1097年)是这些墓葬中保存较为完好的一例。该墓南北向坐落,为八角形攒尖顶砖室墓,整个墓室内由精心绘制的壁画覆盖。壁画内容也根据建筑结构分为三层(图 14)。在中部斗拱间的拱眼壁上,画有附有榜题的孝子图像,人物用墨线勾勒,施黄、白、红等色,由西南到东南方向可分别辨识为:曾参、王武子、董永、丁兰、王相、孟宗、郭巨与王袞。每壁一幅,共有 8 幅,不仅位置固定,画法也相当成熟。③

从目前的考古资料可以初步推断,金代长治地区常见的墓壁分层装

---

① 楚恩启指出孝子列女事迹在北宋晚期再度流行,以连环画的构图绘制在墓门、窗户上方或出现在格子门及障水板等次要位置。参见楚恩启《中国壁画史》,北京:工艺美术出版社,2003 年,第 163 页。
② 这类墓葬包括河南登封的黑山沟宋墓、高村宋墓、箭沟宋墓、新密下庄河宋墓、平陌宋墓(1108 年)、嵩县城关镇北元村宋墓等。主要墓例的发掘简报,可见郑州文物考古研究所编《郑州宋金壁画墓》,北京:科学出版社,2005 年;洛阳市第二文物工作队《嵩县北元村宋代壁画墓》,《中原文物》1987 年第 3 期,第 37—42 页。
③ 李扬、汪旭、于宏伟等《河南登封黑山沟宋代壁画墓》,《文物》2001 年第 10 期,第 60—66 页。

图14　河南登封黑山沟宋墓墓室壁画线描图

饰的形式，可能来源于豫西北、豫北等地的多层仿木构砖雕壁画墓。[①] 这种墓葬形制自北宋中后期在两京地区兴起、流行，并逐渐扩散开来，对晋东南地区的金墓产生了一定的影响。豫晋两地在墓葬形制、内容、排布方面的一致性，或许与宋金之际工匠群体的向北迁徙有关。山西屯留宋村金墓（1135年）西壁的题记写道："砌造匠人李通，家住沁州，铜堤［鞮］县底水村人是［氏］，内为红中［巾］盗贼到此，砌到葬一所，系大金国女直（真）军，领兵收劫赵官家。"[②]题记提到该墓的工匠李通由于金初的战乱从沁州迁移到潞州屯留地区，虽未涉及豫西北地区，但可以间接说明当时工匠群体的迁徙并不少见。[③] 限于目前研究资料的不足，我们无法讨论工匠群体与工艺技术在不同地区的迁移、交流与传播，但是正是由于造墓技术、相关信仰与社会习俗的传播，才使得墓葬形式和工艺在不同区域呈现出相似的特征。

上文中提到的长子小关村金墓内的孝子故事，以多组、小幅、方形构

---

① 有关长治地区宋金墓葬的讨论，参见王进先《长治市宋金元墓室建筑艺术研究》，北京：文物出版社，2015年。
② 山西省考古研究所、长治市博物馆《山西屯留宋村金代壁画墓》，《文物》2008年第8期，第55—62页。
③ 有关该墓的题记考释，见李浩楠《山西屯留宋村金代壁画墓题记考释》，《北方文物》2010年第3期，第76—78页。

图安排在阑额下方的形式，在山西地区较为常见。晋东南、晋南的若干宋金墓葬内都发现了相似的图像布局形式，如壶关上好牢村1号墓、①屯留宋村金墓、长子石哲金墓、长治魏村金墓、长治故漳村金墓②等。在这些墓例中，孝子图都被表现在仿木斗拱以下、墓壁砖砌门窗以上的位置。回到前文提出的问题：长子小关村金墓中的孝子图并非特例，也不是建墓者为完成壁画所做的权宜之计，而是宋金墓葬中图像题材布局的一种常见做法。画工试图将墓主生活场景、孝子图、升仙图、建筑彩画分层排布，表现出多个层次的墓内空间。然而，工艺和题材在传播的过程中或进行了调整，或融入了当地的葬俗特征，使得部分内容呈现出变化与发展。另一方面，通过推断一些墓例可知，营建墓室的刊墓人和画工有时并非为同组工匠，他们在一定程度上缺乏对空间和彩绘的统一规划。刊墓人以砖砌、砖雕等工艺构造出带有斗拱、券门、直棂窗等仿木构元素的家居环境；画工只能在其建构的墓壁基础上进行彩绘。为了达到预先设定好的图像模式，又碍于可绘空间的有限，他们只能通过挪移、变通、转换等方式，牺牲部分图像的构图及空间，以求达到墓葬装饰的整体性与完整性。

这种设计方式的背后实际上牵涉墓葬美术的多方面内容，不仅包括了孝子图本身的形式、位置、内涵，与墓内其他装饰题材的关系，还涉及墓室营建工艺、图像模式的设计与格套等。若要讨论这些内容，我们不能仅仅停留在对孝子图像的考辨与社会背景的一般性叙述上，而是要去寻找形式和意义之间"具体的链结方式"。③基于这样的理解，下文将进一步考察宋金墓葬中的孝子题材案例，分析图像的形式与内涵，探讨孝行图的丧葬环境和历史背景。

三、孝子图的多重寓意

豫西北、豫北、晋东南、晋南等地宋金墓葬中的孝子图像表现出情节

---

① 山西省考古研究所等《山西壶关县上好牢村宋金时期墓葬》，《考古》2012年第4期，第48—55页。
② 长治市博物馆《山西长治市故漳金代纪年墓》，《考古》1984年第8期，第737—743页。
③ 郑岩《北朝葬具孝子图的形式与意义》，第42—43页。

一致、构图相似、高度类型化的特征,且位置相对固定。如果根据画面的内容进行分类,孝子图属于"叙事画"的范畴。虽然中国艺术中叙述性图画的概念仍存争议,具有狭义和广义之分,可用于讨论不同的绘画类型。① 但是从视觉艺术的角度来说,叙事画是与故事相关的绘画,其本质特征是对事件发生的叙述。孝子图无疑是通过画面来描述故事的经典案例。

各个时期的孝子图像具有不同的叙述特征。汉魏时期的孝子图或表现为连环画式的图绘,展示连续的叙事情节;或通过强调一个或多个主角、故事背景、重要道具等来象征特定故事。宋金时期孝子图的叙述方式发生了变化,改为通过描绘一个重要场景来概述整个故事。画面通常选择主人公孝行事迹中的单一环节来进行单景式构图,凸显出故事中最有代表性的情节。这种简明的构图既消解了孝子故事的完整情节,又强调了多组孝子砖雕的总体视觉效果。所以,从整体来看,孝子砖雕中的主人公似乎成了一个个孝子形象的符号,虽然他们拥有明确的身份,但图像的整体性与统一性使他们更接近于孝行的"集合",②淡化了原有人物的时间、场所。

孝子图通过这种特定形式既表现出人物故事的关键情节,也强调了砖雕的总体视觉效果及其共同意义。依照目前孝子图研究的主流看法,孝子故事画是丧葬环境中孝道推行与教化的直观体现,图像的主要功能是孝子、孝女人物的楷模作用。这种从历史与社会背景推测孝子题材意

---

① 孟久丽(Julia Murray)讨论了"叙事画"的概念及用法,并重新定义了中国艺术中的叙事画,用其指代那些内容与口头或文本故事相关,并且通过对故事的表现而对观者产生影响的绘画。参见孟久丽《道德镜鉴——中国叙述性图画与儒家意识形态》,北京:生活·读书·新知三联书店,2014年,第11—42页。相关讨论,另见古原宏伸、陈葆真等人的研究:Kohara Hironobu, "Narrative Illustration in the Handscroll Format", in Alfred Murck and Wen Fong eds., *Words and Images: Chinese Poetry, Calligraphy, and Painting*, Princeton: Princeton University Press, 1991, pp.252 - 278; Chen Pao-chen, "Three Representational Modes for Text/Image Relationships in Early Chinese Pictorial Art",《国立台湾大学美术史研究集刊》第8期,2000年,第87—135页。
② 司白乐(Audrey Spiro)在讨论南朝时期的高士图像时,提出了集合式肖像(collective portrait)的概念,参见 Audrey Spiro, *Contemplating the Ancients*, University of California Press, 1990, p.80。

图的方法，比较易于理解。然而，在当时的丧葬环境中，孝子图还承载具体的内涵与功能，不仅反映了孝道思想，也可以能动地形塑这一观念。郑岩在讨论北魏葬具上的孝子画像时提出，孝子故事的视觉表现可以辅助丧家与孝行之间建立起具体的联系。人们通过在墓中表现孝子图，关联了古代典范与墓主子孙，将古代孝子包含的意义转移到新的孝子——墓主后代——身上。① 例如，孝行的一个重要内容体现在子女对逝去父母的安葬和追悼，董永、王裒、蔡顺等故事都是对这类事迹的叙述。虽然王裒、蔡顺等故事只是个例，但是作为孝行楷模的集合，其他的孝子图像也具有这样的德行。所以，这些绘画作为历史的再现和孝行的叙事性图解，将死者、后人与孝道传统联系起来。② 换言之，墓葬中的孝子图承载着"昭孝以事祖"的功能，不管这些后人是否具有孝行，至少在图像的作用之下，他们在丧葬空间中扮演着孝子的角色，表达了孝亲之思。③

孝子图作为一个集合具有共同的内涵，个体与情节本身已不再重要。然而，如果淡化了原有人物的特性、事件和时代，一旦有其他的力量介入，这些孝子画像将"不再具备原有的控制力，图像的意义就会发生偏移"。④ 那么，是否有其他的因素影响宋金时期的孝子图？除了作为孝行的符号外，它们是否还具有更加实际的功用？我们可以通过洛阳关林庙宋墓中的孝子董永砖雕来进行具体的分析。该墓在东北壁的阑额下方刻画了董永行孝故事：画面右下一男子，包头巾，着圆领长袍，抱拳立于建筑前；其前方置一圆形三足凳，左侧为祥云，云头之上立一位梳髻戴花、宽衣博带的仙女；仙女右侧的题框中刻"董永"二字

---

① 郑岩《北朝葬具孝子图的形式与意义》，第49—51页。
② 林圣智也注意到了孝子的这种特殊角色，认为孝子图像可能作为生者与死者的连结。参见林圣智《北朝時代における葬具の図像と機能——石棺床囲屏の墓主肖像と孝子伝図を例として—》，第207—226页。
③ 李清泉提出为死者建造一个理想的居所，本身就是一种孝的表达，宋代墓葬装饰中普遍流行的孝行故事，在功能上应该是用来彰显孝子贤孙的孝亲之思。参见李清泉《"一堂家庆"的新意象——宋金时期的墓主夫妇像与唐宋墓葬风气之变》，《美术学报》2013年第2期，第28页。
④ 郑岩《北朝葬具孝子图的形式与意义》，第51页。

(图15)。整幅画面描绘了孝子董永故事中的一段情节：织女为董永偿债后，与其道别，凌空而去。

董永故事多见于文献，刘向《孝子传》、佚名《孝子传》、敦煌本《孝子传》等均有记载。曹植《灵芝篇》中曾赞：

> 董永遭家贫，父老财无遗。举假以供养，佣作致甘肥。债家填门至，不知用何归。天灵感至德，神女为秉机。①

图15 河南洛阳关林庙宋墓东北壁董永故事砖雕拓片

干宝《搜神记》写到董永卖身葬父的故事：

> 汉董永，千乘人。少偏孤，与父居。肆力田亩，鹿车载自随。父亡，无以葬，乃自卖为奴，以供丧事。主人知其贤，与钱一万，遣之。永行三年丧毕，欲还主人，供其奴职。道逢一妇人曰："愿为子妻。"遂与之俱。主人谓永曰："以钱与君矣。"永曰："蒙君之惠，父丧收藏。永虽小人，必欲服勤致力，以报厚德。"主曰："妇人何能？"永曰："能织。"主曰："必尔者，但令君妇为我织缣百疋。"于是永妻为主人家织，十日而毕。女出门，谓永曰："我，天之织女也。缘君至孝，天帝令我助君偿债耳。"语毕，凌空而去，不知所在。②

《太平御览》也收录了董永孝行，如卷四一一引刘向《孝子传》：

> 前汉董永，千乘人。少失母，独养父，父亡无以葬，乃从人贷钱一万，永谓钱主曰："后若无钱还君，当以身作奴。"主甚悯之。

---

① 《宋书》卷二二，北京：中华书局，1974年，第627页。
② （晋）干宝《搜神记》卷一，北京：中华书局，1979年，第14—15页。

永得钱葬父毕,将往为奴,于路忽逢一妇人,求永为妻。永曰:"今贫若是,身复为奴,何敢屈夫人为妻。"妇人曰:"愿为君妇,不耻贫贱。"永遂将妇人至……于是索丝,十日之内,千匹绢足。主惊,遂放夫妇二人而去,行至本相逢之处,乃谓永曰:"我是天之织女,感君至孝,天使我偿之。今君事了,不得久停。"语讫,云雾四垂,忽飞而去。①

从《搜神记》与《太平御览》后两段文字来看,文本所描述的情节基本一致,《搜神记》版在前半部描写了董永肆力田亩、鹿车载父的孝行,但《太平御览》所引版本则仅仅提到董永"独养父",而将更多的关注点放在了织女求作永妻、为其偿债,偿债后表明身份、腾云而去的部分。

情节叙述上的差异也表现在不同时期的董永画像中。在现存的汉代董永故事图中,如山东嘉祥武梁祠的画像石,主要描绘的是董永鹿车载父、在田间劳作的情节,仅在画面的右上侧刻画一个较小的羽人,似乎是对织女形象的表现。北魏石葬具上的孝子画像也延续了这一主题,但在内容和形式上发生了新的变化。例如,美国纳尔逊-阿特金斯美术馆所藏的北魏孝子棺在左帮上的第一幅图像刻画了董永车载父、耕于野的情节,右面的一幅则描绘了董永路遇仙女的场景。② 两幅画面通过山石树木间隔开来,形成了连环画式的叙事风格,将董永孝行事迹的前后情节水平式地表现在石棺之上。至宋金时期,有关董永形象的刻画主要集中于故事结尾处的织女升天情节,该场景在不同墓例中的构图方式基本一致,画面多将织女与董永作对角设置,织女位于云气之上,董永目送其离去。如在山西长子小关村金墓中,东壁上部的董永画面左侧描绘一女子立于云端,右下方一男子拱手仰视,画上题写"董永自卖"四字(图16)。③ 此外,登封

---

① (宋)李昉《太平御览》卷四一一,人事部五二《孝感》,北京:中华书局,1960年,第1899页。敦煌遗书中《父母恩重经》《孝子传》《古贤集》等都有对董永孝行的描述,并有专文《董永变文》。唐末五代之时,董永故事盛行,至宋代已有《董永遇仙记》话本。参见魏文斌、师彦灵、唐晓军《甘肃宋金墓"二十四孝"图与敦煌遗书〈孝子传〉》,第78页。
② 黄明兰《北魏孝子棺线刻画》,北京:人民美术出版社,1985年。
③ 长治市博物馆《山西长子县小关村金代纪年壁画墓》,第63—66页。

图16 山西长子小关村金墓东壁上部"董永自卖"图

黑山沟、荥阳司村宋墓、嵩县北元村宋墓、山西长治安昌金墓等许多墓中都发现了非常类似的场景。山西稷山马村4号金墓中的孝子题材虽表现为泥塑的形式,但董永行孝的故事仍具有对角构图的特征,织女与董永两人相对,描绘了织女飞升而去的场景(图17)。[①] 通过分析不同时期孝子场景的构图与形式可知,随着时代的变化,图像对织女升天的场景也愈加强调,这与文献所叙述情节的发展也是相吻合的。

上文所引的两段文字,虽然在细节上存在差异,但总体上都将董永孝行感天并受神助的内容作为重点,进行细致的描述。事实上,魏晋以来,许多孝悌故事所传达的重要信息就是孝行的神秘性。例如,舜、郭巨、董永等故事,都是主人公因孝行而得到神佑的例子,也是"孝

图17 山西稷山马村4号墓董永行孝故事泥塑

[①] 山西省考古研究所侯马工作站《山西稷山马村4号金墓》,《文物季刊》1997年第4期,第41—51转40页。

悌之至,通于神明"的直接例证。不少学者都对孝行的神秘性进行了研究。① 比如,美国学者南恺时(Keith Knapp)通过考察六朝时期不同版本的《孝子传》提出,许多孝行故事都强调了孝感的内容,文字叙述的主题不是主人公的孝行,而是孝感神明所获得的嘉奖,通常包括感天得助、感天得金等不同的孝报类型。② 此类故事是汉代以来谶纬之学与天人感应思想互动、发展的产物,通过突出孝子由于行孝而获得来自上天的辅助或奖赏,来宣扬行孝必得好报的观念。这也使得官方与民间都开始对孝行进行带有神话色彩的宣扬。从《艺文类聚》《太平御览》等唐宋类书中收录的孝子故事来看,它们大多也以感通天地的孝行神迹为主。如《艺文类聚》卷二〇引梁元帝《孝德传序》时明确说道:"夫天经地义,圣人不加,原始要终,莫逾孝道,能使甘泉自涌,邻火不焚,地出黄金,天降神女,感通之至,良有可称。"③文中提到了最具孝感、孝报特征的孝子故事,强调孝行的特殊功能。

孝行神迹自汉魏以来一直被不断地重复叙述。唐宋之时,人们很可能已逐渐将孝道视为人神相通的重要法则。《宋史·孝义传》记载的孝子大多为"为亲复仇""侍亲至孝""割股割肝",或为逝去的父母"负土成坟""庐于墓侧",在叙事的结尾,孝子不仅得到了官方的奖励,还出现了甘露降坟树、甘泉涌其侧等神迹。④ 因此《宋史·孝义传》开篇明义:"孝义所感,醴泉、甘露、芝草、异木之端,史不绝书。"⑤正是强调孝感的特殊功能。

在上述推崇孝行神迹的背景之下,对神迹场景的刻画也出现在许多宋金时期的孝子图像中。事实上,在河南、山西宋金墓内流行的二十四孝人物中,绝大多数孝子的事迹都带有孝报的色彩。例如,有关舜的画面都

---

① 邹清泉讨论了《孝经》神秘性的形成以及南北朝时期衍生出的各种孝子神迹,见《北魏孝子画像研究:〈孝经〉与北魏孝子画像图像身份的转换》,第91—114页;另见赵超《日本流传的两种古代〈孝子传〉》,《中国典籍与文化》2004年第2期,第410页;李剑国《略论孝子故事中的"孝感"母题》,《文史哲》2014年第5期,第54—60页。
② Keith Nathaniel Knapp, *Selfless Offspring: Filial Children and Social Order in Medieval China*, University of Hawaii Press, 2005, pp.82-112.
③ (唐)欧阳询撰,汪绍楹校《艺文类聚》卷二〇,上海古籍出版社,1985年,第375页。
④ (元)脱脱等《宋史》卷四五六《孝义传》,北京:中华书局,1977年,第13385—13416页。
⑤ 《宋史》,第13386页。

被表现为孝感天地、鸟耕象耘的情节,描绘舜持鞭赶象耕种、上有飞鸟的场景,具有非常固定的图式。宋金墓葬中的"郭巨埋儿"题材,常着重刻画郭巨掘金的情节(图18)。又如孝子刘殷见于《十六国春秋·前赵录》,讲述了刘殷行孝得粟十五钟的故事。河南洛阳关林庙宋墓东壁刘殷行孝的场景,以云中仙人出现在刘殷之前的形式表现,强调了其孝行神迹(图19)。另外,在嵩县北元村宋墓中,郭巨、曹娥、赵孝宗等多幅图像都在人物四周绘祥云缭绕,似乎象征孝感神明的场景。① 这些例子都说明,该时期的孝子图像并不重视叙事情节的完整,而是以一些具有代表性的场景来强调孝子感通神明的特殊内涵。

图18　河南洛阳关林庙宋墓西壁郭巨故事砖雕拓片

图19　河南洛阳关林庙宋墓东壁刘殷故事砖雕拓片

孝子图所处的位置以及与周围图像之间的关系可以进一步说明这种内涵。如果我们回到前文中提到的饰有上、中、下三层壁画内容的河南登封黑山沟宋墓,墓室西北侧拱间表现了董永与织女告别的场景:画面背景为一座宅院,宅门半开,右侧画董永向左上方眺望,左侧半空中的织女脚踏祥云,衣带飘然,回望董永(图20)。② 该图下方的墓壁上绘墓主夫妇二

———————
① 洛阳市第二文物工作队《嵩县北元村宋代壁画墓》,第37—42页。
② 李扬、汪旭、于宏伟等《河南登封黑山沟宋代壁画墓》,第60—66页。

图 20　河南登封黑山沟宋墓西北侧拱眼壁所绘董永故事图

人对坐宴饮的场景;画像上方的天顶上画两人立于云端之上(图 21)。由于天顶上部的壁画脱落,我们无法辨认出图中两人的面部特征,但是根据他们的服饰和姿态,可推测这幅画面为墓主人夫妇升往仙界的场景。在该墓中,董永画像似乎有意被安排在墓主人宴饮与升仙画面之间,而另外七幅孝子图像也都出现在仙、俗之间的位置(图 22)。

宋金墓葬中孝子图的整体性弱化了故事的细节,凸显出孝子们作为一个集合所具有的共同内涵,即"感通神明"的功用。虽然这些孝子画像看似脱离墓室上、下层图像内容,作为装饰性图案独立存在,一旦它们包含了孝感的寓意,将会被纳入墓主前往仙境的叙事程序之中,在墓葬空间中与墓主人发生实质性联系。[1] 这种转变历史人物的现象在丧葬传统中并不少见。"不管这个人物原来的面目如何,一经神化,便脱离了原来的身份",而当他们的画像与丧葬礼俗结合起来时,其价值通常只停留在功利性

---

[1] 笔者曾讨论过宋金时期孝子图"感通神灵"的意涵与功能,见拙作《关于宋金墓葬中孝行图的思考》,第 78 页。

图像的多重寓意 327

图 21 河南登封黑山沟宋墓西北壁　　图 22 河南登封黑山沟宋墓北壁

的层面。① 这也说明,墓葬图像的设计根本上是从功利的目的出发的。

河南新密平陌宋代壁画墓(1108年)展示了孝子图像辅助死者升天的另一种形式。该墓建筑形制与黑山沟墓十分相似,图像也分为上、中、下三层:下层为墓主人宴饮图像,中部拱眼壁上绘花卉题材,斗拱上方的天顶上画有四幅孝子故事场景与另外三幅升仙图。② 天顶上的图像似乎在水平方向以北壁为中心向两侧展开。一侧的画面从右到左展开:王祥、鲍山行孝图出现在东壁上;旁边的东北壁上描绘了仙人引领墓主夫妇穿过仙桥的场景;在仙桥后方等待墓主人的,是北壁上描绘的祥云环绕的仙界楼宇(图23)。另一侧从左到右表现出相似的进程(图24):西南壁被毁,孝子闵子骞的画像出现在西壁天顶上;紧随其后的是西北壁上题名为"四洲大圣度翁婆"的画面,该图描绘了墓主夫妇跪拜在泗洲大圣之前,等待引渡升仙的场景;而画面的右侧正是北壁上的仙宫楼阁。两侧画面似乎暗示着墓主人在死后世界可以选择的不同路径,不论是王祥、鲍山,还是闵子骞,都起到协助墓主人与神明相通的作用,引导其前往仙境。

图23a 河南新密平陌宋墓墓顶北侧壁画

---

① 郑岩《魏晋南北朝壁画墓研究》,北京:文物出版社,2002年,第229页。
② 郑州文物考古研究所《郑州宋金壁画墓》,第41—54页。

图像的多重寓意 329

图 23b 河南新密平陌宋墓墓顶东北侧壁画

图 23c 河南新密平陌宋墓墓顶东侧壁画

图 24a　河南新密平陌宋墓墓顶西侧壁画

图 24b　河南新密平陌宋墓墓顶西北侧壁画

图 24c　河南新密平陌宋墓墓顶北侧壁画

这种水平式的叙述方式也出现在文章开篇处提到的山西长子小关村金墓中。该墓同样分为上、中、下三个层次；上部为莲花藻井、日月星宿以及飞舞于彩云与花卉间的仙鹤；下部绘墓主夫妇对坐、庖厨、劳作的生活场景。不同于平陌宋墓，小关村金墓在东、西壁阑额以下的空白处绘 16 幅孝子故事图，紧接着在南壁相同的位置画两幅仙人接引墓主夫妇、墓主夫妇渡桥的图像。门东侧前绘一女仙，持幡引路，其后跟随一女子，双髻襦裙，手中捧物，中间绘墓主形象的夫妇二人，女子手牵一男童，身后绘二男子；门西侧绘一桥梁，桥下流水，桥上一女子手托物，引领墓主夫妇，桥头二男子等待接引（图 25）。[①] 就水平方向来看，该墓似乎也表现孝子协助、引领墓主进入神仙乐土的场景。孝子图"感通神明"的寓意可以使我们更好地理解这座金墓的图像设置，画工将孝子故事绘制于空间有限的墓壁上部，有可能正是出于图像功能的考虑。

---

① 长治市博物馆《山西长子县小关村金代纪年壁画墓》，第 61—69 页。

图 25a　山西长子小关村金墓南壁东侧上部壁画

图 25b　山西长子小关村金墓南壁西侧上部壁画

综上所述,我们通过分析宋金时期孝子图的构图、形式与位置,提出这些图像可能以特定的视觉形式整合了孝道与升仙题材,承载着"昭孝事祖"与"感通神明"等多种内涵。孝子故事图虽然作为丧葬艺术题材可见于汉魏等早期考古材料,但宋金墓葬中对孝子图像的运用,并没有复制过去的设计,而是在长期的发展过程中,具有了多元的寓意。换言之,与汉魏时期的孝悌人物题材相比,宋金时期的孝子图似乎蕴含了更加丰富的内涵。它们既具有教化典范的功用,或许也作为墓主人与后代之间的联系,更重要的是,它们还承载着感通神明、引导墓主升仙的美好愿望。

孝子故事题材的多重寓意不限于某一地区,也不限于那些将孝行图安置于墓室上部的案例,为宋金时期的民众所广泛接受。河南、山西地区有相当数量的宋金墓葬将孝子图表现于壁檐、拱眼壁、阑额等位置,虽然仍有一些墓葬中将孝子图安置于四壁下部、须弥座、格子门障水板等处,位置没有绝对固定,图像的装饰意味不断加强。对于这类情况的思考,我们或许可借用邢义田对汉画多重寓意的讨论:格套化的图像应有创作时原本的意义,"但在时间的过程里,因人因地,衍生和附加的意义可以不断增加而多重化,甚至可以因过于流于形式,特定的寓意变得模糊"。[1] 很多时候并不因为某种新形式的出现,旧的视觉形式就完全消失。至元代,墓葬中的孝行图虽呈现出新的发展,但山西、山东等地的不少砖雕壁画墓仍延续了宋金时期常见的模式,也将孝子图置于壁檐、拱眼壁等处,并同样将其吸收到升仙信仰的图像系统之中(图26)。

四、儒释道三教的孝亲观

孝子图像如何与墓主及其死后的世界产生联系?要理解这一问题,我们需要回到特定的时代背景。从孝子图像遗存较为集中的时期来看,

---

[1] 邢义田《画为心声:画像石、画像砖与壁画》,北京:中华书局,2011年,第368页。

图26　山西长治沁源东王勇村元墓墓室上部孝行图

政治上对孝行、孝道的推崇强化可能是相关图像流行的一个重要背景。这也是大多数学者在分析孝行图产生的原因时主要关注的内容。例如，杭侃通过分析东汉至宋金时期的孝行图，提出政治制度对孝道思想产生的巨大影响。汉代在行孝诏令和察举孝廉等政治措施的推引下，宣扬孝的行为，出现了许多具有教化功能的孝子图像。[1] 邹清泉考察了北魏石葬具上的孝子画像，提出北魏中晚期后宫"子贵母死"的权力斗争，致使北魏社会孝风日渐盛炽，也使得孝道思想与孝子画像不断发展。[2]

孝行题材能够流行于宋金墓葬之中，也有其特定的历史背景。首先，北宋初年，在经历了五代十国之乱后，统治者企图将儒家思想重新纳入封建统治之中，延续汉代以来的"以孝治天下"的原则，提出：

---

[1] 杭侃《中国孝道图像的阶段性》，收于上海博物馆编《翰墨荟萃：细读美国藏中国五代宋元书画珍品》，北京大学出版社，2012年，第224—237页；另见黄婉峰《汉代孝子图与孝道观念》，第22—44页。
[2] 邹清泉《北魏孝子画像研究：〈孝经〉与北魏孝子画像图像身份的转换》，第169—170页。

冠冕百行莫大于孝,范防百为莫大于义。先王兴孝以教民厚,民用不薄;兴义以教民睦,民用不争。率天下而由孝义,非履信思顺之世乎。①

宋代统治者通过不同方式来推行、提倡孝道。宋太宗两次以行草书写《孝经》,并通过刻碑来推广《孝经》:

(淳化三年)冬十月癸亥,秘书监李至言,愿以上草书《千文》勒石。上谓近臣曰:"《千文》盖梁得钟繇破碑千余字,周兴嗣次韵而成,词理无可取。《孝经》乃百行之本,朕当自为书之,令勒于碑阴。"因赐至诏谕旨。②

宋代官方不仅在科举考试加入《孝经》,另外还专设立"孝悌"科目选拔官员。宋太祖开宝八年(975)"诏郡国令佐察民有孝悌力田、奇材异行或文武可用者遣诣阙"。③ 孝德和孝行也成为考核官员的重要标准。另外,地方官员利用《孝经》内容来治理地方的情况也非常普遍。

上述一系列举措巩固了宋代孝治的政治基础,而这也体现在宋代的宫廷艺术之中,例如,两宋画院创作的历史题材类的绘画中,不乏对孝行的直接刻画。纽约大都会博物馆现藏北宋李公麟的《孝经图》就是对孝道思想的一种视觉演绎,图中附有《孝经》中摘录的文字。④ 这些画面表达了文人士大夫阶层对孝道的理解,同时其中的很多内容也都涉及孝治的层次,强化了一种政治理想,也说明孝治理想在当时为各个阶层所乐道。

其次,宋代官方还制定缜密完备的法律条文惩罚各种不孝行为。宋朝主要法典《宋刑统》沿袭唐律,将不孝之人列入"十恶",对各种不孝犯

---

① 《宋史》卷四五六《孝义传》,第 13386 页。
② (宋)李焘《续资治通鉴长编》卷三三"淳化三年冬十月癸亥"条,北京:中华书局,1979 年,第 739—740 页。
③ 《宋史》卷三《太祖本纪第三》,第 45 页。
④ 有关《孝经图》的研究,参见方闻著,李维琨译《超越再现:8 世纪至 14 世纪中国书画》,杭州:浙江大学出版社,2011 年,第 36—49 页;Richard Barnhart, *Li Kung-lin's filial Piety*, New York: The Metropolitan Museum of Art, 1993。

罪,规定有明确的量刑标准。①

　　再次,由于孝是儒家的核心思想之一,儒学在宋代取得了绝对正统地位,因此对孝的推广更是不遗余力。如张载提出"爱自亲始,人道之正",认为行孝是伦理道德的基础;二程对孝与其他的道德规范做了进一步的分析,将孝与天理紧密结合起来。同时,民间还出现了许多极具特色的劝孝文献,通过诗歌、家训、蒙书、俗文故事等形式向普通民众宣扬孝道。两宋时期的劝孝诗也数量较多,形式多样,如陈淳的《小学诗礼》、赵与泌的《劝孝诗》、邵雍的《孝父母三十二章》等,都流传广泛,且影响深远。② 这也使得民间形成重孝、崇孝的风气,将孝道推向了大众化、普及化的阶段。

　　某一图像题材之所以出现并流行于墓葬之中,其背后的原因是多方面的。孝子图在当时成为常见的墓葬装饰题材,不仅仅是因为孝治的推动和宣传,更重要的是由于孝子图本身所具有的重要内涵。宗教观念的介入与融合实际上是孝行图内涵不断丰富的关键因素,而这很可能也是宋金时期孝子图像进入墓葬系统最为直接的推动力。我们通过上文中的论述发现,孝子图像在与升仙传统紧密相关的同时,也与佛、道联系起来,比如新密平陌墓中表现了泗洲大圣超度墓主夫妇、长子小关村金墓展现了女仙引领墓主渡桥等场景。孝感通神观念的形成涉及不同宗教对孝的吸收和利用,孝行在这一时期也与各种宗教信仰密切相关。

　　虽然孝道被人们视为儒家传统,但在道教的发展中,它逐渐渗透到道教观念的许多方面。宋代的道教经典不断规劝人们遵循孝道,其中最为重要的劝孝经典包括《太上感应篇》《文昌孝经》和《阴骘文》。据明代耶浚仲所著的《文帝孝经原序》所说,《文昌孝经》应出现在宋代,作者不详,托文昌帝之口,劝人尽孝,并将孝道与神鬼奖惩联系起来。其中"孝感章第六"以较长篇幅专门论述孝报:

　　　　不孝之子,百行莫赎;至孝之家,万劫可消。不孝之子,天地不

---

① (宋)窦仪等《宋刑统》,北京:中华书局,1984年,第11页。
② 关于劝孝文献的整理和研究,见肖群忠《孝与中国文化》,北京:人民出版社,2001年;骆承烈《中国古代孝道资料选编》,济南:山东大学出版社,2003年。

容,雷霆怒殁,魔煞祸侵;孝子之门,鬼神佑之,福禄畀之。惟孝格天,惟孝配地,惟孝感人,三才化成,惟神敬孝,惟天爱孝,惟地成孝。①

在道教的观念中,行孝得福得神佑,而不孝则会遭鬼神不容。更重要的是,孝行还通常被认为是死后升仙的重要条件。行孝可以列入仙品,早得桂苑仙界之福而不朽。比如《文昌孝经》中写到:

> 人果孝亲,惟以心求,生集百福,死到仙班,万事如意,子孙荣昌,世系绵延。②

某些道教经文甚至直接将至孝视为修炼成仙与得补仙官的途径,《云笈七签》卷八六地下主者云:

> 太微金简玉字经云:尸解地下主者,按四极真科一百四十年乃得补真官,于是始得飞华,盖驾群龙登太极游九宫也,夫至忠至孝之人既终,皆受书为地下主者,一百四十年乃得受下仙之教,授以大道,从此渐进得补仙官,又一百四十年听一试进也。至孝者能感激于鬼神,使百鸟山兽驯其坟诞也。③

佛教自唐代以降也开始强调孝报的重要性。佛教谈及孝道的经典也为数颇多,主要有《佛说父母恩难报经》《佛说孝子经》《佛说睒子经》《佛说盂兰盆经》《大方便佛报恩经》等。④ 唐代高僧释道世在宣扬提倡孝道方面甚力,他所著的《法苑珠林》在"业因部"提到许多孝子行孝获报、宿福业、

---

① 《文昌孝经》,收录于《重刊道藏辑要》,台北:考正出版社,1971年,第10163页。
② 同上。
③ (宋)宋君房《云笈七签》卷八六,济南:齐鲁书社,1971年,第478页。
④ 王重民等《敦煌变文集》卷五,第672—700页。郑阿财在《敦煌孝道文学研究》专文讨论了晚唐佛教孝道的特点,见氏著《敦煌孝道文学研究》,台北:石门图书公司,1982年。另见 Kenneth Ch'en, "Filial Piety in Chinese Buddhism", *Harvard Journal of Asiatic Studies*, vol.28, 1968, pp.81-97。

得生极乐世界的例子，将行孝与因果联系起来。《父母恩重经》等经文也提出人至孝可得重生。宋代佛教孝亲观在发展中逐渐世俗化，禅僧契嵩在其所著的《孝论》中把孝道和佛道完全统合起来，力倡持戒与孝行的统一、孝顺与念佛的统一。"孝顺念佛"成为北宋以后中土佛教孝亲观的特征，达成了佛法与纲常在孝亲观上的契合。① 这种佛儒的融合不仅表现为佛教的儒学化、世俗化，也反过来影响了孝行观念的发展，并渗入儒家思想。

孝与宗教观的结合，使得孝报与死后世界的联系不断紧密。这也表现在宋代时期的流行文学中，反映出当时的人们笃信行孝可获福报。孝感、孝报的例子在《夷坚志》《括异志》《睽车志》等两宋时期的笔记小说中层出不穷。以洪迈《夷坚志》为例，共收录有29篇劝人为孝的故事，都叙述了神明如何奖赏孝子、惩罚不孝之人。故事背后体现出孝行与果报、死后世界之间的紧密联系。比如《夷坚甲志》卷八《不孝震死》记：

> 鄱阳孝诚乡民王十三者，初，其父母自买香木棺二具，以备死。王易以信州之杉，已而又货之，别易株板。乃母死，则又欲留株板自用，但市松棺殓母。既葬旬日，为雷击死，侧植其尸。②

《夷坚甲志》卷二〇《盐官张氏》描述了张氏如何因侍姑甚孝而逃过一死：

> 绍兴二十九年闰六月，盐官县雷震。先雷数日，上管场亭户顾德谦妻张氏梦神人以宿生事责之曰："明当死雷斧下。"觉而大恐，流泪悲喧。姑问之，不以实对。姑怒曰："以我尝贷汝某物未偿故耶？何至是！"张始言之，姑殊不信。明日，暴风起，天斗暗，张知必死。易服出屋外桑下立，默自念："震死既不可免，姑老矣，奈惊怖何！"俄雷电

---

① 王月清《论宋代以降的佛教孝亲观及其特征》，《南京社会科学》1999年第4期，第61—66页。
② （宋）洪迈《夷坚志》甲志卷第八，北京：中华书局，2006年，第71页。

晦冥,空中有人呼张氏曰:"汝实当死,以适一念起孝,天赦汝。"①

虽然行孝在各种信仰中可能导致不同的结果,但孝与墓主人死后的归属之间存在一种内在的、固有的联系。这种联系很可能是孝子图像在宋金墓葬中出现的关键因素。我们可以设想,当这些孝子故事被绘制在墓壁上方等固定位置时,墓主人的亲属后人以及建墓者既期待它们可以在地下空间内起到昭孝事祖、连接生者与死者的作用,也希望它们能够通过孝感通明的力量,引导、辅助墓主人升天。

北宋中后期以来墓葬中流行的孝子图像说明儒、释、道三教的孝亲观在丧葬习俗中逐渐合流,并被民众所广泛接受。除了墓葬装饰中的行孝图,孝子故事题材还是该时期日用器物上常见的装饰。例如,磁州窑瓷枕上可见"王祥卧冰""孟宗哭竹"等装饰纹饰。② 在瓷枕等器物上绘制二十四孝,可以起到耳濡目染的教化效果,有助于民间社会对孝道的宣扬与推行。孝子人物故事在其流传、发展的过程中,故事内涵不断得到丰富,使它们成为宋金时期喜闻乐见的一类装饰题材。

余 论

北宋中后期以来,墓葬中孝子图像的出现是政治、思想、宗教多种因素交织作用的产物,其中三教合流的孝亲观与死后信仰之间的联系很可能是孝子故事在宋金墓葬中频繁出现的主要动因。到目前为止,我们已经将丧葬艺术与其时代背景进行了关联,从社会史、文化史、宗教史的角度解释了特定图像题材在当时流行的原因。然而,需要注意的是,本文仅仅考察了孝子故事一种题材在墓葬中的表现及意义,如果结合宋金墓葬中的其他图像内容重新思考这个问题,情况可能会更加复杂。

与孝行有关的图像自东汉开始出现在丧葬艺术之中,北魏葬具上的

---

① (宋)洪迈《夷坚志》甲志卷第二〇,第180页。
② 参见后晓荣《磁州窑瓷枕二十四孝纹饰解读》,《四川文物》2009年第5期,第55—57转103页。

孝子画像延续了这一题材，至宋金时期孝子图又再度流行。虽然它们的形式和寓意都有一定程度上的改变，但我们仍可将这些例子视为墓葬艺术的复古与回归。丧葬传统中的复古具有重要的延伸作用，可以使后人穿越时代的隔膜，与古代取得联系，体现古人的价值和品位。非常有趣的是，除了孝子图之外，宋金时期的仿木构砖室墓中还发现了妇人启门、墓主画像、宴饮场景等一系列与东汉墓葬艺术相关的图像题材。梁庄艾伦（Ellen Johnston Laing）早在1978年的一篇论文中就已经注意宋代墓葬装饰与汉墓图像之间的联系。① 巫鸿也曾关注过相关材料，并提出这种对往昔的回归可以作为中国古代礼仪与丧葬艺术的一个总体趋势，旨在通过追溯古代的题材与形式，将丧葬礼仪和墓葬内容"历史化"。②

宋代中后期以来墓葬内容中的许多元素都反映出与汉代墓葬艺术之间的联系。这种相关性一方面由于墓葬所有者身份与等级的相似，绝大多数装饰墓的墓主人都属于社会的中下阶层，因而葬俗、工艺成为了墓葬艺术的决定性因素。另一方面，也正是从宋代中期开始，对古代器物、铭文的兴趣和研究发展成为了新的文化领域，社会精英阶层对往昔的重视引起了广泛的复古、仿古风潮。目前的研究集中于北宋官方层面如何通过制定礼乐再现三代，以及文人士大夫如何以收藏、著书的形式展开古器物学与金石学研究。③ 然而，除了官方与精英阶层对考古、仿古、复古的兴趣与实践，墓葬艺术中对往昔的回归是否可以体现出这一风潮更为复杂的面向？这是否为较低的社会层面上或者丧葬文化语境中的复古案例？换言之，我们需要考虑：宋金时期新兴的地主商人阶层是否也受到了复古

---

① Ellen Johnston, Laing, "Patterns and Problems in Later Chinese Tomb Decoration", *Journal of Oriental Studies*, 16: 1-2, 1978, pp.3-20.
② 巫鸿《黄泉下的美术——宏观中国古代墓葬》，第195—198页。
③ 目前学界有关宋代金石学与古物学的研究颇丰。较有代表性的成果，参见陈芳妹《宋古器物学的兴起与宋仿古铜器》，《美术史研究集刊》10期，2001年，第37—160页；许雅惠《宣和博古图的"间接"流传——以元代赛因赤答忽墓出土的陶器与〈绍熙州县释奠仪图〉为例》，《美术史研究集刊》14期，2003年，第1—26页；李零《铄古铸今——考古发现和复古艺术》，北京：生活•读书•新知三联书店，2007年，第64—99页；Yun-Chiahn Sena, "Pursuing Antiquity: Chinese Antiquarianism from the Tenth to Thirteenth Century", PhD dissertation, University of Chicago, 2007.

风尚的影响,有意识地采用汉代墓葬中的孝子人物、妇人启门等题材来装饰他们的华丽墓室,通过再造往昔来与古代取得联系?

遗憾的是,我们缺乏直接与之相关的文献记载。但是仍有一些证据表明,在考古、复古风潮之下,时人确实对汉魏时期的墓葬有所发现与了解。如北宋沈括《梦溪笔谈》卷一九写到汉墓的发现:

> 济州金乡县发一古冢,乃汉大司徒朱鲔墓,石壁皆刻人物、祭器、乐架之类。[1]

又如宋代叶梦得《避暑录话》也提到宣和年间的发墓风潮:

> 好事者复争寻求,不较重价,一器有直千缗者。利之所趋,人竞搜剔山泽,发掘冢墓,无所不至。往往数千载藏,一旦皆见,不可胜数矣。[2]

另外,当时还有许多汉代墓祠、墓葬石刻暴露于野外,散落地表,不仅为宋人所了解,也被他们重新利用。新近的考古发现证实了这一点。2013年在山东邹城峄山北龙河村发掘的四座宋金墓葬中,其中三座墓中都出土了汉画像石。例如,M1墓利用了汉代文通祠堂题记刻石,以及人物、神兽、壁纹等不同题材的画像石,并将它们置于墓室后壁,画面朝向墓内,表现出对于这些画像石的重视。[3] 该墓群以汉代画像石来营建其丧葬空间,为我们提供了时人发现并利用汉墓艺术的实物材料。

当时的民众可能从不同渠道获悉汉魏墓葬的相关信息,不论是墓葬的形制、图像还是随葬器物,都为其所知。然而,丧葬环境中图像题材的复古远远不只是某个或某些墓葬的发现那么简单,时人对于墓葬内容的

---

[1] (宋)沈括《梦溪笔谈》卷十九,北京:中华书局,2015年,第185页。
[2] (宋)叶梦得《避暑录话》,台北:台湾商务印书馆,1986年,景印文渊阁四库全书,第863册,第18页。
[3] 邹城市文物局《山东邹城峄山北龙河村宋金墓发掘简报》,《文物》2017年第1期,第35—49页。

选择、设计是一个相当复杂的过程。鉴于材料所限,笔者此处仅是想提出这个由墓葬图像推演而出的假设:在当时社会风气的带动之下,民间是不是也有意识地复兴过去、再造往昔?政治、文化、礼仪等方面的复古风潮是否可以体现在更低的社会层面之上?这些都值得进一步的思考和探讨。

墓葬中的图像题材通常具有较为多元的内涵,在各种场景、案例中可能起到不同的作用。它们在墓葬空间内的出现,或源自不同的传统,或是多种历史因素交织作用的产物,需要结合整体的墓葬内容进行考察。在本文的案例中,北宋中后期以来统治者、士人阶层对孝道思想的推崇教化、儒释道三教的孝亲观在丧葬习俗中的合流,以及当时普遍流行的复古风潮,有可能共同构筑起孝子图像流行的历史背景,而这些不同的源流又通过视觉表现的形式反映出来,提供了图像形式与意义之间的有机链条。

图像的多重寓意　343

附表　宋金时期河南、山西地区二十四孝题材比较列表

名称	河南孟津张君石棺	河南荥阳孤伯嘴宋墓	河南巩县西村石棺	山西长治魏村金代纪年砖雕墓	山西屯留宋村金代壁画墓	山西长子石哲村金代壁画墓	高丽《孝行录》所录孝子人物	郭居敬编《二十四孝诗选》所录孝子人物
出处	《文物》1984年第7期	《中原文物》1998年第4期	《中原文物》1988年第1期	《考古》2009年第1期	《文物》2008年第8期	《文物》1985年第6期		
年代	1106年	北宋晚期	1125年	1151年	金代前期	1158年	元代末期	元代末期
形式	线刻	壁画	线刻	砖雕	壁画	壁画	文献	文献
数量	24幅	24幅	24幅	24幅（其中图文不完全对应）	24幅	24幅	24个人物	24个人物
题记或文献所录人物	王祥	王祥行孝	王祥卧冰	王祥幼亡其父推奉其母	王祥	王祥幼亡其父……	王祥	王祥
题记或文献所录人物	舜子	舜子行孝	舜子事父	舜子少亡母……	舜子	舜子	舜	舜
题记或文献所录人物	董永	董永行孝	董永卖身	董永	董永	董永	董永	董永
题记或文献所录人物	丁兰	丁栏行孝处	丁兰刻木	丁兰少亡其母……	丁兰	丁兰	丁兰	丁兰

（续表）

名 称	河南孟津张君石棺	河南荥阳孤伯嘴宋墓	河南巩县西村石棺	山西长治魏村金代纪年砖雕墓	山西屯留宋村金代壁画墓	山西长子石哲村金代壁画墓	高丽《孝行录》所录孝子人物	郭居敬编《二十四孝诗选》所录孝子人物
题记或文献所录人物	郭巨	郭[巨]行孝之处	郭巨埋儿	郭巨至孝子母……	郭巨	郭巨至孝子母……	郭巨	郭巨
题记或文献所录人物	陆绩	陆绩行孝之处	陆绩怀橘	陆绩吴郡人重母至孝……	陆绩	陆绩	陆绩	陆绩
题记或文献所录人物	姜诗	姜诗子行孝之处	诗妻奉姑	……却汲妻归……	姜诗子	姜师	姜诗	姜诗
题记或文献所录人物	曾参	曾参行孝之处	曾参母齿指	曾参在山伐薪	曾参	曾参	曾参	曾参
题记或文献所录人物	孟宗	孟宗行孝之处	孟宗哭竹	孟宗少无父孤养其母……	孟宗	孟宗少无父孤养其母年老	孟宗	孟宗
题记或文献所录人物	老莱子	老莱子行孝之处	莱老奉亲	老莱子父母各年百岁莱已八十……	老莱子	老莱子	老莱子	老莱子
题记或文献所录人物	蔡顺	蔡顺行孝之处	蔡母怕雷	莱顺无父养母……	蔡顺	蔡顺	蔡顺	蔡顺

图像的多重寓意 345

（续表）

名　　称	河南孟津张君石棺	河南荥阳孤伯嘴宋墓	河南巩县西村石棺	山西长治魏村金代纪年砖雕墓	山西屯留宋村金代壁画墓	山西长子石哲村金代壁画墓	高丽《孝行录》所录孝子人物	郭居敬编《二十四孝诗选》所录孝子人物
题记或文献所录人物	郯子	郯子行孝之处	郯子悲前	郯子鹿皮为衣向山取水……	郯子	郯子	郯子	郯子
题记或文献所录人物	闵损	闵子骞行孝之处	子骞谏父	闵子骞□□母……	闵子骞	闵子骞	闵子骞	闵子骞
题记或文献所录人物	田真三人	田真[行孝之处]	田真	田真兄弟三人其家大富……	田真	田真兄弟三人其家大富……	田真	田真
题记或文献所录人物	王武子妻	王武子行孝之处	武妻事家	王武子河阴人……	王武子妻	王武子为国防御……	王武子妻	王武子妻
题记或文献所录人物	杨昌	杨昌行孝之处	杨香跨虎	杨香者鲁国人也……	杨香女	杨昌	杨香	杨香
题记或文献所录人物	鲁义姑	鲁义姑行孝之处	鲁义姑	鲁义姑者值鲁……	鲁义姑	鲁义姑	鲁义姑	
题记或文献所录人物	韩伯俞	韩伯瑜	伯榆泣杖	韩伯奉母常以杖训之……	韩伯俞	韩伯奉母常望教训之……	韩伯俞	

（续表）

名　称	河南孟津张君石棺	河南荥阳孤伯嘴宋墓	河南巩县西村石棺	山西长治魏村金代纪年砖雕墓	山西屯留宋村金代壁画墓	山西长子石哲村金代壁画墓	高丽《孝行录》所录孝子人物	郭居敬编《二十四孝诗选》所录孝子人物
题记或文献所录人物	刘殷	刘殷行孝之处	刘殷泣江	刘殷至孝奉母……	刘殷	刘殷	刘殷	
题记或文献所录人物	孙悟元觉	[元]觉[行]孝之[处]	元觉迥菁	元觉悟之子祖年老……	元觉	元觉	元觉	
题记或文献所录人物	鲍山	鲍山行孝	鲍山起絮	鲍山□木也至孝……	鲍山孚	鲍山	鲍山	
题记或文献所录人物	曹娥	曹娥行孝之处	曹娥泣江	曹娥年十四父投江死……	曹娥女	曹娥投江死不获尸……	曹娥	
题记或文献所录人物	刘明达	刘[明达]行孝	刘明达	刘明达至孝养母时大荒……	刘明达	刘明达	刘明达	
题记或文献所录人物	赵孝宗	赵孝宗	赵孝宗	赵孝宗弟被赤眉所擒……	赵孝宗	赵孝宗	赵孝宗	
题记或文献所录人物								王衰
题记或文献所录人物								黄庭坚

（续表）

名　称	河南孟津张君石棺	河南荥阳孤伯嘴宋墓	河南巩县西村石棺	山西长治魏村金代纪年砖雕墓	山西屯留宋村金代壁画墓	山西长子石哲村金代壁画墓	高丽《孝行录》所录孝子人物	郭居敬编《二十四孝诗选》所录孝子人物
题记或文献所录人物								江革
题记或文献所录人物								汉文帝
题记或文献所录人物								唐夫人
题记或文献所录人物								朱寿昌
题记或文献所录人物								虞黔娄
题记或文献所录人物								吴猛
题记或文献所录人物								黄香
题记或文献所录人物								张孝张礼

学术没有派对

（代后记）

　　冬夜，枯坐，怀念山上的茂庵。那是坐落于吉田山顶的一家茶室，从京大正门前沿着长满青苔的石阶登到山顶，过了竹林，再往里走就到了。密林深处的大正时代的山居，入口处有可爱的小石灯，门上悬着"茂庵"的匾。因为坐在二阶临轩的"月见台"，可以透过蓊蓊郁郁的绿意，眺望风姿绰约的京都，所以总是一席难求，来了几次，都只能悻悻地坐到里边的角落。不过，喝着キャラメルカプチーノ（焦糖卡布基诺），看着夕阳的返影斜照在墙角的八角柜台上，有一种恍惚迷离的温暖。这里的气氛宁静而安和，但独坐一隅，却常有思如脱缰野马，驰骋于无垠大地的感觉。顾客以情侣和慕名而来的游人为多，但茂庵也有可以"贷切"一天的"静闲亭"。从"女将"（老板娘）那里知道这个情报后，我总是憧憬我们中古研究班能在那儿开十周年纪念工作坊。当然，只是念想而已。

　　2009年11月11日（当时尚不知有"双十一"），一群年轻人聚在一起，聊着学问。我没有料到我们竟然坚持了十一年之久！复旦本无所谓中古史学科，这是"无中生有的事业"。"研究班成员致力于在互相砥砺中提升自我的学术境界，并探索共同研究模式在中国学术生态中生发的可能性，是一个开放的、国际化的学术共同体。同时，研究班的学术活动集日常讨论、系列讲座、论著出版、田野调查、学术培养为一体，是一种科研与教学的机制创新。研究班将在已有基础上继续拓展，进一步整合多学科协作力量，使之建设成为全球学术语境下国际中古中国共同研究的重要平台。"这是我呈给学校的报告，却并非虚文。十年来，有人"退群"，又有新人不断地加入,始终"如切如磋""元气满满"。

在研究班成立四周年之时,我们出版了《存思集》,于是在十周年来临前,又有编纂《瞻奥集》的想法。年初稿子收齐了,未料遇上"百年来未有之变局",迁延至今,十周年纪念变成了十一周年。与此同时,研究班组建为中古中国研究中心,完成了民间团体的"建制化"。因此,研究班的"形体"将不复存在,这本迟来的论集将成为"绝响"。但这些都不重要,一切的历史,一切的现实,都是前进的幻影。"神龟虽寿,犹有竟时","迷人是这份情意",足矣。我们终究还是未能实现在茂庵举行"派对"的愿望,但研究班追求纯粹学术共同体的"温情与敬意",将成为"无形文化财",登录在中国学术史的"籍帐"上。

余 欣
2020 年 12 月 18 日

图书在版编目(CIP)数据

瞻奥集：中古中国共同研究班十周年纪念论丛／余欣主编.—上海：上海古籍出版社，2021.2
（中古中国知识·信仰·制度研究书系）
ISBN 978-7-5325-9853-3

Ⅰ.①瞻… Ⅱ.①余… Ⅲ.①中国历史－中古史－文集 Ⅳ.①K240.7-53

中国版本图书馆CIP数据核字(2021)第026141号

中古中国知识·信仰·制度研究书系

瞻奥集：中古中国共同研究班十周年纪念论丛

余　欣　主编

上海古籍出版社出版、发行

（上海瑞金二路272号　邮政编码200020）

(1) 网址：www.guji.com.cn
(2) E-mail：guji1@guji.com.cn
(3) 易文网网址：www.ewen.co

上海商务联西印刷有限公司印刷

开本635×965　1/16　印张22.5　插页6　字数324,000
2021年2月第1版　2021年2月第1次印刷
ISBN 978-7-5325-9853-3
K·2946　定价：98.00元

如有质量问题，请与承印公司联系